陶行知教育思想的广西实践

广西陶行知研究会2025年文集

陈 洛 黎 君◎主编

商务印书馆国际有限公司

中国·北京

图书在版编目（CIP）数据

陶行知教育思想的广西实践：广西陶行知研究会2025年文集 / 陈洛，黎君主编 . — 北京：商务印书馆国际有限公司，2025.5. — ISBN 978-7-5176-1168-4

Ⅰ . G40-092.6

中国国家版本馆 CIP 数据核字第 2025KD0889 号

TAOXINGZHI JIAOYU SIXIANG DE GUANGXI SHIJIAN — GUANGXI TAOXINGZHI YANJIUHUI 2025 NIAN WENJI

陶行知教育思想的广西实践——广西陶行知研究会 2025 年文集

主　　编　陈　洛　黎　君
出版发行　商务印书馆国际有限公司
地　　址　北京市朝阳区吉庆里 14 号楼
　　　　　佳汇国际中心 A 座 12 层
邮　　编　100020
电　　话　010-65592876（编校部）
　　　　　010-65598498（市场营销部）
网　　址　www.cpi1993.com
印　　刷　三河市紫恒印装有限公司
开　　本　710mm × 1000mm　1/16
字　　数　420 千字
印　　张　28.5
版　　次　2025 年 5 月第 1 版第 1 次印刷
书　　号　ISBN 978-7-5176-1168-4
定　　价　138.00 元

编委会

广西陶行知研究会『学校美育浸润行动』经验交流会合影

广西陶行知研究会 **2024** 年学术年会暨

『弘扬教育家精神，传承陶行知思想』主题论坛活动

广西陶行知研究会第七届理事会领导班子集体照

2024 年 3 月 6 日，陈洛会长送教进梧州市第八中学

2024 年 8 月 26 日，陈洛会长在水汶华侨中学讲学

陈洛会长到北海市海城区第八小学调研

广西陶行知研究会“送教进校”公益培训活动现场

钦州市子材小学黎相艳书记在行知文化长廊介绍学校开展关于“生活教育”活动的情况

徐书业副会长在广西陶行知研究会“学校美育浸润行动”经验交流会上发言

2024 年 9 月，黎君副会长专程到上海探望陶行知先生的孙女陶铮女士

2024 年 8 月 29 日，黎君副会长在广西幼师实验幼儿园讲学

杨奔副会长在贵港市荷城初级中学调研

2024 年 12 月 3 日，黎君副会长在钦州市大番坡镇葵子小学调研

李克副会长主持广西陶行知研究会 2024 年学术年会暨
“弘扬教育家精神，传承陶行知思想”主题论坛

广西陶行知研究会 **2024** 年学术年会暨“弘扬教育家精神，传承陶行知思想”主题论坛现场

广西陶行知研究会领导给新批准的广西陶行知教育思想实验学校授牌

行知，因为有您

——广西陶行知研究会会歌

1=♭B或A 4/4
赞颂、较慢

杨湘粤 词
陈洛、郑秋枫 曲

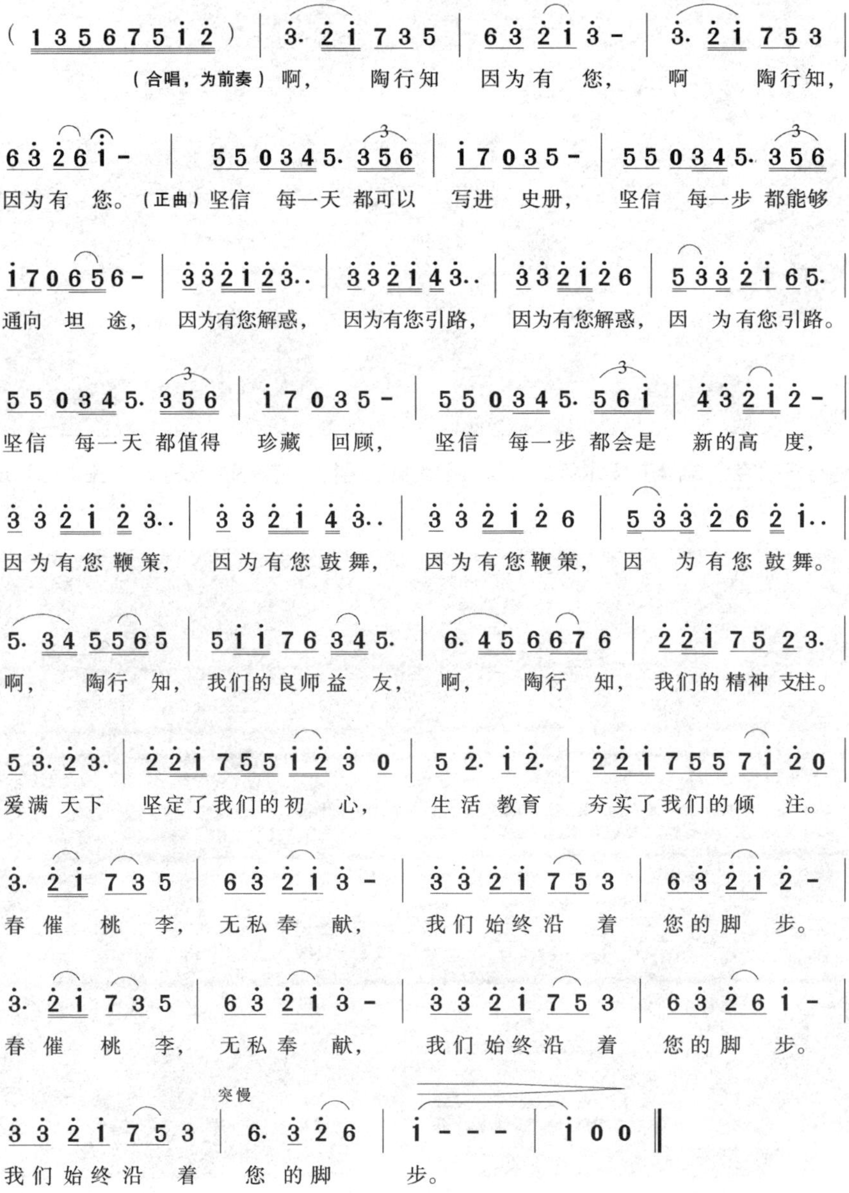

前　言

永恒的行知，永远的陶研。

在中国乃至世界的教育史上，陶行知毋庸置疑具有极为重要的地位，无愧于“伟大的人民教育家”（毛泽东）、“万世师表”（宋庆龄）、“两千年前孔仲尼，两千年后陶行知”（郭沫若）、“陶行知留下的遗产不仅是中国而是全世界人民的”（日本·斋藤秋男）、“陶行知是一个很有创造力的教育家”（印度·泰戈尔）等美誉。

20 世纪初，古老的中国与新兴的西方无论在军事、经济还是社会制度、文化体系等方面出现了越来越多的冲突，当然，也有了越来越多的交融。陶行知就是在这样的背景下，既在祖国深受厚重传统文化的熏陶，又远涉重洋接受西方教育的洗礼，他的伟大之举，在于其在众多发展路径的选择中最终锁定了教育救国！这样的选择奠定了他决意要改造中国旧教育，勇敢地去创立新教育，并为之奋斗终生的坚实基础。陶行知以他崇高的思想品格，超人的坚强毅力，无悔的钻研精神，扎实的教育实践，做出了划时代的非凡贡献。

陶行知的教育思想体系高屋建瓴，博大精深，涉及教育的方方面面。其中，最内涵丰富、最深入浅出、最切合实际、最具社会价值，也为后人留下最宝贵财富的是他的“生活教育”理论。陶行知创造性地提出“生活即教育”“社会即学校”“教学做合一”的“生活教育”理论，对指导中国近现代教育改革与发展产生了巨大而深邃的影响，对当前学校教育教学改革和素质教育的推进，对弘扬教育家精神有着极高的当代价值和深刻的指导意义。

1918 年，陶行知首提“生活教育”一词。1922 年，他在《时事新报》

副刊《学灯》上发表文章《生活教育》，用英文表述了“生活教育”的基本概念。他说，教育原本就是为了生活，教育原本就是生活的重要组成部分，生活本身就具有教育的意义。这就是生活决定教育。而从效力上说，教育要通过生活才能发出力量而成为真正的教育。所以，生活的每时每刻、每事每环节都与个体和社会不断增长的物质、精神和行为文化的需要紧密相关。个体通过生活不断提高从事物质生产和精神生产的能力，一方面促进了身心的发展，另一方面大大丰富了社会关系。

距陶行知提出“生活教育”的基本概念已过去了一个多世纪，但我国对陶行知教育思想的研究和实践不仅还在火热接续，而且不断取得新成绩、新突破。同时，我们放眼世界，欧洲、美国、加拿大、日本、韩国等不少国家和地区，对“生活教育”的研究也多有建树。面对这一研究的发展态势，我们明显感到，100 多年来，中外教育家灿若星辰，不断涌现，而陶行知的教育思想及实践非但没有暗淡、衰弱，反而越来越显现出勃勃生机，在中国乃至世界的广袤大地上熠熠生辉。

在广西，“学陶、师陶、研陶、践陶”蔚然成风，本文集的出版可见一斑。

广西陶行知教育思想研究文集，是展现广西陶行知理论研究和实践成果并专门向陶研界推介的系列文集，属于广西陶行知研究会的日常工作——尤其是广西陶行知理论研究的重要组成部分。自 2005 年开始，不定期征集研究文章，并与时俱进制定入选文集的相关办法，设置了审阅遴选程序，按照“宁缺毋滥”的原则，从每次收到的逾千篇文章中选取具有研究和实践价值的收入文集中。之前已出版了六册，分别为《弘扬行知思想　构建和谐校园——广西陶行知教育思想理论与实践研究文集》（2007）、《陶行知教育思想研究与实践文集》（2009）、《陶行知教育思想研究与实践运用》（2011）、《行知路上的理论传承与实践创新——广西陶行知研究会成立 25 周年纪念文集》（2012）、《行知思想的研究聚焦与实践透视——广西陶行知研究会成立三十周年纪念文集》（2017）、《弘扬行知精神　谱写教育篇章——广西陶行知研究会 2024 年文集》（2024），《陶行知教育思想的广西实践——广西陶行知研究会2025年文集》是第七册。

本文集收录论文56篇，内容以陶行知教育思想为启示，有理论思考、实践总结、工作体会和比较认知，体现出广西陶行知研究会坚持对陶行知教育思想“创造性转化，创新性发展”的研究方向。在书写广西陶研人经历与成果、光荣与梦想中，推动着实验学校研究之风的涌动，激励着广大教师勇于实践的热情。

本文集主要是为纪念广西陶行知研究会成立38周年、广西创建陶行知教育思想实验学校20周年（已经建设了299所），同时，也是为了庆祝广西陶行知研究会第八次会员代表大会的召开而出版的。收入本文集的文章有以下共同特点：一是主题紧扣“学陶、师陶、研陶、践陶”，以“生活教育”为主要落脚点，既有理论意义，也有实践价值；二是基本围绕陶行知教育思想的当代价值，结合教育教学改革而展开论述；三是理论观点均在符合规范的范围中，有的文章在方法上有创新，具有一定的实操前景；四是资料较为翔实，逻辑较为严谨，文句通顺流畅，表达条理清晰。这些特点，应该作为今后撰写研究文章的基本信条。

文集出版欣喜之余我们也应看到，入选文集的部分文章尚存不足，有的学术观点还不够鲜明、内容研究还不够深入、对实践经验的凝练还不够集中、选题的立意还有一定的局限等等，加之限于组稿水平，文集中的错漏之处在所难免，敬请专家和读者批评指正。

《易·乾》曰：“君子学以聚之，问以辩之。”《荀子·修身》说：“路虽远，行则将至；事虽难，做则必成。”这是古人对学、做、行的经验与训诫。做陶研工作，进行教育教学的研究与实践更要如陶行知先生所说“千教万教教人求真，千学万学学做真人”和“处处是创造之地，天天是创造之时，人人是创造之人”。这是志存高远与脚踏实地的结合，即求实求真求新，陶研工作者应努力践行。

党的二十届三中全会进一步拉开了全面深化改革的大幕，中国式现代化迈出新的坚实步伐，增强了我们建设中国式现代化的使命感，激励着我们守正创新，将更多关注陶行知教育思想研究的新特征、新问题、新挑战，在研究中选择实实在在的问题，真真正正地感悟陶行知教育思想的缘起、内涵和推动教育教学的内驱力、孵化力、历史价值和当代价值。当然，还要通过创新能更高层次地去研究事关国家进步、社会发展、人类文明的热点问题，推动工作的积厚成势、行稳致远。

最后，文集的出版得到了多方的帮助和支持，在此一并表达谢忱。

是为序。

陈　洛

（中国陶行知研究会常务副会长，广西陶行知研究会会长）

目 录
Contents

陶行知生活美育思想的当代价值探微

广西壮族自治区教育厅　陈　洛

伟大的人民教育家陶行知先生一生以教育为己任，努力践行“教育是立国之本”之理念，为中华民族的教育事业做出了彪炳史册的巨大贡献。他的教育思想体系高屋建瓴，博大精深，涉及教育的方方面面。其中，内涵丰富、深入浅出、切合实际，且最具代表意义的是他的“生活教育”理论。陶行知先生创造性地提出“生活即教育”“社会即学校”“教学做合一”的“生活教育”理论，对指导中国近现代教育改革与发展产生了巨大而深邃的影响，对当前学校教育教学改革和素质教育的推进，对弘扬教育家精神有着极高的当代价值和深刻的指导意义。

美育，是通过教育提升人们认知美、理解美、体验美、欣赏美、热爱美和创造美的能力，是具有激发创新能力、培养健全人格的教育，是审美教学与美感教学的融合教育，是中国式现代化教育中培养德智体美劳全面发展的社会主义建设者和接班人的重要着力点，在立德树人方面有着独特且其他教育手段不可替代的作用。生活美育是最原始的美育，也是大众化要求的美育。生活美育隐含在生活的处处，如学校、家庭、社区等，是一种以文化为内核的“全方位美育”。2000 多年前，孔子以博大的中华文化胸怀，提出了“兴于诗，立于礼，成于乐”的朴素美育观；将近一个世纪以前，蔡元培先生筑基于中国传统文化特质的同时，借鉴康德、席勒美育思想中的有益成分，发出“美育之道，不达到市乡悉为美化，则虽学校、家庭尽力推行，而其所受环境之恶影响，终为阻力，故不可不以美化市乡为最重要之工作也”之声。不难理解，蔡元培心目中美育得以实施的最重要场所，就是熏陶人、塑造人的环境之域，除了学校、家庭，更重要的是城市、乡村。他提出“以美育代宗教”、推动美育列入国民教育计划，把“学校美育”“家庭美育”与“社会美育”作出了既相互区分又紧密联系的论断，引领中国现代美育走上理论与实践相结合的道路。也是一个世纪之前，陶行知先生站立时代潮头，以中国化的生活美育方式，致力于培养真善美的、全面的、和谐发展的人。党的十八大以来，以习近平同志为核心的党中央高度重视美育教育，习总书记多次强调:“要全面加强和改进学校美育，坚持以美育人、以文化人，提高学生审美和人文素养。”这一重要论述，指明了新时代加强和改进美育工作的方向、路径、目标和任务，对新时代教育工作者、美育工作者提出了明确的、更高的要求，也对我们研究陶行知生活美育思想提供了基本遵循和广阔空间。

一、陶行知生活美育思想的养分汲取

20世纪初，废科举、办学堂、开民智、强中华开始成为国民共识的主题，教育也成为这一文化共识能否实现并产生积极作用的关键。陶行知以生活教育为主线，践行生活美育的理念，显示出他超凡脱俗、具有科学预见性和高度创造性的美育思想。陶行知在所有的办学中都倡导美育，并且身体力行，做出了杰出贡献。他深受孔子、王阳明、王国维、蔡元培等人的美育思想影响，又汲取西方美育思想中的合理成分，立足生活，创造出了一套适合中国具体国情的美育之路。陶行知的美育思想着眼于生活实践，尤其关注学校美育的实践。他将美育与生活紧密联系的实践性尝试，对于当代美育的理论研究与实践操作有着很好的借鉴作用。

陶行知生活美育思想的养分主要源于:

（一）王国维的美育思想

王国维是20世纪初我国最早研究也是最早倡导美育的先驱者之一。

1903年，他在《论教育之宗旨》一文中写道：“教育之宗旨何在？在使人为完全之人物而已。何谓完全之人物？谓人之能力无不发达且调和是也。人之能力分为内外二者：一曰身体之能力，一曰精神之能力。……完全之人物，精神与身体必不可不为调和之发达。而精神之中又分为三部：知力、感情及意志是也。对此三者而有真善美之理想：‘真’者知力之理想，‘美’者感情之理想，‘善’者意志之理想也。完全之人物不可不备真善美之三德，欲达此理想，于是教育之事起。教育之事亦分为三部：智育、德育（意育）、美育（情育）是也。”这应是我国最早使用“美育”概念并对其加以界定的文章之一。

王国维作为中西思想合璧领域的杰出代表人物，在融会中西思想理论方面的贡献尤为突出。他以民族、国家的命运为切入点，立足于理论层面对美育的作用、价值等进行了探究、讨论，使得美育的范围因此大幅拓展。王国维的《孔子之美育主义》《论教育之宗旨》等文为陶行知美育思想的形成提供了借鉴。

（二）蔡元培的美育思想

蔡元培曾于1912年担任南京临时政府教育总长，他大力提倡“美育”，提醒人们“文化运动不要忘了美育”，“教育对两个世界的连接，实依靠于美育，美育即美感教育”。美育于1912年在蔡元培的《对于新教育之意见》中被提为基本教育方针，其在人们思想和教育活动中的地位也逐渐得以确立，并发挥了积极的作用。蔡元培还提出了“以美育代宗教”的理念，以及主张从家庭教育、学校教育、社会教育三方面实施美育教育等独到的见解和思想。在他看来，美育是时代之需、育人之需，美育关乎中华民族精神的发扬光大，关乎国家民族的美好未来。

蔡元培比陶行知年长23岁，当陶行知就读金陵大学时，蔡元培已是闻名遐迩的教育家。在陶行知心目中，蔡元培是中国教育改革的成功典范，是中国美育教育的倡导者和实践者，是自己崇拜与效仿的楷模。陶行知借鉴了蔡元培的很多教育改革经验来打破传统的管理模式，使他更加坚定了推行美育教育尤其是生活美育的决心与信心。

（三）杜威的美育思想

杜威是陶行知在美国哥伦比亚大学留学时的导师，是当时世界顶尖的教育家，他对陶行知的影响是十分深刻的。

杜威教育思想中的一个重要特色，就是提出了教育与艺术之间非同寻常的联系。他把教师当作艺术家，把教育当作一种艺术活动，把教育和艺术当作是完善经验、进行社会改造必不可少的两个环节。杜威经常提到的一句话就是“教育即审美”，他心目中理想的教育就是作为审美的教育，这正是杜威美育思想的独特之处。他的美学代表作《艺术即经验》体现了实用主义美学的观点。他以“经验”为基础，系统地阐述了他的艺术理论，认为艺术的形成是一个经验持续完满的过程，强调恢复审美经验和日常生活经验的连续性；艺术构成的“山峰”必须奠基于生活的“大地”之上，美育不仅仅是艺术教育，更重要的是对生活本身的关注和审美创造。

杜威提出“生活自成本体”思想，强调“流动性”“生成性”为美学的基本特征，这正是生活美育的基本构成。美育，是走向完整、走向生活，让学生成为真正具有“美”的人。

杜威的儿童解放、注重教育与生活的结合、教育即审美等思想对陶行知的生活美育思想形成有很大帮助。

二、陶行知生活美育思想的理论形成

陶行知主张教育融入生活，并以此为基础创生出了生活教育思想。生活教育是成就人全面发展的教育，是以行动为核心内涵，经过实践的不断检验和修正形成的活理论，其行动性围绕教育生活、教育行动、教育创造和教育幸福展开，通过回归生活、彰显实践、展开行动来完成教育理论的创新。

1918 年，陶行知首提“生活教育”一词。1922 年，他在《时事新报》

副刊《学灯》上发表文章《生活教育》，用英文表述了“生活教育”的基本概念。他说，教育原本就是为了生活，教育原本就是生活的重要组成部分，生活本身就具有教育的意义。这就是生活决定教育。而从效力上说，教育要通过生活才能发出力量而成为真正的教育。所以，生活的每时每刻、每事每环节都与个体和社会不断增长的物质、精神和行为文化的需要紧密相关。个体通过生活不断提高从事物质生产和精神生产的能力，一方面促进了身心的发展，另一方面大大丰富了社会关系。

基于“有什么样的生活就有什么样的教育”的逻辑考虑，陶行知说：“生活教育是生活所原有，生活所自营，生活所必需的教育。教育的根本意义是生活之变化。生活无时不变，即生活无时不含有教育的意义。”“过什么生活便是受什么教育，过好的生活，便是受好的教育；过坏的生活，便是受坏的教育。”“艺术的生活，便是艺术的教育。”

生活美育思想是陶行知生活教育思想的重要组成部分，在长期的教育实践过程中，陶行知对美育的环境创设、目标价值和内容方法等具有独特思考，逐渐建构起富有中国特色的生活美育思想体系。同时，陶行知在创办晓庄师范学校、新安小学、育才学校的实践中，将生活美育思想贯彻其中，开展了丰富多元、富有实效的教育实践。陶行知的美育思想与实践对当今学校美育教育的实施具有重要启示。

基于对生活的考量，陶行知在 1927 年创办晓庄试验乡村师范学校时，就提出了“健康的体魄、农人的身手、科学的头脑、艺术的兴味、改革社会的精神”五大目标，充满着生活的色彩，为他生活美育理论的形成打下了坚实的基础。

生活美育理论是建立在“生活即教育，社会即学校，教学做合一”这三个生活教育理论的基本命题框架内的。这三个基本命题并非彼此孤立，而是有着一根主线贯通，这就是陶行知反复强调的一个词——和谐。陶行知在《晓庄三岁敬告同志书》中明确提出这一思想，他说：“大同与大不同，这又是一对似乎矛盾而实相成的名词。我们试到一个花园里面去看一看：万紫千红，各有他的美丽，那构成花园的伟观的成分正是各种花草的大不同处。将这些大不同的花草分别栽种，使他们各得其所，及时发荣滋长，现出一种和谐的气象，令人一进门便感觉到生命的节奏。”由此可见，生活美育理论的三个基本命题中蕴含着协调统一的和谐思想。此外，陶行知的生活美育还包括行知合一、劳力上劳心、真善美合一和知情意合一等，都是和谐思想在生活美育理论中的具体体现。因此，研究陶行知的生活美育理论，需从哲学的视野出发，才能准确把握其生活美育理论的丰富内涵。

陶行知先生认为美是与生活联系在一起的，而不是与生活隔离、高高在上的“博物馆里的艺术”“音乐厅里的音乐”。其原因就在于美源于生活，生活是美的坚实基础，美不能离开这一基础而被置于与生活相分离的地位，否则就会失去其本然的意义。所以，陶行知还认为，美是生活世界的本真状态，他主张自然的、朴素的生活之美，反对刻意追求的华贵之美、装饰之美。他说：“房子要好看，必得要艺术化方行。不过这里所谓的艺术，是要不花钱的艺术。换句话说，就是要天然之美。”

陶行知认为，美育应从符号世界回归到人的生活世界，用生活来进行美育，以此弥合美育与生活世界的裂缝。他在《大众艺术》中写道：“为老百姓而画，到老百姓的队伍里画，跟老百姓学画，教老百姓学画，画老百姓，画老百姓的爸爸，画老百姓的妈妈，画老百姓的小娃娃；画出老百姓的好恶悲欢、作息奋斗，画出老百姓之平凡而伟大。”在他看来，美育首先是一种审美活动，与生活是密不可分的，是生活原有的，伴随着人类的不断成长而成长。其次，美育是生活所需要的，他在《〈乡村教师〉宣言》中也指出：“假如你有两块面包，你得用一块去换一朵水仙花。因为面包是身体的粮食，水仙花是灵魂的粮食。这是再好也没有的人生观。”陶行知以此说明他搞乡村教育，不仅要满足人们的物质生活需要，也要满足人们的精神生活需要。墨子也说过：“食必常饱，然后求美；衣必常暖，然后求丽；居必常安，然后求乐。”这也说明物质需要是人存在的必要前提，在此基础上，人们才有“求美”“求丽”“求乐”的精神需要。而精神享受的最高层次，表现为人的一种精神追求，即表现自己的生命力，发展自己、实现自我的需要。最后，审美活动在生活中获得了丰富的内涵。无数艺术实践证明，艺术品要取得成功，必须扎根于生活，从生活中获得灵感、材料与形式。也就是说，到老百姓中间去，到生活中去，审美活动才能获得其真正的内涵，美育才能实现其意义。这是陶行知重视“用生活来教育”，在生活中进行美育的重要体现。在生活教育运动初期陶行知便倡导的生活美育，就是要美育从束缚它的“鸟笼”中解放出来，实现美育的生活化。

陶行知认为，人的全面和谐发展意味着人的各种潜能的全面开发提高并互相协调。在人的各种潜能中，审美是一个重要方面，它与道德等方面既有联系，又有区别。所以说，没有美育的教育是不完全的教育，也就是说，如果没有促进人的审美发展的美育，教育就不可能达到促进人的全面和谐发展的目标。

陶行知还认为，在创造“真善美的活人”的过程中，美育犹如一曲交响曲，不是所谓的纯粹之情感教育、知识教育和意志教育，它是“知情意合一”的教育，我们不能简单地把美育与情感教育之间画上等号。

在陶行知的生活美育理论中，美育不是一种简单的情感教育，它是对整个人格的发展发生作用。美育也不是一般的教育活动，它是以审美为特殊手段，即以审美为教育手段，培育健全人格和心理的活动。可见，美育是从整体上培养健全人格和心理，从而克服了一般教育的片面性。

陶行知的生活美育思想不是单一而是全面的。比如，通过学校选址时的环境比较，我们就可看出陶行知已经清楚意识到校园环境建设对生活美育的重要作用。在他拟定的《办公原则》中，就坚持了“美术般的”原则，要求办公处要“适于美的观念”，即“所谓美者，固不应流于奢侈，金碧辉煌，玑珠满架，美则美矣，然失之奢。苟能布置适宜，错落有致，清雅幽静，几净窗明，亦能使人心怡目悦，恋恋而不肯去。次之，所办之事，亦宜有美术”。所以，陶行知不仅重视课堂、劳动、社会，也非常重视学校自然环境和办公环境的营建，探究了优良环境对美育工作的支撑和促进作用，以此来发挥环境对人发现美、鉴赏美和创造美的功用。

三、陶行知生活美育思想的实践探索

陶行知在生活教育实践中，始终强调“劳动创造美”的价值意义，把美与生活紧密地联系在一起，强调美是生活世界的本真。在生活美育实践探索中，他认为美是人类生活的重要元素，甚至还是各种元素中最要者，生活是不能把美分裂出来的。他在创作《育才学校校歌》时指出：“真即善，真即美，真善美合一。”真善美都是生活世界原有的，并且三者不容分割，真善美合一是生活世界的本真。同时，陶行知还告诉我们，审美活动不能仅仅存在于音乐厅里、博物馆里，而是存在于我们的生活世界，美育应该存在于生活的方方面面，有力地反驳了当时“美育仅仅是艺术教育”的观点。

陶行知生活美育思想不是单纯的理论构架，而是与实践紧密结合。他将生活美育思想贯穿在具体的办学和育人实践中，从晓庄师范学校和育才学校开展的一系列美育探索便可见一斑。在晓庄师范学校的三年办学中，陶行知以“艺术的兴味”作为教育目标之一，并举一反三地以戏剧来熏陶和培养师生对艺术的兴趣。他不仅成立了晓庄剧社，并亲自勘定了《晓庄剧社信条》，开展了一系列剧社公演活动。《晓庄剧社信条》指出：“我们深信艺术是人生最高尚的生活，我们深信艺术有自慰慰人的力量，我们深信艺术是心灵的和谐的流露。我们深信有艺术天才的，要继续不断的努力，才能创造伟大的艺术。我们深信我们要有民众化的艺术，才能培养艺术化的民众。要有儿童化的艺术，才能培养艺术化的儿童。”

育才学校是陶行知开展生活美育探索的成就之地。在育才学校，陶行知特别重视文学、艺术等课程，他不仅聘请田汉、艾青、贺绿汀、戴爱莲等著名文学家、艺术家到校任课，还把全部课程分为普修课和特修课，美育课程主要是在特修课中。考虑到当时育才学校所接收的大多是无家可归的难童，陶行知从实际出发，别具匠心地根据儿童的兴趣和特长，将特修课程分音乐组、戏剧组、文学组、绘画组、社会组和自然组，各组的课程又分为普修课程和专业课程。由于课程设置合理，又得益于贴近生活的美育熏陶，育才学校培养出了著名版画家伍必端、著名作曲家杜鸣心、著名指挥家陈贻鑫、著名小提琴演奏家杨秉荪等一批中外闻名的艺术家。

陶行知在南京晓庄师范学校、淮安新安小学、重庆育才学校等所实施生活美育的过程中，处处结合生活，教学形式多样，既教授了学生基本的技能和知识，还注重对学生加强道德引导和价值引领，体现了“五育”融合的特色。同时，他尤为注重课外的学习，如“每一组的同学得领导全校作关于这一部分的学习。文艺组要负责举行艺术讨论会、诗歌朗诵会等造成全校的文艺气氛，绘画组开展览会，音乐组要领导大家组织合唱团，戏剧组要帮助各组成立剧团，自然组发动谈天会”等。陶行知还经常亲自组织各组学生到社会上举办各种活动，如图画展览、话剧公演、音乐演奏等。在生活美育实践中，陶行知还通过课程的设置、课外活动的开展以及与社会的深入融合，不仅激发了学生的艺术兴趣，给予了学生艺术熏陶，同时也在一定程度上达到了“使人才幼苗得到及时之培养而免于延误枯萎”的目的。

四、陶行知生活美育思想的当代价值

陶行知先生是现代教育的先驱。他在崇高中立意，在平凡中探索，他以“学贯古今，融汇中西”姿态创立的教育思想，是理论研究的深层思考，是实践探索的真实积累，内容不仅丰富，而且十分切合中国的教育实际，与那时的、现在的甚至将来的中国教育都有着必然的、内在的、逻辑上的密切联系。他的教育理论是“民族的、科学的、大众的”；他的思想是建立在中西教育的理论精华基础之上的；他的成果是先进的教育理论、普遍的教育规律在中国实践探索的高度结晶，经过了近八十年时间的反复检验，日益被证明其历久弥新，越来越具有强大的教育生命力和当代价值。因此，陶行知创造性提出并终身努力实践的生活美育，不仅对当时美育理论的本土化和美育普及有着极强的现实意义，在 21 世纪的今天，仍然闪烁着璀璨的光芒，对我们当代的教育教学改革，尤其对落实中共中央办公厅、国务院办公厅《关于全面加强和改进新时代学校美育工作的意见》和《教育部关于全面实施学校美育浸润行动的通知》推动美育教育的发展有着极其重要的启示意义。

（一）以生活为核心的美育

教育来源于生活，陶行知生活教育理论的主体是“生活即教育”，这是对教育本质的一种诠释。陶行知是生活教育家，当然也是生活美育家、大众美育家。他非常重视生活本身所具有的审美属性，巧妙地将审美教育生活化，主张在广阔的生活中面向大众实施美育。1927年，陶行知在晓庄师范学校创作的校歌《锄头舞歌》就很生活化，“手把个锄头锄野草呀！锄去野草好长苗呀！绮呀海，雅荷海。锄去野草好长苗呀！雅荷海，绮呀海；五千年古国要出头呀！锄头底下有自由呀！绮呀海，雅荷海。锄头底下有自由呀！雅荷海，绮呀海……”这首歌以锄头喻农民，唤起农民铲除“野草”，争取民主自由的觉悟，既富有生活情趣，又有民间风情，还具有唤起民众觉悟、团结民众力量、号召民众参与革命事业的现实意义。1939年，陶行知在育才学校写了《荷叶舞歌》：“天上团团月，地上团团叶。生就玉精神，好似仙姊妹。看不清是明月美，还是荷叶美？……跳舞为跳舞，时代已不许。一切为创造，创造为除苦。若同意，明年今夜，再邀荷叶舞。”以荷比月，以荷喻人，语调清新，排比对仗，既写出了荷花的美丽动人，又表现了荷花“出淤泥而不染”的高尚品格。更为巧妙的是，把对美好生活的向往、对残暴势力的斗争、对高尚品格的赞美和对取得胜利的信念融会其中，可谓真正意义上的生活美育！

（二）以真善美为达成目标的美育

习近平总书记指出，做好美育工作，要坚持立德树人，扎根时代生活，遵循美育特点，弘扬中华美育精神，让祖国青年一代身心都健康成长。

陶行知的生活美育不局限于某种特定的教育手段和艺术形式，而是建立在全部的生活实践之上，贯穿在所有的生活审美经验之中。他将生活、教育与艺术置于审美的视野中去做全方位的重新审视，颇有见地地破解了三者在审美维度上的新型之美、关系之美，以“是艺术的生活，就是艺术的教育”为指向，通过“以美育培养生活力”的理念，最终实现创造“真善美的活人”之美育目标。

中共中央办公厅、国务院办公厅《关于全面加强和改进学校美育工作的意见》中强调，美育是审美教育，也是情操教育和心灵教育，不仅能提升人的审美素养，还能潜移默化地影响人的情感、趣味、气质、胸襟，激励人的精神，温润人的心灵。美育与德育、智育、体育相辅相成、相互促进。

要实现“真善美目标达成的美育”，既要发挥生活美育的本体作用，更要把美育与其他四育相互渗透，协同育人。美育与德育相融合，能够陶冶人的情操，使人向善；美育与智育相融合，可以提升人在智力创新中对美的追求；美育与体育相融合，能够激发人们参与运动的兴趣和热情；美育与劳动教育相融合，可以愉悦生活。在新时代，美育的育人价值日益得到重视和彰显，我们更应该将那些历久弥新、被证明具有当代价值的优秀文化进行创造性转化和创新性发展。尤其在全面实施学校美育浸润行动的背景下，重温伟大的生活美育实践者陶行知的美育思想，感受他“让我们歌颂真善美的祖国，真善美的世界，真善美的人生，真善美的创造”，就能够感受到“真善美合一”是陶行知终生追求的美育境界，这也正是陶行知生活美育之目的所在。

（三）生活美育中的“知情意合一”

“知情意合一”的生活美育，是陶行知的又一创举，对于今天“将美育融入教育教学活动各环节，潜移默化地彰显育人实效，实现提升审美素养、陶冶情操、温润心灵、激发创新创造活力的功能”和“以美育浸润学校，打造昂扬向上、文明高雅、充满活力的校园文化，建设时时、处处、人人的美育育人环境”有着极大的借鉴意义。

“知情意合一”是审美心理活动中逐步上升逐步整合的过程，从了解到触动，再到思考，最后是落实。“知”要解决审美认知问题，是基础。对生活美育的认知，是践行的基础。“知”是审美知觉，是当审美对象与审美主体通过感官直接触碰时，审美主体对审美对象所进行的综合、整体的把握活动。审美知觉是实际审美活动“知”的基础，整个审美活动都必须建立在“知”的基础上。“情”要解决情感问题，是关键。情感是人审美心理结构的核心部分，人的任何行为都伴随着一定的情感。审美是在理智与情感、主观与客观上认识、理解、感知和评判世界上的存在，从而促进美的存在，同时能欣赏、品味或领会事物的美，再完成教育目标。“意”要解决意志问题，是美育教育的保障。推行生活美育，要特别注重培养个体审美的独立性、果断性。

陶行知在推行生活美育时指出：“知情意的教育是整个的、统一的。知的教育不是灌输儿童死的知识，而是同时引起儿童的社会兴趣与行动的意志；感情教育不是培养儿童脆弱的感情，而是调节并启发儿童应有的感情，主要的是追求真理的感情，在感情之调节与启发中使儿童了解其意义与方法，便同时是知的教育；使养成追求真理的感情并能努力与奉行，便同时是意志教育。意志教育不是发扬个人盲目的意志，而是培养合于社会及历史发展的意志。合理的意志之培养和正确的知识教育不能分开，坚强的意志之获得和一定情况下的情绪激发与冷淡无从割裂。现在我们要求在统一的教育中培养儿童的知情意，启发其自觉，使其人格获得完备的发展。”陶行知的这一段精辟论述，充满了生活教育和生活美育的辩证法。

今天我们研究陶行知生活美育“知情意合一”的当代价值，当然要完整地去领会、吸收和发扬光大。

纵观我国的美育发展，从孔子“礼”与“德”的心理追求，到完成“成于乐”“游于艺”的高境界美育，再到宋明理学将美育理论本体化、精致化、体系化，提倡洒落自得、浑然至乐的人生风范；从蔡元培筑基于中国传统文化特质，提出“以美育代宗教”，推动美育列入国民教育计划，到陶行知的生活教育、生活美育，达到真善美及知情意的统一，无一不饱含着人格审美求善的美育文化和美育精神。今天，我们更加深刻地领悟到生活美育的时代魅力。在中国共产党的领导下，中国工农红军不畏艰难险阻，爬雪山过草地的理想美；抗战时期中国共产党发挥中流砥柱作用，全体中华儿女同仇敌忾、百折不挠顽强御敌的意志美；解放战争时期解放军“宜将剩勇追穷寇”，夺取全国胜利的精神美；社会主义建设时期人民积极进取、建设家园的担当美；改革开放以来人民意气风发、革故鼎新的创新美；进入新时代以来人民同心同德、追梦圆梦的自信美……闪烁出时代之光、生活之光，激励着我们对生活美育始终保持正确价值标准和高尚理想境界，从而由真生信，由善生和，由美生爱，在对真善美的奉献过程中坚定信仰，在奋斗中完成自我超越和自我实现。

传承中华优秀传统文化与陶行知教育理念的结合

梧州学院　杨　奔

一、新时代弘扬教育家精神的价值

教育家精神作为推动教育事业发展的核心动力，在新时代具有特殊的价值。从政策引领来看，《中共中央 国务院关于弘扬教育家精神 加强新时代高素质专业化教师队伍建设的意见》明确提出了弘扬教育家精神的目标与举措，为教育工作者指明了方向。教育家精神不仅体现为对教育理想的执着坚守，更体现在对教育使命的担当，以及对教育创新的不懈探索。新时代，面对"培养什么人、怎样培养人、为谁培养人"的根本问题，弘扬教育家精神是回应时代需求的必然选择，是实现教育强国目标的关键路径。它从师德师风建设入手，影响着教育工作者的行为准则；通过社会动员，营造尊师重教的良好氛围，进而推动整个国家和社会的进步。为了更好地弘扬教育家精神，需要强化制度保障，完善教师队伍建设的各项机制；创新传播方式，讲好教育家的故事，让教育家精神深入人心，成为教育生态的底色。

二、中华优秀传统文化的教育价值

在全球化浪潮中，文化多样性面临着新的挑战与机遇。中华优秀传统文化作为中华民族的精神瑰宝，承载着数千年的文明传承，是实现中华民族伟大复兴中国梦的重要支撑。它蕴含着丰富的教育智慧，如尊师重道、学以致用等理念，对现代教育有着深远的影响。传统文化中的“修身、齐家、治国、平天下”，强调个人修养与社会责任感的培养，为现代教育目标的确立和教育内容的丰富提供了重要的指导。在教育领域，将中华优秀传统文化融入其中，不仅能够丰富教育内容，还能提供独特的教育方法和理念，培养学生的道德修养、人格品质和文化素养，增强学生的文化自信和民族自豪感。

三、陶行知教育理念的现代意义

陶行知先生以其“生活即教育”“社会即学校”“教学做合一”等极具前瞻性的教育理念，在中国教育史上留下了浓墨重彩的华章。“生活即教育”打破了传统教育中课堂和书本的局限，让教育与生活紧密相连，生活中的点滴都能成为教育的素材；“社会即学校”拓宽了教育的边界，使整个社会成为一个大课堂，鼓励人们在社会中学习成长；“教学做合一”强调实践的重要性，改变了重理论轻实践的教育倾向。在当今教育面临变革与挑战的背景下，陶行知的教育理念依然具有强大的生命力，为培养具备创新能力、实践能力和社会责任感的全面发展人才提供了宝贵的思路。

四、教育家精神与中华优秀传统文化的传承

（一）教育家精神的核心要义

教育家精神的核心要义包含多个关键要素。坚定的理想信念是基石，教育工作者需对教育事业满怀热忱，将培育人才作为矢志不渝的追求，无论遇到何种困难，都能坚守教育初心。高尚的道德情操是行为准则，要求教育工作者以身作则，以良好的品德和人格魅力感染学生，秉持公正、善良、宽容的价值观，引导学生树立正确的道德观念。扎实的学识素养是开

展教育工作的根本，教育工作者不仅要精通专业知识，还需具备深厚的教育理论知识和跨学科知识，以便因材施教。强烈的创新意识是推动教育进步的动力，应鼓励教育工作者勇于探索新的教学方法和模式，打破传统教育的束缚。无私的奉献精神是灵魂所在，意味着教育工作者不计个人得失，全身心投入教育事业，为学生的成长付出心血。这些要素相互关联、相互促进，共同构成了教育家精神的丰富内涵，在新时代激励着更多教育工作者投身教育事业，为培养德智体美劳全面发展的社会主义建设者和接班人贡献力量。

（二）中华优秀传统文化在教育中的应用

在现代教育体系中融入中华优秀传统文化，能极大地丰富教育内容。例如，开展经典诵读活动，让学生在诵读古诗词、文言文的过程中，感受古代文学的魅力，提升文学素养；进行传统礼仪教育，使学生了解并践行传统礼仪规范，培养良好的行为习惯和道德修养。通过这些方式，学生能够深刻理解和体验传统文化的魅力，增强对传统文化的热爱和尊重，从而树立文化自信和民族自豪感。尽管在传统文化融入教育的过程中会面临一些问题，如教育体系不完善、教学方法缺乏创新等，但通过构建一体化教育体系，从学前教育到高等教育制定连贯的传统文化教育规划；创新教学方法，采用体验式、探究式等教学方法激发学生兴趣；优化资源配置，加强师资培训和资源共享等策略，可以实现传统文化与教育的深度融合，为培养具有深厚文化底蕴和创新精神的人才奠定基础。

五、陶行知教育理念的实践与影响

（一）陶行知的“生活教育”理论

陶行知的“生活教育”理论强调教育与实际生活紧密结合，教育内容和方法源于生活且服务于生活。这意味着真正的教育不仅仅局限于学校课堂的知识传授，还包括生活技能的培训和生活态度的培养。例如，在日常生活中，引导学生参与家务劳动、社区服务等实践活动，让他们在实践中学习生活知识和技能，培养解决问题的能力。这种教育理念对传统教育思想构成了挑战，也为现代教育改革提供了深刻启示。通过将教育与生活实践相结合，能够提升教育的质量和效果，培养学生的实践能力和创新精神。

（二）创造教育与社会实践

陶行知提倡创造教育，注重激发学生的创造力和创新精神。他主张通过社会实践活动，让学生在实际操作中学习和成长。例如，组织学生参与科技创新活动、手工制作、社会调研等，让学生在实践中发现问题、解决问题，培养创新思维和实践能力。这种教育方式丰富了教育内涵，提高了教育的实效性。在现代教育中，创造教育和社会实践对于培养具有创新精神和实践能力的人才至关重要，而这些人才能够为社会的发展和进步提供有力支持。

（三）“博爱”教育理念的深入解析

陶行知的“博爱”教育理念强调教师要对所有学生一视同仁，给予广泛的关爱，注重学生的全面发展。在教育实践中，教师要关注学生的学习成绩，也要关心学生的身心健康、兴趣爱好和个性发展。例如，对于学习困难的学生，教师要耐心辅导；对于有特殊兴趣爱好的学生，要提供相应的发展机会。这种理念使教育更加人性化，提升了教育的温度，促进了学生的身心健康发展，为现代教育提供了重要的价值导向。

六、新时代教育家精神的弘扬与教育创新

（一）教育家精神在新时代的弘扬

在新时代弘扬教育家精神，需要教育工作者继承和发扬教育家的优良

传统，同时结合现代教育的需求不断创新。加强教师培训是关键举措，通过培训提升教师的专业能力，使其掌握先进的教育技术和教学方法；提升教师的道德水平，强化师德师风建设，使教师真正成为学生的榜样。此外，还可以通过开展教育交流活动、评选优秀教育工作者等方式，营造良好的教育氛围，激励更多教师践行教育家精神，推动教育事业的发展。

（二）教育创新与实践探索

现代教育创新要求教育工作者勇于探索新的教育模式和技术。可以利用现代科技手段，如人工智能、大数据等改进教学方法，实现个性化教学，提高教育质量。同时，积极开展实践探索，鼓励教师进行教学改革试验，不断调整和优化教育策略。例如，开展项目式学习、跨学科教学等，培养学生的综合素养和创新能力，以适应社会发展对人才的需求，为社会培养更多具有创新能力和实践能力的优秀人才。

陶行知教育思想指导中小学心理健康教育的实践思考

广西陶行知研究会　黎　君

中小学心理健康教育，是提高中小学生心理素质、促进其身心健康和谐发展的教育，也是加强和改进中小学德育工作、全面推进素质教育的重要组成部分。中小学生处在身体和心理发展的关键时期，有其重要的年龄特征。随着生理、心理的发育和发展，社会阅历的扩展及思维方式的变化，面对现代社会的发展，他们在日常学习、生活中，往往遇到自我意识、情绪调适、人际交往和升学就业等方面的心理困扰或问题。目前中小学心理健康教育的实施仍面临诸多挑战，如专业教师不足、缺乏相关培训、教育资源匮乏以及学生心理健康意识淡薄等。为了做好中小学生的心理健康教育工作，提高心理健康教育的有效性，本文倡导把人民教育家陶行知的教育思想应用于学校心理健康教育实践中，以教育家的精神引领教师提高专业素养，促进学生的全面发展。

一、陶行知教育思想指导学校心理健康教育工作的实践作为

（一）"生活教育"的实践作为

1934年10月13日《新生》第一卷第三十六期刊载的《教育的新生》一文中，陶行知先生深刻指出传统教育与生活教育的对立。传统教育者为

办教育而办教育，致使教育与生活割裂；生活教育者则坚信生活即教育，好生活成就好教育，坏生活带来坏教育。生活发生变化，教育才会随之改变。真正的教育应让生活与生活相互碰撞，以生活改造生活。陶行知说："我们要活的书，不要死的书；要真的书，不要假的书；要动的书，不要静的书；要用的书，不要读的书。总起来说，我们要以生活为中心的教学做指导，不要以文字为中心的教科书。"陶行知提倡通过生活实践来促进学生的全面发展。中小学心理健康教育强调融入学生的日常生活，使学生在自然环境中体验与学习，帮助学生提高自我认知与情感管理能力。在实施心理健康教育时，教师应关注学生的情感需求与社交互动，开展情景模拟、角色扮演等活动，以增强学生解决问题的能力。

（二）提高教师专业素质的实践作为

《中共中央 国务院关于弘扬教育家精神 加强新时代高素质专业化教师队伍建设的意见》指出："教师是立教之本、兴教之源，强国必先强教，强教必先强师。""经过3至5年努力，教育家精神得到大力弘扬，高素质专业化教师队伍建设取得积极成效，教师立德修身、敬业立学、教书育人呈现新风貌，尊师重教社会氛围更加浓厚。到2035年，教育家精神成为广大教师的自觉追求，实现教师队伍治理体系和治理能力现代化，数字化赋能教师发展成为常态，教师地位巩固提高，教师成为最受社会尊重和令人羡慕的职业之一，形成优秀人才争相从教、优秀教师不断涌现的良好局面。"陶行知说："在教师手里操着幼年人的命运，便是操着民族和人类的命运。""教师不仅要成为学生的知识传授者，更要成为学生的精神引领者。""要想学生好学，必须先生好学。惟有学而不厌的先生才能教出学而不厌的学生。""好的先生不是教书，不是教学生，乃是教学生学。"教师的素质在学校心理健康教育中起着至关重要的作用，教师的言行将影响学生的一生发展。教师不仅要具备心理健康知识，还应通过专业培训提升自身的心理辅导技能，以更好地服务于学生。在实际操作中，应建立教师心理健康支持系统，如定期组织心理健康培训和督导，增强教师的心理素质和应对能力。通过这样的方式，才能够有效地指导中小学心理健康教育，促进师生共同成长。教师应从学生兴趣入手，通过开展丰富多彩的活动，例如排演心理剧、进行团体辅导等，激发学生的参与热情，从而促进学生心理素质的提升。教师要有教育的情。陶行知说："爱满天下。"教师要爱所有的学生，不能只关心爱护学习成绩好的学生。陶行知在《糊涂的先生》中写道："你这糊涂的先生！你的学校成了害人坑！你的墨水笔下有冤魂！你说瓦特庸，你说牛顿笨，你说像个鸡蛋坏了的爱迪生。若信你的话，哪儿来火轮？哪儿来电灯？哪儿来微积分？你这糊涂的先生！你的教鞭下有瓦特，你的冷眼中有牛顿，你的讥笑中有爱迪生。你别忙着把他们赶跑。你可要等到：坐火车，点电灯，学微积分，才认他们是你当年的小学生？"教师要强调习惯养成，通过制定心理健康教育的日常规范来实施，帮助学生形成健康的情绪表达习惯与应对压力的能力。

（三）"健全人格"培养的实践作为

强国必强教，教育是立国之本。教育是社会进步的重要组成部分。教师是教育中的关键角色，教师的专业知识和道德品质对学生的人格培养至关重要。陶行知说："教育者不是造神，不是造石像，不是造爱人。他们所要创造的是真善美的活人。真善美的活人是我们的神，是我们的石像，是我们的爱人，教师的成功是创造出值得自己崇拜的人。先生之最大的快乐，是创造出值得自己崇拜的学生。说得正确些，先生创造学生，学生也创造先生，学生先生合作，而创造出值得彼此崇拜之活人。"教师是学生道德品质的榜样，教师的教育教学理念和方法对学生人格培养会产生重要的影响。具备良好道德品质的教师会注重培养学生的道德情操和人文精神。教师道德品质的提升有助于形成和谐的教育环境，能够建立良好的师生关系、教师和学生家长的关系，让教育目标更好达成。心理健康教育让教师拥有健全人格，而拥有健全人格的教师，才能培养出健全人格的学生，才能达成教育目标，培养德智体美劳全面发展的社会主义建设者和接班人。

（四）践行“教学做合一”的实践作为

“教学做合一”是陶行知倡导的“生活教育”理论的教学论思想，于1925年他在南开大学讲演时提出，并在此后的《中国师范教育建设论》《教学做合一》《艺友制的教育》等论著中多次阐发。他认为，“教学做合一”是生活现象的说明，也是教育现象的说明。在生活里，对事说是做，对己之长进说是学，对人之影响说是教。“教学做”是一体的。“做”是核心，主张在做上教、做上学。陶行知强调“从先生对学生的关系上说，做便是教，从学生对先生的关系上说，做便是学”，还要求“以教人者教己，在劳力上劳心”。

1. 师生有良好的认知

在心理健康教育中，心理健康知识要学习，要看、要听、要记忆、要思考、要分析。全体学生的心理健康教育、团体心理辅导、个别心理咨询都可以体现“教学做合一”。认知的第一要素是注意、是感觉，核心要素是思维。情感调节要回溯认知的过程，要练习调节的方法。

2. 培养学生积极的情感

在“教学做”的过程中，教师应给予学生积极的反馈和适当的奖励。陶行知说：“您不可轻视小孩子的情感！他给您一块糖吃，是有汽车大王捐助一万万元的慷慨。他做了一个纸鸢飞不上去，是有齐柏林飞船造不成功一样的踌躇。他失手打破了一个泥娃娃，是有一个寡妇死了独生子那么悲哀。他没有打着他所讨厌的人，便好像是罗斯福讨不着机会带兵去打德国一般的怄气。……”教师要学会培养学生积极的情感，让他们学会以积极的情感面对生活和学习，提高教育教学的效果。

3. 培养学生良好的意志品质

教师和学生在工作中、学习中、生活中遇到困难挫折，首先要解决动机斗争问题，确定行动的目标，选择达到目标的有效策略、方法和手段，并制定出切实可行的行动计划。然后，将行动计划付诸实行。在这个阶段，当事人需要坚定地执行所制定的行动计划，努力克服主观上和客观上遇到的各种困难，最终实现计划。这两个阶段在意志行动中起着重要的作用，能够帮助个体在面对挑战时做出决策并坚持执行，最终实现预定目标，在做的过程中锻炼意志的自觉性、果断性、坚韧性、自制性。

二、我国中小学校心理健康教育的现状

中小学校心理健康教育越来越受到重视。教育部发布了《关于加强中小学心理健康教育的若干意见》（教基〔1999〕13 号）。为进一步加强中小学心理健康教育，教育部制定了《中小学心理健康教育指导纲要》（教基〔2002〕14 号）。为进一步科学指导和规范中小学心理健康教育工作，教育部又印发了《中小学心理健康教育指导纲要（2012 年修订）》（教基一〔2012〕15 号）。政策支持与实施框架不断完善。

（一）我国中小学心理健康教育工作的成效

1．心理健康教育课程纳入教学计划

学校根据国家教育部门的要求，开设心理健康教育课程，明确心理健康教育在学生全面发展中的重要性和必要性。学时安排一般在每周 1 至 2 课时，内容涵盖自我认知、情绪管理、人际关系等。学校开展心理健康活动的频率也增加了，有心理健康知识宣传、心理剧表演、艺术治疗等多种形式，这些举措有助于学生心理素质的提升，使学生通过学习，学会学习和生活，正确认识自我，提高自主自助和自我教育能力，增强调控情绪、承受挫折、适应环境的能力，培养学生健全的人格和良好的个性心理品质。

2．有专门的心理健康辅导室

2023 年的有关调查数据显示，全国范围内，中小学心理健康教育覆盖率接近 80%。75% 的中小学设立了心理咨询室，配备了基本的心理健康教育工作的设备，大部分中小学校安排有专业的或兼职的心理健康辅导教师，大部分教师掌握了心理测评工具、游戏疗法和团体辅导等多样化的心

理干预手段，有效促进了学生的心理健康。

3．现代教育技术融入学校心理健康工作

为了应对日益增长的心理健康需求，部分市县教育部门和有条件的学校，开始探索心理健康教育的线上平台。部分学校有了学校心理健康教育管理系统，形成线上陪伴与线下辅导相结合的方式。这一举措可以根据教师和学生的不同需求，给予不同的帮助和建议，既减轻了心理教师的工作压力，也减轻了学生的心理焦虑。

4．关注心理健康教育教师的配备和培训

《中小学心理健康教育指导纲要（2012 年修订）》明确规定：心理健康教育是一项专业性很强的工作，必须大力加强专业教师队伍建设。各地各校要制订规划，逐步配齐心理健康教育专职教师，专职教师原则上须具备心理学或相关专业本科学历。每所学校至少配备一名专职或兼职心理健康教育教师，并逐步增大专职人员配比，其编制从学校总编制中统筹解决。地方教育行政部门要健全中小学心理健康教育教师职务（职称）评聘办法，制订相应的专业技术职务（职称）评价标准，落实好心理健康教育教师职务（职称）评聘工作。心理健康教育教师享受班主任同等待遇。

广西陶行知研究会在岑溪市的培训项目，自 2019 年开始，连续 6 年，都安排有心理健康教育的专题，还专门组织了两期学校心理健康教育教师培训班。培训专题有：国家教育部关于心理健康教育的文件解读、学校心理健康教育课程的设计和实施、心理健康辅导室的建设和使用、心理健康辅导的方法和案例分析、情绪的管理与调节、良好意志品质的培养、如何建立良好的人际关系、家校联动关系协调等等。“送教进校”公益活动，也有教师心理健康教育的专题。

（二）当前中小学心理健康教育工作存在的问题

1．心理健康教育的资源不足

一些欠发达地区的教育经费投入不足。心理健康教育的工作经常被繁重的学业替代。在农村及偏远地区，学校心理健康教育的资源更为短缺，特别是专业教师欠缺，有的专业教师还被安排其他学科课程，无法开展个别辅导工作。心理健康教育的课程资源匮乏。

2．教师的专业素质参差不齐

专职的心理教师走出大学校门后，就没有再接受过系统的专业培训。兼职的教师是因为其他课时不够而被分配上心理健康课的。据了解，有高达 40% 的学校心理辅导教师数量不足或资质不符合标准，在一定程度上限制了心理健康教育的深入开展，导致教育质量参差不齐。

3．学校心理健康教育没有全面开展和渗透

教师只关注学业压力大或表现异常的学生，心理健康教育普及性不够，中小学校心理健康教育工作发展不平衡。

4．对心理健康教育的重要性认知不足

部分教师和学生、学生家长对心理健康问题的认知偏差也制约了心理健康教育的有效性与接受程度，导致教育效果不理想。

三、中小学校心理健康教育的案例分享

陶行知先生说："真教育是心心相印的活动，惟独从心里发出来的，才能达到心的深处。"广西陶行知研究会自 2005 年开始建设"陶行知教育思想实验学校"，至今已 20 年了，已建设有 299 所。实验学校以陶行知教育思想为指导，在心理健康教育工作中，取得了很好的效果。

（一）桂林市中山中学的实践与成效

桂林市中山中学是公办中学，前身为广西中山纪念学校；1938 年 12 月，陶行知先生于此创建了生活教育总社并任社长；1966 年更名为桂林市第九中学；1985 年更名为桂林市中山中学。2010 年获批成为"陶行知教育思想实验学校"，2015 年被批准为广西壮族自治区示范性普通高中。学校办学特色是：培养担当精神，推行生活教育，践行多元共生。秉持"知行合一"的教育理念，通过全方位提升教师的师德修养、专业发展能力，

校园文化建设以及教育教学能力，学校成功培育了一支敬业奉献、乐于教育、业务精湛的高品质教师团队。学校心理健康教育专职和兼职教师通力合作，并寻求高校心理健康教育专家的援助，成立了心理健康辅导小组，针对不同年级的学生提供个性化的心理辅导，以推动学校心理健康教育的发展，提升全校师生的心理健康意识，培养学生积极、乐观的心理品质，营造有利于全校师生身心健康和谐发展的校园文化氛围，为学生的学习和生活保驾护航。2024 年，该校以“5·25”心理健康日为契机，开展了“心灵相伴共成长，中山同行快乐游”为主题的心理健康月系列特色活动。其中该校的家校协同育人参赛作品《校园欺凌》《向阳而生》分别荣获三等奖。通过这些活动，师生们一同感受着生命能量的流动、心灵的治愈、祝福心意的传递，期许着美好的未来。此外，该校心理专职教师也十分注重基础教学教研，2024 年完成 1 个桂林市教育科学“十四五”规划个人课题《新高考背景下高一学生生涯规划教育实践研究》，2 个广西教育科学“十三五”“十四五”规划课题《普通高中生涯教育的现状分析与对策研究》《高中生选考科目与个人志向相结合研究》。学校先后被授予全国国防教育示范学校、全国生态文明教育示范学校、全国优秀陶研学校、自治区新课程新教材基地示范校、自治区级校本研修示范校、桂林市中小学家长学校示范校、桂林市思政教育特色示范校等荣誉。

（二）钦州市外国语学校的实践与成效

钦州市外国语学校创办于 2000 年 4 月。学校践行“每个学生都是宝贝”的办学理念，以“健全人格、发展个性”为育人目标，秉持“世界视野、中国胸怀”的校训，涵育“各美其美、美美与共”的校风、“各善其美、尽善尽美”的教风和“求真求美、至真至美”的学风，弘扬“知行合一、经世致用”的治学精神。学校从 2013 年开始打造心理健康教育师资团队，拥有一批专业心理咨询师，开发了“健全学生人格”“提升教师幸福”“促进家庭和谐”“服务社会需要”四大模块心育校本课程，建设有“心怡”“心悦”“心舒”“心畅”四个心理工作坊，被评为“广西示范心理辅导室”。校长李达通是心理健康专业正高级教师、首批“自治区基础教育教学指导委员会心理健康专业委员会”委员、首批“广西中小学心理健康教育名师工作室”主持人。学校心理健康教育工作于2019年、2021年两次获得“广西基础教育自治区级教学成果奖”。2015年4月，广西陶行知研究会授予该校“陶行知教育思想实验学校”称号。2015年被教育部评为首批“全国中小学心理健康教育特色学校”。2022年被自治区党委、自治区人民政府授予“自治区文明校园”荣誉。2024年被教育部列入首批“全国中小学科学教育实验校”。

（三）南宁市云景路小学的实践和成效

南宁市云景路小学创办于2012年8月，以陶行知“生活教育”理念引领心理健康教育工作。学校成立医疗专家参与的领导小组和心理行动小组，由专职心理教师与医院心理医生携手，为学生提供专业评估。定期心理评估、鉴别诊断与建立档案，确保每名学生都能得到关爱。每学期“送医入校”等活动，更是将医疗资源引入校园，实现教育与医疗的深度结合，共同守护学生身心健康，促进学生全面发展。深入挖掘和利用家庭、社区、医院等多元教育资源。学校编写心理调适手册，通过热线宣传心理知识，设置家委会，开展各类研学活动，家校社联动，共育学生全面发展，共同构建幸福成长环境。陶行知说:“处处是创造之地，天天是创造之时，人人是创造之人。”云景路小学鼓励学生动手动脑，开展科技创造活动。2020年10月，广西陶行知研究会授予该校“陶行知教育思想实验学校”称号。2020年、2021年获得“全国青少年人工智能活动特色单位”称号。还是“广西中小学心理健康教育特色学校”，学校的心理辅导室连续10年被评为南宁市“示范心理辅导室”。组织的心理健康教育特色活动“百人沙盘”被评为广西中小学“5·25”心理健康教育文化节特色活动。家庭教育案例“积极鼓励，与善同行”荣获自治区中小学优秀家庭教育案例。校园心理剧《让我照亮你》荣获广西中小学幼儿园案例教育情景剧比赛特等奖;《小学生提高抗逆力小贴士》荣获广西中小学优秀心理危机应急图文小贴士二等奖等。由李中校长、李妙珍老师撰写的论文《“五化心育”模式在小学心理健康教育的实践与反思》发表在由国家教育部主管的《生活教育》期刊上（2024 年 9 月中旬）。

四、中小学心理健康教育工作的发展愿景

陶行知的教育思想为中小学心理健康教育提供了深厚的理论支持和实践指导。在新时期背景下，学校教育工作者应充分理解和运用陶行知“生活教育”的理念，把学校心理健康教育与日常教育教学高度融合起来。鼓励教师和学生在实践中感悟、反思，从而增强学生的适应能力、学习能力、创造能力。

（一）加强对中小学心理健康教育工作的领导和管理

各级教育行政部门应切实加强对心理健康教育工作的领导，制定规章制度，明确责任部门和负责人，支持和指导中小学开展心理健康教育工作。学校领导要加强对学校心理健康教育工作的管理，学校要通过多种途径和方式，结合教育教学实际，保证心理健康教育时间。各级教育行政部门要将心理健康教育工作列入年度工作计划，安排足够的专用经费，并将心理健康教育工作纳入学校督导评估指标体系之中，教育督导部门应定期到学校开展心理健康教育专项督导检查。持续开展中小学心理健康教育示范校创建活动，“以点带面”，推动心理健康教育的正常发展。

（二）加强心理健康教育教师队伍建设

1. 关心教师的心理健康

各级教育行政部门和学校要关心教师的工作、学习和生活，从实际出发，采取切实可行的措施，减轻教师的精神紧张和心理压力。要把教师心理健康教育作为教师教育和教师专业发展的重要方面，为教师学习心理健康教育知识提供必要的条件，使他们学会心理调适，增强应对能力，有效

地提高心理健康水平和开展心理健康教育的能力。

2．要逐步配齐心理健康教育专职教师

每所学校至少要配备一名专职或兼职心理健康教育教师。心理辅导是一项科学性、专业性很强的工作，心理健康教育教师应遵循心理发展和教育规律，向学生提供发展性心理辅导和帮助。心理健康教师开展心理辅导必须遵守职业伦理规范，在学生知情自愿的基础上进行，严格遵循保密原则，保护学生隐私，同时谨慎使用心理测试量表或其他测试手段，不能强迫学生接受心理测试，禁止使用可能损害学生心理健康的仪器，要防止心理健康教育医学化的倾向。

3．教育行政部门要将心理健康教育教师培训纳入教师培训计划

分期分批对区域内心理健康教育教师进行轮训，切实提高专、兼职心理健康教育教师的基本理论、专业知识和操作技能水平。要在针对中小学校长、班主任和其他学科教师等的各类培训中增加心理健康教育的培训内容，建立分层分类的培训体系。陶行知先生说："要想学生好学，必须先生好学。惟有学而不厌的先生才能教出学而不厌的学生。"教师积极主动地参加培训，掌握足够的知识和技能，教育教学效果会更好。

（三）按要求设置心理健康教育课程与实施

1．注重实践性与实效性相结合

要根据学生身心发展的规律和特点及心理健康教育的规律，科学开展心理健康教育，注重心理健康教育的实践性与实效性，切实提高学生心理素质和心理健康水平。将适合学生特点的心理健康教育内容有机渗透到日常教育教学活动中。要注重发挥教师人格魅力和为人师表的作用，建立起民主、平等、相互尊重的师生关系。要将心理健康教育与班主任工作、班团队活动、校园文体活动、社会实践活动等有机结合，充分利用网络等现代信息技术手段，多种途径开展心理健康教育。

2．注重跨学科学习

结合心理学、教育学与社会学的理论，设计具体的心理健康课程。以

多媒体教学、模拟演练等方式提高课堂的趣味性和吸引力，围绕情绪管理、压力应对、人际交往等主题设置课程。要树立心理健康教育意识，尊重学生，平等对待学生，注重教育方式方法，关注个别差异，根据不同学生的特点和需要开展心理健康教育和辅导。

3. 以教学相长为原则

强调教师与学生的互动关系。陶行知先生说："教师的职务，是'千教万教，教人求真'，学生的职务，是'千学万学，学做真人'。"在教育教学过程中，教师不仅要传授知识，更要关注学生的心理状态，构建和谐的师生关系，积极倾听学生的声音，及时发现并解决学生的心理问题。通过开展心理健康知识讲座、团体辅导和个别咨询等多样化活动，提升学生自我认识和情绪调节能力。学校应将心理健康教育始终贯穿于教育教学全过程。

（四）学生的心理发展、问题预防和危机干预相结合

要立足教育和发展，培养学生积极心理品质，挖掘他们的心理潜能，注重预防和解决发展过程中的心理行为问题，坚持面对全体学生与关注个别差异相结合、教师的主导性与学生的主体性相结合。教师要有很好的敏感度，及时发现学生的问题，及时给予学生帮助，在应急和突发事件中及时进行危机干预，处理要规范。如果学校专业人员力量不足，要求助专业机构的心理医生或者警力支持。教师要充分发挥和调动学生的主体性，引导学生积极主动关注自身心理健康，培养学生自主自助维护自身心理健康的意识和能力。

（五）要完善心理辅导室的建设

心理辅导室是心理健康教育教师开展个别辅导和团体辅导，指导帮助学生解决在学习、生活和成长中出现的问题，排解其心理困扰的专门场所，是学校开展心理健康教育的重要阵地。要根据教育部对心理辅导室建设的基本标准和规范要求，配置心理健康辅导的设备，如沙盘游戏、减压

放松、团体辅导等需要的设备。在心理辅导过程中，教师要按照专业规范操作，树立危机干预意识，对个别有严重心理疾病的学生，能够及时发现并转介到相关心理诊治部门，及时解决问题，保障学生心理健康正常发展。

（六）密切联系家长共同实施心理健康教育

学校要帮助家长树立正确的教育观念，了解和掌握孩子成长的特点、规律以及心理健康教育的方法。引导学生家长加强亲子沟通，注重自身良好心理素质的养成，以积极健康和谐的家庭环境影响孩子。学校、家长要相互学习交流，学校要为家长提供促进孩子发展的指导意见，协助他们共同解决孩子在成长过程中的心理行为问题，帮助孩子训练正向行为习惯。

（七）加强心理健康教育的科学研究

陶行知说:“教育必须是科学的。这种教育是没有地方能抄袭得来的。我们必须运用科学的方法，根据客观情形继续不断的把它研究出来。而且，这种教育的内容也必须包含并着重自然科学与社会科学，否则不得前进。”各级教育行政部门要加强指导，增加经费投入，将心理健康教育纳入教育科学研究规划，积极组织相关课题申报和优秀成果评选。要积极引导高等学校、科研机构的研究人员开展相关研究，为心理健康教育实践提供理论基础和科学依据。要坚持理论与实践相结合，组织专家学者、教研人员、一线教师和学校管理人员结合实际情况积极开展心理健康教育教学研究，在实践中丰富完善心理健康教育理论，不断提高心理健康教育科学化水平，促进中小学学校教育正向积极发展，让每一个中小学生都能健康快乐成长。

学陶师陶永远在路上

百色学院　凌绍崇

甲辰年初冬，在崇左市召开的广西陶行知研究会2024年学术年会暨“弘扬教育家精神，传承陶行知思想”主题论坛，围绕着两个关键词“教育家精神”“陶行知思想”展开。与会者集中在一个宽敞的礼堂里，整整开了两个上午的会。会场里没有人来回走动，没有人翻看手机，没有人交头接耳，只有报告人的演讲声、听众的呼吸声和笔尖的沙沙声。过后，一位区外的著名学者赞誉道：“这么好的会风是我所很少遇上的。”这样的话语，几年前，我也曾听一位省部级领导这样说过。确实，岂止是这次研讨会，广西陶行知研究会召开的历次会议，会风都出奇的好，这是有目共睹的。

是什么内容，竟让与会者如此全心投入？是什么力量，能使人们这样执着？这便是学习陶行知教育思想、弘扬教育家精神的收获所在。与会者几乎都是教师，这是一支教书育人的队伍。他们是为学习和实践陶行知教育思想而来，为学习教育家精神而来，为交流教育改革经验而来，为获取新知而来。

这是学陶师陶活动的一个缩影。

育才造士，为国之本。时代呼唤教育家精神。广大教师以陶为师，学习陶行知教育思想，弘扬教育家精神，追随陶行知先生致力于人民教育事业，推进教育改革，为国家培养德智体美劳全面发展的社会主义现代化事业的建设者和接班人。这是广大教育工作者的责任和使命，这是人民教师的初心。

什么是教育家精神？2023 年 9 月，习近平总书记致信全国优秀教师代表，明确提出并深刻阐释了中国特有的教育家精神：“教师群体中涌现出一批教育家和优秀教师，他们具有心有大我、至诚报国的理想信念，言为士则、行为世范的道德情操，启智润心、因材施教的育人智慧，勤学笃行、求是创新的躬耕态度，乐教爱生、甘于奉献的仁爱之心，胸怀天下、以文化人的弘道追求，展现了中国特有的教育家精神。”并号召全国广大教师“以教育家为榜样，大力弘扬教育家精神”，激励广大教师奋发有为，勇毅前行。

教育家精神与陶行知思想所指目标是一致的，其内涵是吻合的。陶行知是一位伟大的教育家，他的身上体现出伟大的教育家精神，他的教育理念和“四有好教师”的标准不谋而合；他的“教人求真”的教育目标，“不带半根草去”的无私奉献，“爱满天下”的教育博爱情怀，是每一个教师应当追求的目标；他的“教学做合一”的教学观念，成为千百万学陶人的追求与共识。陶行知教育思想博大精深，教育家精神内涵深邃，对当今教育改革具有现代意义。

陶行知先生与广西有着不解之缘。

八十年前，陶行知先生应邀来到桂林，在中山纪念学校发表了“生活教育”理论学说，并开创了生活教育服务社。当年的纪念学校如今已经成为桂林市中山中学。2018 年 12 月，由中国陶行知研究会和广西陶行知研究会主办的“生活教育社成立八十周年纪念大会暨新时代教育发展研讨会”在桂林召开。当我们走进桂林市中山中学，迎面看到孙中山先生的塑像庄严矗立。在篮球场的东北方向一隅，长着三棵树。1938 年 12 月 15 日，生活教育社举行盛大的成立大会，陶行知就站在这里，面向两千多名听众，进行了“生活教育”学说的演讲。现在在原址上，矗立着一座陶行知先生的塑像。陶行知的孙女陶铮女士看着塑像说道：“雕画得真像爷爷！”这位年届七十的北京市陶行知中学的高级教师，尽管已退休多年，但仍以教育为己任，宣传陶行知教育思想，以自己的言行践行着她爷爷的事业。

当年，陶行知来到桂林，开启了“生活教育”的先河。“生活教育”理论学说很有意义，它是陶行知完整的教育理论体系中最精彩的部分，是根植于中国本土的、充满活力的、具有当代价值的教育科学理论。他基于国际视野的、不断发展的“生活教育”理论与他来自中国实践的、不断进步的世界观紧密相连，时隔八十年，仍然闪耀着先进的光芒。

八十年是一段不短的岁月，学陶师陶活动也走过了一段漫长的路程，如今“陶花”盛开，教育鲜活，陶行知教育思想实验学校建设如火如荼，仅八桂大地上就拥有 290 多所。

我参加广西陶行知研究会已有二十余年了。这是一种缘分，也是一份责任。能让一个人在这里待那么长的时间，研究会一定有其吸引人的地方。

研究会是一个学术团体，是求知识、求学问的地方，有着很强的向心力。陶行知“捧着一颗心来，不带半根草去”的情怀，他那“千教万教，教人求真”的真谛，令人动容。多年来，在研究会里，我曾看到过前两任老会长陈素华、潘运琛专心学习的情景，他们虽然头发花白，已是耄耋老人，但精神矍铄，对知识有着永远渴求的情怀。更让我惊奇的是，著名教育家雷沛鸿遗孀马清和先生，当时已是九十高龄，仍端坐在会场里专心致志地听着比他小一半多年龄的人做的讲座，并认真地做着笔记。这些让我感怀，让我振奋。这是一种无声的教诲，一种执着的精神，一种励志的榜样。

在历次的研讨会上，我曾聆听过陶行知先生的孙女陶铮、曾孙陶侃前来讲学，曾聆听过历任中陶会领导金林祥、周洪宇、顾久、吕德雄、陈洛的学术报告，还聆听过其他的陶学专家郑增仪、朱建人、汤勇、于殿利、何文秋、徐书业、王兴辉、杨奔、李克、卫荣凡、黎君等人的学陶师陶主旨演讲。他们站在讲台上，就是以陶为师，追寻陶行知先生的足迹，弘扬教育家精神，追求人生理想，脚踏实地，勇于实践，铸魂育人。

研讨会上最精彩的部分自然是各实验学校校长的发言。榜样的力量是无穷的。在 2024 年 11 月的崇左会议上，从几位校长的演讲中，就可以看出他们水平是很高的，思想是深刻的。他们从教育实践中，悟出教育家精神的丰富内涵。梁燕丽校长在首府学校环境中如何加强党建与育人，如何加强校园文化建设的见解；林广武校长“勾漏教学法”的教育实践总结；张焰校长从“感恩文化”到“凤岭文化”过程的介绍；何深宇校长把一个后进的学校办成一个有希望的先进学校的举措；梁俊玉校长的“我与校长有约”的情怀，让校园文化融入每一个学生血液中的理念；莫苑艺园长“向儿童学习”，做有温度的幼儿教育的思想境界……他们的教育理念和教育实践，是每一个教育工作者追求的梦想和成就，也是我们所领会的教育家精神内涵。

他们是实干家和实践者，是教育行家。他们身上，体现着教育家的品质。可见，教育家精神，不仅源于千百年来优秀教育家的品质，也源于新时代广大教师的努力。

研究会在南宁、桂林、梧州、北海、百色、玉林、贵港、钦州、崇左等市都举办过研讨会。所参观的学校，无不彰显出学陶师陶的办学特色，所树立的典型是过硬的，是有经验可学的。

这些年来，为学陶师陶研陶，我曾与同行到过北京、上海、山西等地考察，还走访了广西壮族自治区内不少陶行知教育思想实验学校。这些实验学校，其中有许多是处于革命老区的学校，都设置了基础教育、学前教育和职业教育的各级各类教育机构。走访这些学校是一种享受，一种情缘的感受。与其说到那里观摩、调研、考察，不如说是一种学习提高的机会。不知何缘故，外出时，我还喜欢到大学和其他中学、小学的校园里走一走，接触不同年龄的求学者，尤其是生龙活虎的年轻一代，感受他们的精神世界。他们明亮的眼神和灿烂的笑脸，令人陶醉，让人奋发。

我的人生，大都在校园里和祖国的花朵一同度过，沐浴在灿烂的阳光下，感受着知识与智慧的熏陶，对教育有一种特殊的情怀。我曾在研讨会上，对陶行知的创造思想、生活理论和校园文化建设等问题提出自己的学术观点和见解，向师者学习，向能者请教，与同行磋商，与朋友交流，与学生一同探索，赢得大家的鼓励和支持，汲取了很多知识的乳汁和力量的源泉。在供职的学校里，我指导过大学生陶行知教育思想研究会进行学陶师陶研陶，领略立德树人的风采，与年轻一代一同培育“陶花”，践行陶行知教育思想，让“陶果”遍及祖国大地；也与这些青年大学生切磋讲课技巧，感悟快乐与责任；还曾当面向年迈的师长请教，他们的谦逊和厚学，是我们学习的楷模。

我所在的百色学院前身广西省立田西师范学校的首任校长岑永杰先生，当年他选修过陶行知先生的课，到过陶行知先生创办的晓庄师范学校进行实习，当面聆听陶行知先生的教诲，亲身体验陶行知先生教育实践的乐趣，亲身感受陶行知先生教育救国的情怀。在陶行知先生教育思想的影响下，他毕业后，不留恋大城市，而是毅然回到家乡，抗战时期还创办了一所晓庄师范式的学校。他放弃西装革履，走进大山原野，践行陶行知教育思想；他的一生都与教育有着特殊的情缘。如今，在百色学院的校园内，矗立着这位教育家的塑像，激励着后人为教育事业奋斗终生，让这片热土有更多的陶行知教育思想的传承人。

正是这种榜样的力量，让我们感悟到学陶师陶和弘扬教育家精神的时代意蕴，从教育家的身上看到了教师的伟大和崇高；也从中看到，在教育实践中要具备教育家品质，以实际行动践行教育家精神，一定要在教育事业中勇于探索，哪怕道路曲折，也应不屈不挠，砥砺前行。坚持守正创新，促进教育事业高质量发展，这是时代赋予我们的职责和使命。

路就在脚下。

陶行知教育思想的当今实践应用

南宁师范大学　杨小艳

“捧着一颗心来，不带半根草去”是陶行知先生一生无私奉献教育事业的生动写照。他所提倡的“生活即教育”“社会即学校”“教学做合一”等教育理念，构成了一套完整且具有前瞻性的教育思想体系，而“敢探未发明的新理，敢入未开化的边疆”所彰显的创造精神，更是为这一思想体系注入了源源不断的活力，成为激励教育工作者不断探索和创新的精神动力。在弘扬教育家精神、加强新时代高素质专业化教师队伍建设的时代背景下，深入探讨陶行知教育思想的应用，是传承和发展优秀教育传统的助推力，更是为解决当下教育问题和推动教育改革发展提供新思路和新方法的有效途径。

一、陶行知教育思想核心内容的形成背景与内涵分析

（一）陶行知教育思想核心内容的形成背景

陶行知先生是我国伟大的人民教育家，1891 年出生于安徽歙县。1914 年毕业于金陵大学，后赴美留学，师从杰出的教育家杜威先生。1917 年回国，反对“沿袭陈法，异型他国”。1927 年起，先后创办晓庄师范学校、山海工学团、晨更工学团、劳工幼儿团，首创“小先生制”，成立中国普及教育助成会，开展“即知即传”的普及教育运动，发起组织生活教育

社，先后创办育才学校和社会大学，并创立了“生活教育”学说。

“生活教育”学说集古今中外教育思想精华，内涵宏富，论述精当且富有远见，奠定了我国教育改革和发展的思想基础。其深刻的内涵和广泛的实践价值，为我国当今教育实践指明了方向。

（二）陶行知教育思想的内涵分析

陶行知先生向来反对旧的、传统的，特别是封闭的、僵化的教育，倡导开放型的、与实际生活紧密联系的新型教育。“生活即教育”“社会即学校”“教学做合一”三大主张是陶行知教育思想的理论核心，主张教育应根植于社会需求与个体发展。“生活即教育”主要强调教育与生活的紧密联系，即过怎样的生活就要做怎样的教育，教育是生活的、行动的、大众的、前进的、世界的，是与历史有联系的。“社会即学校”就是要打破学校与社会之间的壁垒，认为社会就是一个大的学校，生活中的一切场所都可以成为教育的课堂。“教学做合一”则是认为教的法子要根据学的法子，学的法子要根据做的法子；事怎样做就怎样学，怎样学就怎样做，教师要引导学生在实践中学习知识、掌握技能，培养学生的创新精神和实践能力。学生在“做”的过程中不断思考、探索，将所学知识与实际操作相结合，从而实现知识的内化和能力的提升。可以说，陶行知教育思想的核心理念不仅具有历史前瞻性，更与新时代我国“立德树人”“五育并举”“核心素养”等教育理念高度契合，为破解当前教育领域存在的“五育失衡”“素养缺失”等现实问题提供了有益的思路和方法。

二、陶行知教育思想的当今实践应用

（一）陶行知教育思想在校园文化建设中的应用

校园文化建设是学校教育的重要组成部分，也是全面育人不可或缺的重要环节，它不仅是展现校长教育理念和学校特色的窗口，更是营造育人氛围、提升学校内涵的重要途径。陶行知教育思想为校园文化建设提供了独特且富有价值的指导方向。在打造学校的主题文化、环境文化、课程文化、活动文化、制度文化等内容时，可以充分结合陶行知教育思想，同时兼顾学校的历史传统、地理环境等因素，进行重点打造和特色建设。

首先，学校可以围绕陶行知先生提出的“为着向前向上的生活”“生活处处皆教育”的理念，充分挖掘各种潜在的硬环境和软环境资源，巧妙地将学校文化主题与学校的办学目标融为一体。比如，桂平市西山镇中心小学充分挖掘学校的历史文化，以曾经的校名“桂平表正中心校”，打造“正”文化的校园文化主题；桂平市城西小学则以学校的一株老木棉树为基点，从木棉树的寓意打造“木棉”文化的校园文化主题；桂平市第一中学挖掘出杰出校友黄日葵等烈士，凝练主题，打造“传承红色基因 培育时代新人”的校园红色文化教育主题；广西城市建设学校通过可持续发展教育、健康生活等教育理念打造绿色校园文化主题。

其次，“生活即教育”强调教育与生活的紧密联系，启示学校在校园文化建设中，要充分融入生活元素，注重营造生活化的环境，构建生活化的校园文化环境，让校园处处都有文化主题的影子。比如，将校园文化主题，包括学校的“一训三风”、办学思想等嵌入学校的走廊文化中；在学校所有的宣传物，包括学生的校服，教师使用的笔记本、听课本上都打上学校的 Logo 印记；在打造区域文化，比如班级教室、功能室文化时，凸显文化的多元性，让校园充满生活气息，达到处处皆育人的效果，让师生在潜移默化中陶冶情操，丰盈心灵。同时，学校还可以根据实际情况设置校园种植园、养殖区、手工制作区等，并由此凝练成学校的校本课程。种植园可以让学生亲自参与种植过程中的管理，包括播种、浇水、施肥到收获，让学生体验到劳动的艰辛和丰收的喜悦，培养他们热爱劳动、勤俭节约、吃苦耐劳的良好品格，并提升他们的责任感；养殖区可以让学生喂养小动物，培养他们的爱心和责任感；手工制作区可以引导学生充分利用废旧物品制作各种手工工艺品，培养学生的动手能力和环保意识等。比如广西民族师范学院附属第一小学以陶行知教育思想为核心，构建了“生活教育”课程体系，包括基础型、拓展型和探究型课程。基础型课程注重知识与生活实际结合，开发校本特色课程，涵盖种植体验、手工技艺等实践领域；拓展型课程开设了机器人、书法、武术等特色课程，满足学生兴趣爱好；探究型课程以“小课题”研究为载体，涵盖自然科学、社会人文等多个领域，培养学生的创新思维和实践能力。

再次，学校可以根据“社会即学校”的思想，积极组织学生开展各种社会实践活动，将社会资源引入校园文化建设，丰富校园文化的内涵。陶行知先生说：“马路、弄堂、乡村、工厂、店铺、监牢、战场，凡是生活的场所，都是我们教育自己的场所。”因此，学校可以结合当地所具有的资源组织学生参观科技馆、博物馆、历史遗迹等，让学生与社会直接接触，在参观过程中了解科学知识、历史文化，拓宽视野，更重要的是培养他们的社会责任感和公民意识。学校还可以开展社区服务活动，如关爱孤寡老人、义务环保宣传等，培养学生的社会责任感和奉献精神。同时，学校还可以结合当地的传统文化特色，精心开发特色实践课程，开展特色文化课程。比如，梧州市工厂路小学深入挖掘梧州本地文化底蕴，把舞狮、粤剧、寄生茶等非遗文化引进校园，创造性地融合“臻彩课程”（包括“陶趣工坊”课程、“臻彩田园”课程、“经典诵读与演绎”课程等）体系，项目式推进一班一品展非遗、非遗传人进课堂、团队研学寻非遗，弘扬传统文化，培育非遗接班人。这些特色课程极大地丰富了学校的课程体系，充分满足了学生多元化发展的需求，为学生的个性成长铺设了坚实的道路。

最后，在校园文化活动中，学校贯彻“教学做合一”的思想，能够提高活动的实效性。比如，学校在开展科技创新活动时，可以鼓励学生自己动手设计、制作科技作品，在这个过程中，学生不仅要学习相关的科学知识，还要通过实际操作将理论知识转化为实际成果。教师在活动中扮演指导者的角色，引导学生在“做”的过程中发现问题、解决问题，培养学生的创新思维和实践能力。这种以实践为核心的校园文化活动，符合陶行知教育思想的要求，能够激发学生的学习兴趣和参与热情。

（二）陶行知教育思想在教师专业发展中的应用

邓小平同志曾经指出："一个学校能不能为社会主义建设培养合格的人才，培养德、智、体全面发展、有社会主义觉悟的有文化的劳动者，关键在教师。"教师之所以重要，是因为教师的工作是塑造灵魂、塑造生命、塑造人的工作，这种工作关乎学生的未来、民族的希望和国家的前途。因此，建设一支高素质、专业化的教师队伍，是筑牢教育强国根基的关键所在，也是实现教育高质量发展的核心保障。陶行知先生的教育思想以其深刻的内涵和广泛的实践价值，为教师的专业发展提供了宝贵的理论指引。其中，"生活即教育""社会即学校""教学做合一""爱满天下"等核心理念，不仅为教师更新教育理念、提升教学能力、塑造道德素养提供了丰富的思想源泉，更为教师在新时代背景下更好地履行育人使命指明了方向。

首先，树立正确的教育理念，明确教师的专业发展方向。陶行知先生提出的"生活即教育"思想，为教师的教学实践提供了重要的理论指引。教师在教学过程中，要将教学内容与学生的生活实际相结合，使教学更具趣味性和实用性。比如，在语文教学中，教师可以引导学生关注生活中的语文现象，如广告语、招牌名等，让学生从生活中学习语文知识，分析其语言特点和表达技巧。通过这种方式，学生可以在真实的生活情境中学习语文知识，提升语文素养。在数学教学中，教师可以引入生活中的数学问题，如购物打折、房屋面积计算等，让学生运用所学数学知识解决实际问题，增强学生对数学的应用意识。陶行知先生还强调："教育者，乃为教养学生而设，全以学生为中心，故开办学校、聘请教师，无一非为学生也。"因此，教师要确立以学生为中心的教育观，深入了解学生的兴趣、需求和学习特点，因材施教，把学生视为学习的主人。在课堂上，教师应鼓励学生积极参与讨论、提问和探究，培养学生的自主学习能力和独立思考能力。通过这样的教学方式，学生不仅能够掌握知识，更能学会如何学习、如何思考，从而为他们的终身发展奠定坚实的基础。

其次，提升教师的实践能力，夯实专业发展基础。"教学做合一"是陶行知教育思想的重要方法论。在《中国乡村教育之根本改造》一文中，陶行知先生指出，活的乡村教师要有农人的身手，科学的头脑，艺术的兴味，改造社会的精神。活的乡村教育要有活的方法；活的方法就是教学做合一。因此，学校可以通过组织教师参加实践培训、企业挂职锻炼等方式，提升教师的实践能力。比如，对于职业学校的教师，学校可以安排他们到相关企业进行实习，了解行业的最新动态和实际生产流程，以便在教学中能够将实际工作中的案例和经验传授给学生。陶行知先生还提出一个人是“活到老，做到老，学到老，教到老，一直到进了棺材才算毕业”。在当今社会，科技飞速发展，教育理念和方法也在不断变革。教师必须树立终身学习的理念，不断学习和更新知识，才能适应社会发展对教育的新要求。只有不断进步，教师才能在教育的舞台上更好地履行育才使命。

最后，塑造职业道德素养，坚守专业发展的初心。《中共中央 国务院关于弘扬教育家精神 加强新时代高素质专业化教师队伍建设的意见》提出，教师应具备勤修乐教爱生、甘于奉献的仁爱之心，树立胸怀天下、以文化人的弘道追求。陶行知先生“爱满天下”的大爱精神，正是这种高尚师德的生动体现，彰显了他对教育事业和学生的无限热爱。作为教师，就要具备这种广博的爱，才能真正走进学生的内心世界，理解学生的需求与困惑。尤其是对于那些学习困难或家庭情况特殊的学生，教师要给予他们更多的关心和帮助。同时，教师还应积极投身于教育改革和创新的浪潮之中，不断探索新的教学方法与教育理念，为推动教育事业的高质量发展贡献自己的智慧和力量。

（三）陶行知教育思想在学生成长培养过程中的应用

培养德智体美劳全面发展的社会主义建设者和接班人是落实立德树人的根本任务。陶行知先生在《这一年》中提出，生活教育的目标，分析开来，应当包含五种，即康健的体魄、农人的身手、科学的头脑、艺术的兴味和改造社会的精神，并主张以国术（即武术）培养康健的体魄，以园艺来培养农人的身手，以生物学来培养科学的头脑，以戏剧来培养艺术的兴味，以团体自治来培养改造社会的精神。可以说，陶行知的教育思想对学生的成长产生了深远而持久的影响。比如，学校在教育教学中，关注学生的生活需求，开设一些类似于烹饪、缝纫、家居整理等的家政课程，培养学生的生活自理能力、生活技能和生活情趣。学校还可以组织学生参加社会公益活动，如志愿者服务、环保行动等，让学生在活动中了解社会问题，培养他们关爱他人、关心社会的意识。在教学中，教师要鼓励学生积极思考、勇于探索，为学生提供实践的机会和平台。此外，学校还可以开展科技创新大赛、手工制作比赛等活动，激发学生的创新热情，培养学生的创新精神和实践能力。

三、结语

陶行知教育思想作为中国现代教育思想的瑰宝，在当今教育实践中具有不可替代的价值。通过对陶行知教育思想在校园文化建设、教师专业发展和学生成长培养等方面应用的深入分析与总结，我们更加深刻地认识到其对于推动教育改革、提高教育质量以及培养适应社会发展需求的创新型人才所具有的重要借鉴意义。在未来的教育工作中，我们应继续深入研究和践行陶行知教育思想，紧密结合时代发展的要求和教育的实际需求，在传承的基础上不断创新和发展，进而为构建中国特色现代教育体系，为教育改革和实践提供服务。同时，我们也要认识到，在应用陶行知教育思想的过程中，也会面临各种挑战和问题。这些都需要我们教育工作者不断努力，积极探索解决问题的方法和途径，在教育的道路上不断前行。

教育家精神引领职业院校师生共成长的路径研究

广西交通技师学院　陆　剑

在新时代背景下，发展新质生产力已经成为经济社会发展的主要目标，这对职业院校人才培养工作也提出了更高的要求。职业院校需要适应职业教育内涵式高质量发展的趋势，对接行业发展与岗位需要培养高素质劳动者与技术技能型人才，落实自身人力资源开发的责任。由此可见，提升人才培养质量已成为职业院校面临的首要问题。但是，目前部分职业院校对教育精神的内涵与价值认识还不够清晰；部分职业院校虽然对人才培养质量提升进行了一定的理论研究与实践探索，但是不注重将教育家精神作为教育赓续的强大推动力，未能以教育家精神为根本遵循开展教师队伍建设和人才培养工作，难以通过师生共同体的构建推动教师和学生的共同发展进步，难以培养区域经济社会发展所需要的高素质劳动者与技术技能型人才。在新时代背景下，职业院校应深入思考教育家精神对于教育改革的重要意义，立足自身办学特点和目标，从教学、科研、管理、服务等多方面探究师生共成长的路径，在教育家精神弘扬与传播的实践中实现内涵式高质量发展。

一、更新思想认识，建立师生共成长理念共识

（一）职业院校应对教育家精神内涵进行探析

教育家精神是广大教育工作者精神品质的高度概括和凝练，只有深刻

阐释教育家精神特质，才能够围绕教育家精神的养成、践行与弘扬开展教育实践，促进师生共同成长。教育家精神主要包括以下六个方面：第一，心有大我、至诚报国的理想信念；第二，言为士则、行为世范的道德情操；第三，启智润心、因材施教的育人智慧；第四，勤学笃行、求是创新的躬耕态度；第五，乐教爱生、甘于奉献的仁爱之心；第六，胸怀天下、以文化人的弘道追求。这六个方面使得教育家精神具有较强的政治性、示范性、专业性、创造性、公共性与传道性，职业院校需要围绕教育家精神的核心要义、根据教育家精神的特点更新思想认识，理解教育家精神在促进师生共成长上的重要价值。

（二）以教育家精神为核心建立师生共成长理念

正确的教育理念、教育目的是加强师生共成长的顶层设计规划，是师生共成长的重要保证。职业院校应以教育家精神为核心，立足自身育人特色加强教育工作目标规划，以构建教育家精神浸润日常的师生共发展生态为目标进行顶层设计，促使广大教师自觉在课堂教学、教研实践、管理服务、教育交往等各环节践行教育家精神，让教育家精神在新时代焕发育人力量、迸发时代活力，有效促进师生共成长。具体来说，高尚的道德情操展现了中国教育家精神的示范性。为此，职业院校应注重发挥教师的模范和榜样作用，使教师能够通过以身作则潜移默化地影响塑造学生，引导学生将正确的思想观念、价值观念、行为习惯内化于心、外化于行，有效促进教师与学生的共同成长与发展。

二、建设课堂“主渠道”，在教学相长中促进师生共成长

“教育”和“精神”是通过教育实践活动建立关联的。教育家精神的践行与弘扬，需要教师在教育实践中通过对教学实践目的和意义不断反思和体悟形成教育境界，实现教育家精神由外在标识向内在动力转化。而课堂是职业教育实践工作的“主渠道”，是教育家精神弘扬的实践家园。

（一）要对接行业发展、岗位需要，科学设计教学目标

职业院校承担着为经济社会发展培养高素质劳动者与技术技能型人才的重要任务，教师需要建立心有大我、至诚报国的理想信念。在教学实践中，教师应紧密衔接行业发展与岗位需要，基于“岗课赛证”融通视角制定健全完善的教学目标，促进知识传授、技能培养与观念塑造的有机统一，通过教学目标的合理设计促进师生共成长。

（二）要适应信息技术与教育教学深度融合的趋势，统整优质学习资源

传统以课本为主要载体的课堂教学模式难以满足学生专业发展与个性成长的现实需要，因此教师要强化“互联网＋教育”平台、职业教育数字资源库、虚拟仿真实训室等的应用，切实以勤学笃行、求实创新的躬耕态度带领学生认识行业发展的新标准、新技术，提升职业教育的时代性与适应性。

（三）要创新教学模式，通过“生本课堂”构建促进学生的个性发展、多元发展

教师要以启智润心、因材施教的育人智慧创新教学模式，促进启发式、项目式、案例式、探究式等教学模式的综合应用，使学生围绕真实生动的岗位任务开展自主、合作与探究学习，切实在体验实践中完成专业知识、技能等的内化整合、实践应用与迁移创新。在这种教学模式下，学生是学习的主体，教师是重要的引导者、组织者和资源提供者，学生与教师形成了良好的互动关系，共同在“做中学，做中教”中得到成长与发展。

（四）教师要创新评价模式

评价是课堂教学的“指挥棒”，具有引导、激励、调控、反馈等多种作用。教师要本着乐教爱生、因材施教的教育家精神进行学生评价，在尊重学生主体性的基础上实施即时性评价、互动式评价、个性化评价等多种评价方式，促进学生的多元成长与个性化发展。

三、加强教学研究，在反思与实践中促进师生共成长

教学研究是焕发教育家精神的重要渠道。为了锤炼教师的教育家精神，满足教师求真创新、自我实现的精神需求，职业院校应将教学研究作为师生共同发展的重要支撑，自觉以教育家精神为核心加强教学研究，通过教研队伍、教研内容、教研方式等的建设强化教研引领作用，引导教师形成共同的价值观念、精神追求、行为准则、行为方式等，切实在不断反思与实践中促进师生共成长。

（一）在教师队伍建设中，要通过高质量的教研活动为教师发展提供支撑

在教研活动中，职业院校要引导教师以教育家精神为核心，在深度解读课程育人要求的基础上识变、应变、求变，促进教研活动的高效开展。在这个过程中教师自身能力素质至关重要。因此职业院校要围绕政治素质、事业责任心、教育观念、教研能力、职业道德等对教师提出具体要求，并建设相应的教师任职标准制度、教师遴选退出制度、教师培训与交流制度，始终以教育家精神为核心建设教师队伍，保障教师队伍的生机与活力。

（二）在教研内容体系建设中，要聚焦职业教育内涵式高质量发展需要，围绕理想信念、道德情操、育人智慧、躬耕态度、仁爱之心、弘道追求设置教研内容体系

具体来说，在新时代背景下，教学设备、教育理念、培养目标、教育方法等在不断地发生着变化。职业院校要通过教研活动帮助教师了解职业教育课程改革的新动向与新要求，聚焦教育改革中的问题开展教研实践。职业院校要组织教师以教学实践中的具体问题为切入点进行研究，探讨教育家精神在教育实践活动中的具体体现，使教师运用综合教研、主题教研、项目教研等多种教研方式开展教研活动，在“实践—反思—再实践—

再反思”的过程中深化对教育家精神的理解和认识，不断提升自身的教育教学能力，进而更好地以师生共同发展为目标开展教育实践活动。

（三）在教研方式创新中，要建立“四位一体”的教研机制

职业院校按照专业相近、相通、共享的原则，组建专业化的校企一体的双师型教师团队。教师团队依托课程、专业、项目共生共长。在充分整合教研、师资培训、科研、教育技术相关力量的基础上，建立研究、培训、引领、赋能“四位一体”的大教研运作模式，切实聚焦教育教学实践中的真实问题开展教学活动，营造崇尚事实、敬畏真知、探究真理的教研氛围，切实依托教研引领教育教学方式变革，促进师生共成长。

四、优化学生管理服务，在师生交往中促进师生共成长

在学生管理与服务实践中真切地体现教育家精神是促进师生共成长的重要渠道。为了实现师生共成长的目标，教师要以主题鲜明、内容丰富、形式多样的实践活动为载体促进师生交流互动，切实在体验、感知与实践中感受教育家精神的深刻内涵，促进教育家精神的践行，通过凝聚师生共同体的智慧和力量，推动教育家精神转化为个人行为、个人行为转化为社会关系，实现立己和立人的统一。

（一）应以教育家精神为核心优化学生管理工作

学生管理工作是教师工作的重要组成部分，包括管理、服务、指导等，是促进师生共成长的重要渠道。教师应基于教育家精神引领，推动学生管理工作向专业化、精细化、个性化发展，提升学生管理工作成效。比如，在学生管理目标设计上，教师要重点融入心有大我、至诚报国的理想信念，关注学生学术成绩、品德修养、职业素养、综合能力等的全面发展，注重通过学生管理提升学生的社会适应能力，引导学生成长为经济社会发展所需的高素质劳动者与技术技能型人才。

（二）应运用新媒体平台做好线上教育家精神宣传教育

媒体融合纵深发展促进了学生学习习惯和思维方式的深刻变革，学生开始习惯借助移动智能终端获取碎片化、多样化的信息资源。在媒体融合背景下，职业院校应借助容易被师生所感知、认可并接纳的宣传方式促进教育家精神的弘扬，顺应“媒体深度融合”的发展态势开展线上宣传教育活动。在宣传实践中，职业院校要挖掘教育家专业成长、典型事迹的真实案例，不仅要讲楷模教育家的大故事，也要将身边具有教育家精神教师的小故事借助逻辑严密、内容生动的叙事体系，讲好讲透，发挥教育家的引领示范作用。同时，教师要根据新媒体平台特点生成移动化、社交化、轻量化的融媒体产品，将教育家故事以更生动、更具吸引力和感染力的形式进行呈现，通过运用新媒体平台分类别、成体系地拓展教育家事迹和精神的宣传路径，发挥舆论导向作用，潜移默化地引导广大师生从教育家精神中汲取前进的力量，厚植师生共成长的文化氛围。

（三）应组织主题鲜明、内容丰富、形式多样的教育实践活动

职业院校要依托“家校社”协同育人机制组织多样化的实践活动，通过学校资源、家庭资源、社会资源的统筹重构师生共成长的空间，使师生在相互交往、共同实践中感受教育家精神的丰富内涵。比如，在端午节期间职业院校可以联合博物馆、文化馆、纪念馆等社会文化机构开展主题实践活动“品读屈原教育思想，感悟教育家精神”，运用社会资源为学生带来更加生动、趣味的实践体验，使教师在走近屈原的实践活动中体会教育家精神的传承与发展，让学生在体验与实践中感受教师教育工作的复杂性，提升学生对教师工作的理解、认可和支持，有效促进师生共成长。

五、构建教师成长机制，引导教师向教育家型教师发展

教师是立教之本、兴教之源，是落实立德树人根本任务的关键保证。为了使教育家精神从思想认知、价值观念、道德规范转化为教师的职业素

养和德行操守，职业院校应从教师考核评价、培训制度、激励保障三个方面构建教师成长机制，不断提升教师的教育境界，引导教师向教育家型教师发展，为师生共成长提供支持与保障。

（一）完善教师考核评价机制

考核评价机制对教师的行为具有重要的导向和规范作用。职业院校应以教育家精神为引领完善教师考核评价机制，转变传统机械的“德、能、勤、绩”四维评价体系或以学生成绩为中心的评价体系，将教书育人的实际成效作为教师考核评价的核心观测点，关注教师本职工作情况，使教师能够基于自我发展、自我实现需要对自身的教育家精神形成与践行情况进行评价，落实教育家精神在促进教师专业发展上的作用，为师生共成长提供有力支持。

（二）健全教师培训制度

培训是促进教师成长发展的重要途径。在培训内容设计上，职业院校要以教育家精神为核心，针对不同学校、学段、学科、年龄以及水平的教师设计差异化、层级性的培训内容，帮助广大教师了解学科领域理论前沿、最新成果，引导教师关注教学改革、教学实践中的实际问题。在培训形式创新上，职业院校要积极构建“线上＋线下”混合式教师培训模式，鼓励教师参与专业培训、参观实践、在线学习等教育活动，切实借助培训活动传播和弘扬教育家精神，满足教师在教育理想、情感、信仰、境界等精神层面的实际需要，促进大爱精神、奉献精神、创造精神和求职精神等的传承与弘扬。

（三）优化教师激励保障制度

职业院校要实实在在地保障教师各项待遇，并从物质、精神两个层面对教师进行激励，将评价结果与职称评定、职级晋升、表彰奖励、薪酬激励、奖金福利等挂钩，激发教师弘扬教育家精神、争做新时代好教师的内在动能，主动参与到师生共成长的实践中。教师不再局限于三尺讲台，而是更多地带领着学生走向实践，师生彼此真正在实践中共同成长，形成“教学相长”。

六、结语

教育家精神是职业教育实践的重要精神支柱，也是促进职业教育内涵式高质量发展的关键内驱力。陶行知是教育家的典范，被毛主席誉为“伟大的人民教育家”。在新时代背景下，职业院校要积极探寻教育家精神的丰富内涵，剖析教育家精神对职业教育的特有价值，以教育家精神为引领变革教育实践，在教育家精神传播与弘扬中促进师生共成长，培养区域经济社会发展所需的高素质劳动者与技术技能型人才。在教育实践中，职业院校应从教学、教研、管理、服务等教育实践出发，促进教师和学生的共同成长，推动职业教育的内涵式高质量发展。

基于“爱满天下”理念的中职学校多维度思政工作体系构建策略

百色市民族卫生学校 梁俊玉

中等职业教育是我国教育的重要组成部分，承担着培养建设、生产、管理和服务一线需求的技能型人才的任务，在建设社会主义现代化进程中发挥着重要作用。处于“拔节孕穗期”的中职生，世界观、人生观、价值观正在打底塑形，面临许多思想矛盾、困惑和烦恼，存在许多知识空白、经验盲区、能力弱项，尤其需要教师解疑释惑、指点迷津。紧贴学生群体的真实需求，循序渐进、精准滴灌进行教育和引导，是提高育人质量的关键。百色市民族卫生学校为了提高中职教育的办学质量，将陶行知“爱满天下”教育思想作为主线，通过调研、考察、访谈、问卷等方法，了解目前中职学校思政工作存在的问题、遇到的困惑，贯穿各项教育教学工作，探索思政工作的有效方法，努力构建实用、高效、可复制、可推广的中职学校思政工作体系，形成良好的思想政治工作运行机制，以提升中职学校育人水平。

一、推行“爱满天下”教育思想与学校日常工作融合的必要性

近年来，在国家高度重视职业教育大发展利好政策带动下，作为职业

教育的基础性教育，中职教育迎来了前所未有的发展机遇，也取得了前所未有的发展成果，但多年来影响和制约其发展的问题仍然存在。

随着社会政治经济快速发展，20 世纪末，很多农民向城市迁移，成为进城务工人员。这个庞大的群体是城市化建设的主力军，是城乡一体化建设的重要载体。与此同时，我国也随之产生了一个特殊的未成年人群体——农村留守儿童。有的留守儿童是父母一方外出，有的留守儿童是父母同时外出。留守儿童大都由爷爷、奶奶或外公、外婆抚养，也有的被托付给亲戚、朋友，还有不确定监护人或无人监护的。父母监护教育角色的缺失，对留守儿童健康成长造成了不良影响，“隔代教育”问题在留守儿童群体中最为突出。

父母外出务工后，与孩子聚少离多，对孩子的教育引导明显不系统，孩子家庭教育缺失严重。由于长期与父母分离，情感上很少得到父母的直接关爱，生活上缺乏父母的日常照顾，心理上得不到及时沟通和引导，行为上缺乏监管和教育，学习上缺乏指导和督促，大部分留守儿童心理失衡、道德失范、行为失控、学习成绩较差。这一部分留守儿童，在完成九年义务教育之后，有相当大的比例进入中职学校继续接受教育。为这些孩子营造“爱满天下”的浓厚氛围，帮助他们更好地成长，这是中职学校的责任，符合党和国家对教育事业和教师职业的基本要求，也符合学生今后立足社会的迫切需求。

二、基于“五维度”，构建中职学校思政工作体系

（一）从党建引领高度，促进“爱满天下”教育思想和“红烛党建”工作的有机融合

百色市民族卫生学校党委创建了“红烛党建”品牌，将学陶师陶研陶工作触角延伸至教育教学各个环节，提高践行陶行知教育思想的政治站位，为推动学校高质量发展提供了坚实保障。

党委下辖的五个基层党支部结合实际，分别对应创建“红烛示范”“红烛铸魂”“红烛奉献”“红烛照亮”“红烛耀辉”等5个支部品牌，每个品牌的建设内涵都与陶行知教育思想有着紧密的内在逻辑联系，比如：教学第一党支部“红烛示范”建设重点推进党员教师发挥示范作用，与陶行知“万世师表”的榜样作用一以贯之；教学第二党支部“红烛铸魂”建设重点推进广大教师涵养高尚师德，是陶行知矢志不渝、呕心沥血，为人所同钦、世所共仰的伟大精神的传承；行政党支部“红烛奉献”建设重点推进广大党员甘为人梯、促进发展，是陶行知“甘当骆驼”“捧着一颗心来，不带半根草去”奉献精神的接续；学工后勤党支部“红烛照亮”建设重点推进以生为本，关注学生成长成才，是陶行知“千教万教，教人求真，千学万学，学做真人”的诠释；老年党支部“红烛耀辉”建设重点推进银发党员发挥作用，继续为推动学校发展贡献力量，是陶行知将毕生精力奉献给教育事业伟大精神在新时代的写照。

（二）从全员参与广度，促进“爱满天下”教育思想与“全员育人”的有机融合

百色市民族卫生学校拓展践行陶行知教育思想的工作广度，将学陶师陶研陶工作与“三全育人”典型学校创建有机融合，引导广大教职员工积极参与、主动奉献，构建“三全育人”工作新格局。

坚持推行、注重推广细微处思政教学成果。通过网络，分层次推送实习生微课堂、每日一语、新生小驿站、寒假温馨小叮咛、暑假温馨小叮咛等五个思政微课堂，分别针对三个年级学生实际情况，用正能量话语，进行侧重点不同的引导。校党委、各党支部及职能科室、班主任、学生四级联动，合力育人，每天共有130多名教师参与这一专项工作，7000多名学生得到源源不断的精神滋养。

推进主题升旗仪式改革，打造校园文化新名片。每个学期均面向全校公开征集承办主题升旗仪式的意见，党支部、职能科室、教研组和班级通过腾讯共享文档，上演“抢夺大战”，争先认领任务，变被动为主动。通

过“事前申报、事中监管、事后评价”的精细化管理模式，形成师生主动参与、形式新颖活泼、主题鲜明突出、内容丰富多样的主题升旗仪式生动局面。

（三）从用心用情温度，促进“爱满天下”教育思想与思政工作的有机融合

引导广大教职员工发扬“爱满天下”职业精神，践行习近平总书记在学校思想政治理论课教师座谈会上的重要指示精神，引导广大教职员工用温情开展教育教学工作，给予正处在人生“拔节孕穗期”的青少年精心引导，帮助他们扣好人生的第一粒扣子。

校长亲自策划、创新开展“我和校长有约”资助育人活动，每个星期开展一期，和学生面对面交流，倾听学生心声，了解学生诉求，为学生的青春导航，与学生共话成长。坚持制作推送网络小课堂，每天通过网络，向全校学生分类推送每日一语、新生小驿站、实习生微课堂等网络小课堂，假期推送寒假温馨小叮咛、暑假温馨小叮咛。每一个网络小课堂都以海报形式呈现，符合青少年学生的学习需求和审美趣味。海报上有课堂主题、正能量话语、校园风景、党委 Logo 和学校 Logo、日历信息，让学生每天都能感受到学校的温馨和师长的关爱，真正做到用心用情、润物无声，让思政工作更有亲和力，更受学生欢迎。

建设陶行知文化园，展示陶行知塑像、教育箴言和学校学陶师陶研陶成果，成为校内教职工培训和新生入学教育现场教学点，开展教师节宣誓、书香晨读、讲教育故事等新颖活动。通过铿锵有力的宣誓、充满温情的教育故事，带动和影响广大教师涵养高尚师德，坚定理想信念，陶冶道德情操，掌握扎实学识，勤修仁爱之心，争当“四有”好教师。

（四）从全程育人长度，促进“爱满天下”教育思想与“日常育人”的有机融合

百色市民族卫生学校引导广大教职员工坚持日日用功，坚持久久为

功，守护学生健康成长。从入校第一天起，到毕业离校那一天止，学校全程对每一位学子进行精准滴灌。

入学初期：入校第一个月，为新生推送第一个网络小课堂“新生小驿站”。这一小课堂主要用于帮助全体新生尽快了解新学校、适应新环境、制定新目标、开启新征程。

入学中期：从第二个月起，为学生推送第二个网络小课堂“每日一语”。这一小课堂主要从爱党爱国、学习态度、安全教育、行为习惯、心理健康、人际交往、感恩教育等多个方面，引导广大学生学会学习，学会做事，学会做人。

实习阶段：从离校实习第一天到实习结束，为学生推送第三个网络小课堂“实习生微课堂”。这一小课堂主要是让在外实习的学生每天都能感受到来自学校师长们的细心叮咛，告诉大家要注意安全，认真跟带教老师学习，努力掌握技能。

寒暑假：寒假和暑假期间，虽然学生离校返家，但学校的思政工作没有间断，推送寒假温馨小叮咛和暑假温馨小叮咛，叮嘱学生注意安全，规律饮食起居，帮助家长做家务，积极参加社会实践，自觉了解当地民俗，传承优秀传统文化等。

（五）从立德树人效度，促进“爱满天下”教育思想与学生发展的有机融合

百色市民族卫生学校推进和完善绩效考评工作机制，将育人工作实效与职工个人差异化考评挂钩，激励广大职工积极参与，不断提高育人工作实效。

倡导广大教师践行陶行知先生倡导的“生活教育”思想，注重活动育人，助力学校开展宽领域、全方位、多渠道的丰富多彩的活动，建设特色校园文化。

组建青年志愿服务队，拓展志愿服务内容。学生自发组织到百色起义纪念园义务劳动，到特殊教育学校教小朋友们做手工，到敬老院给老人们

表演节目，到街道帮助清洁工清扫，到社区开展便民义诊，到蔗田帮助村民砍甘蔗，到附近村庄帮助村民整理村容村貌，等等。

引导广大学生大力弘扬中华优秀传统文化。设置班级红色文化宣传专栏，重点宣传百色起义精神、革命英雄人物等，引领青少年学生传承红色基因，赓续红色血脉，弘扬民族精神，争做时代新人。创新打造文化保洁柜，结合实际需要，设计实用型保洁柜，将柜体打造成“二十四节气”“非物质文化遗产”“中国传统节日”等三个主题文化阵地，实用性与教育性完美结合，将良好卫生习惯养成教育与优秀传统文化传承融为一体。开展民族传统体育运动会、端午节主题活动、阅读主题活动等，建设“一训三风”文化墙、民族文化广场、陶行知文化园、校园阅读角、校园阅读屋、文秀文化廊、智慧阅览室、民族习俗文化长廊等文化阵地，创新组织开展手势舞比赛、簸箕画比赛、新生美丽校园行等独具特色的活动。

三、中职学校多维度思政工作体系应用成效

（一）形成多维度践行陶行知教育思想的工作机制

一是从党建引领高度，促进“爱满天下”教育思想与“红烛党建”的有机融合；二是从全员参与广度，促进“爱满天下”教育思想与“全员育人”的有机融合；三是从用心用情温度，促进“爱满天下”教育思想与思政工作的有机融合；四是从全程育人长度，促进“爱满天下”教育思想与“日常育人”的有机融合；五是从立德树人效度，促进“爱满天下”教育思想与学生发展的有机融合。

（二）巩固细微处不间断思政工作教学成果

“拓展思政课堂，坚持每日一语，于细微处培养留守中职生良好品质的实践与创新”荣获2019年广西职业教育自治区级教学成果二等奖。学校以此为基础，努力实践，不断创新，实施积极教育，开展系列活动，努

力巩固和推广这一教学成果。持之以恒高质量开展主题升旗仪式，创新开展“我和校长有约”资助育人活动，坚持推送五个网络思政小课堂，积极创建书香校园，不断深化和巩固细微处不间断思政这一自治区级教学成果。

（三）增强中职学校思政工作的亲和力

以陶行知“爱满天下”思想为指导，用心用情研究，用心用情践行，真正贯彻习近平总书记关于“做新时代好教师，要有仁爱之心。教育是一门‘仁而爱人’的事业，爱是教育的灵魂，没有爱就没有教育”“新时代好教师应该把自己的温暖和情感倾注到每一个学生身上，用欣赏增强学生的信心，用信任树立学生的自尊，让每一个学生都健康成长，让每一个学生都享受成功的喜悦”等重要指示，增强中职学校思政工作的亲和力。

（四）取得良好的社会效益

1. 学生普遍对细微处不间断思政工作感到满意

百色市民族卫生学校对正在使用的思政网络小课堂和“我和校长有约”资助育人活动进行了问卷调查。

针对“新生小驿站”思政网络小课堂的问卷，接受问卷的201名学生中，将近94%的总体评价为满意，95%认为这一思政工作方法对自己的成长有帮助，对小课堂的内容也有明确的思辨能力。

针对“每日一语”思政小课堂的问卷，接受问卷的165名学生中，98%以上坚持每天或大部分时间主动学习“每日一语”上的内容，96%认为这一思政工作方法对自己的成长有帮助，对小课堂的内容也有明确的思辨能力。

针对“实习生微课堂”思政网络小课堂的问卷，接受问卷的148名学生中，将近97%使用“实习生微课堂”，将近95%对“实习生微课堂”总体评价为满意，95%认为这一思政工作方法对自己的成长有帮助，对小课堂的内容也有明确的思辨能力，96%明确还想继续学习这一网络小课堂。

针对“我和校长有约”资助育人活动的问卷，接受问卷的51名学生均对活动感到满意，98%认为这一思政方法对自己的成长有帮助，希望还有机会再参加，并提出希望学校继续开展这个活动的强烈意愿。

2. 思政工作成果在多所学校推广

百色市民族卫生学校的思政工作成果在北海市卫生学校、钦州卫生学校、桂林市卫生学校、靖西市职业技术学校等多所学校推广，河池市卫生学校、北部湾职业技术学校、百色市财经职业技术学校等多所学校代表到我校参观学习。大家普遍认为，这些思政工作方法可复制、可推广，简便易行又有效果；提出的多维度构建中职学校思政工作体系这一理论，为推动中职学校思政工作水平迈上新台阶提供了遵循和借鉴。

践行教育家精神，建设高质量教师队伍

北海市中等职业技术学校　莫翠兰

2023年5月，习近平总书记在中共中央政治局第五次集体学习时强调："大力培养造就一支师德高尚、业务精湛、结构合理、充满活力的高素质专业化教师队伍。""强国必先强教，强教必先强师"，这一理念深刻揭示了教育与国家发展之间的紧密联系，以及教师在教育中的核心地位。教育家精神不仅体现了对教育事业的深沉热爱和执着追求，更蕴含着对学生全面发展的深切关怀和对教育规律的敬畏尊重。

一、教育家的概述

（一）教育家的定义

《教育大辞典》将教育家定位为"在教育思想、理论或实践上有创见、有贡献、有影响的杰出人物"。教育家不仅是知识的传播者，更是教育创新的推动者。教育家的精神体现在这些卓越教育工作者对教育教学规律的深入理解和独特见解中，是他们在个人实践中对教育理想的个性化、具体表达。他们不仅在教育理论上有所建树，更在教育实践中展现出创新、特色和贡献，他们的教育理念和实践对广大教育工作者具有重要的引领作用。

（二）教育家精神的内涵特征

教育家是扎根教育田野，专注于教育理论研究和教育实践探索，对教育活动进行深思并提出解释，具有专业精神与教育情怀的“大先生”，是“在教育思想、理论或实践上有创见、有贡献、有影响的杰出人物”，是教师队伍中的杰出代表和优秀楷模。教育家精神是教育家在教育实践中孕育并影响其教育态度与行为的内在特质，用来描述教育家的群体特质。教育家精神的内涵特征为：心有大我、至诚报国；言为士则、行为世范；启智润心、因材施教；勤学笃行、求是创新；乐教爱生、甘于奉献；胸怀天下、以文化人。

（三）教育家精神的价值意义

教育家精神是教育发展的强大动力，它激励教师不断提升自我、追求卓越，推动教育事业不断向前发展。这种精神体现了教师对教育事业的执着追求和无私奉献。教育家精神强调高尚的道德情操和职业操守，有助于优化师德师风建设，提升教师队伍的整体素质。当前我国正处在发展新时期，教育家精神在此过程中扮演着至关重要的角色，堪称强心剂和定心丸。教育家精神将立德树人作为教育的根本任务，通过融入学校教育，提升立德树人的实效，培养德智体美劳全面发展的社会主义建设者和接班人。教育家精神对丰富教师队伍建设的理论与精神支撑起到很好的支撑作用，对促进教师教育高质量发展具有一定的辐射作用，其意义重大而深远。

二、教育家精神的培育途径

（一）生活即教育，发挥教育家精神的示范引领作用

一批又一批好教师不断涌现是中华民族的希望。深入研究阐释教育家精神，发挥其示范作用特别是校史文脉中教育家精神的引领作用，是建设高质量教师队伍的重要途径。陶行知先生“生活即教育”的核心理论，强调教育与生活之间的互通性和一体化，习近平总书记在全国教育大会上指

出："实施教育家精神铸魂强师行动。"陶行知"生活即教育"理论和中国特色教育家精神根植于中华优秀传统文化，赓续于教育救国的历程中，更发展于教育强国的实践中，是对优秀教育传统的高度凝练。

北海市中等职业技术学校充分利用教育学相关学科知识，主动布局教育家精神的系统研究，加强教育家精神的体系化阐释，大力弘扬教育家精神，引导教师队伍牢记为党育人、为国育才的初心使命，树立"躬耕教坛、强国有我"的志向和抱负。同时，学校努力造就一支适应教育强国建设的高素质专业化教师队伍，开展"劳模工匠进校园"主题宣讲活动，特邀"全国五一劳动奖章""全国教书育人楷模""全国最美教师"获得者，北海市第一幼儿园党支部书记、园长，师德宣讲团成员，正高级教师范徽丽担任主题宣讲者，深受广大教师一致好评。范徽丽做题为"践行教育家精神，做新时代好老师"的主题宣讲，她通过展示 2023 年 9 月 9 日《习近平致全国优秀教师代表的信》中对"教育家精神"的阐释，带领大家学习教育家精神的六个主要内容，并讲述了十位全国优秀教师用实际行动诠释教育家精神的感人案例。

范徽丽老师说，不同时代的教育家所彰显的家国情怀、对教育事业的热爱、孜孜不倦的探究精神、强烈的责任感和使命感可以超越时空、阶级、民族的限制，引领一代又一代的教师从自我成长到自我完善。同时，范徽丽老师分享了她从事学前教育三十余年的经历，如何从一名普通幼师成长为"全国五一劳动奖章""全国教书育人楷模""全国最美教师"获得者，如何从繁华都市到偏远海岛，克服重重困难，给孩子们播下知识的种子，筑起一道爱的城墙。

教育源于生活，并在生活实践中不断发挥价值和意义。每位教师都处在不同的生活环境中，不同的生活境遇带给教师的生活体验和感悟也不尽相同，不同的体验就是对教师教育所产生的不同结果，范徽丽老师把陶行知的"生活即教育"理论在教育教学实践中体现得淋漓尽致。

教育家精神也源于生活。新时代的教育家精神为教师教育注入新活力，促使其高质量发展。这种精神将引领教师不断探索新的教育理念和教学方法，提升自身的综合素质和教育教学能力，为培养更多优秀人才和推动社会进步做出更大的贡献。

（二）社会即学校，加强师德师风建设，明确新时代教师职业规范

陶行知先生提出，学校教育应与社会紧密相连，以形成真正的教育；道德是做人的根本。习近平总书记强调，评价教师队伍素质的第一标准是师德师风。教师应该充分理解自身责任和使命，牢记立德树人初衷，心怀为党为国育人使命，率先示范、身体力行，成为学生的榜样。只有这样，才能更好地履行教师的职责和使命，为教育事业的发展贡献自己的力量。

1. 北海市中等职业技术学校通过组织全体教职员工学习《新时代中小学教师职业行为十项准则》，针对教育部曝光的个别学校教师违反该准则的案例进行多次讨论、反思，让教师们充分认识到新时代加强师德师风建设的重要性和紧迫性，从而坚持遵守师德师风铁律，牢固树立底线意识，结合通报案例，自查自省，做到警钟长鸣。

2. 北海市中等职业技术学校通过师德师风警示教育主题活动，传达了教育部的意见和要求，希望教师认真学习文件精神、内涵，做到应知应会，必知必做，内化于心，外化于行，真正做到把教书育人和提升自我修养结合起来，时刻做到自重自立自洁，做到以德立人，以技立业，以案为点，引以为戒，树立正确师德师风精神，切实增强遵守教师职业行为十项准则的思想自觉和行动自觉，不断涵养高尚师德，以德施教，以德育德，做党和人民满意的“四有”好教师。

在人人重视师道尊严的社会氛围中，教师的地位将不断提升，待遇和尊重也将随之提高。职业尊严和荣誉感的提升将激发更多有才华、能力优秀且热爱教育的人加入教学团队，同时也能吸引更多优秀年轻人投身教育领域，为促进教育事业的高质量发展打下坚实基础，注入源源不断的“营养剂”。

（三）教学做合一，发挥教育家精神的辐射作用

教育家精神在教育领域乃至整个社会都具有重要价值，不仅可提高

教师的地位和声誉，也有助于促进家庭教育和社会教育，促进社会主义精神文明发展。因此，我们应该大力弘扬教育家精神，让它在教育领域和社会生活中发挥更加积极的作用；提升教师的社会地位与声望，正如习近平总书记在全国教育大会上指出的："全党全社会要弘扬尊师重教的社会风尚……让广大教师享有应有的社会声望。"尊师敬师作为一种深植于社会文化的价值观念，不仅体现了对教师的尊重与敬重，更彰显了教师是社会发展进程中不可或缺的宝贵资源的地位。

教育家精神是教育领域的宝贵财富，它代表着对教育事业的热爱、对学生的关怀以及对教育创新的追求。学校通过弘扬教育家精神，进一步巩固和强化尊师敬师的价值观念，以促进社会更加尊重教师职业。例如，范徽丽老师说，践行教育家精神，并非要求每位教师都必须达到教育家的境界，而是倡导一种精神追求和价值取向，鼓励每位教师都积极向教育家看齐，努力提升自己的教育教学水平，将教育家精神内化于心、外化于行。因此，学校应运用陶行知先生"教学做合一"的核心理论指导每一位教师，强调理论教育与实践的结合，促进教师的知行合一。

三、将教育家精神融入新教师生涯发展全过程

陶行知说："先生的责任不在教，而在教学，而在教学生学。"新教师刚入职，教学经验不足，要跟着有经验的教师取经。学校应将教育家精神融入新时代教师队伍建设的各阶段、各方面，贯穿新教师培养、教师职后培训、教师职业发展的全周期，贯穿教师教育实践、科研转化的全过程，打通职前职后的区段壁垒，形成一体化、立体式的长效培育体系。

（一）通过"名师垂范""先锋引领"模范带头作用，加强青年教师的基本功训练

学校要求教学督导组成员或有经验的教师通过听课和交流等途径，向新教师提供建议，展现"传、帮、带"精神。要求新教师至少观摩三次有

经验教师的课堂，并认真记录听课内容。学校还安排青年教师观摩名师授课，举办教学及实践交流会，邀请优秀青年教师分享心得，促进彼此学习与提升。

（二）实施“蓝青工程”，采取“传、帮、带”师徒结对

通过“蓝青工程”，全面实现“传、帮、带”的覆盖。导师亲自指导“学徒”进行教学、职业资格证考取、教改项目研究，协助刚到任的青年教师迅速适应新角色，在教学过程中相互交流、共同学习、共同提高。

（三）充分发挥骨干教师的先锋引领作用

以“传、帮、带”为手段，以“历练师品，提升技能、塑造师德”为目标，鼓励青年教师重视个人专业成长，助力学校构建“双师双能”师资队伍。通过实施“蓝青工程”，为青年教师能够尽快成长为“双师双能型”教师、适应新岗位、加快专业成长提供了良好的条件，搭建了相互切磋、相互学习、共同发展的平台。

（四）培养“双师双能型人才”

通过大师传承、名师引领、蓝青工程、以赛促教、校本研修、校外培训、校企共建等方式，在专业建设、课程设置、课堂教学、师资培养、质量评价等方面开展研究实践，培养一批懂知识、有技能、会运营、可创新的综合性技能型“双师双能型”人才。

（五）创新多元化评价体系，提升教师幸福感

陶行知说：“处处是创造之地，天天是创造之时，人人是创造之人。”为进一步提升教育家精神培育效果，需要创新评价体系、丰富培育方式、加强实践应用，以更好地发挥教育家精神在教师队伍建设中的引领作用。当前，绩效考核制度存在以下几方面问题：一是考核定位与目的模糊；二是理念淡薄且缺乏有效激励机制；三是考核制度缺乏科学性、方式过于单

一化；四是考核结果与反馈不足。

绩效考核制度的优化对策：

1. 细化绩效考核指标

对每一个岗位的职责详细地了解和分析，并且结合教师工作效率和工作质量，制定出每一个岗位的绩效考核指标。

2. 绩效考核的标准与岗位职责相匹配

要根据不同岗位不同专业的考核形成有效的分类管理。

3. 丰富考核指标内容

如从工作质量、工作效率、创新能力、对学校的贡献度等方面综合考核，能更好地激发教师的工作热情和积极性。

4. 强调过程性评价与结果性评价相结合，既关注学生的学习过程，也重视最终的学习成果

这种综合评价方式有助于全面、准确地评估学生的学习效果，为教学改进提供有力支持。同时，它也体现了教育家精神中注重学生全面发展、因材施教的理念。

5. 引入第三方的评价

第三方评价机构作为独立于学校和教育主管部门之外的社会机构，能够提供更加客观、公正的评价结果。他们可以打破学校和教育主管部门在评价中的局限性，避免利益诉求对评价结果的影响，确保评价的客观性和公正性。

“服装款式设计”课程培养学生创造精神的行动研究

岑溪市中等专业学校　陈　媚

随着社会经济的快速发展和公众审美观念的不断升级，服装产业对设计专业人才的需求呈现出逐渐上升的态势。中等职业教育作为培育高质量技术和技能人才的核心路径，肩负着为社会各领域输送具备创造精神和实际操作能力的专业人才的重任。陶行知所提倡的创造精神强调了实践与创新的融合，并提出了“教学做合一”的教育理念，这对中职“服装款式设计”课程教学具有深远的指导意义。在课程教学中，教师要培育学生的创造精神，致力学生全方位的个人成长，为行业培养人才。

一、陶行知创造精神的内涵及其在“服装款式设计”课程教学中的意义

（一）陶行知创造精神的内涵

陶行知的创造精神具有丰富和深刻的内涵，主要体现在以下两个方面：第一，陶行知特别强调，培育创造精神必须基于浓厚的兴趣和坚定的决心。他持有这样的观点：兴趣构成了创造力的基础，而坚定的意志力则是实现这一创造性活动的核心要素。陶行知在教育实践中对创造精神和能力的高度重视，体现了他对推动学生全方位成长的持续努力。第二，陶行

知的创造精神也包括了敢于创新和进取的决心与勇气。他鼓励人们勇敢地去探寻未知的事实，并勇于进入那些尚未被探索的领域，这种创新和探索的态度需要教育者有着非凡的勇气和远见。

岑溪市中等专业学校“服装款式设计”课程教学中，陶行知的创造精神得到了生动展现。学生们热衷于实际操作，坚持“实践是知识的起点”的信念，通过亲自参与制作和深入的市场研究，深入了解市场动态和消费者的喜好，从而为自己的设计提供了宝贵的灵感和参考。他们敢于进行创新，不受传统束缚，勇敢地探索新颖的设计思想、材料和制作工艺，从而设计出既有独特风格又能满足市场需求的服装。除此之外，学生们也致力于培养自主思考的技巧，能够独立地分析市场的变化、当前的流行趋势以及消费者的心态，从而形成具有个性的设计观念和风格。他们展示了一种勇于探索的态度，持续地尝试各种新颖的设计手法和技术，以发掘服装设计领域内的巨大潜能，推动自己在创意与设计这两个领域里持续发展和实现突破。

（二）陶行知创造精神在“服装款式设计”课程教学中的意义

陶行知的创造精神在“服装款式设计”课程教学中，不仅起到了激发学生创造精神和创造力的催化作用，而且在教学改革和提高学生综合素质方面也具有不可或缺的重要性。在这种教学观念的引领之下，学生们能够更加积极地参与到学习过程中，通过实际操作和创意实践来加深对“服装款式设计”的认识，并塑造出具有个性化特点的设计风格和理念。

陶行知的创造精神在“服装款式设计”课程教学中得到了应用，这种教学方法不仅教授了专业知识，还加强了学生的团队协作和交流技巧。通过小组作业和项目合作，学生们能够相互协助，共同解决各种问题，从而为未来更好地融入社会和共同合作打下了坚实的基础。陶行知的创造精神在“服装款式设计”课程教学中的价值不仅体现在提高学生的专业技巧和创造精神上，更重要的是，它能够培育学生的全面素质和职业成长潜力，为服装产业的未来注入更多的创新和活力。

二、“服装款式设计”课程教学现状分析

（一）课程设置与教学内容

该课程存在两方面不足：一是实践环节偏弱，理论与实践脱节。学生普遍反映，课堂上学习的服装设计理论难以转化为实际操作能力。二是教学内容缺乏时效性，与市场需求和行业发展脱节。课程内容较为陈旧，缺乏当下流行的设计理念和技巧，难以满足学生实际工作的需求。

（二）教学方法与手段

当前，“服装款式设计”课程以讲授为主的教学模式限制了学生的参与度，难以激发学生的主动学习意识和创新潜能。此外，教学手段的单一性也是一个问题，缺乏多样化的教学资源和实践平台，学生难以将理论知识与实际操作相结合，影响他们形成独立的设计理念和个人风格。

（三）学生实践能力与创造精神培养

“服装款式设计”课程教学在学生实践能力与创造精神培养方面也存在一些问题。许多学生在步入职场后难以适应，主要原因是他们在校期间缺乏足够的实践机会，导致实际经验不足。另一方面则是学生的创造精神受限，缺乏独立思考和勇于探索的精神。这导致学生在设计过程中难以将理论知识与实践相结合，难以创造出具有独特风格和市场竞争力的服装作品。

（四）评价体系与激励机制

“服装款式设计”课程教学在评价体系与激励机制方面也存在一些问题。现行的评价体系过于注重学生的考试成绩和作业完成度，仿佛只要取得高分、作业漂亮，便能成就一切。学生的动手能力、创造精神等重要素质却被忽视了。同时，激励机制不足，缺乏对学生优秀作品的奖励和推广。这导致学生在学习过程中缺乏积极性和创造力，难以发挥自己的潜力。

三、“服装款式设计”课程教学中学生创造精神培养的策略

（一）优化课程设置与教学内容

课程教学要增设实践操作环节，让学生通过亲手操作来掌握设计技巧和材料使用，从而在实践中深化理解。课程教学内容亦需更新，融入前沿的设计理念和最新流行趋势，确保学生能够紧跟市场脉动和行业进展。根据行业需求与学生特性，设计具有针对性和实用性的教学案例和项目，为学生开拓更广阔的实践平台和创新领域。这些措施将为学生提供丰富的实践机会，激发其创造精神，培养出适应行业发展的高素质服装设计人才。

（二）创新教学方法与手段

为了培养学生的创造精神，“服装款式设计”课程教学应创新教学方法和手段。为了激发学生的学习兴趣和创造力，教师应积极探索多种教学方法，例如项目教学法和案例教学法，鼓励学生积极参与，亲身实践。同时，运用多媒体、虚拟仿真等现代教学手段，将抽象的知识转化为直观生动的体验。此外，鼓励学生积极参与课外实践活动和竞赛，拓宽视野，提升实践能力和创造精神，为他们未来的发展奠定坚实基础。

（三）强化学生实践能力与创造精神培养

“服装款式设计”课程教学需着力提升学生的实践能力与创造精神。一方面，通过校企合作和实训基地建设，增强实践教学，为学生提供丰富的实践机会和操作经验。另一方面，重视培养学生的创新意识和独立思考能力，激励他们勇于尝试新设计思路，挖掘服装设计的广泛潜力。同时，通过对学生作品的细致评价与反馈，协助学生认识自我优势与待改进之处，以此推动他们持续进步和创新。这些措施将有效促进学生在服装设计领域内成长为具有创新意识和实践技能的专业人才。

（四）构建多元化评价体系与激励机制

为培养学生的创造精神，“服装款式设计”课程教学需构建一个多元化的评价体系和激励机制。为了全面了解学生的学习情况，需要建立一套多维度的评价体系，涵盖理论知识掌握、实际操作能力以及创造精神等方面的评估，以全面衡量学生的综合能力。同时，应建立有效的激励措施，例如提供奖学金、举办优秀作品展览、推荐就业等，以表彰优秀学生，激励他们的积极性和创造力。

四、“服装款式设计”课程教学中学生创造精神培养的具体措施

（一）以学生为中心，激发学习兴趣

要重视学生的个性差异和兴趣点，根据学生的特质和需求，量身定制个性化的教学计划。要运用多样化的教学策略，包括案例分析、项目导向、虚拟仿真等，以提高学生的课堂兴趣和参与感。同时，倡导学生积极投身课堂讨论和实践操作，为他们创造丰富的展示和交流机会，以促进学生的自主和协作学习能力。这些教学实践将有助于学生在服装设计领域，成长为具有创造精神和实践技能的专业人才。

（二）强化实践教学，提升实践能力

课程教学建设完善的实训基地至关重要。这如同建立一个服装设计实验室，为学生提供充足的实践操作空间。根据服装行业实际需求和学生特点，设计针对性强、实用性高的实践项目。例如，模拟真实工作场景，让学生在实践中学习，掌握实际操作技巧。教师在学生进行实践操作时，应给予细致的指导和监督，及时发现问题并纠正错误，帮助学生提升实践能力和综合素质。

（三）鼓励创造精神，培养创新意识

引导学生关注市场需求和流行趋势，了解行业发展的最新动态和前沿技术。鼓励学生尝试新的设计理念和方法，探索服装设计的无限可能性。同时，加强对学生作品的评价和反馈，鼓励学生发挥自己的想象力和创造力，形成自己的设计理念和风格。

（四）构建多元化评价体系，促进全面发展

要建立全面的评价体系，包括学生的理论知识掌握情况、实践能力表现、创造精神发展等多个方面，对学生的综合素质进行全面评价。要采用多样化的评价方式和方法，如作品展示、口头汇报、小组讨论等，为学生提供更多的展示机会和交流平台。应根据每个学生的特长和兴趣，评价他们的学习和进步，而非用同一标准衡量所有人。这样才能帮助每个学生更好地发展自身潜力，实现个性化成长。

五、“服装款式设计”课程教学中学生创造精神培养的实践案例

陶行知说：“处处是创造之地，天天是创造之时，人人是创造之人。”这一理念对中职的实践教学和创新能力培养，具有深远的指导意义。

（一）校企合作项目中的实践教学

1．市场需求导向的实践教学

岑溪市中等专业学校根据企业的实际需求和服装市场的流行趋势，共同制定了实践项目的内容和目标。学生不再是纸上谈兵，而是真正深入到企业中，了解第一手的市场信息和消费者的真实需求。这种以市场需求为导向的实践教学，不仅使学生更加明确自己的学习目标和职业方向，还极大地提高了他们的学习兴趣和动力。

2. 全链条参与，真实体验

岑溪市中等专业学校的校企合作项目中，学生有机会参与到服装设计、制作、销售等全链条的各个环节。他们与企业设计师一起讨论设计方案，亲手制作样衣，甚至参与到产品的销售和推广中。这种全方位的参与和体验，使学生更加深入地了解了服装行业的运作模式和市场需求，也锻炼了他们的实践能力和团队协作能力。

3. 企业专家的实时反馈与指导

岑溪市中等专业学校在项目进行过程中，邀请了企业专家作为学生实践的导师。他们不仅为学生提供了宝贵的行业经验和建议，还对学生的设计作品进行了实时的反馈与指导。这种来自行业一线的专业指导，使学生能够及时调整自己的设计思路和方法，不断提高自己的设计水平和创新能力。通过校企合作项目，成功将陶行知的实践教学理念融入“服装款式设计”课程教学中，使学生在真实的市场环境中锻炼了自己的实践能力和创造精神。

（二）利用虚拟仿真技术开展实践教学

陶行知强调“在做中学，在学中做”。为了给学生提供更加逼真和高效的实践教学环境，“服装款式设计”课程引入了虚拟仿真技术来辅助教学。

1. 构建逼真的虚拟设计环境

岑溪市中等专业学校利用先进的虚拟仿真技术，为学生构建了一个逼真的服装设计环境。在这个环境中，学生可以像在实际操作中一样进行服装设计、材料选择、制作流程模拟等操作。这种高度逼真的学习环境，使学生能够更加直观地了解服装设计的全过程和各个环节的要点，极大地提高了他们的学习效率和兴趣。

2. 实时反馈与精准指导

虚拟仿真平台不仅提供了逼真的学习环境，还通过实时反馈机制，精准识别学生操作中的问题和错误，并及时予以指正。这种即时性的反馈机制，使学生能够在第一时间发现自己操作中的不足并积极纠正，从而不断提高自己的动手能力和设计水平。

3．培养创造性思维

在虚拟仿真环境中，学生可以自由地发挥自己的想象力和创造力，设计出各种新颖、独特的服装款式。这种无拘无束的设计环境，极大地激发了学生的创造性思维和创新精神，使他们在设计中不断追求新颖、独特和时尚。虚拟仿真技术的引入，成功将陶行知的“在做中学，在学中做”的教学理念融入“服装款式设计”课程教学中，使学生在逼真的学习环境中锻炼了自己的实践能力和创造精神。

（三）优秀作品展示与竞赛活动中的创新培养

陶行知认为“教育要培养创造之人”。为了激发学生的创新意识和创造精神，我们定期举办“服装款式设计”课程教学中的优秀作品展示与竞赛活动。

1．提供展示平台，激发创意灵感

岑溪市中等专业学校通过举办优秀作品展示与竞赛活动，为学生提供了一个展示自己设计才华的平台。在这个平台上，学生可以自由地展示自己的作品并进行现场讲解和演示。这种展示和交流的机会，不仅激发了学生的创意灵感和设计热情，还增强了他们的自信心和表达能力。

2．专家点评与指导，提升设计水平

岑溪市中等专业学校在竞赛活动中，还邀请了行业专家和设计师作为评委对学生的作品进行评分和点评。他们不仅对学生的设计创意和制作工艺进行了肯定和鼓励，还针对作品中的不足之处提出了宝贵的建议与指导。这种来自专家的点评与指导，使学生能够更加清晰地认识到自己的优点和不足，并明确今后努力的方向和目标。

3．培养团队合作精神和创新意识

岑溪市中等专业学校在竞赛准备过程中，鼓励学生以团队的形式进行作品设计和制作。这种团队合作的方式不仅锻炼了学生的团队协作能力和沟通能力，还使他们在互相学习和交流中不断碰撞出新的创意和灵感。优秀作品展示与竞赛活动，成功激发了学生的创新意识和创造精神，使他们在实践中不断提升自己的设计能力和综合素质。同时，这种活动也为学生提供了一个与行业专家和设计师交流学习的机会，为他们的未来发展奠定了坚实的基础。

六、“服装款式设计”课程教学中学生创造精神培养的展望

应进一步强化陶行知创造精神的引领，构建以学生为中心、重视实践与创新的教学环境。通过加强师资队伍建设，提升教师专业素养和教学创新能力。深化校企合作，拓展实习实训基地，为学生提供更多接触行业前沿、锻炼实践技能的机会。要紧跟市场趋势和时尚潮流，不断更新教学内容和方法，确保学生所学与行业需求紧密对接。要培养更多具有创新精神、实践能力和市场竞争力的服装设计师，为服装行业的持续发展注入新的活力。

陶行知精神与新时代教师的专业成长

南宁市第四职业技术学校　冯　药

在全球化和信息化不断推进的今天，教育正经历着深刻的变革。这场变革为教育工作者带来了前所未有的机遇与挑战。教育家的精神成为引领教育创新和改革的重要力量。陶行知是中国伟大的人民教育家，他提出的“生活即教育”“教学做合一”的教育理念，至今对教育实践具有重要的指导意义。他的精神不仅是教育改革的灯塔，更为新时代教师的角色定位和职责履行提供了宝贵的启示。新时代的教师，作为知识的传递者、价值观的塑造者、创新思维的引导者和情感的关怀者，肩负着培养社会主义建设者和接班人的职责和使命。

一、理想信念：坚守教育初心，照亮前行之路

理想信念是教师的精神支柱，是教育事业的灵魂。陶行知先生说：“千教万教，教人求真；千学万学，学做真人。”作为新时代好教师，应以培养社会主义建设者和接班人为己任，坚持教育的社会主义方向，为实现中华民族伟大复兴的中国梦贡献力量，培养具有社会责任感和民族复兴使命感的人才。教师应深入理解和贯彻国家的教育方针，将爱国主义教育、社会主义核心价值观融入日常教学中，让学生在学习知识的同时，也能够理解、推崇并践行国家的发展理念和价值导向。

“民族的就是世界的。”各民族自身特有的文化是这个民族屹立于世

界民族之林的根本所在。我们必须坚守自己的传统文化，这是增强民族认同感的一个具体体现方式。例如，在“我们的节日——端午节”道德讲堂中，我通过组织学生参与包粽子、赛龙舟等活动，让他们亲身体验端午节的习俗，并结合屈原的故事，引导学生理解爱国主义的深刻内涵。教师应将个人的教育实践与国家的发展紧密结合，培养出既有知识技能又有社会责任感和民族复兴使命感的新时代学生。同时，教师应坚守教育初心，将个人理想融入国家发展大局，致力于培养德智体美劳全面发展的社会主义建设者和接班人。

二、道德情操：以德立身，以情育人

道德情操是教师的人格魅力，是教育影响力的源泉。陶行知先生强调“德为才之帅”，认为教师的道德情操是教育成功的关键。教师应具备高尚的道德情操，以身作则，言传身教，用自身的行为为学生树立榜样。在教学、科研、管理、服务等岗位上，教师应始终保持清正廉洁的作风，坚守学术道德，维护教育公平，以高尚的道德情操感染学生，引导他们成为有道德、有良知、有责任感的人。

（一）忠诚教育事业

教师应全身心投入教书育人事业，践行“捧着一颗心来，不带半根草去”的奉献精神。作为一名职业教育工作者，我们必须时刻永葆一颗有情怀的职教心。陶行知先生提倡“爱满天下”的大爱精神，要求教师热爱学生，尊重学生，同时严格要求学生。在教育教学中，我们要时刻保持奉献之心，严格之心，在每学期开学之初制定相关制度，时刻遵守，每月反馈，指导提高，教学相长。

（二）热爱每一位学生

陶行知先生提倡“爱满天下”的大爱精神，要求教师热爱学生，尊重学生，同时严格要求学生。作为一名职业教育工作者，我们应成为学生的引导者和伙伴，在课堂上不仅仅传授知识，更多的是用自身的魅力去感染学生，让他们获得情感的共鸣；用渊博和专业的学识去征服学生，让他们获得专业的认同感；还要用学习者的态度去不断地更新自身的知识技能，带动学生一起学习，让他们能面对未来可能面临的挑战。这都需要教师“不忘初心，砥砺前行”，这样才能适应时代的发展，培养出更多具有社会责任感、创新能力和实践能力的新时代学生。

（三）时刻以身作则

教师应以真诚的心对待学生，用博大的胸怀包容学生，用深沉的爱教育学生。作为一名职业教育工作者，我们还需要一专多能。例如，作为一名职校教师，我从汉语言文学专业转到物流专业，再转到市场营销专业，始终与学生一起成长。无论是专业技能的学习，还是实训活动的开展，我都与学生共同攻坚克难。哪怕只是攻克专业上小小的难题——企业模拟沙盘方案的优化，我们都雀跃不已。这正是用心带来的非凡成就感。

三、育人智慧：因材施教，启迪心智

陶行知先生提倡“生活即教育”，强调教育应与学生的实际生活紧密相连。教师应具备因材施教的智慧，根据学生的个性和兴趣，采用多样化的教学方法，激发学生的学习兴趣和创造力，努力实现精准教学，具体可以采取以下策略：

（一）观察学生

教师应通过日常互动和课后交流，了解学生的学习习惯、兴趣点和潜能。例如，我曾发现一名学生因情感问题郁郁寡欢，于是及时与班主任和心理教师沟通，避免了悲剧的发生。

（二）个性化教学

教师借助各种学习平台进行课前小测、自学资源等形式，了解当前学生的基本知识构架，设计个性化的教学计划和活动。同时，运用多种教学方法，如讲授法、讨论法、合作学习、案例教学、角色扮演等，以适应不同学生的学习风格，借助各种学习平台将课本知识延伸到日常生活中。我一直坚信，快乐学习是双向奔赴的，因为分层教学，让每一个孩子在我的课堂上获得快乐与认同！

（三）生活与教学结合

作为营销专业教师，我始终相信营销来源于生活，服务于生活。于是，我将学生的生活经验融入教学内容，使教学内容与学生的实际生活紧密相关。同时，鼓励学生通过实训、任务探究、社会实践等方式，将理论知识应用于实际问题的解决中。教师多设计专业融合和跨学科的综合实训项目，能让学生在实践中学习多学科知识，培养综合能力。深刻挖掘本地区民族风俗、学校的文化特色和光荣传统等资源对学生进行文化熏陶，这样教育的针对性、实效性更强。例如结合职校特色开展技能节活动、将传统祭孔和现代教师节结合开展教师节活动、利用广西民族特色三月三活动，还有成人礼活动等。

四、躬耕态度：知行合一，践行教育使命

陶行知先生倡导“知行合一”，强调理论与实践相结合。教师应以躬耕的态度投身于教育事业，不断学习新知识、新技能，勇于实践和创新，以提高教育教学质量。

躬耕态度是教师的职业精神，是教育事业的基石。曾国藩说：“莫问收获，但问耕耘。”这句名言是在告诫人们，在投身于某项事业或追求某个目标时，应专注于付出和努力的过程，即“耕耘”，而不应过分忧虑最

终的结果或“收获”。它强调的是一种超脱于结果之外，专注于过程本身的纯粹与执着。

（一）勤勉敬业，全身心投入

教师应具备勤勉敬业的工作态度，全身心投入教育教学中去，为学生的成长成才贡献自己的力量。陶行知先生曾说：“教育是事业，事业的成功在于奉献。”教师不仅要在课堂上传授知识，更要在课后关注学生的个性化需求，帮助他们解决学习和生活中的困难。

例如，在我所教授的营销专业课程中，我不仅注重理论知识的传授，还通过模拟企业运营、市场调研等实践活动，帮助学生将理论知识应用于实际问题的解决。每次课后，我都会花时间与学生讨论他们的学习进展，并根据他们的反馈调整教学计划。这种全身心的投入不仅提升了学生的学习效果，也让我深刻体会到了教师的责任与使命。

（二）无私奉献，甘于寂寞

教师应具备无私奉献的精神，不计较个人得失，甘于寂寞，为教育事业的发展贡献自己的智慧和力量。陶行知先生提倡“捧着一颗心来，不带半根草去”的奉献精神，正是教师职业精神的真实写照。

在日常教学中，我常常利用课余时间为学生提供额外的辅导，尤其是对那些学习困难的学生，我会耐心地帮助他们梳理知识点，鼓励他们树立信心。虽然这些工作占用了大量的个人时间，但看到学生的进步和成长，我感到无比欣慰。

（三）实践导向，勇于创新

教师应设计实训、实习、社区服务等实践环节，鼓励学生参与到真实的工作场景中，通过实际操作来深化理解。陶行知先生强调“教学做合一”，教师应通过实践教学帮助学生将理论知识转化为实际能力。在讲授企业模拟沙盘课程时，学校与企业合作，教师组织学生参与企业经营项目。学生在项目中不仅学到了专业知识，还培养了团队合作和解决问题的能力。这种实践导向的教学方式不仅激发了学生的学习兴趣，也为他们未来的职业发展奠定了坚实的基础。

（四）持续学习，与时俱进

教师应不断学习新的教育理念和教学方法，以保持教学内容和方法的现代性和有效性。陶行知先生认为，教师应“活到老，学到老”，只有不断更新自己的知识储备，才能更好地指导学生。教师要积极参加各类专业发展培训、研讨会和学术会议，学习最新的教学技术和教学方法。在教学中，教师可将翻转课堂和在线学习平台引入教学中，通过课前自学和课堂讨论相结合的方式，提升学生的自主学习能力和课堂参与度。通过这些做法，教师不仅能够提升自己的专业素养和教学质量，还能够以自己的躬耕态度和无私奉献精神，为学生树立榜样，促进学生的全面发展。

五、仁爱之心：以爱为魂，润物无声

陶行知先生认为“爱是教育的灵魂”，教师应以仁爱之心对待每一位学生，关心学生的成长和发展，尊重学生的个性差异，给予学生充分的关爱和支持。

（一）建立信任

教师应通过真诚的关心和倾听，与学生建立信任和尊重的关系。教师应对每一位学生给予全方位关注，了解他们的学习需求、兴趣所在和生活背景，为有不同需求的学生提供个性化的支持。在学生遇到情感困扰时，善于倾听和指导，帮助他们处理情绪问题和压力，创造一个安全和支持的环境，让学生感到被接纳和理解。

（二）尊重差异

教师应认识到每个学生都有独特的学习风格和能力，避免刻板印象和偏见。教师应该公平对待所有学生。在课堂上抓住每一个机会，发现学生的每一个闪光点，使用积极的语言和行为来激励学生，避免负面批评和惩罚。

（三）家校合作

教师应与家长保持良好的沟通，共同关注学生的成长和发展。无论是班主任还是科任教师，都应该定期更新家长关于学生学习生活进展的信息，并寻求家长的反馈和建议。理解和尊重学生家庭的文化背景，努力实现教育公平，确保所有学生都能获得平等的教育机会和资源。在学生离开学校后，继续提供关怀和支持，帮助他们顺利过渡到人生的下一个阶段。

六、弘道追求：传承文化，创新发展

陶行知先生追求“教育为公”，强调教育的公平性和普及性。教师应致力于推动教育公平，为所有学生提供平等的教育机会，努力消除教育不公现象。

（一）传承文化

教师应将中华优秀传统文化融入课程和教学中，结合传统节日和学校特色，让学生亲身体验传统文化的魅力。学校按教育部规定开展历史课，通过历史教育，引导学生从历史中汲取智慧，形成正确的世界观和价值观，培养学生对国家和民族历史的了解和尊重。

（二）教育公平

教师应关注学生的个体差异，确保所有学生在课堂上都拥有平等的学习者身份。这就需要教师在教学设计中考虑全体学生的学习需求。例如，确保每位学生都能充分利用教学各种资源参与课堂讨论，以及通过个性化的作业和多样化的分组模式来满足不同学生的需求。促进师生之间的平等对话，消除课堂上的“中心座位”概念，以及避免使用具有价值判断色彩的词汇，如“好学生”和“差生”，而是采用更具发展性的语言。

（三）创新发展

教师应不断探索新的教学方法和手段，提高教学质量和效果。

弘道追求是教师的历史使命，是教育的时代担当。教师应具备传承文化和创新发展的意识，积极挖掘和传承中华优秀传统文化和革命文化，引导学生树立正确的文化观和历史观。同时，教师应注重教育创新，为教育事业的发展注入新的活力和动力。

七、结语

在新时代背景下，传承与发扬陶行知先生的大爱精神、奉献精神、创造精神和求真精神，是我们每一个教师的光荣使命。我们应深入学习陶行知教育思想，将其融入个人学习、教学或教育研究实践中去，不断提高自身的专业素养和教育教学能力，为学生的成长成才和教育事业的发展贡献自己的力量。让我们以陶行知先生为榜样，争做新时代好教师，共同书写教育事业的新篇章。

陶行知教育思想在中等职业教育中的实践应用

梧州市第二职业中等专业学校　淡　睿

一、研究背景

陶行知是伟大的人民教育家，他提出的“生活教育”理论认为，教育来源于生活，主张教育要依靠生活，改造生活。他“爱满天下”的教育情怀，“捧着一颗心来，不带半根草去”的奉献精神，“敢探未发明的新理，敢入未开化的边疆”的创造勇气，“千教万教，教人求真；千学万学，学做真人”的求真精神，对中国教育产生了深远的影响。

2024 年 8 月，《中共中央 国务院关于弘扬教育家精神 加强新时代高素质专业化教师队伍建设的意见》提出要大力弘扬教育家精神，加强新时代高素质专业化教师队伍建设，进一步营造尊师重教良好氛围；教育家精神贯穿始终，为新时代教师队伍建设指明了前进方向。

二、以陶行知教育思想指导职业教育的实践

（一）“爱满天下”的情怀与职业教育关爱每一个学生

“爱满天下”是陶行知先生毕生追求的教育真谛，热爱每一个学生是他的人生格言。而关爱每一个学生正是职业教育的理念和初衷。不少中职

学生由于缺少家庭关爱、成绩不好、不受重视等原因，容易形成自卑、偏执、消极、坏毛病多等性格和缺点，需要更多的关心和引导，让其时刻感受到温暖，积极面对学习和生活。中职教师应秉承陶行知先生的大爱精神，关心学生的成长，尊重学生的个性，激发学生的学习兴趣和潜能，确保每一个学生都能成人成才，融入社会各个岗位中，为祖国建设发光发热、挥洒青春。

（二）“教学做合一”的方法论在职业教育中体现

陶行知提出的“教学做合一”，主张教的方法应根据学的方法，学的方法应根据做的方法，“教学做”是一件事，而不是相互独立的三件事，同时认为行是知之始、在劳力上劳心。中职教师要遵循陶行知在实践中学习的理念，引导学生通过实践来学习知识，通过动手操作来掌握技能，设计更多以学生为中心的教学活动，如项目式学习、探究式学习等，让学生在做中学，在学中做，提高学生解决实际问题的能力。陶行知“教学做合一”的方法论，主张事情是怎样做的，学生就应该怎样学；学生是怎样学的，教师就应该怎样教。教法和学法都来源于做法，统一于做法。职业教育推行的“做中学，做中教”的理念注重教学与实践相结合，强化教育教学实践性和职业性。职业教育应坚持问题导向、需求导向，先明确岗位需求，再确认人才培养方向，依次制定课程体系，选定教学、实践内容和教学方法，教师围绕“做”开展教学，学生则在“做”的过程中完成“学”的积累。“教学做合一”使教师与学生、主体与客体、教与学在“做”的实践上实现了高度统一。

（三）“六大解放”鼓励职业教育的学生创新创业

“六大解放”是指解放学生的头脑、双手、嘴、眼睛、时间和空间，还学生以自由，从而激发学生的创造力。这是陶行知创造教育思想和民主教育思想的反映，其核心思想就是鼓励创新。当前国家大力鼓励创新创业，职业教育更是着力提升学生创新创业能力，“六大解放”的思想对此有着较强的指导意义。职业教育注重实践，强调在实践中学习，这就要求学生必须多思考、多观察、多动手、多沟通交流，以便全方位探索和感知知识。“六大解放”能将学生从填鸭式、理论脱离实践的教学中解放出来，让学生更多地自主思考、自主学习，不再局限在课本上、课堂里，有利于尝试新的方法，实践新的思路，形成新的风格。

（四）“以教人者教己”要求新时代的中职教师要不断提升职业素养

“以教人者教己”，是指教师为了教学生，必须先努力学习，明白要教授的内容，而学无止境，教师在努力学习、精心备课的过程中，不断结合新技术、新成果、新趋势，推陈出新，精益求精，在教学中不断有新的收获和体会，实现教学相长，这正是“行以求知知更行”。职业教育应服务于行业需求，这对新时代中职教师提出更高的要求，必须及时学习新知识，掌握新技能，适应新标准，向“双师型”发展，全面提升自身素质能力，以应对产业发展、行业需求和职业岗位变化。

三、陶行知教育思想在新时代中职教育中的应用

（一）德育方面的应用

以陶行知先生的德育理论为指导，我在多年的班主任工作中总结出几点做法：

1. 善用主题班会

开展“感党恩听党话跟党走”“社会责任与担当”“职业道德与职业素养”“做更好的自己”等主题班会，以学生的兴趣点、身边事为切入口，采取案例分析、小组讨论、分享故事等形式，引导学生树立正确的世界观、人生观和价值观。

2. 加强沟通交流

关心每一位学生，对问题学生采取师生交谈、家校联动、课堂监督、

宿舍互助的全方位关怀和教育，为其解决思想上、生活上和学习上的困难，绝不放弃每一位学生。

3. 组织集体活动

开展集体活动能提升学生的荣誉感、凝聚力、协同能力和自信心。每一次的表演排练、比赛、展示活动等，我不仅亲自参与，还鼓励每一位学生积极投入，为班级争光，引导他们互相鼓励支持，形成团结向上的集体氛围。

4. 参加社会公益活动

教育源于生活，参加社会公益活动既是德育工作的抓手，也是社会实践的一部分，能增强学生的社会责任感，塑造完整人格，帮助学生完成走进社会前的重要一课。

5. 重视纪律和班风

严抓课堂和生活纪律，及时制止不良风气，通过谈话、班会、批评、鼓励和树立榜样等方式，打造良好的纪律和班风。

6. 展现自我风采

引导学生端正学习和生活态度，鼓励他们多参加活动，勇敢表现自己，塑造自信乐观、善于沟通、适应社会的完整人格。

新时代的教师应当坚持真理，以身作则，用实际行动影响和教育学生，培养学生成为有理想、有道德、有文化、有纪律的新时代青年。

（二）教学方面的应用

“教学做合一”是陶行知先生提出的“生活教育”的方法论，认为教法和学法都来源于做法，统一于做法，是“生活即教育”在教学方法问题上的具体化。例如，在开展民族工艺品制作专业和平面设计专业教学时，教师针对传统教学中课堂教学与实训分开进行，教学形式固化、缺乏灵活性，学生设计作品千篇一律，机械重复等问题，以陶行知教育思想为指导，大胆创新，引入行业内流行的融合设计理念，并实施项目导向教学法，以此开展教学改革。融合设计是指将不同地域的民族文化元素或手工技艺与生活中的元素相融合，通过分解、提炼、变异和重构，设计出全新的图形和作品，同时不断拓宽作品的题材、形式和受众群体；项目导向教学法则以教学目标设计项目，以项目为导向设计教学内容，按照完成项目所需的知识内容和技能要求来组织课程内容，以学生分组完成项目任务来开展教学，在项目实施过程中穿插讲授融合设计理念，理论教学和实践教学交替进行，即知即传，随学随教，教、学、做充分结合，有机统一。经过师生共同努力，教改成效喜人，学生实践能力和创意设计能力均得到较大提升，设计的作品风格多样，各具特色，逐渐形成自己的个性，提升了就业、创业的竞争力。

（三）实践方面的应用

“行是知之始”是陶行知先生的哲学思想，他认为认识来源于实践，实践是认识的基础，而社会本身就是一所大学校，主张教育要依靠社会的力量，应济社会的需要。教师在组织民族工艺品制作专业实践时，除了常规的校内实践课程和参加技能比赛外，还经常组织到企业实践，为本地高校服装晚会制作头饰，通过直播、开网店等形式在线上售卖学生作品，同时通过线下销售、举办作品展等，多渠道多形式丰富学生的实践学习，让学生在不断实践中完善设计和制作技巧，提高作品的市场竞争力。教师还根据学生的专业特点组织其参与公益活动，用学生的专业特长服务社会。我在担任烹饪班班主任时，策划和组织学生在“六一”儿童节期间到市福利院慰问儿童，赠送亲自制作的糕点，现场教小朋友们做面点，一起唱歌和做游戏；参加电视台少儿节目《我是小厨神》的录制，由学生教小朋友们学烹饪。在担任电商班班主任期间，我鼓励学生从推销家乡农产品做起，全程参与产品选材、网店装修、营销策划和直播带货等，帮助家乡农户拓宽销售渠道，使学生的学习与工作、生活紧密相连，不脱离实际。学生参加公益活动，将平时上课学习的内容付诸实践，提高了职业技能，增强了社会责任感。

（四）学生工作方面的应用

我所带班级一名学生在一年级时因盗窃被拘留，期满释放后他主动联系我，对自己行为表达了忏悔，希望能保留继续读书的机会。鉴于该生认错态度好，且只是跟随作案，没有实施具体的盗窃行为，学校决定给予其留校察看处分。我秉承陶行知“四颗糖”的教育理念，充分给予该生爱心、耐心和信任，从思想上、生活上和学习上对其进行鼓励和帮助，解决其现实困难，帮助其从精神上树立理想和目标，教育其珍惜学习机会，感受学校和家庭的关怀和期待，鼓励其积极面对，改正错误，努力做一个对家庭有担当、对社会有贡献的人。同时对其他学生保密，给了该生一个良好的环境，促进其改造和重新融入学校生活。经过家校共同努力，该生摆脱阴影，重拾自信，加强自身约束，在随后的两年中没有出现过一次迟到或旷课现象，同时认真学习和实训，积极完成班主任布置的工作任务，并带动、影响了身边同学，多次被评为三好学生。在该生中职三年的学习中，我对他无数次地推心置腹和千叮万嘱，默默注视和鼓励喝彩，在持续的关爱和感化下，该生重新找准人生方向，实现了自我改造，以崭新姿态进入人生新阶段，令人十分欣慰。

（五）培养学生创新创业能力的应用

陶行知的“六大解放”，鼓励教师带领学生勇于创新。以“六大解放”的思想指导中职学校开展教学改革，培养学生创新创业能力，具有很强的实践性和操作性。

在讲授民族工艺品制作专业的平面设计课程时，我发现中职民族文化课程设置老化、教学内容陈旧、不符合市场需求和时代要求，学生在学习时习惯了不思考、不观察、懒动手、少交流，只会临摹照搬，没有创新，缺乏就业竞争力。因此，我所在专业部对本专业的人才培养方案、课程体系建设方案、课程标准、实训室制度等已有的专业建设指导文件进行了讨论和重新修订，在课程设置方面，在原有课程基础上增设了新民族图案等课程，教学方面则增加了融合设计的学习并引入项目导向教学法，实践方面积极承接校外设计订单、电子商务（网上销售、直播）等，将创新理念贯穿所有课程和实践，使各门课程和实践之间不再是孤立的，而是融通和穿插进行的。在教学过程中不设立统一的标准和规则，没有固定的步骤，充分解放创造力，允许有不同的思路和理念；课堂上学生能充分表达自己的想法，并尝试付诸实践；鼓励学生从生活中取材，从民族文化中提炼，从其他文化和作品中借鉴，运用各种民族元素，大胆创作，敢想多练，并交流和分享心得。此外还通过带学生到其他院校比赛交流、到企业实践、走访手工艺人等形式，了解最新的市场需求和行情，收集素材和灵感，学习先进经验和做法，让学生多看、多想、多动手、多交流，实践“六大解放”的理念，并取得良好成效。我校民族工艺品制作专业学生创新能力得到较大提高，学生就业率和就业质量逐年提升。

（六）教师自我提升方面的应用

陶行知先生的大爱精神、奉献精神、创造精神和求真精神是新时代中职教师修身立德、积极进取、努力提升自身素质能力的信念和动力，是指导我们加强教师队伍建设，更好地为职业教育服务的思想武器。

陶行知四种精神所体现的理想信念、道德情操、育人智慧、躬耕态度、仁爱之心和弘道追求，反映出新时代对中职教师全方位的要求，指引我们坚守教育的初心和使命，以身作则，以德立教，以高尚的道德标准来规范自己的言行，不断打造创新和智慧的教育方法，探索适应新时代发展的教育方法，勤勉务实，以满腔的热情和不懈的努力投身教育事业，用实际行动诠释“教书育人”的真谛，关爱每一位学生，用爱心和耐心温暖每一个学生的心灵，勇于创新，敢于担当，追求教育的真理。

在新时代的教育征程中，我们应以陶行知先生为榜样，继承陶行知先生的品德、态度和追求，坚守教育报国的理想信念，将个人发展与国家命运紧密相连，为培养担当民族复兴大任的时代新人而不懈努力，为实现中国梦贡献力量。

新时代良好师德对学生的积极影响探索

凤岭北路中学　张　焰

陶行知先生说："千教万教，教人求真；千学万学，学做真人。""教育者不是造神，不是造石像，不是造爱人，他们所要创造的是真善美的活人。"教师队伍质量是教育质量的关键，弘扬教育家精神，加强师德建设，对于提升教师队伍整体素质、推动教育高质量发展具有重要意义。师德规范了教师的行为准则，而教育家精神则赋予了教师追求卓越、勇于创新的动力。一个具有高尚师德的教师，更有可能成为具有教育家精神的教育者，为教育事业贡献更大的力量。无论是教育部发布的《关于加强和改进新时代师德师风建设的意见》中提出的加强与改进师德师风建设的具体建议，还是习近平总书记强调的"教育家精神"，抑或是总书记对陶行知先生教育思想和实践的评价，都不断提醒着被尊称为"人类灵魂工程师"的教师们，他们的职业道德不仅反映了个人素质，更是培养学生全面素质、引导学生成为优秀社会主义建设者和接班人的关键。作为新时代的人民教师，应大力弘扬教育家精神，牢记学高为师、身正为范的训导，注重用师德关爱每一位学生，努力完成教师应尽的职责，充分发挥师德关爱对学生成长的积极影响，推动学生综合发展。

一、新时代背景下良好师德对学生的积极影响

陶行知先生贴近实际、贴近生活、贴近人民的"生活教育"理论等思

想体系，为现代教育提供了宝贵的启示。这一理论体系不仅深刻揭示了教育的本质和目的，更有利于培养具有实践能力和创新精神的人才。总书记在多次讲话中引用陶行知的名言警句，以此来强调教育应追求真理、培养真善美的统一，进一步弘扬教育家精神。在初中教育领域，加强教师队伍的师德师风建设，正是对这一精神的积极响应和实践。

教育家们以其高尚的道德情操、深厚的学术造诣和无私的奉献精神，为教育事业树立了崇高的榜样。通过学习和传承陶行知等教育家的精神，初中教师能够在教育教学过程中更好地引导学生，培养他们的品德和学识。加强教师队伍的师德师风建设，不仅能够提升教师的职业素养，还能营造一个积极向上的教育环境，从而为学生的全面发展奠定坚实的基础。在这个过程中，教师将以身作则，用自己的言传身教影响学生，践行陶行知先生的教育理念，帮助他们在知识、能力和品德等方面取得均衡发展，为他们的未来打下坚实的基础。

良好师德对学生的积极影响主要体现在以下方面：一是有利于润化学生心灵。教育家精神要求教师要有启智润心、因材施教的育人智慧，师德要求教师有仁爱之心，要尊重学生，让学生树立自信。在实际教学过程中，教师不仅要关注学生的课程学习，更要关注学生的情感态度与品格德行，注重营造良好的师生互动关系，让学生在互动交流中进步成长。同时，教师还要注重因材施教，用鼓励增强学生的自信心，用信任培养学生的自尊心；以学生的成长问题为导向，既要讲明白道理，也要以情感人，以具体行动润化学生的心灵。二是有利于带动学生成长。良好师德要求教师有道德情操、为人师表。对此，教师要注重做好行为示范，充分发挥自己的带头作用，将教书与育人相结合，以个人魅力感染学生，引导学生增强社会责任感，将积极能量传递给学生，带动学生成长。三是有利于增强学生综合能力。新时代的初中教师不仅要具备扎实的学术造诣，同时还要有严谨的治学精神，能够花费时间做真学问。在教学工作中，教师要悉心指导学生，注重培养学生的学术能力与创新能力等，同时注重用自己的学术人格影响学生，促进学生综合能力发展。总之，新时代环境下，弘扬教育家精神，加强师德师风建设对学生发展具有积极作用，初中学校要正确认识到弘扬教育家精神、师德师风建设工作的重要性，结合时代发展，进一步丰富师德师风内涵，争做新时代的“大先生”。

二、新时代背景下良好师德实践策略

（一）以仁爱之心呵护学生自尊心

要大力弘扬教育家精神，教师必须具备乐于教育、关爱学生、甘于奉献的仁爱之心。正如陶行知先生所言，“不可轻视孩子的情感”。每一个孩子都拥有一个丰富而复杂的情感世界，这些情感往往超出了成年人的理解范围。因此，在教育工作中，教师应当特别注重保护学生的内心世界，避免不当行为，以免误伤学生的自尊心。在实际的教学过程中，教师应当站在学生的角度思考问题，细心呵护学生的自尊心，从而促进学生的健康成长。特别是初中生，由于年龄较小，他们解决问题的方式往往以情感为主导。这就要求教师必须站在平等的角度，以同理心去思考问题和解决问题。例如，在班级中，如果存在一些性格较为调皮的学生，教师如果一味地采取当众训斥的方式来管教学生，很可能会引发学生的逆反心理，从而无法达到预期的管理效果。

教师应当时刻铭记陶行知先生的教诲，不断更新自己的教育观念，以陶行知先生的理论为新时代教育的指导思想。教师应当以仁爱之心呵护每一位学生，以温和的态度与学生进行沟通交流，深入了解学生犯错误的原因。通过这种方式，教师可以拉近与学生的距离，让学生愿意敞开心扉，谈论自己的内心世界。这样，教师就能够及时纠正学生的错误行为，帮助学生健康成长。

对于教师而言，传统的说教式和强硬式管理往往会伤害到学生的自尊心，从而失去进入学生心灵深处的机会，影响班级管理的效果。相反，关爱呵护式的管理能够照顾到每个孩子的自尊心，让学生愿意向教师袒露自己的心声。这种管理方式不仅能够帮助学生实现健康成长，还能够促进师生之间的和谐关系，为学生的全面发展奠定坚实的基础。

（二）以鼓励教育培养学生自信心

为进一步弘扬和传承教育家精神，教师应当积极树立起光辉的榜样形象，通过自己的言传身教，激励和引导学生培养和增强自信心。教育家精神是教育事业的宝贵财富，教育家们以高尚的师德和卓越的教学成果，为后人树立了崇高的榜样。教师应当以这些教育家为楷模，通过自己的实际行动，向学生展示什么是真正的教育家精神。

激发学生自信心能够充分发挥其内在潜能。自信心是学生健康成长的重要基石，它能够帮助学生在面对困难和挑战时，保持积极向上的态度，勇敢地迎接各种挑战。良好师德建设的关键在于教师要以人为本。教师应当以学生为中心，关注每一个学生的成长和发展，尊重他们的个性和需求。

教师在教育中应以高尚师德激励学生，帮助他们重建自信，促进全面发展。比如在班级管理中，有一类学生上课总是扰乱纪律，影响他人学习。面对此类学生，教师可先不进行直接管理，而是慢慢深入了解学生的内心世界，经过了解发现此类学生比较注重班级荣誉感，行为表现较为积极，但总是分不清哪些行为是错误的，进而出现扰乱纪律的行为，无法融入班集体。针对这一情况，教师可充分发挥此类学生的个人优势，让他们为班级做出实事，进而帮助其尽快融入班集体，增强自信心，激发内在潜力。对此，教师可将其设为班干部，比如卫生委员、公物管理员等，让他们能够在职位上发挥自己的力量，教师要针对他们认真负责的情况做出奖励。在实践中发现，此类学生不仅能做好自己的卫生工作，同时也监督他人保持卫生；注重检查班级中的公物安全，提醒其他同学正确使用桌椅等公物。除此之外，此类学生的性格也在不知不觉中发生变化，比如态度更加乐观，愿意为班级做事情，每天积极参与卫生打扫等工作，在班级大扫除与卫生检查等工作中，主动承担指导管理与带头参与职责。再比如内心自信心明显增强，与他人的相处更加融洽，在课堂上也会保持个人纪律。在整个班级管理过程中，教师帮助学生找到了自己的位置与价值，有效激发了学生的自信心，增强了对学生的关爱，有助于促进学生健康发展。

因此，教师应当注重运用良好的师德来鼓励和教育学生，帮助每一位学生都能够重拾自信，实现他们的良好发展。通过这样的教育方式，教师不仅能够帮助学生在学业上取得进步，更能够在品德和人格上对他们产生积极的影响，为他们的未来打下坚实的基础。

（三）以职业素养增强学生上进心

为了进一步弘扬教育家精神，教师应当积极地传递正确的价值观，通过自身的职业素养来激发和增强学生的上进心。教师不仅要以身作则，树立良好的榜样，还要在日常教学中不断渗透和强调正确价值观的重要性。通过生动的课堂讲解、丰富的实践活动以及积极的师生互动，教师可以有效地引导学生树立正确的世界观、人生观和价值观。同时，教师还应当关注每一位学生的个性发展，因材施教，帮助他们发现自己的兴趣和潜力，从而更好地激发他们的上进心。通过这种方式，教师不仅能够培养出具有高尚品德和扎实学识的学生，还能为社会培养出更多具有创新精神和实践能力的优秀人才。

（四）通过课堂教学培育学生优良品质

课堂是教师实施教育的主阵地，同时也是开展德育教育的重要渠道。教师要注重在教学中渗透高尚师德，以自己优良的职业素养影响学生与感染学生，向学生传递正确的思想观念，用日常言行举止影响学生，为学生展示为人师表的优良品质，进而有效增强学生学习积极性。

（五）注重树立师德典范

教师要注重发挥为人师表的榜样作用，在教学中寻找与挖掘优秀学生代表与榜样，通过多样化路径进行宣传，以同龄人事迹感动学生，让榜样典型立起来、亮起来，有效激发学生的上进心。

（六）加强正面引导

教师要用师德培养学生的上进心，加强对学生的积极引导，纠正学生的错误认知，让学生感受到浓浓的关爱，促使其摆脱“差生”心理，走上健康成长的道路。比如部分学生缺乏自我管理能力，不理解教师的谆谆教诲，教师可与此类学生进行交流，分析学生身上的闪光点，让学生认识到教师的良苦用心，意识到教师一直在默默关注自己，希望自己能够进步与健康发展等。通过深刻的交流，学生能够感受到教师对自己的关爱，愿意主动与教师交流，更加积极地参与学习，进而有效激发内在上进心，为后续发展奠定良好基础。

在新时代背景下，教育工作被赋予了新的责任和使命。作为教师，我们应当特别注重加强和提升自身的优良师德建设。通过以身作则，展示高尚的师德风范，我们能够有效地感染和教育学生，引导他们在德、智、体、美、劳等多方面全面发展。教师的言传身教不仅能够帮助学生树立正确的价值观，还能激发他们的学习兴趣，培养他们的创新精神和实践能力。因此，教师必须不断提升自己的道德修养，以高尚的师德为学生树立榜样，为培养新时代的优秀人才做出积极贡献。

三、结语

在新时代背景下，大力弘扬教育家精神成为教育领域的重要任务。陶行知先生曾说：“教育是立国之本，兴国之基。”他强调教育要面向实际，注重实践，倡导“生活即教育，社会即学校”的理念。学校在师德建设方面，不仅继承和发扬了传统的优秀师德文化，而且结合新时代的发展特点，进一步丰富和深化了师德的内涵。在这个过程中，教育家精神得到了大力弘扬，为师德建设注入了新的活力，使其更加符合现代社会的需求和教育发展的趋势。新时代的师德还强调教师要关注学生的全面发展，尊重学生的个性差异，培养学生的创新精神和实践能力。陶行知先生曾说：“教育是为生活做准备。”这提醒我们，教育的最终目的是让学生能够更好地适应社会，成为有用之材。因此，新时代的师德建设不仅要传承传统美德，更要与时俱进，培养出能够适应未来社会发展的优秀教师。

弘扬教育家精神在学校教育中的实践探索

桂平市第一中学　吴　勇　姚　波

陶行知是伟大的人民教育家，陶行知教育思想不仅在中国近代教育史上具有重要意义，还对现代的教育改革产生深远影响。在新时代背景下传承陶行知教育思想，弘扬教育家精神，对教师专业成长有着重要的意义。

一、对教育家与教育家精神的理解

“教育家”一词最早见于梁启超的《南海康先生传》，他尊称康有为为“教育家”。顾明远先生在《教育大辞典》中指出，教育家是“在教育思想、理论或实践上有创见、有贡献、有影响的杰出人物”。这一定义基本明确了教育成就和教育影响是教育家区别于普通教师的关键。

（一）时代呼唤教育家

教育强国建设需要教育家。然而，环顾四周却发现，这个时代被称为“教育家”的，寥若晨星！教育家去哪儿了？难道只有孔子、蔡元培、陶行知等才配得上教育家的称号吗？一直以来，中国对教育家的标准定得太高，以至于一提起“教育家”，大家都是顶礼膜拜，将其视为神一样的存在，认为只有创造出一套完整教育理论体系或提出先进教育思想并且其思想对后世产生巨大影响的人才能称为教育家。如果以此标准来认定的话，中国能称为教育家的人确实是神一样的存在，但那样的人实在太少了。对此，早在2004年,《人民教育》杂志和《中国教育报》就有一批醒目的文章标题相继出现，如:“我们是否抛弃了陶行知？”“当代中国有没有教育家？”等。

（二）教育家精神的内涵诠释

教育家精神关注的是教育者的精神和心灵层面的问题，教师们只有理解和认同教育家精神，才能把精神转化为动力。学者李政涛谈到如何弘扬和践行教育家精神时提出，首先将教育家精神定位于“属于每一位教师”的精神；其次让教育家精神从象牙塔中走出来，融入教师的日常生活，与教师常态化的教育生活和教学生活等勾连起来，活在年复一年、日复一日的教学与教研活动中，天天向着“教育家精神”的标杆直跑。在教育家品格特质方面，教育专家储朝晖进行了论述:“除了外部认同，教育家必备的内部品质有三种:一是博爱之心，执着地爱学生、爱教育工作、爱人类未来的发展；二是独立思考和不懈求新，教育已经是数千年的专业工作，不能独立思考和创新的人是难以成为教育家的；三是有从事教育工作的专业潜质，能敏锐地发现教育问题，并以独特的思考和行为解决问题。有了这三种品质，在外部条件许可的情况下就会产生诸如教育思想、办学业绩、论著等结果。”

二、陶行知的教育思想和教育家精神

陶行知的教育家精神体现在以下几个方面:

（一）道德情操

陶行知认为教育人之于社会与国家，“生在此时，有一定的使命。这使命就是运用我们全副精神，来挽回国家厄运，并创造一个可以安居乐业的社会交与后代，这是我们对于千万年来祖宗先烈的责任，也是我们对于亿万年后子子孙孙的责任”。

（二）创新精神

陶行知一生都在进行教育理念的更新，并取得了丰硕的教育改革实践成果。他受科学教育、杜威实用主义等先进教育思想的影响，早在1919年就在《教学合一》一文中指出了传统教授法的弊端，提出了“教学做合一”的教育主张，开展了教学创新实践。他认为“能够承担改造社会创造力的新人”势必拥有“革命的理想、实干的精神、健全的身躯以及科学的文化”，他以“敢探未发明的新理，敢入未开化的边疆”的创新精神，践行着教育家精神的创新态度。

（三）仁爱之心

“爱满天下”是陶行知先生的名言，他用一生的教育实践诠释了这句名言；他热爱教育、懂得教育、办好教育，因此，他热爱学生、理解学生。他用四颗糖奖励、教育学生的故事，不但体现了他的教育智慧，更彰显了他的大爱精神，“小孩子的体力与心理都需要适当的营养。有了适当的营养，才能发生高度的创造力，因而教育应当充满爱”。

（四）弘道追求

陶行知认为，“我们处在任何环境里面，必抱有坚强人格，不可自由摇动，尤其到了利害生死关头之时，必富有‘富贵不能淫，贫贱不能移，威武不能屈’的气概”。正因为他有“教育救国”的伟大使命，才会放弃国外和城市优渥的生活条件，一头扎进农村，致力于平民教育。他建立了育才难童学校、上海工学团、重庆社会大学等，教育就是他的终生志业。

三、教育家精神的本质内涵和时代特征

教育家精神根植于中华优秀传统文化，其历史脉络从古代的“教育为人”“教育济世”“教育兴国”延绵至近现代的“教育救国”和今天的“教育强国”，其本质内涵包括以下四个方面：

（一）理想信念和道德情操是教育家精神的政治灵魂

1. 教育家精神强调“心有大我、至诚报国”的理想信念

家国之爱，奠定了教育家精神的人格基础。《礼记·大学》开篇明宗，

"修身、齐家、治国、平天下"，这代表了古代文人自我修炼的四个层次，强调个人修养与社会责任的联系。古往今来，爱国主义精神流淌在有志之士的基因中：范仲淹将忠君报国之情融于"忧"和"乐"之中，提出"先天下之忧而忧，后天下之乐而乐"；从"人生为一大事来，做一大事去"的陶行知，"一辈子学做老师"的于漪到"豁出命改变她们的命，值！"的张桂梅，这些教育路上伟大的名字，之所以值得铭记、敬仰，皆因他们始终坚定地将个人命运与民族命运紧密关联在一起，把祖国的利益置于最高的位置。

2. 教育家精神强调"言为士则、行为世范"的道德情操

教育家精神的形成，经历了从"三个牢固树立"到"四有"好教师，到"四个引路人"和"四个相统一"，到"经师"和"人师"相统一的"大先生"，再到"中国特有的教育家精神"的理论演进。"学高为师，身正为范"是陶行知先生的名言，他明白，祖国的繁荣富强离不开每一个中国人的努力，而作为一个有着丰富学识和教育经验的教育家，更是深知自身肩负的使命。他希望中国底层的贫民能有机会接受教育，决然依靠自身的力量去改变农村的教育面貌。1917 年秋，他毅然放弃美国提供的丰厚待遇，回到祖国，放弃城市的舒适生活，脱下西装革履，穿上布衣草鞋，投身艰苦的平民教育中。他不仅教学生读书识字，还教他们做人的道理，用实际行动诠释了"行为世范"的教育真谛。

（二）育人智慧、躬耕态度是教育家精神的核心要义

1. 教育家精神的育人智慧主张包括"启智润心"和"因材施教"

卓越教师始终将德行教化作为教学的内在价值，用爱和智慧滋养学生的心灵，即"启智润心"。20 世纪 20 年代，陶行知通过教育改革，大大地激发了农村学生的学习热情和创造力，培养了他们的实践能力和社会责任感。他说："教育者不是造神，不是造石像，不是造爱人。他们所要创造的是真善美的活人。真善美的活人是人们的神，是我们的石像，是我们的爱人。教师的成功是创造出值得自己崇拜的人，先生最大的快乐，是创造出值得自己崇拜的学生。"而"因材施教"，则意味着教师要尊重学生的个

性，为学生提供适合的教育方案，促进思政元素与课堂授课的有机结合。朱熹认为教育者应根据受教育者不同的性格、兴趣等“各因其材”，为学习能力不同的人设定不同的教学目标，以“小以小成，大以大成”为导向，进行个性化的教学。

2. 教育家精神的躬耕态度指“勤学笃行”“求是创新”

“勤学笃行”反映出教师对待教育事业的坚韧和热忱。“博学之，审问之，慎思之，明辨之，笃行之”，体现了严谨治学、知行合一的思想。教师工作的专业性决定其必须不断学习，促进专业成长以应对新的挑战，未来教师应该是研究型的教师。陶行知指出，学的方法是依据做的方法，事情怎么做就怎样学，怎样学就怎样教，老师的教与学生的学联系在一起，即“教学相长”，而实践就是“教”与“学”的基础，在“做”中寻求“教”与“学”的方法，并且在实践中检验“教”与“学”的效果，“求是创新”。陶行知认为创造精神和开辟精神，此二者居其一者，便可称为“第一流的教育家”。

（三）仁爱之心和弘道追求是教育家精神的价值取向

1. 教育家精神的“仁爱之心”体现在乐教爱生、甘于奉献

“爱满天下”是陶行知的教育情怀。他立志“要使全中国人民受到教育”，他热爱和尊重学生。他说：“你的教鞭下有瓦特，你的冷眼里有牛顿，你的讥笑中有爱迪生，你别忙着把他们赶跑。你可不要等到坐火轮、点电灯、学微积分，才理解他们是你当年的小学生。”因此，他穷毕生精力，投身于教育革新运动，矗立起一座人民教育的丰碑，成为“万世师表”和中国近代教育史上的“一代巨人”。

2. 教育家精神“弘道追求”强调胸怀天下、以文化人

自古以来，我国知识分子就崇尚为国为民的伟大志向。无论是《礼记》推崇的“大道之行，天下为公”，还是顾炎武提出的“天下兴亡，匹夫有责”，都反映出国人强烈的天下意识和价值所系。“士不可不弘毅，任重而道远”是孔子恪守的信念；孟子“得天下英才而教育之”体现了中国

人的胸襟和气度。弘道追求，对于教师群体而言，就是守道、传道、弘道。这个“道”不是单纯的知识或技能，而是一种道德定力，蕴含对正义、价值和道德的认同与引领。

四、对教育家精神的践行策略和校本实践

作为陶行知教育思想实验学校，“学陶、思陶、研陶、践陶”是促进学校持续发展的有效途径，新时代的教师要找到一条通向教育家精神的行知之路，需要回答好以下几个问题：

（一）追问“为何当老师”这一事关价值追求的核心问题

牢记从教初心，把“心”放在教育事业上，学习陶行知“捧着一颗心来，不带半根草去”的奉献精神，增强为师的动力和育人的智慧。笔者所在的学校，是广西籍第一位中共党员黄日葵烈士的中学母校，有着纯正鲜明的红色基因。在建校 100 周年（2017 年）校庆时，在中国陶行知研究会副会长、广西陶研会会长陈洛等领导的见证下，全校师生在球场上现场展演《红色先驱黄日葵》，把黄日葵参与“五四运动”和革命战争等可歌可泣的生平事迹搬上舞台，沉浸式的展现，感动了在场所有观众以及观看直播的 7 万多人。这就是将陶行知“生活教育”理论突破传统教育时空边界，启示我们重新定义高中教育的场域边界，强调教育要回归生活本质的一次成功实践。学校利用本土红色文化资源，拓宽了特色办学的途径，所取得的育人成效，受到了广西陶研会领导陈洛、黎君的高度肯定。这，就是把心放在教育上，回答“为何当老师”的最好答案。

（二）叩问“为谁当老师”的政治原则问题

培养什么人，是教育的首要问题。陶行知深信“教育是国家万年根本大计”。笔者所在的学校于 2019 年 9 月建成黄日葵纪念馆，纪念馆发展成为广西社科联科普基地红色文化科普基地、贵港市红领巾校外活动基地、桂平市党性教育基地，2021 年获评为广西优秀科普基地。近六年来，黄

日葵纪念馆接待了来自区内外480多个党团支部和大中小学生共五万多人次参观者。学校依托黄日葵纪念馆的红色资源，学习开展了校馆协同育人实践，打造红色校园文化，辐射周边学校进行红色基因传承教育。学校两次在陶行知教育思想实验学校年会中，现场向全区实验学校的校长、教师代表介绍红色文化育人经验。2021年，《中国教育报》刊载《红色之光 烛照征程——广西桂平市第一中学红色文化教育侧记》。以上红色实践活动，是学校对陶行知教育“教学做合一”理念的践行，这种“做中学”的模式和教学创新实践，使师生的精神面貌发生了积极的改变，学校自改革开放以来，于2022年首次有学生追随黄日葵的步伐考上了北京大学！

（三）究问“如何当老师”的教育智慧问题

教师们在持续的教育实践中，会思考“什么是好的教育形态”，并在实践和反思中总结出许多卓有成效的育人智慧与方法，达到“自我实现”的心理体验。成功的育人实践，能带来职业幸福感，从而激励老师更尽心地投入到育人工作中，形成不断上升的良性循环。笔者所在学校，以“红色活动八个一”形式将本土红色资源以“五融入模式”（融入课堂、融入课程、融入课题、融入研学、融入景观）打造富有特色的校园文化，提炼出基于红色文化的“红五星育新人”模式和基于特色德育的“四融八通”育人模式，分别于2019年、2021年获得了自治区级基础教育教学成果二等奖；党建案例《党建引领筑堡垒，“五红”资源育新人》于2021年入选广西中小学党组织书记培训教材《新时代广西中小学党建工作案例选编》，党总支部荣获“自治区先进基层党组织”称号；教育部课题《贫困地区学校利用红色文化资源打造校园文化的路径及实践研究》于2023年底顺利结题。以上成绩的取得，就是将育人智慧运用于教学实践，“以陶为师，以行求知、知行合一”的成功案例和生动写照。

五、结语

不是每一个教师都能成为教育家，但都可以拥有教育家的精神。中国教育学会副会长、学者李政涛在《让教育家精神“活”在教师日常教育生活中》说:“作为教师发展的标杆，丰碑与灯塔，教育家精神不是需要通往一个特定的地方偶尔去瞻仰或仰望的，而是矗立在随时可以去往的校园里，是校园生活的一部分。唯有如此，才能让教育家精神从天空走向大地，从仙境落入凡间。这样的教育家精神，就可能先是变为教师日常生活中的空气、水、面包，进而与教师的生命融为一体，化为教师精神的血液与骨髓的一部分。”教育家精神并不是难以企及的“诗和远方”，它就在我们的身边，就在我们的教育现场。期望每位教师都能在传承陶行知思想和弘扬教育家精神中，成长为拥有教育家精神特质的教师，携手共谱新时代教育强国的新篇章!

新时代好教师的成长路径与使命担当

梧州市第三中学　黎咏梅

教育是民族振兴、社会进步的基石，而教师则是教育事业的核心力量。在新时代背景下，弘扬教育家精神对于培养优秀教师、提升教育质量具有重大而深远的意义。陶行知先生作为中国近代伟大的教育家，其“生活即教育”“教学做合一”等教育思想，历经岁月洗礼，依然闪耀着智慧的光芒，为新时代好教师的成长与使命担当提供了宝贵的思想源泉。深入研究新时代好教师的成长密码与使命担当，不仅有助于教师个人的专业发展，更关乎国家教育事业的未来。

一、教育家精神内涵剖析

（一）心有大我、至诚报国的理想信念

教育家们始终将个人的教育事业与国家命运紧密相连。如陶行知先生，在国家动荡、民族危亡之际，放弃国外优厚条件，投身于中国的乡村教育事业，创立晓庄师范学校等一系列教育机构，旨在通过教育唤醒民众、改造社会，为国家培养有理想、有道德、有文化、有纪律的新人，其“捧着一颗心来，不带半根草去”的奉献精神，彰显出对国家和民族教育事业的无限忠诚与担当，这正是心有大我、至诚报国理想信念的生动体现。这种精神激励着新时代教师将个人职业追求融入国家教育发展大局，

为实现中华民族伟大复兴培养栋梁之材。

（二）言为士则、行为世范的道德情操

优秀教育家以高尚品德和行为规范为师生乃至社会树立楷模。例如蔡元培先生，在担任北大校长期间，秉持“思想自由，兼容并包”的理念，营造出宽松自由的学术氛围，同时以自身正直、儒雅、宽厚的人格魅力影响着北大师生，使北大成为新文化运动的摇篮和五四运动的策源地。新时代教师应以此为范，在言传身教中传递正确价值观，以严谨的治学态度、良好的职业道德和正直品德成为学生成长道路上的引路人，引导学生树立正确的世界观、人生观和价值观。

（三）启智润心、因材施教的育人智慧

陶行知先生的“生活即教育”思想体现了教育家对教育与生活紧密联系的深刻认识。教育不应脱离生活实际，而应从生活中汲取养分，让学生在生活中学习和成长。这与教育家精神中关注学生现实需求、因材施教，培养学生适应社会生活能力的要求高度一致。在实际教学中，教师可以引导学生关注生活中的问题，将学科知识与生活现象相结合。例如在科学课上，让学生探究生活中的物理现象，如摩擦力在日常生活中的应用等，使学生深刻理解知识的实用性，培养学生解决实际问题的能力，体现对学生现实生活的关怀。

（四）勤学笃行、求是创新的躬耕态度

陶行知先生的“教学做合一”思想强调实践在教育中的重要性，这与教育家精神中求是创新的教育实践精神相呼应。教育家注重培养学生的实践能力和创新思维，通过实践活动让学生实现知识的内化和应用。在职业教育中，教师可以采用“教学做合一”的方法，让学生在实际操作中学习专业技能。如在汽车维修专业教学中，教师指导学生亲自参与汽车维修实践，从故障诊断到维修操作，让学生在实践中掌握专业知识和技能，培养

学生的创新能力和解决实际问题的能力。

新时代教师身处知识快速更新的时代，应保持终身学习习惯，积极探索教育教学新模式、新方法，在实践中检验真理，以创新精神推动教育改革发展，提升教育教学质量与效果。

（五）乐教爱生、甘于奉献的仁爱之心

爱是教育的灵魂，教育家们对学生充满关爱与呵护。如于漪老师，六十余载坚守讲台，把全部心血倾注在学生身上，用爱温暖学生心灵，关注每个学生的成长点滴，以渊博的知识和细腻的情感激发学生对语文学习的热爱。新时代教师要以仁爱之心对待学生，尊重学生人格尊严，关心学生学习生活困惑，用爱激发学生内生动力，助力学生健康快乐成长，在奉献中收获幸福。

二、新时代好教师的成长路径

（一）以坚定信念锚定成长方向

新时代好教师的成长始于树立心有大我、至诚报国的坚定信念。张桂梅校长扎根贫困地区教育事业，创建华坪女高，克服重重困难，只为改变山区女孩命运，让她们通过知识走出大山，用教育阻断贫困代际传递，这源于她对党和国家教育事业的深刻认知与执着信念。

在我的教学生涯初期，我也曾迷茫过，不知道自己的教育目标究竟是什么。一次偶然的机会，我参加了学校组织的贫困地区送教活动。在那里，我看到了孩子们对知识的渴望和对外面世界的向往，他们眼中闪烁的光芒深深触动了我。那一刻，我明白了教育不仅仅是传授知识，更是为了点燃孩子们心中的希望之火，为他们打开通往美好生活的大门。从此，我坚定了自己的教育理想信念，将为学生的全面发展和国家的教育事业贡献力量作为自己的终身追求。

作为教师，我们要深刻领会教育在国家发展中的战略地位，将个人教育理想融入国家教育现代化建设宏伟蓝图，增强使命感与责任感，以坚定信念抵御外界诱惑，在教育岗位上不懈奋斗，为国家培养德智体美劳全面发展的社会主义建设者和接班人奠定思想基础。

（二）用高尚品德夯实成长根基

高尚品德是新时代好教师成长的重要基石。“时代楷模”陈立群校长，退休后婉拒百万年薪聘请，远赴贵州台江支教，用实际行动诠释教育公平与责任担当，展现出令人敬仰的道德情操。教师要在日常教育教学中注重品德修养，恪守职业道德规范，诚实守信、敬业爱生、廉洁奉公，以良好师德风范影响学生；积极参与社会公益活动，传递正能量，在实践中锤炼品德意志，提升道德境界，为学生树立道德标杆，使学生在潜移默化中受到品德熏陶，为成长为优秀人才奠定品德根基。

在日常教学中，我时刻注意自己的言行举止。有一次，我答应学生如果他们在本周的学习表现优秀，就会在周五的课堂上给他们一个特别的礼物。然而，那一周我因为忙于准备公开课，几乎忘记了这个承诺。直到周四晚上，我才突然想起。尽管已经很累了，但我知道自己必须信守承诺。于是，我连夜准备了一个很特别的礼物。第二天，当我看到学生们那开心的笑容和信任的眼神，我更加深刻地认识到教师的诚信和言行一致对于学生的重要性。从那以后，我更加注重自身道德修养的提升，无论是对待工作还是生活中的小事，都力求做到以身作则，为学生树立良好的榜样。

（三）靠专业智慧加速成长进程

专业智慧是新时代好教师成长的关键要素。黄大年教授在地球物理领域深耕细作，秉持启智润心理念，创新教学方法，带领学生攻克多项科研难题，培养出一批优秀的专业人才。教师需加强专业学习，精通学科知识体系，掌握先进教学理念与方法，如项目式学习、情境教学等；善于运用现代教育技术手段，如在线教学平台、教育软件等丰富教学资源，提升教学效率；深入研究学生学习心理与认知规律，精准把握学生学习需求，通过巧妙教学设计激发学生思维火花，促进学生深度学习，以专业智慧推动自身快速成长，引领学生走向知识殿堂。

在我的班级里，有一位学生小李，他学习成绩一直不太理想，而且性格内向，很少主动参与课堂活动。我通过观察发现，他对绘画很有兴趣。于是，我尝试以绘画为切入点，引导他学习其他学科的知识。例如，在学习语文课文时，我让他根据课文内容创作一幅画，然后通过描述画面来理解课文的含义。慢慢地，他对学习的积极性提高了，也开始主动与同学们交流。在这个过程中，我深刻体会到了因材施教的重要性，只有关注学生的个体差异，挖掘他们的兴趣点，才能找到开启学生智慧之门的钥匙。

（四）凭创新实践拓展成长空间

创新实践为新时代好教师成长开辟了广阔天地。人大附中的老师们积极探索拔尖创新人才早期培养模式，创建科技创新实验室、开设特色校本课程、组织各类学科竞赛活动等，为学生提供了多元发展路径，激发学生创新潜能，培养出众多科技创新人才，这是求是创新躬耕态度的实践成果。教师要敢于突破传统教育束缚，积极参与教育教学改革实践，探索跨学科融合教学、综合实践活动课程开发等创新模式；鼓励学生质疑探究、合作学习，培养学生创新精神与实践能力，在创新实践中积累经验、提升能力，拓展自身专业发展空间，为教育事业注入新活力。

随着教育技术的不断发展，我意识到自己需要不断学习新的知识和技能，才能更好地满足学生的学习需求。于是，我利用业余时间参加了各种线上线下的教育培训课程，学习了多媒体教学、项目式学习等新的教学方法和手段。在一次语文课程中，我尝试运用项目式学习的方法，让学生分组完成一个关于“诗韵画”的项目。学生们通过实地调查、数据收集和分析，不仅掌握了语文、音乐、美术的知识，还提高了团队协作能力和解决实际问题的能力。这次教学实践的成功，让我更加坚定了勤学笃行、求是创新的决心，不断探索适合学生的教学模式。

（五）以仁爱之心呵护成长之路

仁爱之心是新时代好教师成长的内在动力。支月英老师坚守深山教育36载，用爱陪伴学生成长，为学生做饭、缝补衣服、辅导功课，给予学生无微不至的关怀，让学生在温暖的环境中茁壮成长。教师要尊重学生个性差异，平等对待每一位学生，用欣赏的眼光发现学生闪光点，用鼓励的话语增强学生自信心；关注学生身心健康，及时疏导学生的心理问题，营造宽松和谐的师生关系；积极参与学生课后服务、社团指导等活动，延伸教育关怀触角，以仁爱之心为学生成长保驾护航，在付出爱的过程中感受教师的职业价值与幸福，促进自身持续成长。有一个冬天，班上的一位同学小王因为父母都在外地打工，小小年纪的他，和家里的婆婆一起生活，也不懂随着天气变化添加衣物，还是穿着单薄的衣服来上课，冻得瑟瑟发抖。我发现后，立刻把身上的围巾给他戴上。从那以后，我更加关注小王的生活和学习情况，经常与他谈心，鼓励他努力学习，帮助他解决学习和生活中的困难。渐渐地，小王的性格变得开朗起来，学习成绩也有了明显的提高。这件事情让我明白，爱可以感化学生。作为教师，我们要用仁爱之心去包容、关爱每一位学生，让他们在爱的阳光下茁壮成长。

三、新时代好教师的使命担当践行

（一）为党育人，培育时代新人

新时代好教师要牢记为党育人使命，将思想政治教育融入学科教学，如在语文课堂通过经典文学作品解读渗透爱国主义情怀，培养学生对党忠诚、热爱祖国、拥护社会主义的思想情感，引导学生树立共产主义远大理想和中国特色社会主义共同理想，增强“四个自信”，做到“两个维护”，使学生成为担当民族复兴大任的时代新人，确保党的事业后继有人，红色江山永不变色。

（二）为国育才，服务国家发展

在科技竞争日益激烈的时代，教师应立足本职为国育才。高校教师要聚焦国家重大战略需求，培养高层次创新人才，推动产学研深度融合，助力关键核心技术突破，如在芯片研发、人工智能等领域培养专业人才，为我国科技自立自强贡献力量；基础教育教师要注重学生综合素质培养，夯实学生知识基础，提升学生创新思维与实践能力，为高等教育输送优质生源，为国家各行业发展储备人才，促进人才链与产业链有效衔接，服务国家经济社会高质量发展全局。在班会课上，我组织学生讨论“如何应对环境污染问题”，让学生通过查阅资料、小组讨论等方式提出自己的见解和建议。通过这样的教学活动，学生们不仅增强了环保意识，还学会了从不同角度思考问题，为将来成为国家的建设者和接班人奠定了坚实的基础。

（三）推动教育公平，促进社会和谐

教育公平是社会公平的重要基础，新时代好教师应投身教育公平实践。在我的教育实践中，我积极参与学校的帮扶计划，为学习困难和家庭贫困的学生提供额外的辅导和帮助。在疫情比较严重的时候，我还利用网络平台，为边境校防城港防城区峒中中学的学生录制教学视频，分享教学资源，让更多的学生能够享受到优质的教育。通过这些行动，我希望能够为推动教育公平贡献自己的一份力量，促进社会的和谐发展。

（四）传承文化，弘扬民族精神

教师是文化传承创新的重要力量。在语文、美术、音乐等课程中，教师深入挖掘中华优秀传统文化内涵，如通过诗词赏析领略古代文学魅力，在传统绘画与民间音乐教学中传承艺术精髓，培养学生文化认同感与自豪感；积极传播现代先进文化成果，引导学生关注时代发展潮流，培养学生国际视野与全球竞争力；在校园文化建设中融入民族精神元素，开展文化

节、诵读会等活动，营造浓厚的文化氛围，使学生在文化熏陶中成为民族精神的传承者、弘扬者，增强民族凝聚力与向心力。在语文教学中，我会引入经典诗词、文言文等内容，通过讲解、朗诵、表演等形式，让学生感受传统文化的魅力。同时，我还会组织学生参加传统文化社团活动，如书法、剪纸、戏曲等，让学生在实践中体验传统文化的精髓，增强文化自信。

四、结语

新时代好教师的成长密码蕴含在深厚的知识储备、先进的教育理念、高尚的职业道德和创新实践能力之中。陶行知的教育思想为新时代好教师的成长提供了丰富的营养和宝贵的启示。在新时代，好教师肩负着培养学生全面发展、推动教育公平、促进教育改革与创新、引领社会文化发展的重要使命。只有不断践行教育家精神，传承和发展陶行知教育思想，才能培养出更多优秀的教师，为国家的教育事业和社会发展做出更大的贡献。

以教育家精神推动学校教育高质量发展的实践探索

梧州市第八中学　吴　蔚　黎龙霞

教育是国之大计、党之大计。教育家精神是中国精神在教育领域的集中体现，不仅深植于优秀的师道文化，更体现出新时代党和国家对教育发展的根本要求。陶行知先生是我国伟大的人民教育家，是中国教师的杰出代表，是中国教育的楷模，高质量的教育发展，正需要有陶行知先生这样的教育家精神引领并推动。梧州市第八中学作为广西陶行知教育思想实验学校，在以教育家精神推动学校教育高质量方面做出了大胆的实践探索。

梧州市第八中学于2001年改制成为市区第一所住读高级中学，改制后，虽然有了生存空间，但一时未能找到发展突破口，到2004年，教育教学成绩一直处于市区末位，每年考上本科的人数仅为个位数。在步履维艰之时，如何找到发展自我、突破自我的办学道路？我们在思考、在研究、在探索……最终，在党的教育方针引领下，在陶行知先生“求真务实”的精神和“五育并举”的思想启迪中，我们结合学校实际，创新探索出一条属于自己发展的艺术特色办学之路。学校艺术教育经历了从无到有、从弱到强、从新到优的发展过程。

20年来，在彰显特色办学中，我校教育教学质量迅速得到提升，从一年只有四五人的本科录取数到2023年本科上线达429人，实现了低进高出，高进优出，先后被评为全国学校艺术教育先进单位、全国五四红旗团委、全国第三批中华优秀传统文化传承示范校、广西壮族自治区示范性普通高中、广西一星级特色普通高中、广西新课程新教材示范校、广西校本研修示范校、广西体育示范校、自治区民族团结进步示范校等称号，真正实现了特色办学促学校教育扩优提质之路，无愧于“广西陶行知教育思想实验学校”的称号。可以说，梧州市第八中学在以陶行知精神引领学校教育教学发展中做出了大胆探索，取得了可喜成绩。

一、施仁爱之道，建融合共生育人模式，奠高质量教育之基

“捧着一颗心来，不带半根草去”——这是陶行知先生一生所持守的赤子之忱。陶行知提倡“爱满天下”，强调教育者应以博爱之心对待所有学生，不分背景、贫富、智愚，他们都应得到平等的关爱和教育机会。这种爱不仅限于师生之间，还应扩展到全社会。习近平总书记深刻指出：“教育是一门‘仁而爱人’的事业，爱是教育的灵魂，没有爱就没有教育。”而“仁爱之心”正是教育之道，常怀“仁爱”才能“弘道”。笔者认为，教育家精神的本质在于将“仁爱”的教育家精神融入教育全过程，以“恭宽敏惠”的教风，塑造“言为士则、行为世范”的师德风范；把爱国之情、报国之志与“五育”融合，构建德育“四自”育人模式，培养八中学子“八有”品质，引导师生做意志坚定的爱国者、永不停歇的奋斗者。以爱满天下筑基，营造温馨包容的教育氛围，为高质量教育铺设坚实的情感道德基石。

在教育实践中，梧州市第八中学以“立德树人”为目标，重视对学生的“育人 + 育心”的关爱教育，坚持传承与创新相结合、融合与贯通相结合的理念，结合学校实际，构建一体化德育体系，形成以立德树人为根本目标，以课程明德、文化润德、管理依德、实践验德、协同筑德、评价塑德为六项德育实施途径，通过新生入学礼、成人礼、艺术节等九大品牌活动，落实理想信念、传统文化、健康生活等五项德育内容的“1965”润心立德育人体系。通过开学第一课启迪智慧，散学典礼回望成长，成人礼强

化责任感，班主任节深化师生情谊等启智润心；通过开展丰富多元的体育文化活动强健体魄；通过传承民族文化促进民族团结，铸牢民族共同体意识；通过“朴作”劳动体系培养学生优良品德、心理素质与行为习惯；旨在帮助学生健全“和谐、自信、乐观、向上”的健康人格，树立为祖国发展而奋斗的人生目标，培养爱国之情、砥砺强国之志、实践报国之行。

梧州市第八中学以爱心与耐心引导学生成长。笔者所在学校推进“教联体”建设，开创书记、德育副校长、班主任“面对面”新通道，强调以学生为中心，以爱为桥梁，以责任为担当，携手并进，在理解与尊重中共同成长。在此推动下，学生和老师厚植了爱家、爱校、爱国情怀，学生和老师共同营造了温馨的家庭氛围、积极向上的校园文化和浓厚的家国情怀。

二、行教学做合一，建构“1 + 5”五育特色课程，育高质量教育之优

“美”有一切好的寓意，又有“美美与共”“各美其美”之意。陶行知主张教育应促进学生全面而有个性地发展，让花开成花、让树长成树！弘扬教育家精神，要立足岗位，因材施教、因地制宜，创新育人智慧。笔者所在的学校创新建构了“1 + 5”五育特色课程体系：即五结合“1353”安全管教模式、“1965”德育课程体系、“智学”课堂模式、课内外一体化体育课程体系、“和美”课程体系，并以此为抓手在校园里高度覆盖，让学生充分展示个性之美，使其核心素养得到全面提升，着力培养担当民族复兴使命的时代新人。特色课程融入了中华优秀传统文化、民族文化、地方文化、红色文化、校园文化，既有陶艺、版画、扎染、漆韵、剪纸等传统文化课程，也有梧州在广西党史上十八个“第一”的红色文化，梧州骑楼城、中山纪念堂等地方课程，更有六堡茶制作、疍家音乐、粤剧、牛娘戏等地方课程，以丰富的课程拓宽学生知识的边界、了解中国共产党优秀党史、增强中华民族文化和地方文化认同感，厚植家国情怀，以文化人，最

终实现师生共同成长的双向奔赴。

陶行知先生推行的“因材施教，个性发展”与教育家精神的结合给我们的启示是：教育不仅是知识的传递，更是生命的唤醒与个性的成全，旨在让每个学生都能找到适合自己的成长路径，成为更好的自己。笔者所在的学校推行“智学课堂”范式，强调课前导学、课中环节、课后监测，精准施教，充分打造一个个性、有效、有质、有得的高效课堂。建构智学课堂由“三段七环节”构成。三段之知学、质学和致学阶段对应教学活动的课前、课中和课后，在教与学的过程中环环相扣，体现教与学的完整性、延续性和提升性。“七环节”是指课堂上教师与学生落实知识、定位自己角色的七个实施环节。体现以生为本的原则，充分发挥学生的主体作用，赋予学生表达、质疑、自我评价的权利。教师根据学生学情进行分层教学，在教学过程中对教学目标、教学内容、课后作业及学习评价进行分层，促进全体学生的全面发展。

在陶行知教育思想的熏陶下，梧州市第八中学凝练“145”特色培养模式、探索多元化人才培养，走出了一条“艺文并举、通文达艺”的优质办学之路，形成学校“精准发力、精品培养、精益求精、精彩纷呈”的发展新格局。通过构建“一核心、四平台、五位一体”的中学美育“145”模式（“1”指以“教—练—评—改”为核心的艺术教学流程，“4”指以“校、市、自治区、国家级艺术展演”四个平台的实践，“5”指调动“师、生、家、校、社”五位一体），开发了有地方特色的58门美育校本课程、100TB云端课程；优化了“艺术必修与社团选修相结合、国家课程与校本课程相融通、校内学习与社会实践相促进”的美育方式；搭建了“校、市、自治区、国家”四级艺术展演平台；建立了“多元主体分层，展演促进发展”的评价机制。

梧州市第八中学创新“互联网+”文创实践。成立文创中心，让学生在生活中实现价值。学校以社团为抓手，结合“学科发展、学生个体成长与社会需求”的现实需要，以互联网+平台为基础，积极开展校内外各种文创活动，大力培养多元化的创新型人才，通过六年不断持续的摸索与实践，形成“一核心·两主线·七主题·十三工作室”的研发模式，形成文创产品研发闭环。近年来，学校文创中心已汇集成“民族团结”“非遗粤剧”“裍狮传人”“骑楼风采”“六堡茶香”“校园文化”“生态环保”七个研发主题，开发设计出“梧州骑楼”“陶艺裍狮”“彩绘校园”等十多个品牌系列的产品。学校连续8年承办市宝石娃娃文化艺术展演，在第五、第六届全国“互联网+”大学生创新创业大赛（萌芽赛道）上，“新未来·美生活”文创中心等3个作品获得了广西壮族自治区“最佳潜力奖”和全国赛“入围奖”。

梧州市第八中学将心理健康常规课程纳入教学体系。陶行知说：“真教育是心心相印的活动，惟独从心里发出来的，才能达到心的深处。”为了做好学校的心理健康教育工作，与学生建立良好的关系，学校确保每班每两周享有一节心理健康课，帮助学生正确认识自我，培养良好的心理素质。学校还新成立了“七彩阳光”学生心理健康社团，开设了涵盖生命教育、趣味体育、围炉煮茶、音乐鉴赏、美术手工、阅读分享等多元化课程，这些课程不仅丰富了学生的校园生活，还通过案例分析和小组讨论，提高了学生的心理调适能力。正如相关研究显示，心理健康教育课程有助于学生更好地应对生活中的压力和挑战，促进其全面发展。

三、强智慧引领，实施教师“内养外修”行动，搭高质量教育之梯

陶行知先生曾说，教师是教育的核心力量。强国必先强教，强教必先强师。2024年9月召开的全国教育大会，是在实现以中国式现代化全面推进强国建设、民族复兴伟业的关键时期召开的一次十分重要的大会。习近平总书记在会上发表重要讲话，强调要“实施教育家精神铸魂强师行”，“培养造就新时代高水平教师队伍”。面对新时代变革带来的挑战下，要培养适应新时代发展的高素质、专业化、创新型教师，应着力于将教育与现实生活相结合、与实践相结合、与社会相结合，即具备“生活教育”的理念。

梧州市第八中学以“诚朴和美”为校风，追求真诚质朴、和谐共美的教育生态。“内养”实施强师计划，推行“双名双金字塔”及“领跑者”行动计划，通过“一核三环四翼”教育家型教师培养模式（“一核”是以教育家精神为核心，“三环”是素养基础环、专业进阶环、创新拓展环的三环课程，“四翼”是示范校 + 县域校、集团化办学、工作室推广、精准帮扶的四翼驱动），为学校各类教师成长搭建平台并给予指导，激发教师内在动力，促进集体与个体和谐并进。“外修”行动通过集团教学研训一体化，打破各学段校际之间的“壁垒”，形成和谐发展；区内外优质高中联手，融合各优势资源，促进区内外融合共美。梧州市第八中学积极打造名师团队，目前拥有两个名校长工作室和三个名师工作室，已培养出八桂教育家培养对象 1 名、广西教学名师 1 名、正高级教师 3 名、特级教师 3 名以及自治区模范教师 1 名。这支具备高素质和教学实力的教师队伍，为教育共同体的持续繁荣与发展奠定了坚实的人才基础。

教育家精神中的“教师智慧引领”强调教师应以智慧、爱心和责任感，引导学生全面发展。笔者所在学校创新打造了“最强教育共同体”，通过以教育家精神为引领，以教学为主阵地，以教育科研为先导，以培训为主线，以活动为平台，以网络为交流载体，立足教学实际，聚焦基础教育，以八桂教育家工作室为基地，打造教师培养的基地、名师展示的舞台、名校长培育的摇篮、教学示范的窗口、科研兴教的引擎。通过“素养基础—专业进阶—创新拓展”三环紧扣，“示范校 + 县域校、集团化办学、工作室推广、精准帮扶”四翼驱动，借助市中小学艺术培养中心等多维度合作，构建了四级联动、协同育人的新格局，成功建立小初高一体化人才培养体系，搭建促进中青年教师专业成长以及名师自我提升的发展平台，开展教育家型名师、名校长培养模式的实践研究，为教育家型教师培养领域的学术研究提供新的观点、方法、路径，为教师专业的可持续发展提供理论价值。工作室成为名师、名校长引领教师专业成长的“学习型、辐射型、合作型、研究型”的专业团队，为教育生态增添了新活力与创新模式。

四、弘教育家之道，携教育共同体辐射引领，拓高质量教育之广

陶行知先生说，教育不仅是知识的传授，更是爱的传递。将“爱满天下”融入教育共同体，能够增强教育的包容性与人文关怀；能够推动教育公平与优质教育资源的共享，形成强大的辐射引领作用，促进教育的全面发展。笔者学校所在的教育集团以“特色引领、全面发展，提质增量”为发展目标，走“全区领先的特色发展梧州模式”的集团特色发展方向。在过去的两年多时间里，集团着力打造各校特色品牌，缩短了校与校之间的差距，实现了教育的优质、均衡发展，最终实现了“和而不同，美美与共”的办学目标，进而提升了集团区域性影响力。

梧州市第八中学教育集团打造了“集团+”教育发展共同体，以“集团+初中、高中、大学”三级联动。集团与江苏南通大学附属中学签订联盟合作协议，与香港厂商会蔡章阁中学签订姊妹学校协议，融合各优质学校的优势资源，全面提升教育教学质量，推动集团各校优质发展。集团各校先后荣获多项荣誉，有 2 所学校获得自治区星级特色普通高中立项，1 所通过评估验收，充分展现了教育共同体建设的显著成效。

在广西陶行知研究会的大力支持下，梧州市第八中学设置了“行知艺术工作室”，定位为高层次、高水平、高质量、专业化的学术研究高地和教育教学成果转化的支撑机构。工作室以陶行知教育思想为引领，推行陶行知教育理念，弘扬教育家精神；开展陶行知艺术教育指导项目，开拓书记、校长、教师、家长及学生的专家问诊；联合市中小学艺术人才培养中心，充分发挥学校体艺特色，广纳业内精英、开展基础教育艺术人才培养研究、学术研讨、成果转化；开发传统文化课程，把中华优秀传统文化全方位融入学生思想道德教育、文化知识教育、艺术体育教育、社会实践各个环节，构建中华文化课程和教材体系；依托学校为活动基地，举办行知艺术系列活动，丰富区域艺术教育氛围；构建行知教育社区，向学校、学生和家长提供全方位的教育辅助服务，构建专业新颖的家长培训体系，促

进教育高质量发展。

五、结语

梧州市第八中学坚持以教育家精神为指引，知行合一，爱满天下，教育教学成绩不断提高。但教育之路漫漫，我们深知，唯有不断反思与改进，方能推动教育质量迈向新的高度。“知行合一”是我们教育的基石，“爱满天下”是我们教育的追求。展望未来，我们将继续坚守“知行合一，爱满天下”的教育理念，持续创新五育融合，强化教师智慧引领，扩大学校教育的辐射引领作用；我们将继续以教育家精神为引领，推动教育质量的不断提升，推动教育事业的全面进步和发展；我们也将积极应对新时代提出的新挑战和新要求，为实现中华民族伟大复兴贡献智慧和力量。

打造行知文化特色校园的实践探索

钦州市外国语学校　丰良兴　李达通　黄家嘉

钦州市外国语学校自 2000 年 4 月创办以来，致力于在学校教育教学中融入陶行知教育思想，特别注重建设行知文化的特色校园，让校园生活与社会紧密相连，实践陶行知的“生活即教育”“社会即学校”“教学做合一”三大核心理念。2015 年 4 月，我校被广西陶行知研究会授予“广西陶行知教育思想实验学校”称号。学校秉持“每个学生都是宝贝”的办学理念，以“健全人格，发展个性”为育人目标，坚守“世界视野，中国胸怀”的校训，涵养“各美其美，美美与共”的校风、“各善其美，尽善尽美”的教风和“求真求美，至真至美”的学风，弘扬“知行合一，经世致用”的治学精神，努力实现“群才竞爽、以致和美”的办学愿景。学校先后荣获“全国首批心理健康教育特色学校”“国家海洋意识教育基地学校”“全国国防教育特色学校”“全国基层科普行动计划实施单位”“广西壮族自治区文明校园”“广西壮族自治区中小学生发明创造示范单位”“第一批广西壮族自治区绿色学校”等多项荣誉称号。

一、“每个学生都是宝贝”的办学理念：践行“爱满天下”的教育情怀与新时代的仁爱之心

陶行知先生“爱满天下”的教育情怀，深刻体现了教育者对学生的深厚关爱和对教育事业的无限忠诚。钦州市外国语学校积极将陶行知先生的

教育思想、深邃情怀以及对教育事业的执着追求，全方位融入校园文化构建，致力于塑造具有新时代教育家精神的教育者，培育具有健全人格、创新精神和社会责任感的新时代学生。

（一）生动诠释教育情怀

“每个学生都是宝贝”的办学理念，是对陶行知先生“爱满天下”教育情怀的生动演绎。学校秉承陶行知先生“教育是爱的事业，没有爱就没有教育”的思想，要求每位教师以“爱满天下”的情怀对待每一位学生。坚信每个学生都有独特之处，学校着力将学生的特点培养为亮点，让亮点照亮学生的人生道路；相信每个学生都有潜能，学校全力为学生潜能赋能，让学生的成长路上充满正能量；认定每个学生都有价值，学校竭力让学生在服务社会、奉献国家的实践中实现人生价值增值。这种对学生的尊重与关爱，正是新时代教育家精神在日常教育中的具体体现。

（二）热忱践行仁爱之心

“每个学生都是宝贝”的办学理念，要求每位教师践行乐教爱生、甘于奉献的仁爱之心。教师要用无私的爱关心、呵护每一位学生，善于发现学生优点，挖掘学生潜力，帮助学生克服困难，让学生在爱的氛围中茁壮成长。例如，对于心理有困扰的学生，学校配备专业心理辅导教师，给予心理疏导与支持，让学生感受校园的温暖；对于学习上有困难的学生，教师依据“因材施教”理念进行一对一辅导，帮助学生弥补知识漏洞，树立学习信心；对于家庭经济困难的学生，学校通过国家资助政策以及自身的减免措施，助力学生安心学习。这种爱的教育理念，极大地激发了学生的学习热情和主动性，有力促进了学生身心健康发展。

二、“健全人格，发展个性”的育人目标：彰显启智润心的教育智慧与因材施教的理念

健全人格和发展个性是新时代人才培养的核心目标，也是陶行知教育

思想的重要体现。陶行知先生说，教育的核心是培养健全人格。所谓的健全人格包括：私德为立身之本，公德为服务社会国家之本；人生所必需之知识技能；强健活泼之体格；优美和乐之感情。钦州市外国语学校的育人目标，既着重于学生全面发展，又关注个性培养，充分体现了学校对学生的全面关怀和精准指导。

（一）契合全面发展目标

“健全人格，发展个性”的育人目标，与陶行知先生培养全面发展的人的教育目标高度契合。学校全面落实“五育并举”的教育政策，坚持立德树人。在日常教育教学中，不仅传授知识和技能，更注重塑造学生的品德、情感与意志，培育学生的生活能力、创新精神和社会责任感，使学生成长为德智体美劳全面发展、具有独立思考能力和社会责任感的人。这种全面发展的育人目标，是新时代教育家精神在学校教育中的宏观体现。

（二）依托校本课程实现目标

为了育人目标，学校开发了主题式、社团化校本课程。成立“青少年科学院”、“宇恒”机器人工作室、“海之光”生物科技小组等科创学生组织，开设校本科学课程，并每年定期举办“校园科技节”活动，有效提升了学生的科学素质与创新能力。同时，成立“海之声”合唱团、“海之魂”武术队、“海之语”朗诵团、“海之抟”坭兴社等多个社团，开设社团化校本课程，每年定期举办“校园艺术节”活动，提升学生的人文修养和文化气质。此外，学校还通过开展主题班会、心理健康文化节、社会实践劳动研学等主题式活动，引导学生树立正确价值观和人生观，培养学生优秀品德行为与习惯，增强其心理素养和社会适应性。在个性化教学中，教师运用分层次教学、针对性辅导等方法，密切关注每位学生的学习进展和心理状况，给予定制化学习指导和支持。学校践行陶行知“教学做合一”的教育理想，针对不同学生的兴趣和特长，提供多样化的教育资源和指导。

三、“世界视野，中国胸怀”的校训：厚植胸怀天下的教育格局与文化自信担当

“世界视野，中国胸怀”是钦州市外国语学校校训，要求教师在教育教学中既注重世界多元文化，又重视中华传统美德，致力于培养具有国际文化素养和中国文化自信的学生。

（一）培养世界视野与文化自信

学校积极引导学生关注世界、关心地球，通过学科学习和主题活动，让学生了解世界多元文化和地球生态环境，培养学生全球命运共同体意识。同时，借助系列校本课程和文化社团活动，让学生深入了解中国历史、文化和社会现状，传承和弘扬中华优秀传统文化，增强学生文化自信和民族认同感，让学生在全球化背景下，既能融入世界，又能坚守本民族文化。

（二）塑造国家观念与全球意识

学校秉持这一校训，旨在培养学生的国家观念与全球意识。学校开设世界文学、国际时政、中国传统艺术等校本课程，引导学生阅读世界名著、世界历史、中国历史等人文类书籍，组织开展语文课本剧、武术、书法、绘画等社团活动。通过这些举措，让学生深入了解中华民族优秀历史、文化和价值观，同时了解世界各地历史、文化和社会发展情况，在传承和弘扬中华优秀传统文化过程中，增强民族自豪感和文化自信心。

四、“真善美”的校风、教风、学风：营造立德树人的教育氛围与时代精神体现

优秀校园文化的核心在于构建和维护良好的校风、教风和学风。校风体现学校的整体精神风貌，教风展现教师的教学态度和专业精神，学风反

映学生的学习习惯和态度。新时代教育家精神强调的创新、责任和奉献，需通过良好的校风、教风和学风来实现。

（一）“各美其美，美美与共”——体现“民主平等”思想与时代创新包容

陶行知先生深刻指出，教育应是民主平等的，师生、生生之间平等相处是教育良好发展的基石。作为陶行知实验学校，钦州市外国语学校积极践行“民主平等”教育思想，营造民主平等氛围，将这一理念融入校风，“各美其美，美美与共”就是生动体现。学校倡导学生和教师欣赏自己的优点和特长，同时尊重和欣赏他人的美，相互学习、相互欣赏，共同营造和谐、包容的校园氛围。让学生和教师自由表达观点和想法，相互学习，共同进步。例如，在课堂教学中，教师运用小组协作的学习方法，让学生在小组内交流讨论，发挥自身优势，学习他人长处，共同完成学习目标，实现“各美其美，美美与共”。此外，学校鼓励学生参与学校管理，提出建议和意见，这正是陶行知民主教育思想在学校管理层面的延伸，增强了学生的主人翁意识和责任感。

（二）“各善其美，尽善尽美”——呈现“教学做合一”主张与时代责任担当

陶行知先生提出的“教学做合一”，强调“做”是知识的重要来源，也是创造的基础，要将“教”“学”“做”紧密相连。钦州市外国语学校“各善其美、尽善尽美”的教风，将这一理念贯穿教学始终。

在“教”的层面，教师深入研习教学内容，依据学生的学习基础、兴趣爱好与认知能力，精心设计教学方案。例如在教授古诗词时，教师不局限于传统的字词释义、诗句背诵，而是深入挖掘诗词背后的历史文化背景，把诗人的生平经历、创作心境融入教学，让学生更深刻地理解诗词内涵。这不仅要求教师具备扎实的专业知识，更需要不断更新教育理念，提升教学技能，做到“各善其美”。

从“学”的角度出发，教师致力于唤醒学生的学习内驱力，挖掘每个学生的闪光点，实施个性化教学。面对不同学习能力的学生，采取分层教学策略，为基础薄弱的学生提供更多基础知识巩固练习，为学有余力的学生布置拓展性学习任务，激发他们探索知识的欲望，努力追求“尽善尽美”的教学效果。

在“做”的实践中，教师引导学生积极参与各类实践活动。如在“和美”阅读活动里，组织学生开展作文比赛、朗诵比赛、课本剧表演等。学生在创作作文时，将阅读积累的素材与写作技巧运用其中；朗诵时，通过反复揣摩情感，用声音塑造作品意境；课本剧表演则需深入理解角色，通过肢体与语言将文学作品具象化，在这些实践中全方位提升语文素养。在“魅力科学”科创活动中，教师带领学生进行实验探究，从实验器材的准备、实验步骤的操作，到实验数据的记录分析，学生全程亲自动手，在“做”中发现问题、解决问题，掌握科学知识，培养科学态度与创新能力，真正将“教学做合一”落到实处，提升教学质量。

（三）“求真求美，至真至美”——映现“追求真理学做真人”理念与时代奉献精神

陶行知先生始终倡导“追求真理学做真人”，钦州市外国语学校“求真求美、至真至美”的学风也围绕此理念展开。所谓“求真”，即要求学生在学习过程中秉持实事求是的态度，尊重科学，勇于探索未知领域。就像在化学实验课上，学生们面对复杂的实验现象，不盲目臆测，而是反复实验，细致分析数据，以此得出科学结论，真正将求真务实的态度融入学习。“求美”涵盖追求知识之美、品德之美、行为之美等方面。为培养学生良好学风，钦州市外国语学校通过开展各种学术活动、科技创新活动和文化艺术活动，激发学生的学习热情与创造力，提升学生的综合能力。例如，定期组织中国科学院院士学术讲座，邀请知名学者来校授课，拓宽

学生学术视野，点燃学生科技创新探索热情；开展“和美”读书分享活动，鼓励学生多读书、读好书，培养学生阅读习惯和思考能力；组织学生参加书法、绘画、音乐、舞蹈等各类艺术活动，提高学生艺术修养和审美水平。通过这些活动，引导学生在追求真理和美好的道路上不断前进，成为有知识、有品德、有审美能力的新时代人才，达到“至真至美”的境界。

五、“知行合一，经世致用”的治学精神：培育担当有为的教育素养与时代创新精神

（一）核心内容与培养方向

“知行合一，经世致用”是陶行知教育思想的核心内容，它不仅是新时代人才培养的关键方向，也是教育家精神中勤学笃行、求是创新躬耕态度的体现。钦州市外国语学校秉承这一治学精神，强调理论与实践相结合，强化教师在教育教学中追求真理、勇于创新的态度，注重培养学生实践能力和社会责任感。让学生在学习知识的同时，能够将所学知识应用于实际生活，为社会发展做出贡献。

（二）多元实践与素养提升

钦州市外国语学校积极践行“知行合一，经世致用”治学精神，大力开展教育教学实践活动，并与企业、社区等社会组织机构携手建立多个实践教学基地。通过组织学生参加福利院、社区、图书馆、博物馆、文化广场、坭兴陶厂等志愿者服务和公益活动，引导学生关注社会焦点议题，激励学生积极投身社会公益，培养学生同理心和奉献精神。学生在参与社会实践、劳动研学等活动中，深入了解社会需求，提高自己发现问题、分析问题、解决问题的能力。

六、结语

2025 年是钦州市外国语学校成立 20 周年，是建设“陶行知教育思想实验学校”10 周年。学校将继续贯彻落实 2024 年中共中央、国务院印发的关于弘扬教育家精神，加强新时代高素质专业化教师队伍建设的意见，将继续践行陶行知教育思想，不断探索创新，努力培养出更多具有社会责任感、创新意识和实际操作能力的高素质专业化的教师，致力于学校高质量发展。

陶行知教育思想在初中英语课堂中的实践与创新

巴马瑶族自治县第一初级中学　吴源平

陶行知先生是我国著名的教育家、思想家，树立了中国近代教育典范，创立了生活教育理论，其教育实践与教育思想影响广泛且深远。初中英语作为一门语言知识丰富、实践性较强的基础学科，对培养学生语言表达能力、思维能力、阅读理解能力具有重要的意义。在初中英语课堂中践行陶行知教育思想，有助于唤醒学生学习英语的动力，使学生的实践运用能力与创新思维得到发展，从而让整个英语课堂“活”起来，助力初中英语教学改革与创新。

一、陶行知教育思想基本概念

（一）生活即教育

生活即教育指的是生活能够对人起到一定教育的效果，在教育活动开展中需要和生活互相契合，教育的源头便是生活，生活会直接影响到实际教育的效果，但教育也会对生活产生反作用，而良好的教育能够起到对生活促进的效果。陶行知说：“教人变！教人变好的是好教育，教人变坏的是坏教育。活教育教人变活，死教育教人变死。不教人变、教人不变的不是教育。”“生活即教育”理论主要是指生活决定教育，教育改变生活。教师在开展各项教育教学活动时，需要联系实际，从生活中寻找素材，丰富课堂内容，加深学生的理解。

（二）社会即学校

社会即学校指的是生活教育范围在空间上的一种扩展途径。在社会即学校思想引导下，受教育对象的范围也会逐渐地扩大。陶行知说：“社会即学校，整个社会活动就是我们的教育范围，不需要谈什么联络，而它的血脉是自然流通的。”“社会即学校”与“生活即教育”紧密相连，陶行知先生认为学校教育的资源太少，而社会生活中存在丰富多样的教育资源、教育手段、教育工具以及教育环境。

（三）教学做合一

陶行知说：“教学做是一件事，不是三件事。我们要在做上教，在做上教的是先生，在做上学的是学生。”“怎么教？教的法子要根据学的法子：学的法子要根据做的法子。教法、学法、做法应当是合一的。”他强调教师要引导学生在“做”的实践活动中获取知识，以此培养学生实践运用能力、创造能力及思维能力。只有将三者进行真正的融合，才能够发挥出其核心作用，确保高效生活教育效果的达成。

二、陶行知教育思想在初中英语课堂中应用的价值

（一）有助于提高学生听力水平

听力教学是初中英语课程中重要的组成部分，需要良好的英语语言氛围。在初中英语课堂中，部分学生对英语单词、语法或短语等知识的掌握情况较好，知识储备较为丰富，但是，对于听力训练却表现出较为明显的差异性，不能完全掌握听力的方法。英语听力训练是一个漫长而枯燥的过程，需要学生长期坚持才能获得较好的效果，因此，在听力训练中渗透陶行知教育思想，有助于教师革新教育理念。开展听力训练时，要将学

生作为听力训练的“主力军”，尊重学生课堂主体性，关注学生个性化发展，并以核心素养为基础，选择与学生认知水平、个性化发展相符的教学方法。以人教版七年级上册第 6 单元《Do you like bananas?》为例，教师在开展听力训练活动时，可以从学生实际生活入手，创设听力情境，如：将生活中常见的苹果、西瓜、橙子等水果制作成图片，让学生一边观察图片一边进行听力训练，增强学生体验感，强化学生对 breakfast、lunch、dinner、Do you like...？等词汇与句型的理解，循序渐进地提升听力水平。

（二）有助于提升学生阅读能力

阅读是初中英语教学的重点内容，对提升学生综合能力具有重要的意义。但是，英语阅读中涉及较多的生词或词汇，且阅读文本篇幅较长，部分学生缺乏丰富的知识储备，容易对英语阅读产生抵触、厌学等不良情绪，致使学习效率较低。因此，在初中阅读教学中渗透陶行知教育思想有助于提高学生阅读能力。教师在引导学生阅读文本的过程中，要坚持开放性、拓展性原则，借助贴合实际生活的课外阅读素材，拓展英语课堂，唤醒学生参与英语阅读的动力，让英语阅读课堂处于活跃的状态。同时，将阅读技巧传授给学生，为学生呈现英语经典范文，引导学生自主阅读，梳理核心脉络，以此降低英语阅读的难度，提升学生英语阅读的效率。

（三）有助于强化学生口语能力

英语教学的终极目标是学以致用，与陶行知“教学做合一”教育思想相一致。因此，在初中英语课堂中渗透陶行知教育思想对强化学生口语表达能力可起到事半功倍的作用。教师在开展英语口语训练时，可以先对学生口语水平、学习能力及兴趣爱好等特点进行综合考量，再结合学生实际情况，借助多元化学习工具，如英语趣配音 APP、在线英语课堂等，为学生提供口语训练的条件，组织学生开展口语训练，提升口语表达能力。此外还可借助实际生活中的场景，如就餐、旅游、购物等，创设丰富有趣、多姿多彩的口语情境，鼓励学生表达自己的观点和想法，以此增强学生学习英语的自信心，进而提升其口语表达能力。

（四）促进学生核心素养发展

英语对学生未来发展有着重要意义，新课改对英语教学也提出了全新要求，要求初中英语教师积极转变教学理念，注重对学生实践能力以及逻辑思维能力的培养。陶行知的教育理念是将理论和生活互相结合，在这一理念指导下，老师要将学生生活经验和实际教学内容进行统一，要在教学中为学生构建起真实的生活情境，这对学生未来的发展有着十分积极的意义。在生活教学模式下，能够有效提升学生主观能动性，从而促进学生核心素养的有效提升。

三、陶行知教育思想在初中英语课堂中实践与创新的策略

（一）弘扬“生活即教育”理论，设定教学目标

教学目标与课程目标、教学要求息息相关，明确的目标有助于合理安排教学内容，选择教学方法。新时代背景下，教师应重视“生活即教育”理论，将目光放在学生实际生活经验上，设定符合学生发展的教学目标。在设定目标的过程中，还应以“生活即教育”理论为导向，把控教学重点，尊重学生个体差异性，可坚持由易到难、由浅入深的原则，设定短期阶段性目标和长期发展目标，保证目标的可行性，让不同阶段、不同层次的学生都能够得到发展。同时，立足于英语听、说、读、写四个层面，分析教材、学生学情、教学目标、教学重难点等，准确定位，设置听力训练目标、口语表达目标、阅读目标及写作目标，促进学生全面发展。

例如，在人教版八年级上册第 5 单元语法讲解中，教师应坚持以学生为本的教学原则，立足于听、说训练，为学生提供丰富多样的语言素材，

从中分析和总结英语语法规则，感知动词不定式 to do 与 doing 等语法结构的不同用法，帮助学生明确学习目标，助力学生发展。也可结合学生实际情况，设置分级目标，如：将通过听、说训练，感知动词不定式语法结构作为一级目标；将通过阅读热点新闻、社会时事，归纳含有 to do 与 doing 语法结构的语句并总结出二者语法运用的规律作为二级目标；将运用 to do 与 doing 语法结构描述生活中某一事件或事物作为三级目标。通过层层递进的方式，搭建初中英语课堂与实际生活之间的桥梁，凸显“生活即教育”的思想价值，以此唤醒学生参与英语活动的动力，帮助学生树立自信心。

（二）渗透“社会即学校”思想，优化教学内容

陶行知教育理论认为初中英语教学资源、教学工具都来源于“社会生活”，因此，教师可以从社会生活入手，深层次挖掘教学资源，并借助多元化教学工具，优化教学内容，以此加深学生对英语知识的理解。以生活情境为切入点，教师应关注和观察学生，先对学生兴趣爱好、认知能力及学习习惯进行综合考量，找准学生关注点，再联系实际生活，选择与学生实际情况相符的教学内容，如：谈论喜欢的著名人物、明星、电影或热点话题等，拉近教师与学生之间的距离，从而提高学生课堂配合度。也可以通过举办英语活动、创设英语日等方式，创设与实际生活相符的教学情境，让学生身临其境地感知英语魅力，锻炼其英语思维能力与听说读写能力。还可借助信息化技术，如微课、HTML5 互联网技术、虚拟技术或仿真技术（AR 与 VR）、希沃易白板等，搜集切合学生实际生活的英语教学资源，激发学生积极参与英语活动的兴趣。以社会热点新闻为载体，拓宽英语教学领域，引导学生将目光放置在社会热点新闻、国际事件等社会生活层面上，将英语小课堂转化为综合性课堂，促进学生核心素养的发展。以中华民族优秀传统文化为切入点，优化英语教学内容，将中华优秀传统文化或民族特色元素渗透到英语课堂中，带领学生深层次挖掘文化内涵，

拓宽英语知识的理解深度。

（三）践行“教学做合一”思想，丰富教学过程

初中英语教学过程包含课前预习、课堂教学及课后作业与实践活动，教师应以陶行知教育思想为主线，借助多样化的教学工具，丰富教学过程。从课前预习着手，引导学生不仅要预习文本内容，还要深入了解作者生活、创作背景，领悟写作意图等。从课堂教学着手，践行陶行知教育思想，坚持以学生为本的原则，创设生活化教学情境，营造生活化学习氛围，选择实际生活中的某一事物作为教学素材，引导学生手脑并用，从实践生活入手分析文本内容，加深理解。从课后作业着手，要布置与学生实际生活贴近的英语作业，培养学生善于观察、善于发现的能力，还要重视学生情感体验，选择学生感兴趣的英语话题，引导学生表达内心真实的想法，引起其情感共鸣。从实践活动着手，教师应带领学生走出教室，走入社会，积极参加科技竞赛、文艺汇演、志愿者服务等实践活动，丰富学生的知识储备和实践经验。为了丰富班级实践活动，应积极设立英语角，营造良好的英语氛围，鼓励学生自主交流和讨论。也可开设英语俱乐部、英语电影鉴赏活动，以集体学习为核心，点燃学生学习热情，强化学生跨文化交流的能力。

例如，人教版八年级上册第 8 单元“Section A 1a-1c”英语教学是以“香蕉奶昔制作”为主题，教师在构建高效英语课堂之前，可布置生活化预习任务，如“观看美食纪录片，对比中外美食差异”，还可将教室布置成餐厅，教师扮演厨师带领学生一起走进“餐厅”，共同观察香蕉奶昔的制作方法，以生活化教学情境点燃学习热情。还可采用任务驱动法，设置课堂任务，如“分组制作香蕉奶昔，并运用所学英语知识介绍和展示作品”，开展生活实践活动。这一过程立足于陶行知教育思想，借助了生活化场景、生活化道具与生活实践活动，增强了学生学英语的体验感，加深了对英语知识的记忆，让英语课堂充满活力。

四、结语

新时代的教育，教师应革新教育理念，以陶行知教育思想为导向，积极探究初中英语课堂教学的方法，创设生活化教学情境，引导学生联系实际生活，分析文本内容，生发出参与各项英语活动的动力。

陶行知教育家精神引领下的高中化学教师培养策略探讨

百色高级中学　黄家进

教师是立教之本、兴教之源，强国必先强教，强教必先强师。新时代背景下，高中化学教师的培养面临着新的挑战和机遇。陶行知先生是伟大的人民教育家，其大爱精神、奉献精神、创造精神和求真精神为新时代教师的成长提供了宝贵的思想源泉。本文旨在探讨如何传承与发扬陶行知先生的教育思想，培养具有新时代特征的高中化学好教师。

一、陶行知教育思想的理解与追求

（一）大爱精神——以爱为核心的教育情怀

陶行知先生强调“爱满天下”，认为教育应以爱为核心，教师应具备深沉的教育情怀。在高中化学教学中，教师应将爱融入课堂，关注每一位学生的成长，用爱心和耐心去引导学生，激发他们的学习兴趣和潜能。

例如：某化学教师在授课过程中，发现 A 同学对化学学习兴致不高，便利用课余时间了解 A 同学的困难，耐心解答疑惑，帮其补充化学学科基础，使他逐步建立学习化学学科的信心。

（二）奉献精神——甘为人梯的育人态度

陶行知先生一生致力于教育事业，甘为人梯，无私奉献。新时代高中化学教师应具备奉献精神，愿意为学生的成长付出自己的时间和精力，为学生的未来奠定坚实的基础。

例如：某化学教师在备课时，不仅注重教材内容的掌握，还积极搜集相关主题资料，并利用课余时间为学生组织化学兴趣小组，引导学生进行化学实验和探究活动。这种甘为人梯的育人态度，不仅提高了学生的综合素质，更让教师在奉献中实现了自我价值。

（三）创造精神——勇于创新的教育理念

陶行知先生主张“教学做合一”，强调教育应与生活相联系，注重培养学生的实践能力和创造力。新时代高中化学教师应具备创新精神，勇于尝试新的教学方法和教学手段，激发学生的学习兴趣和创造力。

例如，某化学教师在授课过程中，采用情境教学法融合信息技术，通过创设与化学知识相关的情境，引导学生主动思考和探究。同时，该教师利用 AI 虚拟技术、flash 动画软件、化学虚拟实验室软件等，将抽象的化学知识转化为直观的图像和动画，帮助学生更好地理解和掌握化学知识。这种勇于创新的教育理念，不仅提高了课堂的教学效果，更培养了学生的实践能力和创新精神。

（四）求真精神——严谨求实的科学态度

陶行知先生强调“千教万教，教人求真；千学万学，学做真人”。新时代高中化学教师应具备求真精神，注重培养学生的科学素养和求真精神，引导学生树立正确的科学观和价值观。

例如：某化学教师在授课过程中，注重培养学生的实验技能和科学探究能力。在实验前，该教师引导学生设计实验方案并进行理论论证。在实验中，严格按照实验设计步骤进行操作，认真观察实验现象，记录实验数据。同时，该教师还引导学生对实验结果进行分析与讨论，培养学生的批判性思维和解决问题的能力。这种严谨求实的科学态度，不仅提高了学生的科学素养，更培养了学生的求真精神和创新精神。

二、基于陶行知教育家精神的新时代高中化学教师培养策略

（一）坚定理想信念，树立崇高教育追求

新时代高中化学教师应具备坚定的理想信念，树立崇高的教育追求。教师应将教育事业作为自己的终身追求，不断提高自己的专业素养和教育教学能力，为学生的成长和社会的进步贡献自己的力量。

实例：唐老师，一位出生在乡村的年轻教师，自小就对教育怀有深厚的热情。她深知教育对于改变个人命运和社会进步的重要性，便立志成为一名人民教师，用自己的知识和爱心去点亮更多孩子的未来。

初识教育梦想。在求学期间，唐老师就积极参与各种教育志愿服务活动，如义教、暑期大学生乡村教育服务等。这些经历让她深刻体会到教育的力量，也坚定了她成为一名教师的决心。

面对挑战，不忘初心。毕业后，唐老师选择到县普通高中学校任教。面对相对简陋的教学设施和匮乏的教育资源，她并没有退缩，而是更加坚定了自己的信念。她相信，只要有爱、有信念，就能克服一切困难。

继续学习，提升自我。唐老师深知，要成为一名优秀的教师，必须不断学习、不断进步。因此，她利用业余时间深入学习教育学、心理学等专业知识，积极参加各种教师培训活动，不断丰富自己的教育教学理论。

创新教学方法。在教学中，唐老师注重因材施教，根据学生的实际情况和兴趣爱好，通过个性化辅导和个性化作业，创新教学方法，激发学生的学习兴趣和积极性。随着网络的普及，她利用网络资源多媒介融合教学，为学生们提供了更多元化的学习途径。

关注学生全面发展。唐老师不仅关注学生的学业成绩，更重视他们的身心健康和全面发展。她经常与学生谈心，了解他们的想法和困惑，给予他们及时的帮助和指导。在她的努力下，学生们不仅学业成绩有了显著提升，还变得更加自信、开朗。

传递正能量，影响他人。唐老师用自己的实际行动和言行举止，传递着正能量和积极向上的精神。她的工作态度和敬业精神，深深感染了身边的同事和学生。在她的影响下，她越来越多的学生开始关注教育、投身教育。

教学成果与启示。经过几年的努力，唐老师所任教的班级成绩显著提升，学生们在各项比赛中屡获佳绩，自身也在各方面得到了长足的进步，并获得了诸多荣誉。更重要的是，她的教育理念和方法得到了身边人的广泛认可和推广。她的故事激励着更多的年轻教师坚定理想信念、树立崇高的教育追求。

唐老师的故事告诉我们，坚定理想信念、树立崇高教育追求是成为一名好教师的关键。只有真正热爱教育、关心学生、勇于创新的教师，才能培养出更多优秀的人才，为社会进步和发展做出贡献。同时，这也为我们培养好教师提供了宝贵的经验和启示。

（二）秉持躬耕态度，践行教育初心使命

新时代高中化学教师应秉持躬耕态度，践行教育初心使命。教师应将教育工作作为自己的责任和使命，勤勉工作，无私奉献，为学生的成长和教育事业的发展贡献自己的力量。

实例：李老师，中共党员，本科学历，高级教师，1994 年毕业于广西师范大学化学系，现任某高中副校长、年级主任兼化学教师。自参加工作以来，他始终秉持躬耕态度，践行教育初心使命，成为学生和教师心中的楷模。李老师对教育事业的执着坚守和对学生的无限热爱，体现在他脚踏实地、勤勤恳恳的工作态度上。他工作上不计得失，尽心尽力，为学生和教师树立了良好的榜样。

身教重于言教。作为副校长，他以身作则，遵纪守法，依法办事，积

极推进学校民主管理、规范管理。他用自己的实际行动，给师生树立了良好的榜样，展现了躬耕态度在实际工作中的力量。

关注高考改革，改进教法。李老师一直关注高考改革方向，紧扣课标，结合新高考，改进教法，完善学法。他注重教前准备，课堂中关注学生反映，课后及时反馈，努力打造精准高效课堂。

提升专业素养，拓宽教学视野。李老师平时会挤出时间阅读教育相关的专业期刊以及教学理论、教学管理等方面的书籍，以提升理论修养和认识高度。他结合课堂教学得失，以实践为底色，以学科理论为指导，增加课堂的深度。

得以人心，“帮扶”创新。李老师不仅关注学生的学习成绩，更关注他们的心理健康和学习方法。他通过组建学习小组，实现了学生之间的互帮互助，提高了学生的学习效率和学习兴趣。李老师紧跟高考改革步伐，不断更新教学方法和理念。他注重培养学生的自主学习能力和批判性思维，使他们能够更好地适应新高考的要求。作为年级主任，李老师还很重视年级团队建设，秉持“一条心、一起拼、一定赢”的理念，他带领全年级教师创建了一个团结、和谐、积极、向上的集体，为学生的学习和成长提供了良好的环境。

（三）涵养仁爱之心，关爱学生成长成才

新时代高中化学教师应涵养仁爱之心，关爱学生成长成才。教师应将关爱学生作为自己的责任和使命，关注学生的身心健康和全面发展，为学生提供温暖和关爱。

实例：黄老师，一名高中化学教师，自毕业以来已在某高中任教 11 年。她不仅拥有扎实的化学专业知识，更具备一颗仁爱之心，她深信教育的根本在于涵养仁爱之心，通过关爱学生，激发他们的学习热情，培养他们的自主性和创造性，从而助力他们成长成才。

1. 创新实验教学，培养学生环保意识

在教授《氧气的制备》这一知识点时，黄老师不仅向学生展示了传

统的制备方法，还引入了环保型的制备方法。她引导学生用高锰酸钾制氧后的残留物，以氯酸钾作为催化剂，再制取氧气，而实验的最终产物则可以制作成钾肥使用。这种变废为宝的教学理念，不仅培养了学生的动手能力，还让他们在实践中树立了环保意识和社会责任感。

2．结合科学家事迹，进行爱国主义教育

在讲解《钠和钠的化合物》时，黄老师并没有直接讲解知识点，而是先引导学生阅读“侯氏制碱法”的发明过程，并通过讲述中国化工之父侯德榜先生的生平事迹，激发学生的爱国热情。侯德榜先生放弃国外优越条件回国报效祖国的事迹，深深触动了学生的心灵，也让他们明白了科学研究的价值和意义。

3．关注个体差异，因材施教

黄老师深知每个学生都有自己的学习方式和学习节奏，因此她在教学过程中，始终关注学生的个体差异，因材施教。对于学习有困难的学生，她会耐心指导，帮助他们找到适合自己的学习方法；对于学习优秀的学生，她会鼓励他们深入探究，培养他们的创新思维和解决问题的能力。

4．建立积极师生关系，营造良好学习氛围

黄老师始终认为，爱是教育的灵魂。她努力与学生建立起一种良善、互动、信任、尊重的关系，让学生在学习过程中感受到教师的关爱和支持。她经常与学生进行真诚交流，倾听他们的想法和困惑，并给予积极的鼓励和建议。这种积极的师生关系，不仅营造了良好的学习氛围，还激发了学生的学习兴趣和学习动力。

5．创新评价方式，关注学生全面发展

黄老师摒弃了传统的单一评价方式，而是采用了多元化的评价方式，关注学生的全面发展。她不仅关注学生的学业成绩，还关注他们的身心健康、兴趣爱好、社会实践等方面的发展。通过这种创新的评价方式，黄老师能够更好地了解学生的真实情况，为他们提供更有针对性的指导和帮助。

（四）秉持弘道追求，引领教育创新发展

新时代高中化学教师应秉持弘道追求，引领教育创新发展。教师应将教育创新作为自己的责任和使命，积极探索新的教学方法和手段，推动教育的创新和发展。

实例：韩老师，高中化学教师，拥有超过 20 年的教学经验。他始终秉持“弘道追求”的教育理念，致力于将化学知识与现代科技、社会热点相结合，引领教育创新发展。韩老师认为，教育不仅仅是传授知识，更重要的是培养学生的创新思维和实践能力。他通过引入现代科技手段、设计创新实验、开展跨学科研究等方式，激发学生的学习兴趣，培养他们的科学素养和综合能力。

1. 数字化教学资源的整合与应用

韩老师利用数字化教学资源，如在线课程、虚拟实验室等，为学生提供更加丰富、生动的学习体验。他引导学生利用这些资源进行自主学习和探究，培养他们的信息检索和处理能力。同时，韩老师还利用大数据和人工智能技术，对学生的学习数据进行实时监测和分析，以便更好地了解学生的学习情况和需求，为他们提供个性化的教学服务。

2. 创新实验的设计与实施

韩老师注重实验教学的创新，他设计了一系列具有挑战性的实验项目，如“绿色化学合成”、“环境污染物检测”等。这些实验不仅涉及化学知识，还融合了物理、生物等跨学科内容，旨在培养学生的创新思维和跨学科研究能力。在实验过程中，韩老师鼓励学生大胆尝试、勇于探索，激发他们的学习热情和探究欲望。

3. 跨学科研究项目的开展

韩老师还积极引导学生参与跨学科研究项目，如《基于化学原理的新能源开发》《环保材料的研发与应用》等。这些项目不仅加深了学生对化学知识的理解，还让他们在实践中体验到科学的魅力和价值。在项目实施过程中，韩老师注重培养学生的团队协作精神和创新能力，让他们学会与

他人合作、共同解决问题。

4．现代教育技术的应用与融合

韩老师积极应用现代教育技术，如增强现实（AR）、虚拟现实（VR）等，为学生提供更加直观、生动的学习体验。他利用这些技术模拟化学实验过程、展示化学现象，让学生更加深入地理解化学原理。同时，韩老师还鼓励学生利用这些技术进行自主学习和探究，培养他们的创新能力和实践能力。

三、结论与展望

新时代背景下，高中化学教师的培养需要传承与发扬陶行知先生的大爱精神、奉献精神、创造精神和求真精神。通过坚定理想信念、秉持躬耕态度、涵养仁爱之心和秉持弘道追求等策略的实施，可以培养具有新时代特征的高中化学好教师。未来，我们应继续加强高中化学教师的专业发展和培训力度，提高教师的专业素养和教育教学能力；同时，还应加强师德修养和职业道德素质的提升，培养具有高尚师德和良好职业道德素质的教师队伍。通过不断努力和实践，为新时代高中化学教育的创新和发展贡献力量。

高中语文教学中道德情操与育人智慧的实践探讨

百色市第一中学　尹林彦

在当今教育改革的浪潮中，传承与发扬教育先驱的精神显得尤为重要。陶行知是中国伟大的人民教育家，其教育理念至今仍闪耀着智慧的光芒。高中语文教学作为培养学生人文素养与道德情操的关键环节，承载着传承陶行知精神的重要使命。在高中语文教学中要传承陶行知精神，以促进学生道德情操与育人智慧的双重提升。

一、陶行知精神概述

陶行知是中国伟大的人民教育家，其教育理念深刻影响了后世。他提出的“生活即教育”理念，强调教育应与日常生活紧密相连，通过生活的实践来培养人的能力和情操。这一理念打破了传统教育的束缚，强调教育的实用性和生活性。陶行知主张“教学做合一”，即教、学、做三者应有机结合。教师在传授知识的同时，也要引导学生将知识转化为实际行动，从而在实践中深化认识，提升能力。他还提倡“社会即学校”，认为教育应与社会紧密相连，充分利用社会资源，让学生在社会实践中学习和成长。陶行知尊重学生的个性差异，主张因材施教。他认为每个学生都是独特的个体，教师应根据学生的特点和需求，制定适合其发展的教育方案。这一理念为现代教育中的个性化教学提供了重要的理论支持。

二、道德情操在高中语文教学中的重要性

道德情操的培养在高中语文教学中具有不可估量的重要性。语文不仅是语言文字的载体，更是道德观念与人文精神传承的桥梁。高中语文课程通过丰富的文学作品，向学生展示多样的人生图景和道德情境，引导他们在品味文字的同时，深入思考道德问题，形成正确的道德认知和价值取向。例如,《红楼梦》中贾宝玉的叛逆与林黛玉的孤傲，展现了人性的复杂性与道德的多面性;《雷雨》中周朴园的虚伪与鲁侍萍的坚韧，揭示了社会道德与个人命运的深刻冲突。这些作品中的正面人物形象和崇高精神，成为激励学生追求高尚道德情操的典范。

三、陶行知精神与道德情操培养的契合点

（一）生活即教育理念与道德实践的结合

陶行知先生提出的“生活即教育”理念，深刻揭示了教育与生活之间的紧密联系。他认为，教育不应仅仅局限于课堂和书本，而应渗透到学生的日常生活中，成为他们生活的一部分，这一理念与道德情操的培养高度契合。道德教育的本质就是引导学生学会如何在生活中做出正确的道德判断和行为选择。通过将道德教育融入学生的日常生活，可以让学生在真实的情境中体验和感悟道德的力量，从而帮助他们形成正确的道德观念和行为习惯。

（二）教学做合一与道德行为的养成

陶行知先生的“教学做合一”理念，是其在教育领域中的又一重要贡献。这一理念强调的是教、学、做三者的有机统一，即教师在教学过程中不仅要传授知识，更要引导学生将所学知识转化为实际行动，通过实践来加深理解和认识。在道德情操的培养中，这一理念也很重要，道德知识的

传授仅仅是第一步，更重要的是要引导学生将这些知识内化为自己的道德观念并在日常生活中体现出来。教师需要设计一系列实践活动，让学生在实践中体验和感悟道德的力量，通过实际行动来巩固和深化道德认识。

（三）社会即学校与道德教育的社会化

陶行知先生的“社会即学校”理念，深刻揭示了教育与社会之间的紧密联系，它意味着道德教育不能仅局限于校园之内，而应充分利用丰富的社会资源，将道德教育的触角延伸到社会的各个角落，通过组织学生参与社会实践活动，如志愿服务、社区服务等，让学生能够在真实的社会环境中体验和感悟道德的力量，从而更加深刻地理解道德的内涵和价值。这种社会化的道德教育方式，不仅能够增强学生的道德责任感和使命感，还能够促进他们的全面发展。

（四）尊重个性与因材施教

陶行知先生强调，每个学生都是独一无二的个体，拥有不同的兴趣爱好、学习能力和潜在优势。在道德情操的培养过程中，我们也应充分尊重学生的个性差异，避免采用一刀切的教学方法。在语文教学中，教师应深入了解每个学生的特点和需求，为他们量身定制个性化的培养方案。例如，可以针对不同学生的兴趣爱好和学习能力，设计多样化的学习任务和活动，如诗词朗诵、故事创作等，以激发学生的道德情感，培养他们的道德情操。

四、传承陶行知精神，高中语文教学中的道德情操与育人智慧的实践路径

（一）传承陶行知“生活即教育”精神，结合语文阅读与道德实践

在高中语文教学中，教师可以通过设计生活化的教学情境，让学生在真实的情境中体验和感悟道德的力量。在学习《鸿门宴》时，教师讲述了

一个生活场景：在一次重要的班级活动筹备过程中，两个原本合作的小组突然因为任务分配产生了严重分歧，气氛变得紧张起来，眼看活动就要受到影响，这时候该怎么办？以此引出《鸿门宴》中刘邦和项羽两大阵营剑拔弩张的紧张局势。在课堂上，引导学生分析刘邦在鸿门宴中的表现，他面对项羽的强大压力和范增的杀意，始终保持冷静，巧妙应对。让学生思考如果自己处于刘邦的位置，面对如此危急的情况会如何抉择。学生们通过讨论认识到，在生活中遇到突发矛盾和危机时，不能冲动行事，要像刘邦一样保持冷静理智，运用智慧去化解问题。教师鼓励学生分享自己在生活中遇到的类似需要冷静应对的突发状况，以及从中学到的经验教训。同时，布置任务让学生分组模拟一些生活中的冲突场景，如同学间的误会、小组项目中的意见不合等，每个小组要在模拟中展示如何冷静理智地处理问题，培养学生在实际生活中应对复杂情况的能力和沉稳冷静的道德素养。

这些实践，不仅能提升学生的语文素养，还能帮助他们在生活中践行道德情操，成长为有责任感、有智慧的新时代青年。这些实践，也是对陶行知“生活即教育”精神的深刻传承与体现。陶行知先生认为，教育不应仅仅局限于课堂和书本，而应与学生的日常生活紧密相连，让学生在生活的点滴中感受教育的力量，进而形成正确的道德观念和行为习惯。在高中语文教学中，通过引导学生深入阅读经典文学作品，提升学生的文学素养，更能让学生在作品中的人物情感和道德冲突中，找到与自己生活相契合的道德共鸣点，从而引发对道德问题的深入思考和感悟。此类教学活动不仅能够让学生将道德知识转化为实际行动，更能够让他们在实践中感受到道德的力量和价值。

（二）践行陶行知“教学做合一”理念，强化语文写作与道德行为的养成

在语文写作教学中，结合人教版教材中的写作训练，如议论文、文学评论等，引导学生围绕道德主题进行研讨、写作，通过文字表达自己对道

德的认识和理解，是践行陶行知“教学做合一”理念的有效途径。这一教学理念强调教、学、做三者的统一，即教师不仅要传授知识，还要引导学生将所学知识转化为实际行动，通过实践来巩固和深化认识。在教学中，首先选取与道德紧密相关的主题，如诚信、责任、尊重等，这些主题既贴近学生的生活实际，又能够引发学生对道德问题的深入思考。通过引导学生分析这些主题的内涵和外延，讨论它们在现实生活中的体现和意义，这样学生能够更加深刻地理解道德的本质和价值。

组织文学作品道德主题研讨，结合高中语文教材中的文学作品，如《雷雨》《祝福》等，确定相关的人性善恶、家庭伦理等道德主题，组织学生分组研讨，并写文学评论，分析作品中人物的道德选择及其背后的原因，探讨作品所传达的道德观念对现实生活的启示。通过文学评论的写作训练，既落实了单元写作任务，又让学生学会对文学作品作深入剖析，实现引导学生理解复杂的人性和道德困境、增强对道德问题的敏感度和领悟力、丰富道德情感体验的目标。组织学生分组进行角色扮演和短剧表演，根据常见的考试作弊、诚信交易等道德冲突场景，鼓励学生自己编写道德短剧剧本并表演，表演结束后，全班共同讨论剧情中的道德问题及解决方法。这一方法既训练了学生的写作能力，又使学生在模拟情境中亲身体验道德冲突，更好地理解道德规范的重要性，从而提高在实际生活中做出正确道德选择的能力。

（三）运用陶行知“社会即学校”思想，实现语文教学与道德教育的社会化

利用人教版必修教材中的综合性学习活动，如“走进社区”“文化专题研讨”等，引导学生走出校园，深入社会进行调查研究，了解社会道德现状和问题，这是传承陶行知“社会即学校”思想，实现语文教学与道德教育社会化的有效途径。

在“走进社区”活动中，学生被鼓励走出象牙塔，踏入真实的社会环境。他们以小组为单位，围绕特定的道德议题展开调研。他们深入社区，

与居民交流，观察社区的道德风貌，收集第一手资料。这样的实践活动，使学生能够从微观层面了解社会道德的现状，包括邻里互助、公德心、尊老爱幼等传统美德的传承情况，以及现代社会中出现的新道德问题，如网络道德、环保道德等。通过这些调研，学生不仅能够增进对道德现象的认识，还能在实践中锻炼沟通能力和团队协作能力。

走进养老院关爱老人。在活动开展前，教师引导学生利用语文知识进行准备工作。组织学生撰写慰问信，锻炼学生的书面表达能力，让他们用真挚的文字向老人们传达关怀与祝福。同时，安排学生表演文艺节目，如诗歌朗诵等，通过对经典文学作品的演绎，提升学生的语言表现力和情感感染力。走进养老院后，学生们为老人打扫房间、陪他们聊天、表演节目。既能培养尊重长辈、关爱老人的道德品质，又能让学生切实感受到自己的付出给他人带来的快乐，体会到奉献的价值。活动结束后，教师组织学生进行总结分享。要求学生以日记、作文等形式记录此次活动的经历和感受，引导他们运用细腻的描写手法，将自己在养老院的所见所闻、内心的感动与思考生动地表达出来。这样的语文写作训练，不仅提高了学生的写作水平，更促使他们深入反思在活动中所体验到的道德情感，进一步强化尊老敬老、关爱他人的道德意识。

“文化专题研讨”则为学生提供了一个从宏观角度审视道德问题的平台，学生围绕特定的文化主题，如传统文化与现代道德的融合、全球化背景下的道德冲突与协调等，进行深入研究。他们通过阅读文献、观看影像资料、组织讨论会等方式，拓宽视野，深化对道德多元性和复杂性的理解；在社会实践和小组合作的过程中，学生被鼓励提出解决道德问题的方案，他们结合调研结果和所学知识，针对发现的道德问题，如社区环境脏乱差、邻里关系疏远等，提出切实可行的改进措施，这些方案可能包括组织环保活动、开展邻里互助项目等。通过实施这些方案，学生不仅能够将道德知识转化为实际行动，还能在实践中体验到道德的力量，增强道德责任感和使命感。

（四）尊重个性差异，实施因材施教，促进每个学生的道德成长

在高中语文教学中，根据学生的个性特点和需求制定个性化的培养方案，是践行陶行知“尊重个性与因材施教”理念的关键。以人教版必修教材中的《燕歌行并序》为例，这首诗歌不仅蕴含了丰富的文学价值，还承载了深厚的道德情感，为因材施教提供了广阔的空间。对于文学素养较高、对古诗词有浓厚兴趣的学生，教师可以引导他们深入分析诗歌的意境、语言特色和艺术手法，如探讨诗歌中对比手法的运用，如何通过景物描写烘托战争氛围，以及诗人如何通过诗歌表达对战争的复杂情感等；还可鼓励这类学生进行诗词创作，模仿《燕歌行并序》的风格，创作出自己的边塞诗，以此加深他们对诗歌的理解和感悟，同时锻炼文学创作能力。对于文学基础相对薄弱、但对历史故事感兴趣的学生，教师则可以侧重讲解诗歌背后的历史背景，如唐朝的边塞战争、将士的生活状态等，通过历史故事激发学生的学习兴趣，引导他们从道德层面思考战争与和平、个人与集体等议题。这类学生可以通过小组讨论、角色扮演等方式，深入探究诗歌中的道德内涵，如忠诚、勇敢、牺牲等，从而在实践中提升道德认知。此外，通过小组合作和互助学习，不同层次的学生可以相互帮助、共同进步，在小组活动中，文学素养较高的学生可以带领其他学生分析诗歌，分享自己的理解，而对历史故事感兴趣的学生则可以提供丰富的历史背景知识，帮助大家更好地理解诗歌的深层含义。

五、结论与建议

陶行知精神为高中语文教学中的道德情操培养提供了宝贵的理论指导，其生活即教育、教学做合一、社会即学校以及尊重个性与因材施教的理念，均与现代教育的核心价值相契合。为进一步提升高中语文教学中的道德情操培养效果，建议教师深入挖掘教材中的道德教育资源，结合学生实际，创新教学方法，如采用情境教学、角色扮演等，使学生在参与中感

悟道德的力量；同时，加强学校与社会的联系，为学生提供更多社会实践的机会，使其在真实的社会环境中锻炼道德意志，增强道德责任感。此外，还应关注学生的个性差异，实施因材施教，确保每个学生都能在适合自己的学习方式中得到充分的道德教育和成长，从而培养出具有高尚道德情操的新时代青年。

陶行知教育思想在学校教育中的实践探究

北海市第九中学　李香元

2023年教师节前夕，习近平总书记寄语全国优秀教师代表，希望全国广大教师“大力弘扬教育家精神，牢记为党育人、为国育才的初心使命，树立‘躬耕教坛、强国有我’的志向和抱负，自信自强、踔厉奋发，为强国建设、民族复兴伟业作出新的更大贡献”。陶行知先生提出的教育思想强调“生活即教育”“社会即学校”，深刻揭示了教育的本质和教师的重要性。作为教育工作者，我们肩负着培养学生理想信念、道德情操和综合素养的重任。当今社会，学生面临的信息爆炸和价值观多元化的挑战，使得作为教师的我们愈发需要强化自身的教育理念与实践能力。在此过程中，弘扬教育家精神，争做新时代好教师，不仅是对个人职业生涯的追求，更是对学生未来发展护航的职责所在。本文将探讨如何在实际教学中践行教育家精神，以期为新时代教育的创新与发展提供思路和借鉴。

一、理想信念的实践探究

理想信念是教师从事教育事业的动力源泉。陶行知曾认为：“我们的教育是‘创造儿童的教育’。”意思是教育应以儿童自身的特点为基础，筛选并利用环境的影响，从而培养和激发儿童的创造力。“为了孩子，甘为骆驼。”在教育过程中，教师要时刻保持对教育事业的热爱和奉献精神，坚信每一个孩子都有无限的可能性。“教育为公以达天下为公”，陶行知始终将教育视为民族振兴的基石，倡导教育者须心怀家国，以培养“真人”为目标，引导学生树立“为一大事来，做一大事去”的人生志向。

理想信念不仅体现在教师的个人追求上，更体现在对学生未来的期望中。从宏观角度来看，教师的理想信念教育是主流意识形态建设的重要组成部分。这种教育不仅体现了教育为党和国家培养人才的使命，还符合教育服务于党和国家整体工作的基本要求。从微观角度分析，高校教师队伍的建设与完善，以及教师整体素质的提升，都需要加强对年轻教师的理想信念教育。创新理想信念教育能够确保高校教育的政治方向，并为青年教师队伍的发展提供新的突破口，从而提升他们的综合素质，促进个人的全面成长。

在教学中，理想信念教育已取得一定成效，主要表现在高中生对理想信念教育重视度的提高、高中生的理想信念素养得到一定程度的提升，以及思政课教师理想信念教育经验的积累等方面。在日常教学中，教师应通过自己的言行来激励学生树立理想。例如，在课堂上分享自己的成长故事，讲述如何坚持梦想、克服困难，能够让学生感受到理想的力量。此外，教师还可以通过开展主题班会，引导学生讨论自己的理想与目标，从而激发他们的内在动力。

在管理中，教师需秉持教育公平和质量的理想信念。通过研究教学法、学习心理等领域，不断提升自己的专业能力，以更好地服务学生。在学校管理层面，教师应参与决策，关注每一位学生的成长与发展。在学校教育教学实践中，以理想信念铸魂，锚定育人方向。进行课程思政化：挖掘学科中的家国情怀元素，如通过乡土文化课程引导学生关注乡村振兴，践行“社会即学校”理念。开展“行知精神”主题教育活动，邀请优秀校友、行业先锋进校园，传递“教育为公”的理想追求。

二、道德情操的实践探究

道德情操在教育教学过程中始终扮演着核心角色，它不仅体现了教育工作者的精神和价值观，更是组成了教育家各个精神之间的桥梁。教育的本质可以被视为一种关于人际关系的学问，它关注的是人与人之间的联系，以及心灵之间的沟通与互动。教育不仅仅是知识的传递，更是对情感、价值观和人际理解的探索。正如习近平总书记所说，“教师是人类灵魂的工程师”，教育不仅塑造灵魂和生命，还培养新的生命。

陶行知说过：“道德是做人的根本。根本一坏，纵然你有一些学问和本领，也无甚用处，并且，没有道德的人，学问和本领愈大，就能为非作恶愈大。”道德情操是教师职业道德的重要组成部分。教师的爱心和责任感是教育成功的关键。在实际工作中，教师要以身作则，树立良好的道德榜样，培养学生的道德观念。

中央全面深化改革委员会第二十四次会议指出，要“全面贯彻党的教育方针，落实立德树人根本任务，遵循教育规律，加快建设高质量基础学科人才培养体系”。在新时代，提升教师的道德修养和职业素养，建立一支高素质的教师队伍，对于推动教育现代化、实现教育强国的目标，以及满足人民对优质教育的期待，具有深远的影响和重要意义。在新时代，教师的培养应注重通过内在自省来坚定信念和塑造灵魂，这是教师职业发展中不可或缺的要素。康德认为：“有两样东西，我们愈经常愈持久地加以思索，它们就愈使心灵充满日新月异、有加无已的敬仰和敬畏：在我之上的星空和居我心中的道德法则。”这种“内心法则”便是由内而生的道德自律。在学校教育教学实践中，需以道德情操立身，锤炼师德师风。进行师德评价改革和廉洁教育实践。师德评价改革是将“求真精神”“实践参与”纳入教师考核，建立师德档案，推广“小先生制”师生共学模式。廉洁教育实践则组织教师参与社区服务，如乡村支教、公益讲座，在实践中深化“捧心而来”的教育初心。

三、教育方法的实践探究

习近平总书记在致信全国优秀教师代表时强调，教育家和优秀教师

"具有心有大我、至诚报国的理想信念，言为士则、行为世范的道德情操，启智润心、因材施教的育人智慧，勤学笃行、求是创新的躬耕态度，乐教爱生、甘于奉献的仁爱之心，胸怀天下、以文化人的弘道追求，展现了中国特有的教育家精神"。习近平总书记强调，教育家要有启智润心、因材施教的育人智慧。广大教师要牢记习近平总书记的期待和嘱托，深入领会其中的丰富内涵，不断涵养自己的育人智慧，让每个学生都有人生出彩的机会，成长为担当民族复兴大任的时代新人。

育人智慧来源于丰富的教育经验和对学生心理的深入理解。陶行知提倡"生活即教育"，强调教育应与实际生活紧密结合。教师在教学中应灵活运用多种方法，因材施教，激发学生的学习兴趣。因材施教是教育领域中一项重要的原则，强调根据学生的不同特点和需求进行个性化教学。这一理念不仅有助于提高学生的学习效果，也为教育的公平性和有效性提供了保障。在现代教育背景下，因材施教显得尤为重要。在学校教育教学实践中，以育人智慧赋能，重构课堂生态。开发生活化课程，如设计"校园生态农场""社区问题调研"等项目式学习，落实"在做中学"。开展跨学科融合，围绕真实问题（如环境保护）整合科学、人文、艺术课程，培养学生综合素养。

四、求是精神的实践探究

教师的敬业精神是教学实践成功的基础。为了在教育领域取得佳绩，教师需要具备扎实的学识、持之以恒的学习态度以及卓越的教学技能。这些素质不仅是教育工作者的重要依靠，也是他们在课堂上有效传授知识的基础。勤学笃行、求是创新的躬耕态度是教育家的宝贵品格。"勤学笃行"强调教师要踏实努力，全心投入教育事业，认真进行教学，追求专业的提升与实践的坚守。"求是创新"意味着教师需要大胆地尝试新的教学策略，并具备在教育发展的过程中克服各种挑战与实现个人进步的能力，这种态度不仅有助于教师自身的成长，也对推动教育的不断创新和发展至关重要。

勤学笃行与求是创新是新时代教师在扎实学术研究和推动创新方面卓越品质的体现。这不仅要求教师不断更新自己的知识体系，还要求他们具备灵活应对新情况的能力，以更好地满足时代的需求。新时代的教师不仅是教育者，更是学习者。他们在传授知识的同时，也在不断地探索和学习，以适应不断变化的教育环境和技术进步。因此，教师必须坚持终身学习和自我教育，这不仅是对自己职业生涯的负责，也是对学生的承诺。通过不断提升自身的专业素养和教学能力，教师能够为学生提供更高质量的教育，并且在知识传递的过程中，激发学生的学习兴趣和探索精神。2013年9月，习近平总书记在向全国广大教师致慰问信时指出，广大教师要“牢固树立终身学习理念，加强学习，拓宽视野，更新知识，不断提高业务能力和教育教学质量，努力成为业务精湛、学生喜爱的高素质教师”。教师应当坚持不懈地付出努力，保持一种执着的耕耘精神，践行教育家精神，潜心研究、严谨治学，进行创新探索。

勤学笃行是教师不可或缺的素质。勤学指的是教师应当不断进行学习、渴望获取新知识并努力深入研究。只有具备这种学习态度，才能通过丰富的知识和广阔的视野来引导学生步入知识的殿堂。在面对困难与挫折时，这种态度也能够帮助教师坚定不移地追求自己的职业目标。而笃行则是指教师将所学知识应用于实际教学中，力求做到知行合一。在教学过程中，教师需要不断探索和创新，把专业知识、教育理论与实践经验相结合，以此来提升自己的教学能力与教育水平。同时，笃行还意味着教师肩负着重要的责任与使命。在规划职业发展的过程中，教师应秉持“笃行而不倦”的决心，做到坚持不懈、持之以恒。

躬耕态度为教育者在知识和思想的创造与传播方面提供了必要的精神支持。教师以勤奋和踏实的精神投入教育工作，展现出对知识的热爱和对学生的关注。这种态度不仅体现在教学过程中，还体现在教师对真理的追求和不断探索中。躬耕精神的重要性表明，要实现教育强国的目标和提供令人满意的教育，教师的角色至关重要。教师素质的提升依赖于这种耕耘态度。因此，广大教师应积极弘扬教育家的精神，切实践行勤奋学习、追求真理和创新的努力精神。

在学校教育教学实践中，以躬耕态度扎根，深化教育实践。推进教师成长机制：要求教师每学期完成至少20小时社会实践（如企业调研、田野考察），反哺教学案例。开展校企社协同：与本地企业共建“工学课堂”，让学生参与产品设计、文化传播等真实项目。

五、仁爱之心的实践探究

仁爱之心是教育的核心。陶行知认为，“爱是一种伟大的力量，没有爱就没有教育”，教育的本质在于关爱学生。教师在教育中要将爱融入每一个细节，以真诚的态度去关心和帮助学生。

教师的职责不仅仅是教授学生公式、概念和词汇，更为重要的是用仁爱之心引导他们探索真理、追求善良以及欣赏美的事物。教育是一项充满爱的事业。教师面对的是各具个性、富有思想和智慧的学生，他们活泼可爱，天真而渴望知识，对周围的世界充满好奇，且具有很强的可塑性。在教育实践过程中，教师应设身处地地理解每个孩子的情感需求，善待每一位学生。比如建立“学生成长导师制”，为学困生、特长生定制发展方案，践行“因材施教”；开展心理健康行动，开设“心灵对话工作坊”，帮助学生疏导压力，营造“爱满校园”的氛围。

六、弘道追求的实践探究

弘道追求是教师在教育过程中应具备的使命感。教育应服务于社会，教师应肩负起培养社会栋梁的责任，在新时代背景下，教师更应关注学生的全面发展，培养他们的社会责任感。

习近平总书记指出：“教育决定着人类的今天，也决定着人类的未来。人类社会需要通过教育不断培养社会需要的人才，需要通过教育来传授已知、更新旧知、开掘新知、探索未知，从而使人们能够更好认识世界和改造世界、更好创造人类的美好未来。”这就充分说明，胸怀天下、以文化人的弘道追求彰显了中国共产党为中国人民谋幸福、为中华民族谋复兴、为世界人民谋大同的全人类博大视野和宽广胸怀，是中国特有的教育家精神在赓续中华优秀传统文化、坚定文化自信中的崇高价值体现，更是对教师文化建设的精神指引和根本要求。

教育事业是国家整体发展的重要组成部分，与国家未来发展、民族繁荣、人民幸福息息相关。因此，“胸怀天下、以文化人”的弘道追求，是中国教育家精神中的特有内涵。在唯物史观中，马克思和恩格斯认为，人民群众是历史的创造者，具体落实到教育“历史”，每一位教育者的教育实践都在创造着教育“历史”，构建着伟大教育事业的宏伟体系。由此，教育者应当树立胸怀天下的抱负。

在学校教育教学实践中，以弘道追求拓局，服务社会发展。组织优质学校向乡村输送“双师课堂”，利用数字技术打破地域壁垒，实现“知识下乡”。进行文化传承创新，联合非遗传承人开设“壮锦工艺”“铜鼓文化”校本课程，让教育成为文化振兴的引擎。

七、结语

弘扬教育家精神，争做新时代好教师，是每一位教育工作者的使命与责任。在传承陶行知教育思想的过程中，我们应以坚定的理想信念为指引，以良好的道德情操为基础，运用育人智慧为手段，秉持躬耕态度进行实践，以仁爱之心作为内在动力，最终实现传播真理与弘道追求的目标。只有如此，我们才能真正成为学生人生道路上的引路人，为他们的未来铺就光辉的前景。

陶行知生活教育思想在初中数学教学中的应用

北海市第九中学　罗　玲

数学新课程标准指出:“从学生的生活实践经验中学习数学和理解数学。”这和陶行知先生的“生活即教育”的教育理论是不谋而合的。我们数学教师应该在数学教学中积极联系现实生活中的问题，让数学教学情境生活化，让学生能够更好地理解和掌握数学知识。陶行知说:“没有生活做中心的教育是死教育，没有生活做中心的学校是死学校，没有生活做中心的书本是死书本。”在探讨生活教育与初中数学课程结合的重要性时，我们必须强调，这种结合能够更好地激发学生学习数学的兴趣和动力。数学，作为一门抽象的学科，往往在学生心中留下刻板的印象，即数学是枯燥、乏味的，难以理解和掌握。通过将生活教育与数学课程相结合，可以打破这种刻板印象，让学生看到数学在日常生活中的应用，从而激发他们对数学的好奇心和探索欲望。

一、从生活情境中提炼出数学问题

知识是从日常生活中的实际操作中获得的，而这些实践经验是知识的主要来源。只有当学生真正地去体验和实践，他们才能更深入地掌握新的知识，加强已有的知识，并培养出创新思维。因此，在初中数学教学过程中应注重培养学生运用所学数学知识解决问题的能力。数学建模指的是基于实际情况来构建数学模型，并对这些模型进行深入的分析和解决，目的是应对实际遇到的问题。数学建模在初中数学教学过程中有非常广泛的应用。数学建模不仅是提高数学核心能力的关键，也是推动中学数学素质教育的核心环节。因此教师在教学过程中，应从引导学生建立数学模型解决实际问题出发，培养他们的数学建模思想。这不仅有助于学生深入认识数学学科的特点，更能让他们真正意识到数学并非遥不可及的抽象理论，而是源于生活、又应用于生活的学科。

二、初中数学建模教学常见的几种模型

（一）方程（组）模型

方程（组）模型被认为是研究实际世界中数量关系的最基础的数学模型。在我们的日常生活中，数量之间的相等关系是普遍存在的，例如增长率（或减少）、储蓄的利率、产品的购买和销售以及人员的配置等。它们是人们生活和工作中经常遇到的现实问题，也是数学学习与研究过程中必须掌握的基础知识。为了解决这些实际问题，我们通常可以采用建立方程（组）模型的方法。通过这种模型，我们能够更准确、更清晰地认识、描述和把握现实世界。方程（组）模型的优势在于它们能够帮助我们理解和解决数量关系的复杂性，从而为决策提供更科学的依据。无论是经济学、社会学还是自然科学领域，方程（组）模型都扮演着重要的角色。因此，熟练掌握方程（组）模型的应用方法对于我们全面理解和把握现实世界的发展变化至关重要。构建方程模型时，教师需重点培养学生寻找题目中已知量与未知量之间等量关系的能力，尤其是面对图表、图案、情景对话等方式展现题目内容的新型应用题，教师需指导学生认真观察、识别、筛选与比较，顺利建立相应的方程模型，解决实际问题。

（二）不等式（组）模型

无论是在分段计价问题、经济利润问题、方案决策问题还是在社会日

常生活中，不等关系都是一个普遍的现象。人们往往需要知道事物之间的某些联系和规律，以便做出正确决策。在众多的问题里，确切地确定数值是相当困难的，但我们能够发掘出隐藏在实际问题背后的数值关联。在这种情况下，我们可能会采用构建不等式模型的方式来处理这种实际遇到的难题。比如，对于核定价格范围和投资决策，我们也可以运用不等式模型来进行分析和决策，以获得最优解。掌握不等关系的建立和应用，对我们在生活和工作中的决策与规划具有重要意义。

（三）函数模型

新的数学课程标准要求学生掌握如何使用合适的函数来描述实际问题中的变量关系，并初步预测这些变量的变化趋势，以便解决一些简单的实际问题。在初中的学习中学生们掌握了一次函数、反比例函数以及二次函数，并对这些基础函数的模型有了深入了解。这使得他们具备了通过建立函数模型来解决各种实际问题的能力。特别是在面对最优化问题，例如追求最大的利润、最低的成本和最经济的材料使用等，学生可以构建函数模型并将其转化为求函数的最值问题。这一能力的培养不仅提高了学生在数学上的应用能力，还为他们以后解决实际问题打下了良好的基础。

（四）几何模型

几何与我们的日常生活和实际情况有紧密的联系。当测量、航行、建筑、材料处理、边角余料处理、道路拱桥的设计计算等涉及一定图形的性质时，常需建立“几何模型”，把实际问题转化为几何问题来解决。在建筑领域，几何模型对于设计建筑结构和进行尺寸计算至关重要。几何学中的几何定理和图形性质可以帮助建筑师精确地设计和计算建筑的尺寸和形状，确保建筑的安全性和稳定性。在道路拱桥设计计算领域，几何模型对于确定桥梁的形状、尺寸和稳定性至关重要。通过使用几何学中的几何定理和图形性质，我们可以精确地计算桥梁的承载能力和稳定性，确保桥梁的安全性和可靠性。要求学生将实际问题转化为数学问题，从数学的角度去发现问题和提出问题，通过运用初中数学垂径定理和勾股定理进行问题的分析，并用数学语言表达，提高学生解决实际问题的能力。

（五）概率统计模型

概率在日常生活中有广泛的应用，例如在抽奖游戏中，人们通过概率模型预测中奖的概率；在彩票中奖方面，概率模型可以帮助人们预测彩票中奖号码；在体育竞赛中，球队胜负的概率可以借助概率模型进行分析；在股票走势问题上，通过构建概率模型，投资者可以更好地把握市场动态，预测股票价格走势。在社会学研究中，概率还可以用于分析社会现象，例如人口分布、犯罪率等。概率在各个领域都有广泛的应用，而统计模型则是概率应用的重要工具。通过建立统计模型，我们可以更好地理解数据背后的规律和趋势，从而更好地利用数据来做出决策和预测未来。题目以科学技术为真实情境，结合统计图、调查与数据分析等内容，要求学生将现实问题转化为数学问题，从数学的角度发现问题和提出问题，运用数学的思维方法综合地、有逻辑地分析问题，并用数学语言表达与交流。这样的设计能增加学生对数学的兴趣，让学生们在解决问题的过程中积累数学活动经验，探索数学关系与规律的产生过程，培养他们的数学思维能力和解决问题的能力。

三、有效利用“生活即教育”的思想培养初中学生数学建模能力的教学策略

（一）重视教材，回归课本

在数学模型教学中，我们应当注重从解题向解决生活中的实际问题转变，并以教材作为教学的基石。要实现这种转变，关键是要全面地向学生传授各种数学模型。我们需要引导学生理解和掌握方程模型、不等式模型、函数模型、几何模型、统计与概率模型等基础数学模型。通过深入讲

解这些模型的性质、应用范围和解题方法，使学生能够灵活运用这些模型解决实际问题。同时，我们还要尽可能真实地展现这些模型的应用广泛性，使学生了解它们在现实生活中的应用场景。

通过“生活即教育”的教学思想，教师深入研究教学的每个单元，思考如何从现实生活中引入适当的模型问题，帮助学生更好地理解数学模型的实际意义和应用价值。学生可以逐渐建立起正确的数学模型观念，学会灵活运用各种数学模型解决实际问题。这不仅可以提高他们的数学成绩，还可以为他们的未来学习和工作打下坚实的基础。因此，我们应该在数学模型教学中注重以教材为基础，不断提高教学质量和效果。

（二）增强“生活即教育”的理念和初中数学课程教学的融合

在初中数学教学过程中，增强“生活即教育”的思想与数学课程教学的深度融合是培养学生在数学领域中的建模能力的关键步骤。这种思想的应用，不仅有助于学生理解数学在现实生活中的应用，而且能激发他们对数学的兴趣，从而更积极地投入到数学学习中。增强“生活即教育”的思想并不意味着削弱数学基础知识和技能的传授。事实上，它是将这些知识和技能与现实生活相结合，使其更具活力，更具应用性。只有这样，学生才能真正理解和掌握这些知识，并将其应用到实际生活中。初中数学教师在培养学生数学建模能力、数学核心素养时，通过积极引领学生展开生活化的数学实践与学习，可以有效地培养学生的建模能力，为他们未来的数学学习打好基础。

（三）借助数学实验，提高建模能力

在教育领域，发展学生的数学模型思想是至关重要的。为了实现这一目标，我们提倡让学生亲身经历解决问题的过程，同时借助数学实验这一手段，让学生在已有的知识基础上动手操作，以获得数学经验。例如，折纸活动能让学生直观地看到图形的变化；实地测量校园内建筑或者树的高度，让学生运用相似三角形的知识解决实际问题，增强数学运用能力。数

学实验不仅是一种教学方式，更是一种让学生在实践中探索、学习和掌握数学知识的方法。通过数学实验，学生可以在动手操作的过程中，观察、分析、验证数学问题，进而形成数学思维和解决问题的策略。这种方法不仅能提高学生的数学应用能力，还能加深他们对抽象的数学模型的认识，培养他们的创新意识和实践能力。

（四）加强学科融合，培养模型观念

学生的兴趣和知识水平都会对其建模能力产生影响。因此，当教师在教学过程中遇到跨学科的实际问题时，应明确告知学生数学模型中涉及的内容，这样学生就能系统地收集与数学模型相关的跨学科问题，这些问题将成为未来他们解决新问题的模型经验。近年来，中考数学中出现了一道靓丽的风景线，那就是与其他学科融合的试题。这批试题的创新性与综合性备受社会关注。常见的就是将语文、物理、化学、地理、生物和计算机等多学科融合在一起的综合试题。这种综合试题不再是传统意义上的数学题目，而是将多个学科的知识融合在一起，要求学生从多个角度进行思考和分析。这使得数学教学不再孤立，而是与其他学科产生了有机的联系。

四、结语

在初中数学教学实践中，教师应注重将“生活即教育”的思想与数学建模相结合。通过设计具有实际应用背景的数学问题，引导学生进行建模，让学生在实践中感受数学的魅力，这样的教学方式对于提高学生学习数学的兴趣和动力具有重要作用。教师应该积极探索将“生活即教育”思想融入初中数学教学的模式，并践行这一思想，以帮助学生更好地理解和应用数学知识，提高数学素养，为他们的未来发展奠定坚实的基础。

做新时代好教师的实践思考

北海市第十一中学　钟志娟

教育是国家发展的基石，而教师则是教育事业的核心力量。在新时代，弘扬教育家精神、争做新时代好教师具有深远的意义。伟大的人民教育家陶行知先生以其独特的大爱精神、奉献精神、创造精神和求真精神，为教育事业树立了光辉的典范。本文从理想信念、道德情操、育人智慧、躬耕态度、仁爱之心、弘道追求这六个维度深入探讨如何成为新时代好教师。

一、理想信念是教师的精神灯塔

理想信念是教师从事教育事业的内在动力源泉。具有坚定理想信念的教师，深知教育对于国家、社会和个人发展的重要意义。他们将教育视为一种伟大的使命，一种塑造灵魂、培养人才的神圣事业。

在教学岗位上，许多教师怀着对教育事业的坚定信念，默默耕耘。教师的理想信念如同灯塔，照亮了孩子们前行的道路，让他们明白知识可以带来希望和改变。教师的理想信念在教学岗位上有着多方面的重要体现。

（一）对教育事业的热爱与坚守

拥有坚定理想信念的教师，会全身心地热爱教育事业。他们不会因为外界的诱惑或困难而轻易放弃教学岗位。例如，广西都安瑶族自治县高级中学原校长莫振高，是一位偏远山区的教师，尽管教学条件艰苦，但他坚信通过教育可以改变山区孩子的命运。他以课本为媒介，向孩子们讲述外面世界的精彩，激发孩子们的求知欲。许多在偏远山区的教师，克服教学条件艰苦、资源匮乏的困难，凭借对教育的信念，几十年如一日地坚守岗位，默默耕耘，只为将知识传递给山区的孩子。他们把教育看作是改变学生命运、推动社会进步的伟大事业，而不仅仅是一份工作。

（二）对学生成长的积极引导

教师以自己的理想信念为灯塔，照亮学生前行的道路。他们鼓励学生树立远大的理想，相信自己的潜力。当学生遇到挫折时，教师会用积极的信念去激励他们，如告诉学生“失败乃成功之母”，引导学生从失败中汲取教训，努力追求梦想。他们关注学生的全面发展，不仅注重知识的传授，更注重品德和人格的培养，希望学生成为有理想、有道德、有文化、有纪律的社会主义建设者和接班人。教师的理想信念犹如一盏明灯，在学生成长的道路上发挥着积极而深远的引导作用。

陶行知先生“捧着一颗心来，不带半根草去”的奉献精神，是教育家精神的崇高体现。他一生致力于平民教育，放弃了优厚的待遇，深入乡村和劳苦大众之中。这种奉献精神启示着当代教育者，要把自己的心血无私地奉献给教育事业，不图名利，只为学生的成长和发展。

陶行知奉献精神体现在他对教育普及的执着追求。他放弃了城市的舒适生活，深入乡村，为广大农民子弟办学。他认为教育不应是少数人的特权，而应是大众的福祉。这种奉献精神在当代的传承，表现为众多的教育志愿者深入偏远山区支教。他们像陶行知一样，不畏艰苦，只为给那里的孩子带去知识和希望。许多年轻的支教老师，一去就是数年，他们教孩子们读书识字、唱歌画画，用自己的青春点燃孩子们的梦想之火。

二、道德情操是教师的行为准则

（一）教师的道德情操具有极其重要的意义

教师是学生成长过程中的重要榜样。具有高尚道德情操的教师，其言行举止会潜移默化地影响学生的品德形成。例如，一位充满爱心、尊重他人且诚实守信的教师，会让学生在日常相处中感受到这些优秀品质的魅力。学生会模仿教师的行为，学会关爱同学、尊重师长，逐渐养成良好的道德习惯。教师的道德情操有助于引导学生形成正确的价值观。教师如果秉持公平、正义的道德观念，在对待学生时一视同仁，无论是评价成绩还是处理学生之间的矛盾，都会让学生认识到公平的重要性。这种公平正义的价值观会深入学生内心，影响他们对社会现象的判断和自身行为的选择。

（二）优秀教师的榜样力量

张桂梅老师扎根贫困地区教育一线40余年。她有着强烈的敬业精神，不顾自己身患多种疾病，每天从清晨忙到深夜。她一心扑在教育教学工作上，翻山越岭去家访，只为了深入了解每一个学生的家庭情况，不放弃任何一个可能辍学的孩子。张桂梅老师展现出无私的奉献精神。为了让大山里的女孩有学上，她四处奔走，创建了全国第一所全免费女子高中。她把自己的工资、奖金都投入到学校的建设和学生的培养中，自己却过着极为简朴的生活。在对待学生方面，张桂梅老师充满了爱与关怀。她深知这些女孩子面临的困境和压力，因此不仅传授给她们知识，更注重培养她们独立、自信的品质。她鼓励学生们努力学习，用知识改变命运，打破大山对女性的束缚。她的教育理念中包含着对公平教育的执着追求，她坚信每一个女孩都有接受教育的权利，无论出身多么贫寒。她用自己的实际行动诠释了教师高尚的道德情操，改变了无数大山女孩的命运，成为众多教师学习的楷模。

（三）传承坚韧不拔的奋斗精神

陶行知先生帮助劳苦大众与苦难现实作斗争，引导人民向着解放与幸福的道路前进。现实的困境使他的宏图伟愿难以实现，他一次次地碰钉子，但从不向困难低头，从不向敌人屈服，他勉励自己和战友“准备用钢头碰铁钉”，展现了一往无前的勇气和百折不挠的毅力。在20世纪20年代，他几次专程来到河南，在开封、郑州、洛阳等地指导推进平民教育，帮助规划河南教育事业。他曾在冬夜乘坐无篷卡车披星戴月从郑州赶往开封，寒风吹在脸上像刀割一般难受，他只好脱下马甲罩在脸上，就在这样卡车颠簸中前行，可见他在河南工作的艰苦和劳累程度。

陶行知先生取得超人的成就靠的就是这样卓越的奋斗精神。我们在今天学习和研究陶行知精神，使教育在新世纪能够培养更多的高素质人才，更好地为经济发展和社会进步服务。与当年的陶行知相比，我们有着十分优越的社会条件，但是，正如马克思所说“在科学的道路上，是没有平坦的大道可走的”，要想在理论上和实践中都取得较好的成绩，仍必须学习和发扬陶行知的奋斗精神。

陶行知先生把一生无私奉献给了教育事业，他的精神体现了高尚的道德情操。他的精神犹如一盏明灯，照亮了教育的道路，值得我们不断传承。

三、育人智慧是教师的专业素养

育人智慧是教师在教育教学过程中运用知识、经验和技巧解决问题的能力。它包括对教育规律的把握、对学生个体差异的认识以及因材施教的能力等。育人智慧是教育者在培养人才过程中所展现出的一种综合性能力与素养。

育人智慧体现在对教育目标的深刻理解上。教师知道要培养什么样的人，不仅关注学生知识的获取，更重视其品德与价值观的塑造。在教育方法上富有创意，能根据不同学生的特点因材施教。育人智慧还包括敏锐的洞察力，能及时发现学生的问题与潜力，并且具备解决问题的能力，在教育过程中灵活应对各种情况，以实现学生全面发展的目标。

在学校管理岗位上，具有育人智慧的教师能够营造良好的教育教学环境。例如，学校的教导主任深知每个学生的特点和需求，在安排课程和教师资源时，会根据学生的学习能力和兴趣进行合理调配。对于学习困难的学生，他组织专门的辅导小组，安排有经验的教师进行个性化辅导。

育人智慧首先体现在对教师的理解上。教学管理者要深入了解教师的专业发展需求、工作压力以及教学风格等。例如，新入职的教师可能更需要教学方法的指导和职业发展规划的建议，管理者可以为他们安排经验丰富的导师，组织教学技能培训工作坊。有的学校为新教师安排了“师徒结对”活动，老教师在备课、课堂管理等方面给予新教师帮助，这就是管理者育人智慧的体现。通过这种方式可促进新教师的成长，从而提升整个教师队伍的素质。

管理者要善于运用激励机制。激励不是单纯的物质奖励，更重要的是精神激励。例如，可设立教学创新奖项，鼓励教师尝试新的教学方法。当教师在教学改革方面有新的尝试时，管理者要给予肯定和支持。即使在实施过程中遇到问题，也不要批评指责，而是引导教师总结经验，不断改进。

在学生管理上，育人智慧要求关注学生的个体差异。每个学生都有自己的学习风格、兴趣爱好和发展潜力。管理者要推动教师实施分层教学、个别辅导等措施。比如，在一些班级中，对于学习困难的学生，教师会根据管理者的要求制定个性化的学习计划，以确保每个学生都能在学习上有所进步。

教学管理者要营造积极向上的校园文化和班级文化氛围。通过组织丰富多彩的校园活动，如科技节、文化节等，为学生提供展示自己的平台。这有助于培养学生的综合素质，如团队合作能力、创新能力等。

四、躬耕态度是教师的务实精神

躬耕态度体现了教师脚踏实地、认真负责的务实精神。教育是一项长期而细致的工作，需要教师一步一个脚印地去努力。务实精神有助于提高教学质量。秉持务实精神的教师会精心备课，深入研究教材内容，准确把握教学重点和难点。他们不会照本宣科，而是根据学生的实际理解情况调整教学进度和方式，保障学生更好地掌握知识，提高成绩。

躬耕态度对学生的成长有着积极的影响。务实的教师注重言传身教，他们以自己踏实做事的态度为学生树立榜样。学生在这样的教师的影响下，也会逐渐养成务实的学习态度和生活态度。

陶行知先生强调“千教万教，教人求真；千学万学，学做真人”。教师的躬耕态度正是对求真精神的传承。在日常工作中，无论是备课、授课还是与学生交流，都要做到真实、踏实，不敷衍了事，让学生在求真务实的教育氛围中成长。

求真，体现在追求真理的教育理念上。陶行知倡导教育要符合生活实际，摒弃空洞说教。如今，教育者传承这种精神，就应注重实践教学，如在科学课上让学生亲自动手做实验，而不是死记硬背理论。

在社会层面，陶行知的求真精神鼓励人们说真话、做实事。传承这一精神，社会各界应倡导诚信风气。企业要真实地标注产品信息，不虚假宣传；公众人物要真诚地面对大众，传递正能量。

从个人发展角度看，传承求真精神能使人坚守本心，不为利益所引诱。学生在求知过程中，要像陶行知先生一样，探究事物的本质，不满足于表面答案，以真诚的态度对待学习与生活中的每一个问题。这种传承，是对陶行知先生最好的纪念，更是推动社会进步的力量源泉。

五、仁爱之心是教师的情感基础

教师的仁爱之心是对学生的关爱、尊重和包容。具有仁爱之心的教师能够关注到学生的情感需求，理解学生的困难，并给予他们及时的帮助和支持。

在课堂教学中，有仁爱之心的教师会平等对待每一个学生。作为英语教师，我发现班上有一名学生性格内向，在英语发音方面存在自卑心理。于是，我课后单独与该学生交流，耐心地纠正发音，并鼓励他勇敢开口。我用自己的仁爱之心帮助学生克服了心理障碍，提高了学习成绩。

仁爱之心是教师不可或缺的情感基础。仁爱之心体现在对学生的尊重上。教师尊重每个学生的个性差异，无论是内向的还是外向的，聪明的或是学习稍慢的学生，都一视同仁。例如，面对在课堂上发言总是结结巴巴的学生，有仁爱之心的教师不会嘲笑他，而是耐心倾听并给予鼓励，让学生感受到被尊重。

仁爱之心表现在对学生的关爱上。这种关爱如同暖阳，温暖着学生的心灵。仁爱之心还表现在宽容上。学生难免会犯错，怀有仁爱之心的教师能够包容学生的错误，以温和的方式引导学生认识错误并改正。总之，仁爱之心是教师与学生建立良好关系、促进学生健康成长的重要情感基石。

六、弘道追求是教师的崇高使命

弘道追求是教师传播真理、弘扬正道的使命。教师要在教育教学中传递正确的价值观、人生观和世界观，引导学生走上正确的人生道路。

在教育研究中，教师的弘道追求体现在对教育真理的探索和传播上。例如，一些教育研究者致力于研究素质教育的内涵和实施路径，他们通过发表论文、举办讲座等方式，将研究成果推广开来，让更多的教育工作者和社会人士了解素质教育的重要性，从而推动教育改革朝着正确的方向发展。

传承陶行知先生的精神，要求教师在新时代要有弘道追求。在多元文化背景下，要坚守教育的本质，传播正能量，培养学生的社会责任感和担当精神，使学生成为有理想、有道德、有文化、有纪律的社会主义新人。

七、结语

弘扬教育家精神是时代赋予教师的使命，也是教师实现自我价值、推动教育发展、为国家和民族培养未来栋梁的必然要求。每一位教师都应积极弘扬教育家精神，努力成为新时代当之无愧的好教师。

教育家精神在中学舞蹈课程中的传承与创新

岑溪市第三中学　杨　燕

一、研究背景与意义

舞蹈教育是学校美育的重要组成部分，舞蹈不仅是一种艺术表达，更是文化传承和社会教育的载体。传承教育家精神，在舞蹈美育中，对于塑造全面发展的个体、推动舞蹈教育现代化进程以及构建具有中国特色的舞蹈美育体系，有重要的意义。人民教育家陶行知先生说："教育不能创造什么，但它能启发解放儿童创造力以从事于创造工作。""手脑双全，是创造教育的目的。中国教育革命的对策是使手脑联盟。"教育者应灵活运用多元化的教学手段，如情境教学、项目式学习等，让学生在实践中体验舞蹈的魅力，提升创造力。在教学内容上，需跨越传统舞蹈风格的界限，引入不同文化背景的舞蹈作品，拓宽学生的视野。要教学方式上，要增强技术手段的运用，如利用多媒体和网络平台获取丰富的学习资源，增强教学的互动性。在评价方式上，要从单一的技能评价转向对学生审美能力、艺术创造力和团队合作等多维度的评价，以真实反映舞蹈学习的成果。

研究教育家精神在舞蹈美育中的传承与创新路径，旨在挖掘舞蹈教育的深层价值，回应时代对艺术教育的诉求。通过教育家精神的实践，舞蹈美育将能够突破应试教育的束缚，回归教育的本质，为学生的全面发展奠基，同时为舞蹈教育的现代化转型提供理论依据和实践指南。这不仅有助于提升我国舞蹈艺术的整体水平，也将为构建具有中国特色的舞蹈美育体系，推动舞蹈教育的国际化进程，做出重要的贡献。

二、教育家精神的内涵与舞蹈美育的关联

（一）教育家精神的理论解析

教育家精神是一个源远流长且富有深远影响的教育理念，它植根于教育的本真追求，强调教育者对教育理想的坚守、对学生的热爱与尊重以及对教育实践的创新。在舞蹈美育的背景下，教育家精神的内涵可以解读为以下几个核心要素：教育理想、人文关怀、专业素养、创新实践和持续发展。

1．教育理想是教育家精神的基石

教育理想代表着教育者对理想教育的执着追求。教育家们坚信教育的目标不仅仅是传授知识，更是塑造有道德、有智慧、有审美能力的全面发展的人。在舞蹈美育中，教育理想体现在将舞蹈视为提升学生审美情趣、陶冶情操、塑造健康人格的手段，而非仅限于技术技巧的训练。

2．人文关怀是教育家精神的灵魂

人文关怀体现了教育者对学生个体差异的尊重和关注。教育家们认识到，每个学生都是独一无二的，他们需要在安全、包容的环境中发展自己的艺术潜能。在舞蹈课上，教育家精神鼓励教育者发掘学生的个性，通过舞蹈表达自我，培养学生的自信心和创新精神。

3．专业素养是教育家精神的支柱

专业素养要求教育者具备深厚的舞蹈学识和教育智慧。教育家们不仅要有精湛的舞蹈技艺，还要懂得如何通过舞蹈教育启发学生的思考，引导他们理解舞蹈背后的文化和历史。在舞蹈美育中，教育家精神鼓励教育者不断精进专业技能，同时关注教学方法的更新，以适应学生的学习需求。

4．创新实践是教育家精神的动力

创新实践强调教育者在教学中不断尝试新的方法，打破传统的教学模

式。教育家们相信，创新是教育进步的源泉，无论是引入新的舞蹈风格，还是采用多媒体技术辅助教学，都是为了激发学生的学习兴趣，提升他们的艺术鉴赏力和创作能力。

5．持续发展是教育家精神的未来导向

持续发展要求教育者不断适应社会变革，前瞻性地思考教育的未来。教育家们认识到，教育是一个与时俱进的过程，舞蹈美育也不例外。在当前信息化、全球化的时代背景下，教育家精神鼓励教育者拓宽国际视野，促进舞蹈文化的交流与融合，为舞蹈美育的现代化转型注入活力。

（二）舞蹈美育的教育家精神需求

舞蹈美育的教育家精神需求在当今教育环境下显得尤为迫切，它对教育者的角色定位提出了新的要求。

首先，教育者要成为舞蹈艺术的传播者，将舞蹈的魅力和内涵传递给学生，让他们在舞蹈的实践中体验美、感受美、创造美。教育家精神提倡教育者以开放的视野，引入多元化的舞蹈风格和文化元素，使学生在接触不同舞蹈形式的过程中，形成全面、包容的审美观念，这与教育家精神中的人文关怀和专业素养紧密相连。

其次，教育者在舞蹈美育中要扮演创新者的角色，不断探索教学方法的更新，以适应学生个体差异和时代发展。这要求教育者从传统的技能训练模式中跳脱出来，采用情境教学、项目教学等，让学生在参与、体验中学习，激发他们的创新思维。教育家精神的创新实践特质，鼓励教育者在教学中融入艺术的探索精神，培养学生的艺术创造力。

再次，教育者在舞蹈美育中扮演着引导者的角色，他们需要以教育理想为导向，引导学生理解舞蹈背后的文化意义，培养他们的批判性思维以及对社会的责任感和人文关怀。教育家精神的教育理想倡导教育者将舞蹈美育视为塑造全面人格的途径，而非简单技能的习得。因此，教育者在评价学生时，不仅要关注他们的技术进步，还要注重他们审美能力的提升、批判性思维的锻炼和人文情感的培养。

最后，教育者还需成为学习者，不断进行自我提升，以适应舞蹈美育的不断变化。随着科技的发展，舞蹈教育的形式和手段不断更新，教育家精神鼓励教育者积极学习新技术，利用多媒体和网络平台，丰富教学资源，这与教育家精神的持续发展相呼应。同时，教育者应广泛参与国际交流，借鉴国外舞蹈美育的成功经验，推动我国舞蹈美育的国际化进程。

三、教育家精神在舞蹈美育中的传承路径

（一）课程设计中的传承实践

在舞蹈美育的课程设计中，教育家精神的传承实践是至关重要的。课程设计是实现教育目标的蓝图，它需要将教育家精神的理论内化为具体的教学实践。课程设计中的传承，体现在对舞蹈艺术多元性与文化价值的挖掘上。在具体操作中，可以借鉴陶行知“社会即学校”的思想，将舞蹈教学与社会实践相结合，让学生走出课堂，参与到社会实践中去；也可以挑选不同风格、不同文化背景的舞蹈作品，让学生在学习过程中接触并欣赏到世界的艺术多样性，从而培养他们的全球视野和包容性审美。

1. 课程内容上的实践

教育家精神的传承要求超越传统的舞蹈教学，注重将舞蹈与历史、哲学、社会学等多元学科知识相结合，让学生在舞蹈中理解并感知更深层次的艺术内涵。例如，通过学习特定历史时期的舞蹈，学生能够理解那个时代的精神风貌和社会背景，这不仅提升了他们的艺术修养，也促进了他们对历史和文化的理解。教育者通过这种方式，将舞蹈课程设计成一个富有深度的学习体验过程，体现了教育家精神中的教育理想。

2. 教学方法的实践

教育家精神鼓励教学方法的创新与个性化。例如，教育者可以运用叙事舞蹈的方式，让学生参与到舞蹈的创作过程中，将自身的故事融入舞

蹈表达，这既培养了学生的创新思维，也锻炼了他们的表达能力。教育家精神中的专业素养在此得到了体现，教育者需要具备丰富的教学手段和创意，以激发学生对舞蹈的热爱和兴趣。

3．评价体系设计的实践

教育家精神要求从技能导向转向全面评价。课程设计者应借鉴教育家精神中的持续发展，建立多元化的评价标准，不仅包括学生的舞蹈技艺，还涵盖他们的审美鉴赏能力、创新思维、团队合作等多方面素质。通过这样的评价方式，教育者不仅能够了解学生的舞蹈技能进步，还能全面评估他们在舞蹈学习过程中的全面发展，从而促进教育目标的实现。

4．师生关系建立的实践

教育者要以教育家精神中的关爱和尊重为基础，建立平等、互助的学习环境，鼓励学生积极参与，尊重他们的个性发展。这种关系的建立，有助于形成有效的学习社区，从而提高舞蹈美育课程的教学效果。

（二）教学方法的创新探索

在舞蹈美育中，教学方法的创新是践行教育家精神的关键环节。传统的教学方式往往过于重视技巧的训练，而忽视了舞蹈艺术的审美魅力和文化内涵。在教学中，可以融入陶行知“教学做合一”的思想，注重学生的实践体验，通过让学生亲身参与舞蹈的创作、表演和评价等过程，来培养他们的创新思维和实践能力。

1．采用情境教学法是教学方法创新的一个有效途径

情境教学法将舞蹈教学置于特定的情境之中，让学生在表演和创作中体验舞蹈所承载的情感和文化。这种教学方法不仅能够让学生更直观地理解舞蹈内涵，还能培养他们的想象力和表现力，在学习舞蹈技巧的同时，提升艺术鉴赏能力。

2．项目式学习是另一种值得推广的教学方法

在项目式学习中，教育者会设计一系列与舞蹈相关的项目，让学生主动探索、合作完成。例如，可以设计一个舞蹈创作项目，让学生从选题、

编排、排练到最后的演出，全程参与，这能够锻炼学生的团队合作精神，激发他们的创新思维，同时也有助于提高他们的舞蹈技能。项目式学习体现了教育家精神中的专业素养和创新实践，它要求教育者具备引导学生独立思考和解决问题的能力。

3. 利用现代科技手段进行教学创新也不可忽视

通过多媒体教学，可以为学生提供更丰富、更生动的学习体验。例如，教育者可以播放不同风格的舞蹈视频，让学生在欣赏中学习和模仿，或者使用舞蹈教学软件帮助学生纠正动作，提高练习效率。科技手段的运用，不仅丰富了教学内容，还促进了教学方式的现代化，符合教育家精神中的持续发展和教育理想。

4. 实施个性化教学是尊重学生个体差异、实现教育家精神的重要手段

每个学生都有独特的艺术感知和表达方式，教育者需要关注他们，提供个性化的指导和支持。例如，针对不同学生的技能水平和兴趣，设计不同层次的练习和挑战，鼓励他们探索自己的舞蹈风格。此外，教育者还可以通过定期的个别辅导，深入理解学生的学习需求，提供针对性的建议，这有助于提升学生的自信心，促进他们的个性化发展。

5. 评价体系的创新也是教学方法改革的重要组成部分

陶行知还主张“因材施教”，即针对不同学生的特点和需求进行个性化教学。在舞蹈美育中，教育者应关注学生的个体差异，提供个性化的教学指导和支持。例如，对于舞蹈基础较弱的学生，可以注重其基础技能的训练；对于具有舞蹈天赋的学生，则可以鼓励他们进行舞蹈创作和表演。

6. 教学方法的创新是教育家精神在舞蹈美育中传承不可或缺的一部分

“社会即学校”是陶行知教育思想的又一重要观点。他主张学校应与社会紧密相连，让学生在社会实践中学习和成长。在舞蹈美育中，教育

者可以组织学生参与社会实践活动，如社区文艺演出、公益活动等，让学生在实践中锻炼舞蹈技能，同时培养他们的社会责任感和人文关怀精神。

陶行知强调“教学做合一”，认为教学是一个实践的过程，教育者在教学过程中应注重学生的实践体验。在舞蹈美育中，这要求教育者打破传统的教学模式，采用情境教学法、项目式学习法等，让学生在参与、体验中学习舞蹈。

四、结论与展望

我们重申了教育家精神在舞蹈美育中的核心价值：教育理想、人文关怀、专业素养、创新实践和持续发展。这些元素在舞蹈课程设计、教学方法创新、评价体系改革中得到了生动体现，有力地推动了舞蹈教育回归教育的本质，为学生的终身发展打下了坚实基础。此外，我们还指出，教育家精神在特殊教育、职业教育以及终身教育中的应用进一步拓宽了舞蹈美育的范畴，体现了其广泛的影响力。

舞蹈美育将在教育家精神的指引下，继续深化课程改革，探索更多元的教学方法，构建更公正的评价体系。教育者们将不断提升自身的艺术素养与教育智慧，积极引入国际先进理念和技术，以培养具有全球视野和创新能力的舞者。同时，我们将致力于构建一个包容性、创新性的舞蹈美育环境，让每一个学生都能在舞蹈中找到自我，实现艺术与心灵的双重成长。通过本文的研究和实践，我们深刻认识到陶行知教育思想对于舞蹈美育和学校教育教学工作的指导作用。未来，我们将继续深化陶行知教育思想的研究和实践，将其融入舞蹈美育和学校教育教学工作的各个环节中去，为学生的全面发展和学校的持续进步贡献力量。

综上所述，将陶行知的教育思想融入文章，不仅可以丰富和完善文章的内容，还可以为学校教育教学工作提供新的思路和指导。在教育国际化的大背景下，我们期待中国舞蹈美育能以开放的姿态，吸收世界舞蹈艺术的精华，同时，输出中国舞蹈文化的精神内涵，为全球舞蹈教育的发展贡献力量。舞蹈美育的未来将是一个融合传统与现代、艺术与科技、本国与国际的多元共融的舞台，教育家精神将在其中继续发挥引领作用，为舞蹈教育的可持续发展提供源源不断的动力。

教师传承教育家精神的实践思考

岑溪市第一中学　梁杰翔

一、教师在新时代背景下的角色定位

（一）从知识传授者转变为学习引导者

陶行知先生说："教育不是灌输，而是引导。"在当今信息技术迅猛发展的背景下，获取知识变得异常便利。互联网使学生能够轻松获取大量信息，这对传统教师作为唯一的知识提供者的地位造成了巨大的挑战。因此，教师的角色需要从仅仅传授知识的传道人转变为引导学生自主学习的引导者。在此转变的基础上，学校教育教学的工作也应做出相应调整。首先，学校应鼓励教师采用更加灵活多样的教学方法，如项目式学习、探究式学习等，以激发学生的学习兴趣和主动性，通过实践活动，让学生在解决问题的过程中掌握知识，提升能力。其次，学校应加强对教师专业发展的支持，组织定期的培训和交流活动，帮助教师掌握现代教育理念和教学技术，提高他们的教学水平和引导能力。同时，鼓励教师进行教学反思和研究，不断总结和改进教学方法，以适应学生多样化的学习需求。最后，学校还应构建开放、互动的学习环境，充分利用信息技术手段，如在线学习平台、资源库等，为学生提供丰富的学习资源和便捷的学习途径。同时，加强家校合作，共同关注学生的成长和发展，形成教育合力。

（二）从课程执行者转变为课程创造者

教育改革持续深化，课程的多样化和灵活性需求日益增长。教师的角色已经从单纯的课程执行者转变为课程的创造者。教师必须依据学生的独特需求和条件，进行课程内容的整合与创新。在此基础上，学校教育教学的工作应着重于以下几个方面。首先，引导教师深入挖掘当地文化资源，将其融入课程设计中，不仅增强学生的文化认同感，还能使课程内容更加贴近生活实际，提高学习的实用性和趣味性。其次，定期组织教师培训，提升教师的课程设计、实施与评价能力，鼓励教师间的教学交流与合作，形成学习型团队，并设计适合本校的课程。最后，推动从传统的应试评价向多元化评价转变，注重学生的综合素质和能力发展，包括创新能力、团队合作、社会责任感等，建立全面、公正、科学的评价体系。

（三）从教学管理者转变为学生心理关怀者

在当前社会竞争愈发激烈的环境中，学生们承受着多重压力和挑战，导致心理健康问题日益明显。因此，教师的职责也发生了变化，从教学管理者转变为学生心理健康的护航者。教师需要密切关注学生的心理状态，及时识别并解决他们的心理问题，提供必要的帮助和支持。通过与学生的有效沟通和开展心理健康教育活动，教师可以帮助学生建立健康的心理状态，增强他们的心理抗压力和适应能力。此外，教师应努力创造一个积极的班级环境，使学生在一个充满温暖与和谐的氛围中进行学习和成长。

在我多年的教师生涯里，有一件让我终生难忘的事。2022 年 5 月的某一天，凌晨 2 点左右，急促的电话铃声把我吵醒了，是女生宿舍舍管阿姨的来电。原来是班里的学生小李全身抽搐，情况紧急，而她的家人在偏远的乡下，交通不便，只能等到第二天转几次车才能过来。于是我马上驱车赶到学校，把她送到人民医院进行急诊，还好及时送医了，医生诊断用药后说她病情稳定下来了，我一直陪伴她到第二天中午才等到她的家人到来，通过了解才知道，小李每年会发生两次左右的全身抽搐，看了多个医生也不知道原因。小李不仅经历着身体上的折磨，还遭受着精神上的打击，出院后小李总是显得心情低落，不再积极参与课堂讨论，也不愿意和同学交流。我主动去了解小李的情况，原来她父母经常吵架，甚至闹离婚，导致她内心感到恐惧和无助，学习成绩下降，心理负担越来越重。于是我每天晚自修都抽时间都跟她谈心，每周安排一次心理辅导，同时，我还主动联系小李的家长，分析情况和原因，慢慢地，小李的情况逐渐好转，开始积极参与课堂活动，也和同学们建立了更好的关系。

经历了这件事，我深深地感受到，作为一名人民教师，帮助遭受身体与心理双重打击的学生重新找回了自信与快乐，这不仅是责任感的体现，更彰显了教育的温暖与力量。在这个过程中，身为教师的我们不仅要关注学生的学业成绩，更应注重他们的身体与心理健康。

二、教育家精神的内涵及其价值

（一）无私奉献是教育的根本

教育家的精神支柱是无私的奉献。陶行知先生说:“捧着一颗心来，不带半根草去。”他舍弃了舒适的生活，选择了艰苦的乡村教学生涯。他不怕困难，四处奔走，目的是让尽可能多的孩子能接受教育。他将自己的知识、时间和精力全心全意地奉献给了学生，这种无私的精神宛如明亮的星星，为教育事业的长路提供了光照。教师的无私不只是物质上的给予，更多是在精神上的关怀和支持。教师默默地支持学生的成长，为学生的每一点进步感到高兴，对学生的每一次失败感到担忧，用纯粹的奉献精神为教育的繁荣打下了坚实的基础。

（二）尊重和热爱学生是教育家精神的核心

尊重表现在教师对教育事业的敬畏和全心的投入上，教师要精心准备每一节课，认真教学，持续地评估和优化自己的教学策略，确保每节课都是知识的盛宴。而热爱学生则是教育的核心，教师要像对待自己的孩子一样关心每一个学生，尊重他们的个性和需求。苏霍姆林斯基曾指出:“教育离不开爱。”一个真正的教育者要用爱来温暖学生的心灵，激发他们的潜力，让他们在充满爱的环境中健康成长。

（三）求真务实是教育的核心原则

在教育领域中，求真务实是教师的核心行为准则。教师在教学过程中应当坚持对真理的追求，深入探索知识的根本。对待每个知识点，教师需保持严谨的态度，绝不允许任何粗心或虚假。陶行知先生提倡“生活即教育，社会即学校”，要求我们将教育贴近实际，把书本上的理论与现实生活紧密结合，使学生们能通过实际操作来体验和理解知识的深层意义。比如在进行科学实验时，教师应指导学生亲手进行实验，观察并分析实验现象和数据，这样不仅能够提高学生的科学思维，也能增强他们的实际操作能力。唯有秉承求真务实的理念，教育才能有效地培养出真正的人才。

（四）勇于创新是教育的推动力

教育家精神的核心活力来自于勇于创新。在知识更新速度不断加快的今天，老旧的教育模式已不足以应对学生的需求。教师们需要拥有创新的意识和能力，勇于打破传统的教学理念与方法，寻找适应学生成长的新途径。比如，通过结合现代信息技术实施线上与线下相结合的教学方式，采用项目式和探究式等现代化教学方法，可以有效提升学生的学习热情，激发学生学习的主动性，同时培养他们的创新思维和综合技能。

陶行知先生说:“教师不仅要教书，更要育人。”教育家精神的多种品质相互融合，形成了推动教育事业持续进步的重要动力。这些品质不仅是教育工作者的基本要求，也是指引教育发展走向成功的明灯。在教书育人和答疑解惑的过程中，教师需要把知识的火花传给学生，并通过言传身教，帮助学生建立正确的人生观、价值观和世界观，培养学生独立思考及问题解决的能力，为他们未来的成长打下坚实的基础。

三、教师传承教育家精神的具体路径

（一）教师职业道德建设的加强

1. 教师需严格遵循职业道德标准

展现敬业爱岗、诚信、廉洁和对学生的关怀。坚决反对体罚学生和收受家教费等不当行为，建立正面的教师形象。在教学过程中应尊重学生的个人尊严，平等对待所有学生，确保不歧视任何学生。

2. 教师要带给学生正能量

教师应当做到言行一致，以身作则，为学生树立标杆。在平时的生活中，教师需关注个人的修养及品德提升，不断增强道德素质。同时，积极投身于社会公益，传播正面能量，为社会塑造一个正面的形象。

3. 教师要在行为上给予学生正向的引领

教师们需将教育者的理念融入日常的教学活动中，以无私的精神照顾每个学生，以专注且爱护学生的心态进行每节课的教学，以严谨实用的方法讲授每个课题，并以创新的精神不断探索各种教学技巧。通过这些具体行动，践行师德，履行教育工作者的责任。

（二）教师职业技能的提升

1. 教师应该积极地参与培训学习

在教育领域，知识更新如同急流般迅速，教师需要持续地保持学习的热忱和敏感的观察力。教师应该积极地参与培训、研讨和学术交流，与其他教育工作者一起分享经验和心得，从而不断扩展自己的知识领域。比如，关注教育领域的最新动态，掌握最新的教育理论和教学技巧，并将这些知识应用于日常的教学活动中，确保教学内容既富有活力又紧跟时代步伐。

2. 教师要将相关的知识有效结合

现代社会越来越需要具有多种技能的人才，教师也需掌握跨学科的知识和技能。通过打破传统学科的边界，将各领域的知识有效结合，可以更好地提升学生的全面素质。例如，在教授语文时，可以结合历史和地理的元素，使学生在阅读文学作品时能够同时理解其时代和文化背景；在科学课程中，引入数学的解决方法来提升学生的问题解决能力。此外，提升教育中的信息技术应用能力也显得尤为重要。

3. 教师要学会运用现代教育技术

随着信息技术在教育行业中的深入应用，教师需要精通多种教育技术工具。教师应该学习如何使用多媒体教学软件创建生动的课件，并通过在线平台进行教学，利用教育大数据来分析学生的学习效果，从而支持定制化教学的实施。例如，运用虚拟现实技术可以构建沉浸式的学习环境，这使得学生能更直观地体验到知识的吸引力，进而提升学习成效。

（三）教师的教学方式创新

1. 进行项目式学习

项目式学习是采用项目作为主体，通过学生在项目实施过程中的主动探索来学习知识与技能。教师设计具有实际应用价值的项目主题，例如“校园周边垃圾回收活动”和“校园文创节活动”，并指导学生建立团队进行分工协作。学生们将全面参与项目的规划、执行到最后的总结反思全过程。这种教学模式不仅让学生掌握了必要的学科知识，还有助于培养他们的团队合作精神、沟通技巧及问题解决能力。

2. 探究式教学

在探究式教学中，要鼓励学生自行探索和发现。教师通过提出启发性问题或构建问题场景来引导学生，使他们能够通过观察、实验和调查等方法来探索问题，并找到答案。例如，在一节物理课中，教师引导学生研究“何种条件下物体会沉浮”，通过实验，学生观察物体在不同液体中的沉浮表现，并分析决定沉浮的各种因素，以此深入理解物理概念。

3. 小组合作式学习

学习采用小组合作的形式，学生们在团队中互助、交流及共享资源，共同达成学习目标。教师会依据学生的能力和性格特征进行分组，并为每位组员指定明确的角色和责任。在此学习模式下，学生们能够互相借鉴、启发思考，同时增强团队协作能力和社交技能。比如在英语教学中，教师可以安排学生进行小组讨论或角色扮演活动，这样学生们就能在轻松的环境中提升他们的英语口语能力。

（四）教师要关注学生德智体美劳全面发展

1．品格教育对学生的成长至关重要

教师应以高尚的个人品德为榜样，以此激励学生。通过实施道德主题班会、伦理讲座和社会实践活动等方式，来提升学生的道德感和对社会的责任感。比如，安排学生加入志愿服务，通过助人为乐的活动，让他们体验到社会服务的乐趣，并强化他们对社会的关爱和服务意识。

2．培养学生的知识和技能

教师需依据学生的学习特点与规律，运用多种教学策略，以激发学生的学习兴趣。同时，重视学生创新能力和实际操作能力的培养，鼓励他们参与学科竞赛和科学创造活动，从而提升其整体素质。此外，针对学生的学习差异，教师应采取层次分明的教学和个性化辅导，确保每位学生都能在自己的水平上获得进一步的发展。

3．塑造学生的健康体魄

健康的体魄是学生学习和生活的坚强后盾。因此，教师应当加强对体育锻炼的重视，保证学生每日有充足的运动时间。通过组织多样的体育活动，如田径赛、篮球和足球比赛等，不仅能激发学生对体育的兴趣，还能帮助他们形成持续的运动习惯。

4．情感品质的培养

美术教育对于学生情感的熏陶和审美、创新能力的培养至关重要。通过音乐、绘画和舞蹈等艺术形式，教师指导学生体验美、欣赏美、创造美。学校通过举办各类文化艺术活动，如艺术表演和绘画展览，为学生提供一个展现自己才华的舞台，让他们在艺术的环境中进行深入的文化熏陶。

5. 劳动技能的提升

劳动教育是提升学生综合素质的重要途径，教师应指导学生建立正确的劳动观，使其认识到劳动是创造美好生活的基础。安排学生参与校园劳动、家庭劳动及社会实践，不仅可以增强学生的劳动技巧和习惯，还能提升他们的动手和实际操作能力。

四、结语

教育是一项光荣而充满希望的事业，它不仅推动着人类的文明和进步，也承载着众多家庭的希望和梦想。教师是一束引导学生前行的温暖的光，光芒虽微小，却在学生的人生旅途中扮演着关键角色。在这个新时代，继承和发扬教育家的精神，是成为一名优秀教师的必然要求。

陶行知教育思想对乡村中学语文教师的影响

东兴市江平中学　严梨文

长期以来，乡村基础教育在中国教育史上占据主导地位。近年来，乡村城镇化的不断发展，给当下的乡村教育发展带来诸多机遇与挑战。陶行知，这位中国现代教育的先驱，以其卓越的教育理念和无私的奉献精神，为中国教育事业的发展做出了不可磨灭的贡献。他提出的“终身教育”“生活就是教育”“社会即学校”“教学做合一”等教育理念，至今仍具有强大的生命力，对现代教育改革具有深远的指导意义。本文旨在探讨如何将陶行知的教育思想与精神融入自身的教育教学工作中，并通过实际案例分析其效果。

一、陶行知教育思想概述

（一）生活即教育

陶行知认为教育不能脱离生活，主张教育应该从生活中来到生活中去。他强调教育要适应社会生活的需要，教育内容和方法要与生活实际紧密结合，通过生活实践来培养儿童的创造力和实践能力。

（二）社会即学校

陶行知提出“社会即学校”的理念，主张打破学校与社会的界限，使学校教育与社会生活紧密相连。他认为学校教育不应该局限于课堂与书本，而是应该将整个社会作为教育的场所，充分利用社会资源进行教育。

（三）教学做合一

陶行知提倡“教育做合一”的教学方法，强调教师的教，学生的学和实践操作应该三位一体。他认为知识的学习应该与实际操作相结合，通过“做”来达到“学”的目的，从而提高学生的实践能力和创新能力。

（四）完善师资队伍

陶行知认为，乡村教师必须有一个“农民甘苦化的心”，才配为农民服务，才能担当农村教育工作者。在素质教育的推动下，我国实行九年义务教育，学生基本能够免费入学，接受基础教育。教师队伍的建设也是非要重要的。因此在对农村语文课堂改革时，需要强化教师队伍，关注农村教师素质的提高和思想认识的升华，同时采取合理有效的措施，改善目前农村教师艰苦的生存环境，提高其福利待遇，激发教师投身农村教育改革的热情和信心，确保其可以将农村教育改革当作一项使命和责任。

二、自身教育教学工作现状

（一）教学环境较差

我所在的学校位于边陲，是一所乡镇公办中学，学生群体主要源自周边的农村，由于教育资源相比城市较为匮乏，学生在知识和技能方面相对落后，学业压力较大。部分学生基础薄弱，跟不上学习节奏，逐渐失去信心，甚至自我放弃。而城市实验学校基础建设与办学发展在有关方面的大力支持下越来越好，受到社会各界高度重视，拥有较多资源，由此造成农村学校生源流失严重，乡村中学招收的学生基础较差。

（二）现阶段留守儿童教育问题比较严重

留守儿童的家庭较为贫困，父母基本外出打工维持家庭开支，留守儿童的日常生活得不到很好的照顾，缺乏亲情关爱。由于家长长期在外打工，留守儿童长期缺乏父母陪伴，在生活遇到问题时得不到及时帮助与解决，得不到正确的价值观引导，在整体思想品德方面都会受到严重的不良影响，从而导致留守儿童的教育问题越来越严重。

（三）教学内容和方法中存在的问题

教学内容过于理性化，忽略了乡村学生基础薄弱的问题，缺少了与实际生活紧密联系的实践环节，导致学生学习效果不佳，学习兴趣降低，同时学生的动手能力和创新能力也得不到有效培养。教学方法主要以小组合作探究的七步教学法为主，在学生自主完成导学案后，再对课文内容进行小组合作探讨学习。在教学过程中我发现学生在课堂上缺乏主动性和积极性，较少主动发言、提问或者参与讨论，更多时候是处于被动接受知识的状态。

三、陶行知教育思想在自身教学中的应用

（一）生活即教育的应用

为了使学生能够更加有效地自主学习，我将生活情景引入了课堂。比如在学习朱自清《背影》时，我先采用了谈话式导入法，通过谈话引发学生的共鸣，让他们回想起与自己父亲相处的点滴。在学生对课文深入学习感受浓厚的父子情之后，我组织学生进行角色扮演活动，让学生分别扮演父亲和儿子，模拟父亲回家后的场景。在模拟过程中，学生根据自己对父亲的了解和观察自由发挥，再现父亲回家后的言行举止，我还安排学生以“我眼中的父亲”为题，结合自己的生活经历写一篇作文，描述父亲的形

象、性格、行为以及与自己之间的情感纽带。最后又组织了一场讨论分享课，让学生分享自己的作文和扮演活动后的感悟，让学生互相学习、互相启发，更进一步加深对课文内容的理解和亲情的认识。这样的教学方式使教学内容更加贴近学生的生活场景中，更容易学习语文知识，感受语文的实用性和趣味性，从而激发了学生的学习兴趣和参与度。

（二）社会即学校的实践

在综合性学习环节中，我结合乡村的实际情况和语文教学内容，选定与学生生活紧密相关的社会实践活动主题。例如《身边的文化遗产》的综合性学习，我选择了与本地乡村京族文化传承相关的主题，组织学生走访乡村老人、参观京族博物馆等，让学生了解京族的海洋民族文化、京族的传统习俗和民间故事。通过采访、记录、整理等方式，形成调研报告或文化手册，传承和弘扬乡村文化。这些活动让学生深刻认识到社会实践活动的重要性，增强了他们的社会责任感和使命感。同时，鼓励学生将实践活动中的所见所闻、所思所感融入作文、日记中，提升语文素养。这样的社会实践活动，不仅能够丰富学生的课余生活，还能够培养他们的社会责任感和公民意识，为乡村的未来发展培养更多有责任感、有担当的人才。

（三）教学做合一的实施

在讲解朱自清《春》这篇课文时，我先让学生描述自己眼中的春天，然后结合乡村环境保护提出“如何保护乡村的春天环境”等问题，组织学生开展环保宣传活动。如制作环保标语、海报，进行垃圾分类宣传，参与乡村清洁行动等。实践活动结束后，我组织学生进行总结与反思并对学生的实践活动进行评价和反馈，提出改进建议。在教学中融入实践活动，让学生在实践中学习如何解决问题，能够激发学生学习的持续动力，为学生的全面发展奠定基础。

四、陶行知精神对乡村语文教师的影响

（一）培养奉献意识，做有信仰的教育者

陶行知先生一生致力于乡村教育事业，他深知教育对于改变乡村面貌、提高农民素质的重要性。他始终坚守在乡村教育的第一线，用自己的行动诠释了什么是真正的奉献。这种奉献精神深深地影响了乡村语文教师，也影响着我，让我更加坚定地投身于乡村教育之中。我知道我的教育行为对于农村孩子的成长和未来具有深远的影响，我愿意付出更多的时间和精力来关注学生的成长和发展。因此，我不仅在课堂上传授学生知识，在课后也会更加关注学生的生活和情感需求，用自己的爱心和耐心去温暖每一个孩子的心灵。理想信念是人生的灯塔，是行动的指南。作为新时代的教师，我们要坚定理想信念，做有信仰的教育者。我们要始终坚信教育的力量和价值，坚信教育是改变国家命运、提升民族素质的重要途径。我们要时刻保持对教育事业的热爱和执着，不断追求教育的真谛和理想。我们要用自身的实际行动来做出榜样，在言行上起示范作用，用自己的实际行动影响和感染学生，引导他们树立正确的世界观、人生观和价值观。

（二）培养高尚师德，做有道德的教育者

师德是教师的灵魂和基石。作为新时代的教师，我们要培养高尚师德，做有道德的教育者。我们要始终关注学生的身心健康和全面发展，关注学生的教育公平和教育权益。我们要以身作则、率先垂范，用自己的高尚品德和良好行为影响和感染学生。我们要注重自身的道德修养和人格魅力，不断提升自己的师德水平和专业素养。

（三）注重实践创新，创新教育理念，做有思想的教育者

陶行知先生认为教育应该与现实生活紧密结合，注重培养学生的实践能力和创新能力。在陶行知精神的影响下，我也非常注重实践创新，如结

合乡村孩子的实际情况和兴趣爱好，组织学生进行课外阅读和写作比赛、开展语文实践活动等。这些活动不仅丰富了学生的课余生活，也提高了他们的语文素养和实践能力。

教育理念是教育实践的指导和灵魂。作为新时代的教师，我们要创新教育理念，做有思想的教育者。我们要不断探索适合中国国情的教育模式和方法，注重教育的实用性和实效性。我们要关注学生的创新意识和创新能力，注重培养学生的批判性思维和问题解决能力。我们要注重教育的个性化和差异化，关注学生的个体差异和多元发展。我们要注重教育的国际化和开放性，关注学生的国际视野和跨文化交流能力。

（四）提升专业素养，做有能力的教育者

陶行知先生非常注重教师的专业素养提升，他认为具有扎实的专业知识和教学技能，才能更好地服务于乡村教育事业。专业素养是教师的基本要求和核心竞争力。在陶行知精神的指引下，我平常积极参加各种培训和进修活动，不断学习新的教育理念和教学方法，努力提高自己的教育教学水平。同时还注重与其他教师的交流和合作，共同探讨和解决教学中遇到的问题和困难。作为新时代的教师，我们要不断提升专业素养，做有能力的教育者。我们要注重学科知识和教育理论的学习和研究，不断更新自己的知识结构和教育理念。我们要注重教学技能和教育技术的掌握和应用，提高自己的教学水平和教学效果。我们要注重教育研究和教育创新的实践和探索，不断提升自己的教研能力和创新能力。

五、陶行知精神在新时代教育中的实践案例

（一）乡村教育的坚守者——张桂梅

张桂梅是云南省华坪县女子高级中学的校长，她是一位具有陶行知精神的乡村教育的坚守者。她放弃了大城市的工作机会，毅然决然地回到

家乡，创办了女子高级中学，为贫困地区的女孩提供了接受高等教育的机会。她注重学生的全面发展，关注学生的身心健康和心理健康。她以身作则、言传身教，用自己的高尚品德和良好行为影响和感染着学生。她的无私奉献和执着追求，使她的学校成为一所备受赞誉的乡村名校。

（二）创新教育的探索者——李希贵

李希贵曾是北京市十一学校的校长，他是一位具有陶行知精神的创新教育的探索者。他注重教育的个性化和差异化，关注学生的个体差异和多元发展。他提出了“走班制”和“选课制”等创新教育模式，为学生提供了更多的选择和发展空间。他注重学生的创新意识和创新能力，鼓励学生敢于尝试、敢于创新、敢于挑战。他的创新教育理念和实践，使十一学校成为一所备受瞩目的创新教育名校。

六、当代教育中弘扬陶行知精神的对策

（一）改革教育评价制度

建立多元化的教育评价体系，不仅要关注学生的学业成绩，还要注重学生的品德、身心健康、实践能力等方面的发展，引导教师和家长树立正确的教育观念。

（二）加强教育宣传和文化建设

通过各种媒体和渠道，广泛宣传陶行知精神的内涵和价值，营造尊师重教、热爱教育的良好社会氛围，抵制功利化的教育观念。

（三）促进教育公平

加大对教育资源薄弱地区的投入，优化教育资源配置，加强教师培训和交流，提高教育质量，为弘扬陶行知精神创造良好的条件。

七、结语

陶行知精神是中国现代教育史上的一笔宝贵财富，它蕴含着博爱精神、乐于奉献的伟大情操、炽烈真诚的教育激情、求真务实的作风和开拓求新的创造精神。在新时代背景下，学习陶行知教育思想，弘扬陶行知精神，争做新时代好教师，是每一位教育工作者应当追求的目标。我们要坚定理想信念，培养高尚师德，创新教育理念，提升专业素养，关注教育公平，以陶行知为榜样，努力成为新时代好教师。

学校教育如何弘扬陶行知教育思想

东兴市实验中学　何深宇

2023 年教师节期间，习近平总书记致信全国优秀教师代表，从“理想信念、道德情操、育人智慧、躬耕态度、仁爱之心、弘道追求”六个方面精辟概括了“教育家精神”。为大力弘扬教育家精神，加强新时代高素质专业化教师队伍建设，进一步营造尊师重教良好氛围，2024 年 8 月 6 日《中共中央 国务院关于弘扬教育家精神加强新时代高素质专业化教师队伍建设的意见》（以下简称《意见》）发布。《意见》指出：为加快教育现代化、建设教育强国、办好人民满意的教育提供坚强支撑，要打造一支“师德高尚、业务精湛、结构合理、充满活力”的高素质专业化教师队伍。要引导广大教师“坚定心有大我、至诚报国的理想信念，陶冶言为士则、行为世范的道德情操，涵养启智润心、因材施教的育人智慧，秉持勤学笃行、求是创新的躬耕态度，勤修乐教爱生、甘于奉献的仁爱之心，树立胸怀天下、以文化人的弘道追求”，践行教师群体共同价值追求。《意见》提出要“引导广大教师将教育家精神转化为思想自觉、行动自觉”，提出“经过 3 至 5 年努力，教育家精神得到大力弘扬，高素质专业化教师队伍建设取得积极成效”，“到 2035 年，教育家精神成为广大教师的自觉追求”，要求“深入实施学风传承行动等活动，传播教育家思想、展现教育家风貌”。

陶行知先生是中国伟大的人民教育家，他倡导生活教育，强调教育要与生活相结合，主张教育要面向大众，普及化。他倡导的“生活即教育”“社会即学校”“教学做合一”“小先生制”等教育理念，至今仍被广泛借鉴和应用。同时，他也是中国民主同盟的主要领导人之一，他积极参与社会改革和政治活动，致力于推动中国的现代化进程。陶行知先生在教育办学方面的实践和理论贡献，使他成为中国近现代最杰出的教育家之一。新时代的教育呼唤教育同行们学习和弘扬陶行知先生的教育家精神。

一、陶行知教育理念及教育家精神的体现

陶行知先生是中国现代教育领域的重要人物，他的教育理念和精神主要体现在以下几个方面：

（一）生活教育的理念

陶行知先生倡导的“生活即教育、社会即学校”的理念，强调教育应与日常生活、社会生活紧密融合，注重培养学生的实践技能和创新能力。他认为“教育的根本目的，在于解决问题，所以不能解决问题的，不是真教育”，“新教育的目的，就是要养成‘自主’‘自立’‘自动’的共和国国民”。可见先生的教育是改进国民素质和国民生活的教育，心怀“国之大者”，饱含先生“心有大我，至诚报国”的理想信念。

（二）“教学做合一”理念

陶行知主张教育活动应将教、学、实践三者融为一体，课堂上要让学生主动参与和亲自实践。他反对传统的应试教育，强调教育不能让学生“读死书”“死读书”“读书死”，要注重培养学生的动手实践能力。要解放学生的“大脑”“双手”“嘴”“空间”“时间”，提出“要对小孩子的创造力予以适当之培养”。“教学做合一”的理念体现了陶行知先生“启智润心、因材施教”的育人智慧，“勤学笃行、求是创新”躬耕态度及“乐教爱生、甘于奉献”的仁爱之心。

（三）普及教育的决心

陶行知先生对普及教育抱有极大的热情，他主张教育应普及到每一个社会成员，不分贫富和地位。他提出“民主”应用在教育上有三个要点：一是教育机会均等，即教育为公，文化为公；二是宽容和了解；三是在民主生活中学民主。他通过创办平民学校如晓庄师范学校、育才学校、山海工学团等推动普及教育运动，为提升当时的国民素质殚精竭虑。这些无不体现着陶行知先生“胸怀天下、以文化人”的弘道追求。

（四）国际化的教育视野

陶行知积极吸收国际先进的教育思想，并结合中国的实际情况进行创新。他强调教育应不断进步，与时代同步，以满足社会发展的需求。

陶行知先生的教育理念和精神对中国现代教育产生了深远的影响，他的教育思想和方法至今仍具有重要的现实意义和应用价值。

二、新时代学习和弘扬陶行知教育家精神的意义

陶行知先生的教育思想和实践体现了对教育公平、创新和实践的深刻理解。他的“生活即教育”“社会即学校”“教学做合一”等理念强调了教育与生活的紧密关系，注重用社会的“软垫力”培养学生的实践能力和创造力。在新时代背景下，这些理念对于推动教育改革、促进教育公平、培养创新型人才具有重要的现实意义。

学习陶行知精神，可以帮助教育工作者树立正确的教育观念，激发学生的学习兴趣，培养他们成为适应社会发展需要的有用之才。如陶行知先生在《我之学校观》中指出“健康是生活的出发点，亦是学校教育的出发点”，在《育才二十三常能》中就分初级常能及高级常能，提出要培养学生“会当书记”“会参加会议”“会应对进退”“会管账目”“会烧饭菜”“会游泳”“会开汽车”“会领导工作”等。先生之思想与理念，与今

天我们倡导的“五育并举”“素质教育”“双减”“培养核心素养”何其相像、多么契合！

陶行知先生的奉献精神和对教育事业的执着追求，也为新时代的教育工作者提供了宝贵的精神财富和行动指南。先生提出的“爱满天下”“千教万教，教人求真；千学万学，学做真人”“捧着一颗心来，不带半根草去”，无不闪烁着教育家“言为士则、行为世范”“乐教爱生、甘于奉献”的人性光辉，正是新时代呼唤教师们拥有的道德情操及师德的体现。

三、新时代学习和弘扬陶行知教育家精神的经验做法

践行陶行知先生的生活教育理念，强调突出学生主体，教育要结合学生生活实际，注重学生的参与实践。在当前教育改革中，许多学校开始注重学生的实践能力培养，将课堂知识与实际生活紧密结合。例如，一些学校开展“研学旅行”活动，让学生走出校园，通过实地考察和体验学习，将理论知识与实际相结合，培养学生的创新能力和实践技能。一些学校与本地红色教育基地、爱国主义教育基地联合，在当地文旅部门、团委、妇联等的组织下建设“红领巾讲解员”“家乡文化小小宣传员”等队伍，让学生在社会实践平台上锻炼与人交往能力、演讲能力及进行爱国主义、红色基因传承等教育，取得显著的效果。

践行陶行知先生倡导的“社会即学校”理念，充分发挥社会的育人功能。新时代的教育工作者们积极引导学生参与社会服务和志愿活动，通过服务社会来实现自我教育和成长。例如，一些学校在世界艾滋病日组织学生参与社区防艾滋病宣传教育活动，让学生在社会实践中学习，在学习中感悟，从而培养学生的社会责任感和公民意识。有的学校在重阳节组织学生到敬老院开展慰问老人及进行卫生清理活动等，培养学生尊老爱幼、热心公益的良好风尚。还有一些学校组织学生与交通警察一起开展“做小小交通警察”活动，让学生在交通执法的过程中加深对遵守规则、遵纪守法、遵守公共秩序重要性的理解，培养学生的公民意识、守法意识、规纪

意识。

践行陶行知先生主张的“教学做合一”理论，强调教育要突出学生主体地位，善于引导学生参与式、自主式学习，注重启发式教学。在新时代的教育实践中，越来越多的教师开始采用项目式学习、探究式学习等教学方法，鼓励学生主动探索和解决问题。例如，一些教师利用信息技术开展翻转课堂，让学生在课前通过网络资源自主学习，课堂上则通过讨论、合作等方式深化理解，提高学习效率。再如有老师在教授学生关于植物生长的知识时，不仅在课堂上讲解植物的生长周期、所需条件等理论知识，还会带领学生亲自种植植物，让学生在种植过程中观察、记录植物的生长情况，甚至参与到土壤的准备、播种、浇水、施肥等实际操作中。通过这样的实践活动，学生能够将理论知识与实际操作相结合，更深刻地理解植物生长的规律，同时培养了动手能力和科学探究精神。

践行陶行知先生重视教育、注重在教师专业发展上下功夫。“强国必先强教，强教必先强师”，《意见》中也明确指出要“落实立德树人根本任务，把加强教师队伍建设作为建设教育强国最重要的基础工作来抓”。陶行知在《介绍一件大事》中提道“全民族的命运都操在小学教员手里，所以小学教师之好坏，简直可以影响到国家的存亡和世运之治乱”，他的“培养出 100 万个合格的乡村教师，改造 100 万个乡村”的宏愿也为大家所熟知。新时代的教育工作者要不断追求专业成长，通过参加各种培训、研讨会，提升自己的教育教学能力。另外，我们的教育培养机构和教师培训提升机构也要在教师培养及培训中积极创建学习型组织，鼓励教师之间的交流与合作，共同探讨和研究适于新时代学生发展要求的教法与理论，努力提高教育教学质量。

四、新时代如何学习和弘扬陶行知的教育家精神

要深入学习陶行知的教育论著、了解其办学实践，从而更深刻地理解和把握陶行知的教育思想及其教育家精神。如践行他的生活教育理论“生

活即教育，社会即学校，教学做合一”，注意将自己的教育教学与社会生产、学生的生活实际紧密结合，就容易让学生接受，才有利于培养学生的动手实践能力、解决问题的能力及创造力。

要继承和发扬陶行知的“爱满天下”的教育情怀，推进教育公平，普及平民教育，让每一个孩子都享受公平而优质的教育。关心每一位学生、尊重不同学生的个性差异，努力打造优质均衡的教育环境，为学生的全面发展服务。

要倡导和实践陶行知的民主教育理念，鼓励学生参与学校管理，提倡师生平等，营造开放、包容、民主的教育氛围。在新时代背景下，注重“家”“校”“社”协同育人。

要注重学习和弘扬陶行知的教育创新精神，鼓励教师不断更新教育观念，大胆进行教学改革和创新，结合现代化教育技术和手段，不断推动教育的高质量发展，为党育人，为国育才。

要积极推广陶行知的教育理念及教育实践，通过各种形式的教育宣传活动，如讲座、研讨会、工作坊等，让更多的人了解和学习陶行知的教育思想，共同推动教育事业的发展。

五、学习和弘扬陶行知教育家精神的常见误区

将陶行知的教育思想简单化。只关注其提倡的“生活教育”“教学做合一”等几个关键词，而忽视了其思想的丰富性和深刻性。陶行知的教育理念是系统而全面的，涵盖了教育目的、教育内容、教育方法等，需要系统学习和理解。

对陶行知教育实践进行机械模仿。有些人学习陶行知的教育实践时，不考虑自身所处的环境和条件，盲目照搬陶行知当年的做法，导致教育实践与现实脱节，难以取得预期效果。

忽视陶行知教育思想的历史性。陶行知的教育思想虽然具有较高的历史价值，但其形成和发展也具有其特定的历史特点，也有其局限性。学习

与实践时需要结合当下教育的实际，对陶行知的教育思想与实践进行创新和发展。

六、新时代学习和弘扬陶行知教育家精神需要加强的几个方面

要深入学习领会和弘扬陶行知的教育家精神内核，真正去教人求真，学做真人。要善于将“生活即教育”“社会即学校”“教学做合一”等陶行知的教育思想融入新时代教育实践中。

要继承陶行知先生知行合一的教育理念，重视实践与创新，鼓励在教育工作中进行创新和实践。

要遵循陶行知先生的全人教育理念，注重学生德、智、体、美、劳等方面的教育，促进学生的全面成长，培养其社会责任感和创新意识。

要重视教师的专业成长和师德师风教育，加强教师队伍的建设，要大力弘扬和继承陶行知先生的“师爱”“奉献”“创新”精神，提升教师队伍的整体素质。

要推动教育的普及与平等，继承陶行知先生普及教育的理念，努力实现教育公平，确保每个孩子都能享有优质教育资源。

继承并发扬陶行知精神，新时代的教育工作者应深入研究和理解陶行知的教育理念，结合当代社会的实际情况，进行创新性的发展和应用，以推动教育事业的进步。

新时代弘扬和学习陶行知教育家精神，不仅体现在教育理念的传承上，更体现在教育实践的创新上。在新时代的教育办学实践中，只要我们善于将陶行知先生的教育思想与新时代的教育实践相结合，我们一定会培养出更多适应社会发展需要的优秀人才，真正做到为党育人、为国育才。

践行教育家精神，做新时代好教师

桂林市中山中学　覃春芳

教育是国家发展的基石，教师是教育事业的中坚力量。在新时代背景下，教师的角色和使命发生了深刻变化。教育家精神的内涵也随之丰富和拓展，成为推动教师专业成长的关键因素。

一、教育家精神的内涵剖析

在新时代，弘扬教育家精神是教师的重要使命。教育家精神，是一种对教育事业的热爱与执着。这种精神体现在对教育理念的深入探索，对教育方法的不断创新以及对教育事业的全身心投入。在新时代，教师面临着前所未有的机遇与挑战，教育也面临着深刻的变革。作为新时代的青年教师，我们应当深入学习教育家精神，将其融入自己的教学实践中，不断提高自己的教育教学水平，为培养新时代的优秀人才贡献力量。

理想信念是教师的精神灯塔。教师应强调心有大我、至诚报国的理想信念。应坚定为社会主义现代化建设服务、为人民服务的崇高理念，以办好人民满意的教育为己任，以服务祖国需要为最终目的。

道德情操是学生成长的道德楷模。高尚的道德情操是教师的必备素养。教师需以德立身、以德立学、以德施教，通过自身言行举止，为学生树立道德榜样，引导学生形成正确的价值观和行为准则。

育人智慧是因材施教的教育艺术。教师应具备启智润心、因材施教的育人智慧，充分了解每个学生的特点和需求，运用个性化教学方法，激发学生潜能，促进学生全面发展。

躬耕态度是持续学习的教育追求。教师应具有勤学笃行、求是创新的躬耕态度。要不断学习新知识、新理论，更新教学内容和方法，紧跟时代发展步伐，满足教育教学的新需求。

仁爱之心是关爱学生的教育情怀。教师应具有乐教爱生、甘于奉献的仁爱之心。以学生成长和发展为中心，关心爱护每一位学生，为学生的成功与幸福付出努力。

弘道追求是传承文化的教育担当。胸怀天下、以文化人的弘道追求是教师的重要使命。教师应致力于传承和弘扬中华优秀传统文化为己任，以文化人、以德育人，为培养具有全球视野和社会责任感的人才而努力。

这些精神内涵不仅是对教育家个人的要求，也是对整个教育行业和教师队伍的期望。弘扬和践行教育家精神，有助于提升教师队伍整体素质，推动教育事业蓬勃发展，为实现中华民族伟大复兴的中国梦培养更多的优秀人才。

二、新时代教师的角色

（一）匠心筑梦，坚守育人为本的核心责任

在学校工作中，教师承担着教学与团队协作等多重任务，是学校发展的中坚力量。教师应牢记“立德树人，培根铸魂”的使命，以“四有”好教师标准严格要求自己，践行教育家精神。在教育教学和校园文化活动中，始终将“育人”放在首位，坚持把“育人”理念贯穿于教育教学和校园文化活动中，用多样化的活动形式，用“滴灌”的方式，让学生扣好人生第一粒扣子，让爱国主义成为学生的精神价值追求。要把学生的思想建设摆在我们工作的突出位置、首要位置，在潜移默化中让广大青少年学生思想受到教育、精神受到洗礼、修养得到提高、灵魂得以升华。通过多样

化的活动形式，培养学生正确的价值观，让爱国主义精神深入人心。

（二）牢记嘱托，勇担教育强国的时代担当

强国先强教，强教需强师。教师要深刻理解“培养什么样的人，为谁培养人，怎么培养人”的教育理念，构建全员、全过程、全方位育人的体制机制，肩负起教育强国的重要使命，坚持把“培养什么样的人，为谁培养人，怎么培养人”的育人理念记挂于心。为人师者，“责任重大，使命光荣”。

三、如何践行教育家精神

（一）强化师德建设，塑造教师良好形象

强化师德建设，塑造教师良好形象至关重要。于学生，能引导其品德塑造，激发其学习热情，呵护其心理健康；于教育事业，能提升教学质量，维护行业声誉，助力改革推进；于社会，可传递正能量，为社会发展培育栋梁，推动文明进步。师德是教师的灵魂。习总书记对新时代的教师提出了新的期盼，即新时代教师应常修“耐心、爱心、细心”，以爱为基础，尊重、信任学生，关注学生个体差异，成为学生的良师益友。关心学生，对学生爱而不溺，严而有格，一视同仁。陶行知先生说：“倘若把你的生命放在学生的生命里，把你和你学生的生命放在大众的生命里，这才算尽了教师的天职。”我每接到一个新班级，都善于从培养和建立新型师生平等关系入手，寻找学生心灵世界的窗口，在知人的基础上教书育人，让所教的学生既不怕，又格外亲近，什么心里话都愿意与老师分享。面对“学困生”，给予更多关心和帮助，通过家访、谈心等方式了解学生困难，寻找他们身上蕴藏的闪光点，以寻找教育的着力点。通理先通心，以关心爱护学生为前提，在教学中探索出一套行之有效的思想教育方法。

学高为师，身正为范，教师不仅要具备扎实的专业知识，还要有高尚

的道德品质。教师要不断提升学识修养，为学生指引方向，这是对教师学识修养的至高要求。教师就像那不灭的灯塔，指引学生在迷雾中前行；不仅要精通课本知识，同时还能触类旁通，具有开阔的视野和文化底蕴。身正为范，这是对教师道德品质的崇高颂扬。注重自身言行举止，为学生树立榜样，帮助学生扣好人生第一粒扣子。习总书记强调：“培养社会主义建设者和接班人，迫切需要我们的教师既精通专业知识、做好‘经师’，又涵养德行、成为‘人师’。”正是有了身边的这些良师，笔者才从未对自己选择的道路感到怀疑。

（二）夯实专业基础，提升教育教学能力

“工欲善其事，必先利其器”，在知识快速更新的时代，终身学习是教师的必备素养。一方面，年轻教师要想成长得更快，就必须认真学习，刻苦钻研，不断提高自身素质，从而真正成为学生的榜样；另一方面，教师只有不断学习新知识、新技能和新理念，不断提升自己的专业素养和教学能力，才能更好地适应时代发展的需要，为学生提供更加优质的教育服务。

（三）创新教学方法，适应时代教育需求

知识爆炸的时代背景下，科学技术突飞猛进，一切都在变化，一切都需要创新，教育也面临着改革的需求。而改革的重担落在今天的学生一代身上。创新是时代的主旋律，是教育改革的起始点。唯有善于创新、敢于创新，才能为教育发展带来一片新天地。在快速变化的时代，创新也是教育发展的关键。教师应积极创新教学方法，激发学生学习兴趣和创造性思维。例如，以学生为中心的教学模式强调学生的主动学习和参与，教师扮演引导者和促进者角色，鼓励学生通过探索和实践构建知识体系；学生通过参与和完成具有实际意义的项目来学习，这种方法能够促进学生的批判性思维、团队合作能力和创新能力；教师还可引导学生整合不同学科知识，解决复杂问题，拓宽学生视野，提升其综合素养；结合文字、图像、

声音和手势等多种交流模式，满足不同学生学习风格的需求；使用人工智能工具，如智能辅导系统，个性化学习路径推荐等，以适应不同学生的学习需求。创新的教学方法在教育领域中扮演着至关重要的角色，不仅能够提高学生的学习兴趣和参与度，还能培养他们的创新思维和解决问题的能力。

（四）聚焦学生发展，家校师协同共进

促进学生全面发展，有利于培养学生健全的人格、提升综合素养，为其未来奠定坚实基础。学生家长在学生全面发展中具有重要作用。学校应与家长保持密切联系，了解学生在家庭中的表现和学习情况，为家长提供必要的指导和帮助。同时，还应鼓励家长积极参与学生的教育过程，共同促进学生的全面发展。在师生关系的构建上，教师作为主导方，应该以更主动的姿态接触和亲近学生，成为学生的良师益友，与学生构建一种双向奔赴、相互支持、彼此成全的关系。教师要学会接纳学生。“被接纳是每个人的底层心理需求”，教育的前提是有效沟通，“无条件接纳学生，无条件接纳的是学生这个人，而不是他所做的行为，对人不对事”。互信的前提就是不带任何偏见的承认学生作为独立个人的属性，这样的沟通才是双向的，才能建立师生之间的互信关系。教师要学会赞赏学生，相信学生有能力解决自己的问题，在此前提下，教师应该做的是，激发学生的信心和力量。从学生的具体行为或态度中，发掘学生潜在的能力，并能辅助学生发挥出自己的潜能。赞赏越加深入，教师越能走入学生的内心，这有助于教师实现教育的真正目标——“育人”。教师要学会关爱学生。几乎每个学生都有一个期待被了解的、隐藏的“自我”，关注即赋能。关注背后的心理逻辑是高期望，高期望的前提是肯定，继而促发高度关注，高度关注促进学生成长。关爱学生的另一前提是教师会关爱自己。很多时候，教师在面对学生时，之所以控制不住自己的情绪和行为，是因为工作和生活中积累了太多的压力，一点点意外就容易让老师的情绪爆发。教师无须是“蜡烛”，但必须是“火种”，是能够点亮学生内心世界的“火”，是照亮学

生和自己的“光”，是滋养学生和自己成长的“能量”。

四、结语

教育家精神是激励每一名教师成为新时代好教师的精神坐标，我们要执“心有大我、至诚报国”的理想信念，要修“言为士则、行为世范”的道德情操，要持“启智润心、因材施教”的育人智慧，做学生为学、为事、为人的新时代好教师，将“躬耕教坛、强国有我”的志向抱负切实转化为扎根中国大地、潜心教书育人、培养栋梁之材的实际行动，为教育强国的在地化贡献一份平凡而又不平凡的力量。新时代教师肩负着培养未来社会建设者的重任。践行教育家精神，不仅是对教师个人专业成长提升需求，也是对教育事业多做贡献的要求。教师应以高尚的师德、深厚的专业知识、创新的教学方法、终身学习的态度和关爱学生的情感，争做新时代好教师，为培养具有创新精神和实践能力的新一代贡献力量。

仁爱之心在初中物理教学中的体现与传承

那坡县民族初级中学　农　成

仁爱之心作为中华文化的深厚底蕴与灵魂所在，自古便深深根植于民族的血脉之中。陶行知说："爱满天下。"爱不仅仅是一种基于同情与关怀的道德情感表达，更是一种积极向上、包容万物的人生态度，以及影响深远的教育理念。在初中物理这一探索自然奥秘、培养科学思维的学科领域里，仁爱之心的融入与传承显得尤为重要。它如同一股温暖的力量，能够穿透冰冷的物理定律，点燃学生对知识的渴望与热情，让学习成为一种享受。仁爱之心在初中物理教学中有着独特魅力与深远影响。

一、仁爱之心的内涵

（一）仁爱之心的定义

仁爱之心这一词汇蕴含了深厚的情感与道德力量，它不仅仅是对他人情感的简单流露，更是一种深刻的理解和无私的给予。在人与人之间，仁爱之心表现为对他人的关怀与支持。在教育这片神圣的土地上，仁爱之心被赋予了特殊的意义。它要求教师超越简单的知识传授，深入学生的内心世界，用真诚与关爱去触碰每一个年轻的心灵。教师的仁爱之心，体现在对学生个性的尊重与包容上，体现在对学生困惑的耐心解答与引导上，更体现在对学生成长道路上的无私奉献与默默支持上。弘扬教育家陶行知的教育思想，要强调“爱满天下”的教育理念。他倡导教师应以爱心为核心，关心学生的全面发展。这一思想对学校的教育工作具有现实的指导意义，提醒我们要在传授知识的同时，注重学生的情感需求与人格培养。

（二）仁爱之心在教育中的价值

仁爱之心在教育中的价值，是陶行知先生“爱满天下”教育思想的生动体现，是无法用金钱衡量的宝贵财富。它如同温暖的春风，触动学生内心，激发学习兴趣与内在动力，使学生在关爱与期望中主动探索知识，享受学习乐趣。仁爱之心更是塑造学生美好心灵的钥匙。正如陶行知所言：“千教万教，教人求真；千学万学，学做真人。”在教师的言传身教下，学生学会关爱他人，勇于担当，成长为有爱心、有责任感的真人。此外，仁爱之心构建了和谐的师生关系，为教学顺利开展奠定基础，使教育过程更加高效。学校应秉承陶行知教育思想，将仁爱之心融入教育教学，培养具有高尚品德和深厚人文素养的未来栋梁，共同营造充满爱与尊重的教育环境，为学生的全面发展贡献力量。

二、仁爱之心在初中物理教学中的重要性

（一）促进学生全面发展

仁爱之心的传承，是陶行知“千教万教，教人求真；千学万学，学做真人”教育思想的深刻实践，能为学生的全面发展注入强大的动力。在物理学科的学习中，仁爱之心不仅提升学生的知识水平和解题能力，更引导学生以科学眼光审视世界，以理性思维解决难题。同时，它滋养着学生的道德品质与人文素养，让学生学会关爱、尊重与包容，成为既具物理学科素养，又拥高尚情操与人文底蕴的真人。这种全面发展的人才感恩社会，勇于担当，定能在未来道路上以知识和能力为社会进步与发展贡献力量。应深植陶行知教育思想，让仁爱之心在教育中熠熠生辉，照亮学生成长之路，为社会培育更多德才兼备的杰出人才。

（二）构建和谐师生关系

仁爱之心的传承，在构建和谐师生关系中扮演核心角色。恰如陶行知先生所倡导的“捧着一颗心来，不带半根草去”的教育情怀，它如同桥梁，拉近师生心灵距离，促进深入沟通与真诚交流，奠定信任与尊重的深厚情谊。在仁爱之心引领下，师生间相互倾听、理解，课堂氛围因此活跃融洽，教学活动顺畅无阻。教师精准把握学生需求，及时有效指导；学生在关爱激励下，积极投入学习，勇于探索创新。仁爱之心构建的和谐师生关系，显著提升教学效果，持久保障教育质量，拓宽教育之路。学校应践行陶行知教育思想，将仁爱之心融入教育教学，让教育成为心灵沟通的桥梁，培养更多具备高尚情操与卓越才能的时代新人，为社会进步贡献力量。

（三）推动教育创新与发展

仁爱之心的传承，是教育创新与发展的不竭动力。正如陶行知先生所倡导的“生活即教育，社会即学校”的理念，激发教师的教学热情与创造力，让教师勇于探索教育真谛，实践新知，为教育注入鲜活力量。在仁爱之心引领下，教师不再拘泥传统，而是积极创新，为学生铺设宽广的知识之路。同时，仁爱之心也培育了学生的创新意识与实践能力，使学生在关爱与激励中敢于质疑、勇于探索，不仅掌握扎实的学科知识，更具备独立思考与解决问题的能力。这样的学生，将成为社会进步的中坚力量，为国家的繁荣贡献力量。学校应秉承陶行知教育思想，让仁爱之心引领教育创新，培养具有创新精神与实践能力的人才，为社会输送更多德才兼备的人。

三、仁爱之心在初中物理教学中的体现

（一）激发学生的学习兴趣

富有仁爱之心的教师，是陶行知先生“爱满天下”教育理念的生动体现。他们致力于为学生营造一个轻松愉悦的课堂氛围，让物理知识的海洋

成为学生自由翱翔的天空。深知兴趣是最好的老师的他们，总是设法激发学生的学习兴趣与好奇心，用生动有趣的实验将抽象的物理概念转化为直观现象，让学生亲眼见证物理学的魅力。结合贴近生活的案例，他们将物理知识融入学生日常，让学生感受到物理学的实用与价值。例如，在讲解摩擦力时，教师巧妙利用日常物品设计实验，让学生亲手操作，感受摩擦力。这样的教学方式，不仅让学生轻松掌握物理知识，更在实验中体验到学习乐趣，从而更加热爱物理，积极投入学习。这样的教师，倡导教师以仁爱为核心，创新教学，激发学生兴趣，启迪智慧，培育兼具科学素养与人文精神的青年才俊，共促教育事业的蓬勃兴盛。

（二）关爱学生的学习过程

具有仁爱之心的教师，是陶行知先生“捧着一颗心来，不带半根草去”教育情怀的践行者。他们始终将学生的成长放在首位，用心倾听每一个学生的声音。他们深知每个学生都有自己的学习需求和困难，因此，总是耐心细致地了解每一个学生的学习状况，为学生提供个性化的帮助和指导。在课后，这些教师不会急于离开，而是主动留下与学生交流，答疑解惑，用专业知识和丰富经验为学生指点迷津。同时，他们深知学生心理健康的重要性，用心观察学生情绪变化，及时给予心理疏导和支持，为学生撑起一片心灵的天空。学校应弘扬陶行知教育思想，鼓励教师以仁爱之心为引领，不仅传授知识，更关注学生全面发展，创新教学方法，激发学生兴趣，培养具备科学素养与人文情怀的时代新人。让我们携手共筑教育梦想，让仁爱之心成为照亮学生前行之路的明灯，共同推动教育事业的繁荣发展。

（三）尊重学生的个性差异

具有仁爱之心的教师，深受陶行知先生“千教万教，教人求真；千学万学，学做真人”教育思想的启迪，始终秉持着“以人为本”的教育理念。他们深知每个学生都是独一无二的个体，拥有不同的性格特质、兴趣爱好和学习方式。因此，这些教师尊重学生的个性差异，坚持因材施教，关注每个学生的全面发展。在教学过程中，这些教师不会盲目追求统一的标准和进度，而是会根据学生的实际情况，制定个性化的教学计划和方案。通过差异化的教学策略，他们为每个学生量身定制学习路径，让学生在适合自己的节奏中逐步取得进步。这样的教学方式，不仅让学生个性得到充分发挥和成长，更让他们感受到教师的深切关怀和尊重，从而更加自信地面对学习和生活。富有仁爱之心的教师，以深沉的爱为学生铺就成功路，弘扬教育家精神，对学校教育工作具有深远现实意义。

（四）培养学生的科学精神

富有仁爱之心的教师，深知科学精神对学生成长的重要性。他们不仅传授知识，更注重培养学生的科学态度和科学思维，引导学生树立科学的人生观和价值观。在这一过程中，他们深受陶行知“生活即教育”“社会即学校”教育思想的启发，在课堂上，会讲述物理学家的生平和贡献，让学生感受到科学研究的艰辛与伟大，了解每一个科学发现背后都凝聚着科学家们不懈的努力和无私的奉献。这样的故事，不仅激发学生对科学的敬畏和热爱，更能让学生树立追求卓越、勇于探索的科学精神。同时，富有仁爱之心的教师鼓励学生积极参与科学实验和探究活动，坚信“行是知之始，知是行之成”。他们为学生提供丰富的实验材料和探究机会，让学生在实践中培养实践能力和创新精神。这样的教学方式，让学生在探索中成长，在创新中前行，真正实现了陶行知所倡导的“教学做合一”。

四、仁爱之心在初中物理教学中的传承路径

（一）教师自身的修养与提升

仁爱之心的传承，首先深深植根于教师自身的修养与提升之中。教师需具备崇高的职业道德，以身作则，为学生树立良好榜样，而仁爱之心则

是职业道德中最核心、最动人的部分。陶行知先生曾说:“千教万教，教人求真；千学万学，学做真人。”富有仁爱之心的教师，不仅关注学生的学业成绩，更重视学生的身心健康和全面发展。以沪科版初中物理教材中的“电路的基本概念”为例，教师可组织小组实验，让学生亲手操作电路，感受电流的魅力。在实验过程中，教师不仅要传授电路知识，更要关注学生安全，培养学生的安全意识和团队协作精神。这样的教学方式，不仅提高了学生的物理学科素养，更在潜移默化中培养了学生的仁爱之心，让学生学会关爱他人、尊重差异、理解包容，成为有爱心、有责任感、有担当的人。

（二）课堂教学中的渗透与融合

仁爱之心的传承，需在课堂教学中深入渗透与融合。教师可通过设计富含情感色彩的教学内容和活动，将仁爱之心自然融入物理教学，也能感受到人性的温暖和力量。在讲解物理原理时，教师可以穿插介绍一些科学家的感人故事和励志事迹。如沪科版初中物理教材中提到的牛顿、爱因斯坦等伟大的物理学家，不仅学术卓越，更具备坚韧不拔、勇于探索的精神和关爱他人的品质。这些故事能引起学生的共鸣，让他们在学习物理的同时，汲取仁爱之心的滋养。在实验活动中，教师可设计团队合作项目，让学生在共同完成任务中学会相互支持、帮助，培养合作精神和团队意识。正如陶行知先生所言:“千教万教，教人求真；千学万学，学做真人。”这样的教学方式，不仅提高了学生的实验技能，更在无形中培养了学生的仁爱之心，让学生学会关爱他人、尊重差异、理解包容。这正是仁爱之心在教育中的深远价值。

（三）课外活动中的拓展与延伸

仁爱之心的传承，不仅局限于课堂教学，还应通过课外活动进行拓展与延伸。教师应积极组织学生参与社会实践和志愿服务，让学生在亲身实践中感受仁爱之心的力量。例如，结合沪科版初中物理教材中的“能源与可持续发展”章节，教师可组织学生参与社区节能宣传活动，通过制作节能小贴士、海报等，普及节能知识，培养环保意识和社会责任感。这样的活动让学生将所学知识应用于实践，深化了对仁爱之心的理解。此外，物理竞赛、科普讲座等活动也能激发学生的学习兴趣和创造力。在这些活动中，教师应引导学生关注科学与社会、科学与人文的交融。正如陶行知先生所倡导的“生活即教育，社会即学校”，让学生在科学的探索中，不忘人文情怀，学会用科学的眼光看待世界，用人文的关怀温暖他人。这样的教育方式，能提升学生科学素养，无形中培养学生的仁爱之心。

（四）家校合作的共同推进

仁爱之心的传承，离不开家校合作的共同推进。学校需加强与家长的沟通，建立紧密的家校合作关系，共同关注学生的学习与成长。家长则需积极参与学校教育活动，与教师紧密配合，共促学生全面发展。以沪科版初中物理“家庭电路与安全用电”章节为例，学校可组织“家庭电路安全检查”实践，邀家长与孩子共同参与。在活动中，教师可以指导学生和家长一起检查电路安全，传授安全用电知识。此活动不仅能加深亲子关系，也能让家长了解孩子学习内容和成长需求，从而更积极地参与教育。正如陶行知先生所言：“教育为公，以达天下为公。”家校合作正是此理念的体现，形成教育合力。在和谐、包容的教育环境中，学生得以茁壮成长，仁爱之心得以深化。此方式对学校教育工作具有现实指导意义，更好地弘扬了教育家的精神，彰显了仁爱之心在教育中的核心价值。

五、结语

仁爱之心在初中物理教学中的体现与传承是一项长期而艰巨的任务。它需要教师、学校、家庭和社会的共同努力和配合。通过加强师德师风建设、创新教学方法与手段、强化实践环节与体验教育、建立家校共育机制和营造积极向上的校园文化等措施的实施并结合陶行知的教育思想，我们可以将仁爱之心深深地植根于学生的心中，为他们的健康成长和全面发展奠定坚实的基础。让我们携手共进，为培养具有仁爱之心、科学素养和人文素养的优秀人才而不懈努力！

弘扬教育家精神，重视高中语文教育中的家国情怀

梧州市第八中学　雷兵丽

在现代教育体系中，语文教育不仅是语言知识的传授，更是文化认同和价值观塑造的重要渠道。家国情怀作为一种深厚的情感，既是个人在社会中立足的根基，也是国家发展和民族复兴的重要力量。在高中阶段，学生正处于价值观和世界观形成的关键时期，通过语文教育来培育家国情怀，将为他们的未来发展奠定更坚实的基础。因此，探讨高中语文教育中怎样有效培养家国情怀，具有重要的现实意义和理论价值。

一、语文教学中弘扬教育家精神应践行的思想观念

（一）心有大我：树立宏伟理想

教师应积极树立“心有大我”的理念，即将个人的发展与国家和社会的发展紧密联系起来。这种理想信念要求教师在教育过程中关注学生的思想引导，引导他们认识到自我价值的实现不仅仅是个人成就的跃升，更是在为社会、为国家贡献力量的过程中提升自我的过程。陶行知先生提出的“千教万教，教人求真；千学万学，学做真人”正是强调了教育要培养具有社会责任感和家国情怀的“真人”。

（二）至诚报国：践行爱国主义精神

在语文教学中，融入“至诚报国”的思想观念极为重要。教师应引导

学生从文学作品中感知和理解家国情怀，如通过分析古今中外优秀文学作品中表现出的爱国主义精神，帮助学生建立起对国家和民族的热爱；通过丰富的教学设计不仅能够增强学生的国家意识，还能激发他们为实现中华民族伟大复兴而努力奋斗的决心。陶行知先生倡导的“捧着一颗心来，不带半根草去”的精神，正是教师践行爱国主义教育的生动写照。

（三）坚持育人为本：关注学生全面发展

教师在弘扬教育家精神的同时，必须坚持“育人为本”的基本理念，注重学生的全面发展。在语文课堂上，教师应关注学生的情感态度与价值观，通过讨论、辩论等方式，引导学生思考国家与个体的关系、社会责任与个人自由之间的平衡，真正做到将教育与时代需求相结合，培养出志存高远、心系家国的优质人才。陶行知先生提出的“生活即教育”理念，强调教育要与学生的生活实际相结合，培养他们的社会责任感和家国情怀。

二、高中语文教育中培育家国情怀的对策及建议

（一）开发多元教学活动，促进家国情怀践行

通过多元化的教学方式和活动设计，可以激发学生对祖国的热爱和认同，同时帮助他们将家国情怀内化为实际行动。这种方法不仅能够使学生更深入地理解和感受国家文化和历史，还能培养他们的社会责任感和爱国情感。通过开展多样化的教学活动，如文学作品解析、角色扮演、读写结合、主题演讲等活动，可以让学生在实践中体验家国情怀的真实意义，促进家国情怀在日常生活中的践行和传承。因此，开发多元教学活动是推动高中语文教育中培育家国情怀的重要举措，值得高度重视和推广。以部编版高中语文选择性必修上册第一单元的教学为例，可以设计以下相关的教学活动：

1．文学作品解析与拓展

（1）活动目标

通过深入解析课文，帮助学生理解家国情怀及其历史背景。

（2）具体步骤

文本解析：组织学生分组逐段阅读此单元的每篇课文。每个小组负责分享一个文本的核心思想、历史背景及其对家国情怀的阐述。

讨论与反思：结合所学内容，开展全班讨论，引导学生分享自己对“家国情怀”的理解，思考如何在当今社会将这种情感融入日常生活中。

拓展阅读：推荐与家国情怀相关的现代文学作品，鼓励学生寻找和分享相关资料。可以设置“读书角”，让学生自愿借阅与国家、民族相关的书籍。

2．表演情景剧

（1）活动目标

通过角色扮演的方式，让学生更直观地体验历史人物的家国情怀。

（2）具体步骤

剧本编写：学生根据此单元的课文内容或者课外与家国情怀相关的短文，自行编写简短的情景剧。本环节强调创意，鼓励学生自由发挥，加入个人观点和现代元素，但要确保不偏离原著精神。

角色分配与排练：分配角色，进行排练。学生可以选择扮演历史人物或虚构的角色，参与这个关于家国情怀的故事。

观看与点评：安排时间进行表演，其他同学担任观众并给予评价。此环节可以引导观众从不同视角观察家国情怀，进一步加深理解。

3．主题演讲

（1）活动目标

培养学生的表达能力，同时激发他们对家国情怀的思考与表达。

（2）具体步骤

演讲比赛：学生围绕“大我与小我”这一主题进行演讲准备，可以引入他们对所学课文的理解，结合自身的经历或感受。鼓励学生撰写 800 字左右的文章，探讨在现代社会中如何传承和践行家国情怀。

评比展示：邀请语文老师及其他年级的老师组成评委，对优秀的演讲和作文进行评比，为获奖者颁发证书或者小奖品，营造良好的竞争氛围。

（二）挖掘家国红色资源，加深家国情怀根植

在当今社会，挖掘和传播红色资源对于增强家国情怀、提升民族自豪感具有重要意义。以下提出四个具体策略，涵盖图书资源、影视资源、实地资源等，以更好地促进家国情怀的滋养和深化。

1. 图书资源的推广与推荐

书籍是传承精神和文化的重要载体，可以通过推荐一系列爱国书籍来增强公众的历史认知和情感共鸣。推荐阅读红色经典作品如《红岩》《毛泽东选集》等，这些书籍不仅展示了革命历史，还体现了坚定的理想信念和不屈的奋斗精神。在这一基础上，可以定期举办读书会或“红色书籍分享”活动，鼓励参与者交流阅读心得，通过讨论激发大家对家国情怀的思考和理解，让每一个人从书中汲取力量，增强对祖国的认同感。

2. 影视资源的精选与宣传

影视作品是传播红色文化的重要媒介，可以通过精选经典红色影片，激发观众的爱国热情。例如，《建国大业》《英雄儿女》等电影，都生动展现了人民在艰苦条件下为国家和民族奋勇拼搏的精神。这些影片不仅有丰富的视觉效果，更能引发观众的情感共鸣。可以组织“红色电影周”，在社区、学校等场所放映这些影片，并邀请专家进行解析和讨论，使观众在欣赏过程中更深入理解红色文化的内涵。同时，借助现代媒体平台，如短视频应用、红色主题的微电影，吸引年轻人关注和参与，从而扩大红色文化的影响力。

3. 实地资源的利用与教育

实地资源的利用与教育对于加深家国情怀根植至关重要。学生通过参观革命纪念馆、革命遗址、红色旅游景点等实地资源，能够亲身感受家国红色资源的历史沉淀和文化魅力。这种体验式学习不仅能增强学生对祖国

的历史认知，还能激发他们的家国情怀和爱国情感。实地资源的利用与教育不仅能够使学生从书本知识走向实践体验，而且有助于激发学生的民族自豪感和荣誉感，为他们的成长和价值观的塑造提供了重要支撑。

（三）构建多维评价体系，加强师生课堂反思

构建多维评价体系是加强师生课堂反思的重要措施，有助于全面了解学生的学习状态与情感认同。通过这样的体系，可以更好地培育学生的家国情怀，促进其全面发展，为培养新时代合格人才打下坚实基础。下表为具体的评价方式，供参考：

评价方式	评价内容	评价效果
综合性评价	学生对家国情怀的理解与认同	帮助学生更深入地认识历史与文化，增强对国家和民族的自豪感与责任感。
	学习态度与课堂参与度	提升学生的学习积极性和主动性，促进课堂氛围的活跃与互动。
	知识掌握情况与应用能力	评估学生对语文知识的掌握程度，为个体化的学习指导提供依据。
过程性评价	教学活动参与情况	通过日常观察和数据记录，及时调整教学方式与策略，提升课堂效果。
	作业完成情况与质量	及时反馈作业情况，鼓励学生在创造性和严谨性上持续改进。
	课堂讨论与互动	促进学生批判性思维与表达能力的发展，提高学生在讨论中的投入度与思考深度。
学生互评	课堂表现与同伴互动	增强学生之间的合作与交流，提高学习的参与感和集体荣誉感。
	学习成果与项目参与	通过小组项目评估，促进学生的自主学习和团队合作能力的提高。
	创作内容与表达能力	培养学生的创造力和独立思考能力，提升他们的自我评估与反思素养。

三、结语

高中语文教育在培养学生家国情怀方面具有重要意义。通过开发多元

教学活动、挖掘丰富的红色资源以及构建科学合理的评价体系，我们能够更好地引导学生树立正确的家国观念。希望未来在教育实践中，各学校能够更加重视这一方面，弘扬教育家精神，培养出更多具有家国情怀的优秀人才，为国家的繁荣与发展贡献力量。陶行知先生的教育思想为我们提供了宝贵的理论指导和实践启示，他的“生活即教育”和“社会即学校”理念，强调教育要与生活实际相结合，培养学生的社会责任感和爱国情怀，这与本文探讨的主题高度契合。

探索陶行知教育理念在初中历史课堂的应用

西林中学　王清明

《义务教育历史课程标准（2022年版）》中明确指出："历史课程应体现时代性，注重培养学生的创新精神和实践能力。"这一要求强调了历史教学不仅要传授知识，更要注重培养学生的综合素养和实践能力。但是在当前初中历史教学中，仍存在教学方法单一、学生参与度不高、理论与实践脱节等问题，这就在一定程度上影响了历史教学的质量和效果。本文旨在探索陶行知"教学做合一"教育理念在初中历史课堂中的应用。陶行知强调"教学做合一"，认为教育应与生活实践紧密结合，通过实践来促进学生的全面发展。初中历史课程通过情境模拟、探究学习、实践活动、项目作业及评价反馈等具体措施，将陶行知的教育理念融入初中历史教学中，能够更加有效地激发学生的学习兴趣，提升其历史素养和综合能力，从而解决当前历史教学中存在的问题，推动历史教学的改革和发展。

一、陶行知"教学做合一"教育理念在初中历史课堂中应用的意义

（一）增强学生的学习兴趣与主动性

陶行知"教学做合一"教育理念强调通过实践活动来促进学生的学习，在初中历史课堂中应用这一理念，可以增强学生的学习兴趣与主动

性。传统的历史教学往往以讲授为主，学生被动接受知识，缺乏参与感和主动性，而“教学做合一”理念则鼓励学生通过实践活动来探索历史，比如采用情境模拟、角色扮演等方式，不仅能够使课堂变得生动有趣，还能让学生在实践中发现问题、解决问题，从而增强学习兴趣与主动性。当学生亲自参与到模拟的历史情境中，他们会更加深刻地理解历史事件和人物，对历史学习产生更加浓厚的兴趣。

（二）提升学生的综合素养与能力

“教学做合一”教育理念在初中历史课堂中的应用，有助于提升学生的综合素养与能力。通过实践活动，学生不仅能够学习到历史知识，还能锻炼自己的实践能力、创新能力和团队合作精神。例如，在探究学习中，学生需要分组合作、收集资料、分析问题，这些活动能够培养他们的自主学习能力和团队合作精神。实践证明，在实践活动和项目作业中，学生需要发挥创造力，将历史知识与个人兴趣相结合，这能够锻炼他们的创新能力和动手能力，而这些能力和素养的提升对学生未来的学习和生活都具有重要意义。

（三）促进理论与实践的紧密结合

陶行知“教学做合一”教育理念强调教育应与生活实践紧密结合，在初中历史课堂中应用这一理念，可以促进理论与实践的紧密结合。历史是一门综合性学科，其内容涉及政治、经济、军事、文化和自然科学的方方面面，但是传统的历史教学往往只注重知识的传授，忽视了理论与实践的结合。通过实践活动和项目作业，学生能够将历史知识与现实生活相结合，从而更好地理解历史事件的背景和影响。例如，通过参观历史博物馆、考察历史遗迹等活动，学生能够亲身体验历史事件发生的环境和背景，从而更加深刻地理解历史事件的意义和影响，提升历史素养和综合能力。

二、陶行知“教学做合一”教育理念在初中历史课堂中应用的措施

（一）情境模拟，“做”中学史

情境模拟是陶行知“教学做合一”教育理念在初中历史课堂中应用的有效措施之一。通过创设与教学内容相关的历史情境让学生身临其境地体验历史，可以极大地激发学生的学习兴趣，提高他们的参与度，从而更深入地理解和掌握历史知识。

比如，在《鸦片战争》的教学中，教师可以利用角色扮演的方式，让学生分别扮演清朝官员、英国商人、普通民众等角色，模拟鸦片战争前后的社会环境和人物关系。通过模拟谈判、辩论、日常生活等场景，学生可以亲身体验鸦片战争给中国社会带来的深刻影响，以及不同阶层的人物在这一历史事件中的不同立场和反应。这种情境模拟活动不仅有助于学生深入理解鸦片战争的起因、经过和结果，还能培养他们的历史同理心和批判性思维能力。

通过情境模拟活动，学生在“做”中学习和理解历史事件，不仅增强了课堂的趣味性，还提高了他们的参与度和历史理解能力，这种教学方式打破了传统讲授式教学的束缚，让学生成为历史学习的主体，通过亲身体验和互动交流来掌握历史知识，为他们的全面发展奠定坚实的基础。

（二）探究学习，“做”中求知

在初中历史课堂中应用陶行知“教学做合一”教育理念需要鼓励学生通过分组合作、资料收集、问题研讨等方式，在实践中探索历史真相，从而培养学生的自主学习能力和团队合作精神，加深他们对历史知识的理解。

以《太平天国运动》一课为例，教师可以设定“太平天国运动的起因、发展及影响”为探究主题，引导学生自主查找资料、分析问题。学生

可以分组合作，每一组负责探究太平天国运动的某一个方面，如政治背景、经济原因、军事行动、社会影响等。在探究过程中，学生需要收集相关历史资料，并进行筛选、整理和分析，形成自己的观点和结论。在课堂上，各组学生分享自己的探究成果，进行问题研讨。教师可以引导学生就太平天国运动的性质、影响以及失败原因等问题进行深入讨论，鼓励学生发表自己的见解和看法。通过交流和碰撞，学生可以更加全面、深入地理解太平天国运动这一历史事件，同时培养批判性思维和口头表达能力。

在将陶行知"教学做合一"的理念应用于初中历史教学中时，通过探究学习的方式，学生在实践中探索历史真相，不仅培养了自主学习能力和团队合作精神，还加深了对历史知识的理解。这就在一定程度上改变了传统历史教学中学生被动接受知识的状况，让学生成为历史学习的主体，通过自主探究和合作交流来掌握历史知识，有助于培养学生的问题意识和创新思维能力。

（三）实践活动，"做"中感悟

实践活动是陶行知"教学做合一"教育理念应用于初中历史课堂的主要路径，即通过组织历史实践活动，比如，引导学生去参观历史博物馆、考察历史遗迹、参加历史讲座等，让学生在实践中感受历史的魅力，增强对历史的理解和感悟。

以《洋务运动》一课为例，教师可以组织学生参观当地的历史博物馆或档案馆，寻找与洋务运动相关的历史资料和文物。在参观过程中，学生可以通过观察实物、阅读文献、听取讲解等方式，深入了解洋务运动的背景、目的、过程及影响。此外，教师还可以带领学生考察一些与洋务运动相关的历史遗迹，如江南机器制造总局旧址、福州船政局旧址等，让学生在实地感受中体会洋务运动的艰辛与成就。在这些实践活动的作用下，学生能够更加直观地了解历史事件和历史人物，从而增强历史学习的兴趣和动力。在参观和考察过程中，学生可以亲身体验到历史的厚重与魅力，感受到历史事件对当今社会的影响。实践活动还可以培养学生的观察力和思考能力，让他们在实践中学会如何收集、整理和分析历史资料，为今后的历史学习打下坚实的基础。

实践活动能够让学生在“做”中感悟历史，是陶行知“教学做合一”教育理念在初中历史课堂中的有效应用。从实际情况来看，实践活动不仅能够增强学生对历史的理解和感悟，还能够培养他们的实践能力和创新精神。所以，在初中历史教学中，教师应该积极组织各类历史实践活动，让学生在实践中学习历史、感悟历史，从而真正体会到历史的魅力与价值。

（四）项目作业，“做”中创新

在初中历史课堂中应用陶行知“教学做合一”的教育理念，通过设计具有创造性和实践性的历史项目作业，比如，制作历史手抄报、编写历史小故事、拍摄历史微电影等，让学生在完成作业的过程中发挥创造力，将历史知识与个人兴趣相结合，从而加深对历史知识的理解和记忆。

以《戊戌变法》一课为例，教师可以设计一项历史手抄报的作业，要求学生围绕戊戌变法的背景、主要内容、重要人物以及影响等方面，进行资料的收集、整理和创作。学生可以根据自己的兴趣和理解，设计手抄报的版面、插图和文字内容，甚至可以通过采访专家、参观博物馆等方式获取第一手资料，使手抄报的内容更加丰富和生动。除此之外，教师还可以鼓励学生以小组合作的形式，编写关于戊戌变法的小故事或拍摄历史微电影。在创作过程中，学生需要深入挖掘历史事件的细节，揣摩历史人物的心理，这不仅能够锻炼他们的想象力和创作能力，还能帮助他们更加深入地理解历史事件的复杂性和多面性。

设计历史项目作业，让学生在“做”中创新是陶行知“教学做合一”教育理念在初中历史课堂中的又一重要应用，这种教学方式不仅能够锻炼学生的动手能力和创新思维能力，还能激发他们对历史学习的兴趣和热情。在完成项目作业的过程中，学生需要将历史知识与个人兴趣相结合，进行创造性的思考和实践，这不仅能够加深对历史知识的理解和记忆，还能培养综合素质和创新能力。

（五）评价反馈，“做”中提升

建立多元化的评价体系，注重对学生历史学习过程的评价。教师可以采用学生自评、互评和教师评价相结合的方式，对学生的历史学习成果进行及时反馈。通过评价反馈，学生能够更加清楚地了解自己的优点和不足，从而在后续的学习中不断改进和提升。在这个过程中，教师也可以根据反馈结果调整教学策略，提高历史课堂的教学质量。

以《抗击八国联军》一课为例，教师可以将“教学做合一”理念融入评价反馈环节，实现“做”中提升。在课堂上，教师可先引导学生进行小组讨论，让学生自评在了解八国联军侵华背景、过程及中国人民反抗斗争中的学习表现，并互评小组成员在资料搜集、观点阐述等方面的贡献。随后，教师结合学生的自评与互评，给予具体的评价，不仅关注学生的知识点掌握，更重视他们在学习过程中的态度、方法及团队合作能力。例如，对于在讨论中积极发言但史实细节有所遗漏的学生，教师可以先肯定其积极参与的态度，然后指出其在史实准确性上的不足，并提供相关书籍或资料作为补充学习的建议，这样的反馈既能鼓励学生的积极性，又指明了改进方向。

由此可知，多元化评价体系的应用让学生在学习历史的过程中不仅能够加深对历史知识的理解，还能够学会自我反思与团队评价，进而促进历史思维能力和团队协作能力的提升。教师则通过评价反馈，不断优化教学方法，使历史课堂更加生动、高效，真正践行了“教学做合一”的教育理念。

三、陶行知“教学做合一”教育理念在初中历史课堂中应用的反思

（一）平衡理论与实践的关系

在陶行知“教学做合一”教育理念的指导下，初中历史课堂更加注重

学生的实践活动，但是在实施过程中，教师需要谨慎平衡理论与实践的关系。虽然实践活动能够增强学生的历史体验和感知，但过度的实践可能会削弱学生对历史基础知识的掌握。因此，教师在设计教学活动时，应确保学生在实践中既能深入体验历史，又能扎实掌握基础知识。例如，在实践活动后，教师可以安排专门的时间进行知识总结和巩固，帮助学生将实践经验与书本知识相结合，形成完整的历史知识体系。

（二）关注学生的个体差异

每个学生都是独一无二的个体，他们在学习历史时会有不同的兴趣点、理解能力和学习方式。在陶行知“教学做合一”教育理念的实践中，教师需要充分关注学生的个体差异，因材施教。对于历史基础薄弱的学生，教师可以提供更多的学习资源和辅导，帮助他们跟上学习进度；对于对历史有浓厚兴趣的学生，教师可以为他们提供更深入的学习内容和挑战性的任务，以满足他们的求知欲。除此之外，教师还可以通过分层教学、小组合作学习等方式，让每个学生都能在适合自己的学习环境中得到发展。

（三）持续更新教学方法与手段

随着时代的发展和科技的进步，教学方法和手段也在不断更新换代。在陶行知“教学做合一”教育理念的指导下，初中历史教师需要不断学习和尝试新的教学方法和手段，以适应学生的学习需求和时代的发展。例如，教师可以利用多媒体技术、互联网等现代化教学手段和资源，为学生创造更加生动、直观的学习环境；教师还可以借鉴其他学科的先进教学经验，如项目式学习、翻转课堂等，为历史教学注入新的活力。

四、结语

综上所述，在新时代背景下，陶行知“教学做合一”教育理念在初中历史课堂中的应用具有重要意义。在引导学生的过程中，教师通过情境模拟、探究学习、实践活动、项目作业及评价反馈等具体措施，能够激发学生的学习兴趣，提升其历史素养和综合能力。除此之外，教师也需要平衡理论与实践的关系，关注学生的个体差异，并持续更新教学方法与手段。只有这样，才能更好地实现“教学做合一”的教育理念，为培养具有创新精神和实践能力的时代新人奠定坚实基础。

陶行知教育思想在高中化学中的应用

玉林实验中学　宋庆丽

“生活即教育”“社会即学校”“教学做合一”是伟大的人民教育家陶行知教育思想的三大核心。陶行知先生注重学生的“学”与“教师”的教，强调理论与实际相联系，从而有效提升学习效率，对教学活动的开展、学生学科核心素养的培养都有着重要的价值和意义。继承与发扬教育家的大爱精神、创造精神、求真精神，办人民满意的教育，是教师的责任和使命。

一、学科素养的提出

基于新时代的发展要求，我国越来越重视人才素质的培养，课程改革也明确提出培养学生的核心素养，即在复杂情境中学生利用已有知识、观念、方法解决实际问题时表现出的关键技能与必备品格。《义务教育化学课程标准（2022年版）》，明确提出化学学科核心素养的范畴，阐述了化学学科对立德树人的要求及对学生未来发展的重要作用。2023年教师节前夕，习近平总书记对优秀教师代表及广大教师寄予了期望，首次对我国特有的教育家精神进行了阐述，并从理想信念、道德情操、育人智慧、躬耕态度、仁爱之心、弘道追求六个方面对教育家精神的丰富内涵和实践要求进行了具体的阐释，赋予了新时代人民教师崇高使命，对教师之“教”提出了深刻全面的要求，同时提出要培养学生的学科素养，与课程改革理念及化学学科核心素养遥相呼应。教育要发展进步，离不开教师，强国必先强教，强教必先强师。作为新时代的教师，我们只有不断学习先进的思想，改变课堂教学模式，同时继承与发扬教育家精神，多方面学习，才能培养出符合时代要求的人才，从而为祖国的发展壮大做出贡献。

二、陶行知教育思想概述

陶行知先生提出了以“生活即教育”“社会即学校”“教学做合一”为核心的教育思想，引导着我们人民教师培养具有实践能力、创新能力、求真能力等关键能力的学生。

（一）生活即教育

陶行知先生认为教育应当与生活紧密结合，社会是最大的课堂，生活是教育的源泉。陶行知先生强调的是教育与生活的紧密关系，生活水平在不断提高，所以教育也需要不断进步，而不仅仅是传授理论知识。他主张通过实践和亲身体验获取知识和技能，同时强调培养学生的思维能力和创造力。

（二）社会即学校

社会实践是培养学生能力的重要途径。陶行知先生主张将社会作为教育的场所，认为学校应该是一个开放的社会环境，让学生在真实的社会情境中学习和成长。这种理念打破了传统学校教育的界限，强调教育的广泛性和实践性。社会既是学生的生活场所，也是充满理论知识的教育场所。传统教育并不是万能的，我们要充分利用社会来弥补教育的不足。因此，教师要多开展基于生活和社会的各类教育教学活动，让学生了解社会与生活的联系，从而激发学生的积极性、主动性。在教学中融入生活经验，高效培养学生的实践应用能力，从而推动当前教育教学改革的进程，完善教学，促进学生必备品格与关键能力的养成，进而培养学生的学科核心素养。

（三）教学做合一

陶行知说：“教学做是一件事，不是三件事。我们要在做上教，在做上学。不在做上用功夫，教固不成为教，学也不成为学。”强调教学的理论与学生具体的学习及实践过程相结合。教育应当关注学生的实际动手能力和实践操作能力，让学生在行动中学习和认知现实世界。陶行知先生虽然同我们生活的年代不同，但他的教育理论和教育思想仍然值得我们学习和借鉴，而我们的课堂要落实对学生学科核心素养的培养，更是离不开陶行知先生的教育理念对教学活动的指导。将该理念应用于教学中，将有效提高教学的效率，促进学科核心素养在教学中的落地生根。

三、“生活即教育”理念在高中化学教学中的应用策略

（一）化学教师树立“教学生活化”理念

化学教师的教学理念应该转变，要树立并强化“教学生活化”的教学理念，才能把更多生活中的内容灵活运用于课堂教学，实现化学理论与实际生活的紧密结合，从而更好地贯彻陶行知先生的生活教育理论。化学是以实验为基础的学科，需要学生通过实验探究认识身边的化学现象、获取知识、训练技能。高中是学生好奇心发展的重要时期，亲自动手进行实验探究可以激发其求知欲，使其更高效地投入化学学习中，并提高对化学学习的兴趣。而“教学生活化”注重以生为本，打破了传统教学中仅仅以传授知识为目的的教学，不仅传道授业解惑，而且注重激发学生学习的兴趣，强调理论知识与实际生活的结合。化学源于生活，又高于生活，但大部分学生甚至老师，往往会忽略身边的化学现象，将化学学习与生活割裂开来。而在化学学习过程中，将化学知识与生活中的化学现象紧密联系起来，有助于学生更好地理解、吸收化学知识，从而实现用化学理论解决实际问题，同时也证明了化学学习的生活作用。例如，在教学离子反应时，可以准备一个有水垢的不锈钢水壶给学生展示。在学生的已有知识中，水垢的主要成分是氢氧化镁［$Mg(OH)_2$］和碳酸钙（$CaCO_3$）。日常生活中的自来水硬度高于17度的我们称为硬水，水中含有一定比例的可溶性钙镁化合物，而这些钙镁化合物在加热过程中会被分解或相互反应，因而

生成主要成分为碳酸钙和氢氧化镁的水垢并附着在水壶的内壁。根据离子反应的原理可知，厨房中的食醋为最佳除水垢物质，食醋中存在醋酸根离子（CH_3COO^-）和氢离子（H^+），能够与碳酸钙、氢氧化镁发生化学反应，从而达到除垢的目的。而学生得知是过氧化钠（Na_2O_2）作为供氧剂时，我们再通过小组实验，将主动权还给学生，引导其多方面查阅资料，不断设计、完善实验方案及实验探究，从而认识过氧化钠供氧的原理。在此过程中，学生培养了实验探究能力、分析推理能力；同时在实验过程中也体现出了创新精神、求真精神。将教育家精神融入课堂教学中，促进了化学学科核心素养的提升。

（二）师生共同挖掘生活化教学资源

新课程改革后，现使用的人教版高中化学教材编录了大量生活化素材，因此，化学教师在授课时理应积极采用生活资源，并巧妙地运用在课堂教学活动中。基于熟悉的生活情景展开教学有助于学生加深对化学知识的理解与运用。以《氧化剂和还原剂》这一课为例，其中编录的生活资源有：燃料的燃烧、绿色植物的光合作用、食物的腐败、钢铁的锈蚀、金属的冶炼、电镀、易燃物的自燃等。笔者在进行教学时，借助了现代多媒体技术，通过希沃白板进行直观的演示，引导学生在图片欣赏中联系生活中的化学现象，并启发学生思考家用天然气燃烧时火焰时黄时蓝的原因及解决方案。在此之前，学生已经学习了氧化还原反应，不难理解我们常用的天然气的燃烧是属于氧化还原反应，其中氧气作为氧化剂，甲烷作为还原剂。在学生已有的知识中，甲烷完全燃烧时火焰为蓝色，而燃烧不充分时火焰夹有黄色甚至火焰完全呈黄色。如何解决甲烷燃烧不充分的问题呢？我们可以通过资料卡片展示天然气灶的风门构造，可知风门是调节甲烷与氧气比例的结构，也就是说在实际生活中我们可以通过调节风门使甲烷与氧气的比例尽可能地接近 1 : 2，使甲烷燃烧更充分，争取能量最大化。在教学活动后，布置作业：每一位学生在家长的陪同下，亲自验证本方案的真实性。在此教学过程中，从教材的一张图片出发，联系生活问题，并运用化学知识解决实际问题，培养了学生逻辑推理能力、实践探究能力，同时也体现了对科学的求真精神。在陶行知先生的生活教育理论指导下，教师不断发展进步，学生的化学学科核心素养也得到很大的提升。

化学源于生活，又高于生活。我们不仅要挖掘教材中的生活素材，更要打破教材的限制，回归生活，挖掘更多对教学有用的生活素材，从而丰富课堂教学活动，让学生在体验生活中感知化学、理解化学。在陶行知先生的生活教育理论指导下，我们的课堂活动更丰富，学生学习更有劲头，不仅响应了国家与习总书记对学科素养培养的期望，学生在学习过程中也逐步形成了必备的品格及关键能力。

四、"社会即学校"理念在高中化学教学中的应用策略

（一）将化学与生活结合起来

化学源于生活，即学生所学化学知识不仅都来自于生活，而且可以用于指导生活，所以将教材内容与生活紧密结合，可防止两者的割裂，从而实现有效沟通，具有很大的现实意义。例如，可以让学生联系生活经验辅助学习，从而达到对化学知识的学习更加深刻、更易于理解内化的目的；还可以激发学生对化学知识学习的兴趣，并将所学化学知识用于解决生活问题；化学教师适时对学生的学习加以总结，并设计层层递进的生活问题帮助学生主动建构相关化学知识。

（二）改变教学模式，激发学生的内在动力

时代在发展，教学模式也应该改革创新。化学教师要顺应新时代以学生为中心的理念，尊重学生的主体地位，高效助力学生必备品格、关键能力的发展，在陶行知先生的教育理念指导下，探究有效的教学模式，激发学生主动探究的欲望，使其主动参与化学知识的建构过程，感受探究获取知识过程中的乐趣。例如，在学习《铁及其化合物》前，提前让学生查阅相关

资料，在上课前两天以黑板报的形式分组展示查阅结果，形成组与组之间的相互补充学习；课堂上，给予学生时间各抒己见，教师适时引导、补充，在讨论中让学生主动建构铁及其化合物的知识。这种方式，能充分发挥了学生的主观能动性，提升了学习效率，培养了学生归纳总结能力、社会观察能力、合作探究能力，同时还能增强同学之间的凝聚力，无形中促进了学生化学学科核心素养的提升。可见，在陶行知先生教育理念的引导下，化学教师能够更好地引导学生主动建构知识，让学生成为课堂的主人。

五、“教学做合一”理念在高中化学教学中的应用策略

（一）合作探究，践行“教学做合一”理念

陶行知先生的“教学做合一”理念，强调理论与实践的结合，且注重学生的主体地位，从而培养学生的核心素养。化学是以实验为基础的学科，十分注重学生在实践过程中主动建构知识与锻炼技能的能力，注重学生能够将所学知识与技能用于解决生活实际问题。因此，在高中化学教学过程中，教师需要创新教学方法、教学手段，多维度促进合作探究活动，从而提升学生的化学核心素养。例如，在《氯气的性质》一课的学习过程中，化学教师可以充分利用教材中的实验栏目设计小组实验探究，协助学生成立实验小组，布置实践学习任务，引导实验小组设计实验方案，并借助生活实践经验完善实验方案，完成实验探究操作、记录、结果及实验反思。在小组合作探究过程中，学生们兴致勃勃，热情高涨，而非闷不吭声，死气沉沉。可见，化学教学要特别注重创设合作探究活动，才能更好地激发学生对化学学习的兴趣，体现学生的主体地位，且有利于实现“教学做合一”理念导向下的核心素养提升。

（二）注重构建情境教学

陶行知先生认为每个孩子都具有探索的力量，我们祖国的少年中也

一定会出现很多顶尖的科学天才。因此，在化学教学中，教师要特别注重构建情境教学，特别是化学实验教学。化学教师在设计实验情境时，应该具备针对性，并以当前所学知识为基点展开研究。例如，在《钠及其化合物》一课的教学中，教师进行实验：（1）用镊子取一块钠于表面皿上，再用滤纸吸干煤油，用小刀切一块绿豆大小的钠，组织学生观察钠的光泽和颜色，并注意新切开的钠表面的颜色变化；（2）将一个干燥的坩埚进行加热，迅速将绿豆大小的钠投入热坩埚中，继续加热至钠熔化后立即撤去酒精灯，组织观察、记录现象；（3）组织学生对常温环境下与加热条件下钠的反应进行深度探析，观察钠在不同温度下的产物。此过程以实验为依托，激发学生兴趣，吸引学生的高度注意，并设计层层递进的问题，引导学生主动思考、获取知识。从最初的一无所知、疑惑，再到恍然大悟，学生在实验探究中对相同反应物在不同条件下产物不同有了更深的理解，实现了化学核心素养的提升与发展。实验教学变化多端，化学教师要巧妙预设，引导学生主动探究真相，整体把控情境的发展，将化学教学回归生活，回归实践，实现"教学做合一"。

六、结语

弘扬教育家精神，争做新时代好教师。要做到这一点，在教学中，我们不仅要深刻领会习总书记关于教育的重要论述，还要认真吸收陶行知先生"生活即教育""社会即学校""教学做合一"的教育思想，将其教育理念、教学方法融入教学中，开展灵活多样的教学活动，充分尊重学生的主体地位，耐心地引导学生自主完成学习任务、主动建构化学知识体系，注重培养学生的实践创新能力、实验探究能力、分析推理能力，并在活动中形成求真精神、合作精神、团结互助精神，实现学科核心素养的提升，同时也是对教育家精神的传承与发扬。由此可见，在陶行知先生教育思想的引导下，不仅学生的学科素养得以提升，教师自身的素养也得到了锻炼。

要想成为一名新时代好教师，我们要认真学习教育家精神，落实时代对人才培养的具体要求，在陶行知先生教育思想的指导下，有针对性地开展教育教学活动，提高课堂的效率和教学质量，有效培养学生的必备品格与关键能力，使其学科核心素养得到提升，从而实现全面发展。

弘扬陶行知教育思想，做好小学班主任工作

百色市第一小学　陈秀莉

2023年教师节前夕，习近平总书记致信全国优秀教师代表，提出了中国独有的教育家精神，并深入剖析了这一精神所蕴含的丰富内容与实际应用中的具体要求。在新时代，弘扬教育家精神对于提升教育质量、培养全面发展的人才具有十分重要的意义。而我国伟大的人民教育家陶行知先生，其教育思想中的大爱精神、奉献精神、求真精神和“教学做合一”精神，至今仍具有深刻的启示作用。作为班主任，在日常工作中肩负着培养学生全面发展的重任，更应深入领会和践行陶行知先生的教育精神，努力成为新时代好教师。

一、陶行知教育精神概述

（一）大爱精神

“爱”是教育家精神的核心所在。陶行知先生说：“爱满天下。”这不仅包含对个体的关爱，还有对国家、对教育的深沉热爱。这种爱是无私的、包容的，是教育的源泉和动力，能够激发学生的潜能，促进学生的身心健康发展。

（二）奉献精神

陶行知先生一生致力于教育事业，“捧着一颗心来，不带半根草去”

是他奉献精神的真实写照。他不畏艰难困苦，不计个人得失，身体力行推动平民教育，真正做到了全身心地投入教育事业中，只为让更多的人能够接受教育。他默默地为教育事业奉献自己的光和热，这种奉献精神体现了教育者的高尚情怀和使命担当，是教育事业不断前进的重要支撑。

（三）求真精神

陶行知先生强调：“千教万教，教人求真；千学万学，学做真人。”为了追求真理、做真人，他一贯主张培养学生的真才实学和真诚品德。教育者要引导学生树立正确的世界观、人生观和价值观，培养他们的独立思考能力和批判精神，让他们在追求真理的过程中不断成长和进步。

（四）“教学做合一”精神

“教学做合一”精神是陶行知先生教育理念的核心组成部分。他认为教、学、做不是三件独立的事情，而是一件事的三个不同方面。这一理念解决了传统教育中理论与实践脱节、知识传授与能力培养分离的问题，强调了教育的实用性和实践性。

二、弘扬陶行知教育精神，小学班主任的工作实践

（一）以理想信念为引领，传承大爱精神

1．坚守理想信念，报国育才

陶行知先生是一位伟大的人民教育家。他毅然辞去大学教授的职务，致力于乡村教育的改革和探索，创办了中国第一所乡村师范学校——南京晓庄师范学校。好教师应如陶行知先生那样坚守心有大我、至诚报国的理想信念。这种理想信念是教育家精神的灵魂所在，它体现了一种将个体“小我”融入集体“大我”的崇高理想。唯有将个人的“小我”深深根植于国家与民族的“大我”之中，教师才能在教书育人的道路上，始终与国

家的发展同向而行，与民族的复兴同频共振。

坚持心有大我、至诚报国的理想信念，首先要不忘立身从教、教书育人的理想，将个人的志向抱负与民族复兴的伟大愿景深度融合。作为班主任必须要认识到，青少年的茁壮成长是国家前途的稳固基石，每一次学问的传授与启发，皆是文化薪火的接力传递。故而，我们应当以饱满的热情，全身心投入教育事业的洪流之中，用自我的理想信念引领学生成长，用智慧的火炬点亮孩子们的心灵之光，用深厚的民族情感培育他们的精神家园。其次，要牢记为党培养接班人、为国家培育栋梁之材的初心。教育工作者应当追求的是实现个人价值与社会责任的统一，即引导青少年树立远大志向、明晰高尚品德、成长为杰出人才、勇担历史重任，使他们自觉地将个人理想融入国家强盛与民族复兴的伟大征程之中。最后，要坚守岗位，将理想信念落实到行动上，在平凡的工作岗位上，书写出不平凡的教育篇章，为实现中华民族伟大复兴的中国梦贡献力量。

2．关爱特殊学生，滋润心灵

陶行知先生说："真教育是心心相印的活动。惟独从心理发出来的，才能达到心的深处。"对于班级中的一些特殊学生，如留守儿童、单亲家庭孩子等，我始终以大爱精神对待他们，给予他们特殊的照顾和帮助。班里曾有一名留守儿童小韦，他不仅是留守儿童，还是单亲家庭的孩子，妈妈常年在外地务工。他性格内向，平时与他人的沟通比较少，学习成绩也不理想。我定期与他交流，了解他的生活和学习情况，给予他心理上的安慰和鼓励；在学习上，为他制定了个性化的学习计划，还请班里学习好的同学和他结成对子，通过"一对一"的方式来帮助他；逢年过节，我还会给他送去一些小礼物，让他感受到老师的温暖和关爱。在我的努力下，小韦的性格逐渐变得开朗起来，学习成绩也有了明显的提高。他在给我的信中写道："老师，您如同我的家人一般，是您没有放弃我，是您让我重新看到了世界的光亮。我今后会好好学习，不辜负您的期望。"通过这件事，我深刻地体会到，陶行知的大爱精神在关爱特殊学生方面具有重要的指导意义，只有用爱去滋润学生的心灵，才能让他们茁壮成长。

（二）以道德情操为基石，践行奉献精神

1．以身作则，树立榜样

陶行知先生说："学高为师，身正为范。"班主任应注重自身的道德修养，以身作则，为学生树立良好的榜样。例如，在诚实守信方面，我始终坚持信守承诺，无论是对学生还是对家长，答应过的事情我一定会做到。有一次，我答应学生如果班级连续三周获得流动红旗，就奖励全班看一次电影。结果我们班还真连续三次获得了流动红旗。那段时间正好碰上期中测试，复习时间很少。但是，我还是抽出一节语文课来，给全班同学看了他们喜欢的一部电影。通过这样的活动，学生们不仅学会了如何关爱集体，也深刻体会到老师的诚信和对他们的关爱。在处理学生之间的矛盾时，我秉持公正、公平的原则，不偏袒任何一方，而是引导学生学会站在别人的角度看问题。通过一件件普通的小事，我用自己的实际行动向学生传递了道德的力量，为学生营造了一个良好的道德成长环境。

2．立德树人，培养品行

陶行知先生说："道德是做人的根本。根本一坏，纵然你有一些学问和本领，也无甚用处。"好教师应将品德教育融入班级管理的各个环节，注重培养学生的良好品德和行为习惯。我会通过语文课堂教学、主题班会、社会实践等活动，引导学生树立正确的价值观和道德观。例如，开展"一粒米的旅行"主题活动，组织学生学习有关大米的知识，制定"光盘行动"公约，并在日常的学习和生活中进行节约粮食的监督。在社会实践方面，组织学生在学习雷锋日参加街道卫生清扫；带领学生到百色起义纪念馆等红色文化基地进行参观等。通过这些活动，学生们的品德修养得到了显著提高，班级的凝聚力也进一步增强。

我深知，作为班主任，培养学生的品德是教育工作者的重要职责。小学的班主任更要学会做一个有道德情操的老师，要不断修炼自我，提高个人思想道德修养，以德施教。以高尚的人格魅力为引领，启迪学生的心灵世界，致力于成为学生品格塑造、品行培育及品位提升的"大先生"。

（三）以育人智慧为手段，弘扬求真精神

1．尊重理解，促真成长

陶行知先生说："千教万教，教人求真；千学万学，学做真人。"这一求真教育理念深刻揭示了教育的本质与核心——教师不仅要教学生知识，还要教学生做人的道理。在一节语文课上，同学小霖的一百元钱不慎掉落，有同学发现并举报他带钱来学校时，我从他那闪躲的眼神和脱口而出的"这是我捡到的钱"中，看出了他的掩饰和谎言。这一行为背后或许隐藏着他对规则的畏惧、对可能后果的逃避，抑或是对被误解和责备的恐惧。面对这样的情况，我没有立即采取严厉批评或惩罚的方式，而是遵循了陶行知先生"爱的教育"原则，选择了更为温和与智慧的应对策略——课后私下谈心。在办公室里，我运用教育心理学中的"同理心"技巧，以平和而坚定的态度，耐心地与小霖进行沟通。我通过讲述做人的道理，试图触及小霖的心灵深处，这种尊重与理解的态度，让他感受到了被信任与被接纳，从而卸下了防备，最终坦白了自己偷偷拿了妈妈的钱的事实。看到他勇于承认错误，我积极表扬了他的勇气，并告诉他以后不能偷拿任何人的钱财。

陶行知先生的求真精神时刻提醒着我，作为教师，应当始终怀揣一颗尊重与理解的心，运用专业的教育理念和技巧，去感化每一位学生，帮助他们成为真诚、正直、有担当的人。

2．劳动砺行，学做真人

陶行知先生说："劳动教育的目的，在谋手脑相长，以增进自立之能力，获得事物之真知，及了解劳动者之甘苦。"劳动教育不仅是推动学生实践能力与责任感培育的重要途径，而且是促进学生综合素养全面提升的关键要素。在践行劳动教育的进程中，我校秉持"五育并举，崇尚劳动"的原则，精心设计了分层次的劳动课程体系。在班级中，我始终让学生理解并认同"劳动最光荣、劳动最崇高、劳动最伟大、劳动最美丽"的价值观。自学生从一年级踏入校门开始，我便着手培养学生的劳动能力，强调

“人人参与劳动，人人争当教室美化师”的理念。通过日常的课间保洁、随手捡起地面垃圾等普通的实践活动，同学们逐渐养成了良好的卫生习惯。从整理个人书包这一小事做起，同学们逐步掌握了打扫卫生、清理杂物、收纳个人物品等基本技能，并坚持每日参与劳动实践，深刻体会“自力更生，自给自足”的真谛。我深刻认识到，弘扬陶行知先生的求真精神，必须依托劳动教育实践，让学生在劳动中磨砺意志、增长才干，为自身的全面发展奠定坚实基础，成长为具有求真精神的新时代人才。通过劳动砥节砺行，学生得以在实践中学习做真人，将求真精神内化于心、外化于行。

（四）以躬耕态度为保障，落实“教学做合一”

1. 勤学笃行，躬耕备课

陶行知先生说:“教学做是一件事，不是三件事。我们要在做上教，在做上学。教与学都以做为中心。”作为教师，我深知勤学笃行不仅是个人职业素养的基本要求，更是陶行知先生“教学做合一”的教育思想的深刻实践。在这个信息爆炸的时代，知识的更新速度之快超乎想象，唯有持续勤学不辍，方能稳固立足于讲台，紧跟时代步伐，成功培育出兼具高素质与社会责任感的人才。

为了提高教育教学水平，我认真对待每一堂课，以躬耕态度精心备课。课前，我会进行深入细致的备课。我会做好四备：备教材、备学生、备教法、备课件，广泛查阅各种教学资料，丰富教学内容。上课时，我会运用多种教学方法和手段，如多媒体教学、案例教学、小组合作学习等，提高课堂教学的趣味性和实效性。

2. 创新求是，与时俱进

陶行知先生“教学做合一”的教育思想认为:“做是发明，是创造，是实验，是建设，是生产，是破坏，是奋斗，是探寻出路。”教育者不仅要传道授业解惑，更要培养学生的实践能力和创新精神，从而让学生将理论转化为实践，实现学以致用。在当今教育改革的浪潮中，“创新求是，与时俱进”不仅是教育理念的引领，也是贯彻教育家精神的必然要求。面对学生多样化的学习需求，教育者应勇于打破传统教学的束缚，不断探索和创新教学方法。我会利用现代信息技术，创设情境化的教学，设置具有挑战性的学习任务，构建线上线下融合的教学平台，让课堂更加生动有趣，激发学生的学习兴趣。比如，在人工智能技术快速发展的今天，我将人工智能技术与教学相融合，通过智能教育平台、智能作业辅导系统、智能测评系统等应用，尝试改变传统语文教学的模式与方法，为教学环境带来新的变化。

3．创新管理，建立机制

注重与时俱进，注重培养学生的自主管理能力，通过小组合作、班级自治等方式，让学生在实践中学会合作与竞争，培养责任感和团队精神。同时，还应密切关注学生的心理健康，通过开设心理辅导课程、建立家校沟通机制等，为学生的全面发展保驾护航。

（五）以仁爱之心为纽带，构建和谐师生关系

1．付出真心，关爱学生

陶行知先生一生奉行的格言是“爱满天下”，这也是他倡导的师德标准。在班主任工作中，教师应始终将学生的身心健康放在首位，以仁爱之心关爱每一个学生。无论是在教学过程中，还是在班级管理中，教师都应当对学生付出真心，关注学生的情绪变化和心理需求，及时发现并解决学生在学习和生活中遇到的各种问题。例如，有一次班级里的一名学生小黄因为家庭原因情绪低落，上课喜欢发呆，后来竟然出现了自残的倾向。我发现后，马上与她进行了谈心，了解她内心的真实想法和困惑，并给予她安慰和鼓励。同时，我还与她的家长进行了沟通，共同商讨对策，帮助她解决问题。

2．尊重个性，差异共存

要成为新时代好教师，应学会尊重学生的个性差异，理解和包容每一个学生的与众不同之处。每个学生都有自己的个性和兴趣爱好，教育者

应鼓励学生在保持个性的同时，积极发展自己的特长。在班级管理中，我会为学生提供多样化的发展平台，让他们能够充分展示自己的才华。例如，在班级活动中，我会根据学生的特长进行分工，让擅长绘画的学生负责班级黑板报的设计和出版，让有舞蹈、乐器特长的学生在节日里组织班级文艺活动等。通过这种方式，学生们感受到老师对他们的尊重和认可，从而更加积极主动地参与到班级活动中来，班级氛围也更加和谐融洽。总之，陶行知先生的仁爱之心，要求好教师要以平等、尊重的态度对待每一个学生，促进他们的个性发展，让每一个学生都能在适合的环境中茁壮成长。

（六）以弘道追求为目标，推动教育事业发展

陶行知先生主张“教育为公”。身为新时代好教师，应培育深厚的家国情怀与全球视野，继承并发扬教育家精神，引领青少年将爱国情怀、强国志向及报国行动融入推动中国特色社会主义事业持续发展的征程中，鼓励他们树立远大志向、涵养高尚品德、练就卓越才能、肩负重大使命。在教学过程中，应用文化启迪心灵，以意境触动情感，确保课堂既富有情境感，又饶有趣味，还充满温情。在班级管理中，向学生传递中华优秀传统文化中的人文精神与价值观，有助于激励他们增强文化自信、怀抱理想、勇于担当、不畏艰难、乐于奉献，矢志不渝地为中华民族伟大复兴贡献力量。

陶行知教育思想在语文教学中的渗透

百色市田阳区第一小学　赵任姝

陶行知先生是伟大的人民教育家，他大爱无疆、鞠躬尽瘁的精神像一座不朽的丰碑，不断激发后人在社会进步的征途上奋进。陶行知先生认为，教育并非单纯的知识传授，更重要的是让学生形成独立生活的能力和强烈的责任心。这一理念对当今小学语文课教学有着至关重要的启迪作用。

一、陶行知先生大爱精神的内涵与表现

（一）对国家和民族的热爱

陶行知先生，深深体会到国家兴亡与国家命运紧紧联系在一起的道理。他饱含对祖国、对民族沉甸甸的爱，热心地投入到教育行业，希望通过教育造就一代有抱负、有德行、有修养、守纪律的新公民，为国之昌盛、民族之复兴奠定坚实根基。对于教育工作，他情感充沛、关怀备至，并主张“教育乃立国根本”，并提倡教育在国家发展中的重要性，展现了他宽广无私的大公至爱。

（二）对学生的关爱与尊重

陶行知先生把学生视为自己的子女，给予他们无微不至的关爱和尊

重。陶行知先生说:“真教育是心心相印的活动，惟独从心里发出来的，才能达到心的深处。”他注意到每位学生在个性及成长需求上的不同，并采取因人而异的教学策略，竭力让每个学生都能够展现出自身的独到之处，实践其个人价值。他尊崇学生作为学习过程中的独立个体，倡导他们积极地投身于学习与实践之中，以此培育学生的自主学习能力及创新思维。此外，他也对学生的日常生活和心理健康倾注心力，致力于营造一个优秀的学习及生活氛围。

（三）对教育事业的执着热爱

陶行知先生视教育如生命，不畏艰难，勇于创新，为实现自己的教育理想而奋斗。他倡导打破旧式教学桎梏，提出“生活即教育”“社会即学校”“教学做合一”三大核心理念。陶行知先生 1927 年创办的晓庄试验乡村师范学校，是我国乡村师范教育发祥地，是近代中国教育家精神策源地。他还创办了重庆育才学校、山海工学团，亲身投入于学校建设及行政管理，致力于造就一支教学素质高的教师团队，同时也致力于培养出色的学子，并为此撰写了许多关于教育的著作。

二、小学语文教学中陶行知生活思想应用原则

（一）以生为本原则

陶行知先生曾经提出:“教育孩子要如同栽培植物一般，必须先了解植物的本质，并根据其成长的不同阶段采用相应的施肥和灌溉方法，这种教育理念称为‘因材施教’。”教师应依据学生各自的年纪特征与兴趣点，规划出合适的教案和活动计划，确保课程内容与学生的日常生活紧密相关。例如，多采用动物、植物、生动的小故事、儿歌等材料，并通过游戏、采访、讨论等多样化的方法进行教学，使得学生能在一个轻松愉快的学习环境中掌握语文知识。

（二）实践性原则

陶先生深刻理解教育脱离实际生活所带来的不良影响，因而倡议教学过程要紧扣现实生活，让学生在实际操作中学习与成长，践行“生活即教育”。在小学语文课程的教学中，教师们应该把课堂教学和日常生活紧密相连，通过亲身体验的学习活动以及体验式的授课法，使学生主动投入并体验到语文的吸引力及其实际运用。根据“教学做合一”的理念，教师可以设计情境化的教学任务，让学生在真实的语境中进行语言运用和交流。此外，教师还可以引导学生进行合作学习和项目制学习，为学生提供“做”的机会，培养他们的团队合作能力和问题解决能力。比如，带领学生走进社区，采访退休职工的成长经历并写成故事；到公园举办诗歌朗诵会，将课堂学习的古典诗词展示给居民等。这些活动不仅丰富了学生的语言生活，也培养了他们运用语文知识解决实际问题的能力。

三、陶行知生活思想在小学语文教学中的应用策略

（一）明确教学目标，做好学习方向引导

在小学语文教学中，要践行陶行知“教学做合一”思想。教学目标综合考虑了知识与技能培养、教学过程与方法、教学情感态度与价值观培养三大方面。这一综合目标设置不仅关注学科知识的传递，更注重将知识的应用融入实际生活中，强调在教学过程中培养学生的情感态度和价值观。通过全面发展的引导，学生不仅在学科上取得进步，更在生活中形成了更加丰富的人文素养。这种多维度的目标设定使得语文教学更具生活化和全面性。而如何将三维目标与生活思想结合起来，是我们应思考的问题。

以五年级上册《草船借箭》为例，我们可以从以下几个方面来明确教学目标：

1．知识与技能

要求学生能够掌握其中的重点词汇、短语和句子结构，提高阅读理

解能力和写作能力。在这一过程中，学生还应了解古代历史背景和文化内涵，拓宽知识面。这样的目标设置不仅关注学科知识的传递，更注重将知识的应用融入实际生活中，培养学生的语文素养和综合能力。

2. 教学过程与方法

通过小组合作讨论、角色扮演、表演课本剧等，了解三个故事之间的内容联系，感受诸葛亮、周瑜的人物形象。这样的目标设置强调了学生的主动参与和合作学习，使语文教学更具生活化和实践性。

3. 情感态度与价值观

感受作品中所传递的友谊、忠诚和团结等积极情感，培养学生的情感态度和价值观。同时，教师还可以引导学生思考人物的行为和选择背后的原因，培养学生的思辨能力和判断力。这样的目标设置注重培养学生的情感认知和价值观念，使他们能够在现实生活中形成正确的道德观念和行为准则。

（二）创造生活化教学情境，重视情感教育

通过情境的营造，学生可以更好地融入语文学习，激发他们的学习兴趣和情感共鸣。教育工作者在打造亲切生活氛围的教学场景时，能够采取各式各样的教学策略，包括使用影音媒体、真实物件、分配学生扮演不同角色等方法，让学生如同置身其中，从而更加深刻地掌握和感受课程内容所蕴含的文化精髓。学习童谣时，教师可以准备相关小道具，带领学生在操场上边玩游戏边吟唱，强调乐趣；学习古诗时，教师可以以竞答、讲故事等形式来讲解背景故事，激发学生想象力，使枯燥语文知识变得有血有肉、丰富生动。在这些情境教学中，教师还要关注学生的情感体验，鼓励他们讨论学习感受，分享心灵震撼，引导正面健康的价值观念。以情动人，让学生在生活画面的触动下，主动投入语文学习，提高学习兴趣和成效。

例如，在教学《悯农》（其一）一诗时，教师可以利用多媒体视频展示农村的景色和农民的劳作场景，让学生身临其境地感受到农田的宁静和农民的辛勤劳动。同时，教师还可以准备一些实物，如农作物、农具

等，让学生触摸和体验，增加他们对农村生活的了解。或引导学生进行校园劳动实践，如植树、扫落叶等，让学生亲身体验劳动。在教学这首诗之后，教师可以提出这样一些问题，如："你们的爷爷奶奶是否有种植菜园或者农田？""暑假期间你有没有帮助你的家人做一些农活？""在家里有没有帮妈妈分担一些家务？"通过与学生的互动交流，激发他们的情感共鸣。

（三）重视生活实践环节，引领学生感受生活

在小学语文教学中，重视生活实践环节是陶行知先生"教学做合一"理念的具体体现。着重于把学习内容与现实生活融为一体，为的是让学生在切身实践的过程中掌握必要的知识及技巧。通过精心构建的生活实践课程，教育者可带领学生全面接触生活各个层面，并由此唤醒他们对学习的热情与主动性。生活实践环节可以包括实地考察、手工制作、小组合作等多种形式。例如，在学习关于动物的课文时，可以组织学生观察小动物的外貌、生活习性。在学习关于传统文化的课文时，教师可以引导学生进行手工制作，如剪纸、编织等，以加深他们对传统文化的理解和体验。

例如，在教学五年级上册《桂花雨》一课时，教师可以带领孩子们进行"制作桂花蜜"的任务。如果当地有桂花树，教师可以带领孩子们采摘桂花，如果没有，可以购买少许桂花，引导学生观察桂花的外观、气味等特点，并与课文中的描写进行对比和讨论。材料准备充足后，教师可以示范如何将桂花放入一个密封容器中，撒上适量的白糖，并轻轻拌匀。最后，教师可以将容器密封好，放置在阴凉通风的地方，让桂花与糖充分融合发酵一段时间。在制作过程中，教师可以引导学生思考一些问题，如为什么需要使用白糖？为什么要将容器密封好？发酵的过程中会发生什么变化？通过这些问题的引导，学生能够更深入地了解桂花蜜的制作原理和过程。最后，经过一段时间的发酵后，教师可以与学生一起品尝自己制作的桂花蜜。学生可以观察和描述桂花蜜的颜色、味道等特点，并与之前观察的桂花进行对比。通过日常实际活动的参与，不仅可以全方位促进学生

成长，还可以增强他们的洞察力、思维能力和应对问题的技巧。

（四）设计实践性语文作业，促进学生的主动学习和深度思考

这种作业形式不仅是对学生语文知识的检验，更是对其实际运用能力的培养。通过设计与实际生活相结合的任务，如实地调查、文学创作、语言表达等，学生在实践中更深刻地理解语文的应用，提升了问题解决和表达能力。实践性语文作业的设计要关注任务的启发性和针对性，激发学生兴趣，引导他们主动参与，从而更好地培养学生的深度实践能力。

例如，在教学习作“我的植物朋友”时，教师不妨利用周末或者其他空闲时间组织学生参与户外郊游，当学生们兴高采烈来到郊游的目的地以后，看到湖光山色，看到水光潋滟，看到一碧如洗的天空时，他们的内心会产生强烈的喜悦感。此时，教师可向学生布置一个小任务：“在四周环境中找一株自己最喜欢的植物，试着观察植物的外形特征，并仿照课文的形式对它进行描述。”学生们闻听此言立刻展开行动，纷纷开启了自己的个性化探索之旅。经过仔细的观察后，学生们迅速向老师递交了“作业”，其中一位学生描述：“密密层层的垂枝红树条中，密布着众多细长的枝杈，它们宛若成群结队的纤细之手在空中摆动，手指尖挂着翠绿的叶片。这些叶片随风轻盈跳跃，仿若满天飞舞的碧绿色蝴蝶，优雅翩翩。”学生用诗意的方式描绘着自己眼中的植物之美，并将情感倾注在语言之中。

（五）关注学生个体差异，因材施教

陶行知说：“人无完人，每个孩子都有自己的优势和不足，教育应该是全面发展而非刻板教育。”教师在实施教学过程中，还要关注每个学生的个体特点和学习需求，针对不同基础、不同性格的学生采取有区别的教学方法。一方面从基础水平来看，对于语文基础较好、思维活跃的学生，教师可以给予更大程度的自主学习机会，如开放性写作任务，发挥他们的想象力和创造力；而对于语文基础薄弱的学生，教师可以有意识地多关照，给予适当启发，设计一些语文游戏提高学习兴趣，也可以配对结对学

习，让学霸学生帮助基础薄弱学生，在轻松愉悦中培养语文兴趣。另一方面，对于性格内向的学生，教师可以通过小组讨论等方式创造语言表达机会；而对于活泼调皮的学生，可以对其表现给予适当引导，避免影响班级秩序。这种因材施教的个性化关照，可以帮助每个学生在语文学习中体会成功的喜悦和收获，实现陶行知教育思想的人性化落实。

四、结语

弘扬陶行知的教育思想，在当前时代环境下，对培育肩负起民族振兴重任的新一代青年具有极为重要的意义。学校教育就是培养社会人才的基础，教师要在小学语文教学过程中，融入陶行知的生活教育思想，让教育与生活息息相关，把知识与实际生活相结合，实现“源自生活，享受学习语文”这一教育愿景。陶行知生活思想的引入，为小学语文教学注入了新的活力和深度，使学生在学习语文的过程中更好地理解、体验和感悟生活的丰富内涵。

弘扬教育家精神，做好少年军校的国防教育

北海市海城区第八小学　庞　毅

习近平总书记曾明确指出，应当传承教育家的精神，培养具有坚定信念、高尚品德、深厚学识和仁爱之心的“四有”优秀教师。弘扬教育家的精神对于塑造能够承担民族复兴重任的新一代具有深远的意义。北海市海城区第八小学海军少年军校作为国家级国防教育示范学校，其国防教育理念为新时代优秀教师的培育提供了坚实的支持。

一、教育家精神的内涵

教师专业成长的关键在于教育家精神，这一精神的意蕴深厚，主要包含以下几点：

教育家应当具备理想与信念。作为教育工作者，应当怀抱坚定不移的理想信念，忠于党的教育大业，积极投身于中华民族伟大复兴的中国梦之中。教师们将坚定的理想信念融入教学之中，以培育优秀人才为己任。比如，一些偏远乡村的教师不畏艰难困苦，坚守岗位，其目的就是让当地的孩子有机会借助教育改变命运，为国家培育未来的建设者。这一行为充分展现了忠于党的教育事业，为实现中国梦贡献力量的理想信念。

教育家应当具备崇高的品德情操，成为学生的楷模，通过自身的言行来影响学生。在教学过程中，教师需要注重自身的形象，确保自己的行为能够为学生树立良好的典范。例如，若要学生遵守规矩，教师首先应当做

到准时上下课，不早退不迟到；若要学生诚实守信，教师在与学生的交流中也应做到言而有信。通过这些行为，教师不仅能够成为学生行为上的榜样，还能引导学生形成正确的价值观念和道德准则。

教育家应当具备启迪心智、因材施教的智慧，要注重学生的全面成长，激发学生的内在潜力。教师运用这种智慧，关注每个学生的独特性和需求。对于学习能力较强的学生，提供更具挑战性的任务，激发他们的潜力；对于学习有困难的学生，则给予更多的耐心和指导，帮助他们解决问题。例如，有的教师采取分层教学的方式，根据学生的不同水平设计相应的教学内容和作业，使每个学生都能在学习中有所得。

教育家们深知，教育是一项需要不断探索和持续投入的事业。他们坚持一种勤勉求实、勇于创新的精神，致力于在每一个教育教学环节中体现这种精神。教师们也积极参加各种培训和学习活动，不断更新自己的教育理念，以提升教学质量。他们在教学过程中，勇于尝试新的教学方法和手段，例如运用信息技术进行教学创新。同时，教师们认真对待每一堂课，精心设计每一个教学环节，不断反思和改进自己的教学方法。他们明白，唯有通过不断的学习和实践，才能真正提升自己的教育水平，更好地为学生服务，从而实现教育的创新与发展。

教师们不仅在课堂上追求卓越，而且在课后也不断反思和总结，将每一次教学经验转化为提升教学质量的宝贵财富。他们始终保持着一种踏实实践、勤奋学习的态度，力求在教育教学的每一个环节中都能够体现出求真务实的精神。通过这些努力，教师们不断推动教育事业的发展，力求实现教育的真正创新。

教师们积极参加各种专业培训、学术交流和教育研讨会，不断丰富自身的见识，汲取新颖的教育思想和知识。他们在教学实践中持续探索和试验，力求将理论与实践相融合，努力将传统教学方式与现代教育技术相整合，以期实现最优的教学成果。例如，他们可能运用多媒体技术、网络资源和虚拟现实等工具，使课堂授课更加鲜活有趣，提高学生的兴趣和参与感。

在学校教学中，教师们致力于构建一个充满活力、接纳多元观点、鼓励互相支持的学习环境。他们积极引导学生们投身于课堂上的交流与辩论，分享个人的观点和疑问，以此来促进学生们的独立思考能力和创造力的发展。

总而言之，教育工作者们凭借他们勤奋学习、勇于创新的精神，持续推动教育的进步，致力于为学生营造一个更为优质的教学环境，力求为社会输送更多兼具创新意识和实践能力的杰出人才。

教育者应当怀抱一颗仁爱之心，乐于奉献，关怀每一位学子的成长与福祉。在日常的教学活动中，教师们总是细心照料每一个学生，及时提供援助与鼓励。当学生们面临挑战和困境时，教师们会伸出援手，给予心理上的慰藉与指导。例如，教师会在学生身体不适时，主动给予关心和照料；在学生遭遇挫折时，提供鼓励和安慰，让学生深切感受到教师的关怀，从而助力学生健康成长。

教育家应当怀揣着广纳天下的胸襟和以文化人的崇高追求，传承中华悠久的文化传统，培养适应时代需求的新一代。在教学过程中，教师通过这种胸襟和追求，传承中华优秀传统文化，激发学生的爱国情感和责任感。通过语文、历史等学科的教学，使学生深入了解祖国的悠久历史和灿烂文化；通过举办各类文化活动，如经典诵读、传统节日庆典等，结合本地特色，让学生亲身体验传统文化的韵味。同时，教师还应引导学生关注社会问题，培养他们的创新意识和实践能力，为培育新时代的人才贡献力量。

二、少年军校的国防教育理念的教育实践

自 1985 年起，北海市海城区第八小学与驻市海军部队建立了军民共建关系。1991 年，双方合作创立了“海军少年军校”，为培养海军后备人才打下了坚实的基础。1996 年，学校荣获“少年军校示范校”的称号，成为全国国防教育的典范。该校的国防教育理念为培养新时代的优秀教师提

供了有力的支持。学校力求实现学生对海洋、军队和国家的崇高梦想，因此每周都会安排一堂国防教育训练课，这也是学生们最喜爱的课程。通过站立军姿、搭建帐篷和队列训练等方式，成功培养了一种坚定、勇敢和刚毅的军人气质。每年，学校都会举办多种国防教育文化和体育活动，如“校门荣誉墙”“国防教育文化长廊”“心理辅导室”“国防教育活动室”“少先队名师工作室”“旗语操、军体拳展示”和“国防教育课训练科目展示”等，通过这些活动实现教育目标。学校致力于构建国防教育资源环境，如校史展览馆、国防教育基地“强海广场”和“军事苑”等爱国主义教育基地，共同构成了一个本土化、实体化的红色德育阵地，弘扬和培育学生的民族精神。

三、做好教育必须做好教师的培养

（一）定期做好教师的培训活动

北海市海城区第八小学海军少年军校致力于提升教师的职业操守和道德情操。学校定期举办一系列教育活动，以增强教师们的道德意识和人文关怀。其中一项重要活动是“师德楷模”的评选，通过表彰在师德方面表现优异的教师，鼓励全体教职员工学习榜样，不断提高自身的师德标准。

（二）增强教师的专业能力

学校高度重视教师的专业发展，经常性地安排教师参与各种培训活动，强化他们的专业知识和技能训练，从而提升他们的教学水平。例如，学校曾邀请多名教育领域的专家来进行专题分享，内容涵盖现代教育技术、学科教学法等多个方面，显著提升了教师的专业水平。

（三）鼓励教师找到合适的教学方法

为了进一步提升教学效果和质量，学校采取了多项措施，其中一项便是引进并应用“翻转课堂”的教学模式。这种模式的核心是打破传统的课堂教学流程，具体步骤如下：首先，教师会在课前为学生准备相关学习资料和预习任务，让学生在上课前对即将学习的内容有一个初步的认识和掌握；其次，在课堂上，教师会组织并引导学生进行深入讨论和互动，以此激发学生的学习兴趣和主动性，同时帮助学生更好地理解知识点；最后，在课后，学生需要通过完成作业和相关练习来巩固所学知识，从而取得更好的学习效果。

（四）提升教师实践经验

学校安排教师参加各种社会活动，亲身经历国防教育的事件，以增强他们的实际操作能力。比如，学校带领教师访问海军基地，让他们熟悉海军的历史进程和先进装备，进而强化教师的国防观念和爱国情怀。

（五）构建优良教育生态

学校全力营造尊师重教的浓厚氛围，并为教师的专业成长提供全面的支持与保障。学校不遗余力地营造一个重视教育、尊重教师的文化环境。通过一系列举措，学校为教师的专业提升和成长提供全面的支撑与保障。例如，学校设立了专门的教师发展中心，这是一个专门为教师服务的机构。在这个中心，教师们可以参与教学研究，加入学术交流，获得心理咨询服务。这些举措旨在帮助教师解决职业发展中遇到的各种难题，从而更加专注地投入到教学活动中，提升教育质量。通过这些努力，学校致力于为教师们创造一个更有利的专业成长环境，进一步提高教育教学水平。

四、结语

陶行知的教育思想是教育家精神的典范，学校注意在日常学习中鼓励教师把陶行知的生活教育三大核心理念“生活即教育”“社会即学校”“教学做合一”融入教育教学中。鼓励教师们在教学中注重实践与创新，不断反思和改进教学方法。积极投身专业培训和学术交流，创造生动有趣的课堂环境。教师们致力于构建充满活力的学习环境，引导学生独立思考和创新；以仁爱之心关怀学生，提供心理支持和鼓励。北海市海城区第八小学海军少年军校所坚持的教育理念，为新时代优秀教师的培育提供了稳固的基础和强大的支撑。广大教育工作者应当以教育家的精神作为行为准则，不断努力提高自身的综合素养，为实现中华民族伟大复兴的中国梦贡献智慧和力量。同时，学校和社会各界也应为教师传承教育家精神、努力成为新时代优秀教师提供更加强有力的支持和保障。学校应当强化教师培训，提升教师的专业素养和教学能力；完善教师考核机制，激发教师不断自我提升；营造积极向上的教育环境，为教师的工作和生活提供便利条件。社会各界也应尊重教师，关心教师的成长和发展，为教师营造良好的社会氛围。

培养新时代小学老师的实践路径

北流市实验小学　林开惠

陶行知是伟大的人民教育家，他提出的“生活即教育”“社会即学校”“教学做合一”等理念，在现代教育中，依然具有不可估量的价值。教育家精神的核心包括“心有大我，至诚报国”的理想信念，激励教师将个人教育事业与国家发展紧密相连，为培养对国家有用的人才贡献力量；“勤学笃行，求是创新”的躬耕态度，要求教师自身不断学习新知识、践行教育理念，追求真理并勇于创新教学方法；“启智润心，因材施教”的育人智慧，意味着教师不仅要传授知识、开启学生智慧，更要关注学生心灵成长，根据每个学生的特点进行有针对性的教育，

一、小学教育中的案例分享

（一）把“生活即教育”理念融入教学

在教育的广阔天地里，陶行知先生的“生活即教育”“社会即学校”“教学做合一”的思想如同一盏明灯，照亮了无数教育工作者前行的道路。尤其是在小学语文教学中，这一理念为教育实践赋予了生动内涵。它倡导教师打破课堂局限，将教学延伸至生活各个角落，让学生在真实生活情境中学习语言、感悟文化、培养情感。通过一位小学语文教师——李老师的生活教育事例，我来深入探讨行知思想在小学语文教学中的具体应

用与成效。

李老师，一位在乡村小学默默耕耘多年的语文教师，她深知对于农村孩子而言，书本上的知识不仅宝贵，而且若能将其与乡村生活紧密结合，一定能激发出孩子们更强烈的学习兴趣和创造力。因此，她积极践行陶行知先生的生活教育理念，将语文课堂变成了连接学生内心世界与广阔生活的桥梁。

事例一：春天的诗篇——自然中的语文课

春回大地，万物复苏。李老师没有像往常一样在教室里讲解《春》这篇课文，而是带着学生们走出教室，走进乡间田野，让他们亲自去感受春天的气息。在金黄的油菜花海边，学生们兴奋地吟诵着“春眠不觉晓，处处闻啼鸟”；在清澈的小溪旁，他们尝试着创作关于春天的小诗。李老师引导学生们观察春天的颜色、声音、味道，鼓励他们将所见所感融入文字之中。这一户外教学，让学生们深刻认识春天，也真切体会到“生活即教育”。学生在自然中获得的直观感受，比单纯在课堂上学习课文更加深刻，他们能更敏锐地捕捉到春天的特征，并用文字表达自己独特的感悟，真正实现了教育与生活的融合。

事例二：传统节日的文化盛宴

每到传统节日，李老师都会精心设计一系列与节日相关的语文活动。比如，在中秋节前夕，她组织学生们一起制作月饼，同时讲述嫦娥奔月、吴刚伐桂等神话故事，让学生们在动手实践中感受传统文化的魅力。之后，她还引导学生们撰写关于中秋节的文章或诗歌，将个人的情感体验融入其中。这样的教学方式，不仅加深了学生对传统节日文化的理解，也培养了他们的写作能力和文化自信。陶行知先生倡导“生活即教育”“教学做合一”等教育理念，认为教育要通过生活才能发出力量。李老师借助传统节日这一生活元素，让学生在亲身体验中学习语文知识，传承文化，使教育变得生动且富有内涵。

事例三：家庭作业的“变身”——生活实践作业

李老师深知，家庭作业不应是简单的知识复习，而应是促进学生全面发展的有效途径。因此，她经常布置一些与生活紧密相关的实践作业。比如，在学习《背影》这篇课文后，她要求学生回家观察并记录下父母或亲人一个令人感动的瞬间，可以是做饭时的背影，也可以是接送上下学的场景。通过这样的作业，学生们学会了用细腻的情感去观察生活，用文字去表达感恩之情，同时也加深了对课文主题的理解。这体现了陶行知教育思想中教育与生活相互渗透的理念，将课堂知识延伸到家庭生活，让学生在生活实践中巩固知识，提升情感认知。尤其在小学语文教学中，这一理念更是得到了深入的实践与应用。

（二）以“教学做合一”指导教学实践

陶行知先生“教学做合一”思想的精髓，即“在做上教，在做上学”，强调教学与实践的紧密结合。课堂上，学生们不再是被动接受知识的容器，而是成为主动探索、积极实践的主体。本案例将通过一位小学语文教师——张老师的教学实践，详细探讨陶行知思想中“教学做合一”在小学语文教学中的具体体现及其成效。

张老师是一位扎根乡村小学多年的语文教师，她深刻理解陶行知先生“教学做合一”思想，强调教学与实践的紧密结合。在她的课堂上，学生们不再是被动接受知识的容器，而是成为主动探索、积极实践的主体。

1. 创设生动情境，激发学习兴趣

兴趣是最好的老师。因此，在语文教学中，张老师总是努力创设生动的教学情境，让学生在轻松愉快的氛围中学习。例如，在讲解《雪地里的小画家》一课时，她并没有直接朗读课文，而是先播放了一段下雪的视频，让学生仿佛置身于银装素裹的世界中。接着，她引导学生想象自己是小动物，在雪地上留下自己的“作品”。通过这样的情境导入，学生们立刻被吸引住了，纷纷举手发言，描述自己想象中的画面。随后，张老师再引导学生阅读课文，学生们自然而然地就能理解课文内容，并感受到其中的乐趣。这与陶行知先生注重激发学生学习兴趣的理念相符，通过生动情境激发学生的好奇心和求知欲，让学生主动参与学习。

2. 结合生活实际，深化理解

陶行知先生强调“生活即教育”，张老师在教学中充分贯彻了这一思想。她经常将课文内容与学生的生活实际相结合，让学生在生活中寻找语文的影子，从而加深对课文的理解。比如，在讲解《童年的水墨画》一课时，张老师不仅让学生欣赏了水墨画的图片和视频，还组织学生到校园的小池塘边观察水面的波纹、岸边的柳树等自然景物，让学生尝试用水墨画的方式表现自己的所见所感。通过这样的实践活动，学生们不仅学会了欣赏水墨画的美，还体会到了作者笔下童年生活的乐趣和纯真。这种教学方式将课文内容与生活实际紧密相连，让学生在熟悉的生活场景中理解课文，体现了教育源于生活又服务于生活的理念。

3. 注重实践操作，培养动手能力

“教学做合一”的核心在于“做”，张老师在教学中非常注重培养学生的动手能力。她经常设计一些与课文内容相关的实践活动，让学生在做中学、在学中做。例如，在讲解《曹冲称象》一课时，张老师并没有直接讲解曹冲是如何称象的，而是先让学生分组讨论并设计自己的称重方案。有的小组用沙子代替大象进行模拟实验；有的小组则利用杠杆原理制作了简易的称重工具。通过实践操作，学生们不仅理解了课文中的知识点，还锻炼了动手能力和解决问题的能力。这正是陶行知先生所倡导的，通过实际操作让学生在“做”中学习知识、提升能力。

4. 鼓励自主学习，培养创新精神

陶行知先生认为教育应该培养学生的自主学习能力和创新精神。张老师在教学中也非常注重这一点。她经常布置一些开放性的作业或任务，鼓励学生自主探究、勇于创新。比如，在学习完《富饶的西沙群岛》一课后，张老师要求学生以小组为单位，选择西沙群岛的一个景点进行深入研究，并制作一份图文并茂的导游词或PPT进行展示。这样的作业不仅锻炼了学生的信息收集和处理能力，还培养了他们的团队协作精神和创新思维。学生在自主探究过程中，充分发挥主观能动性，展现出独特的创新能力。

5．教学成效与反思

经过一段时间的“教学做合一”实践探索，张老师发现学生的语文学习兴趣明显提高，自主学习能力显著增强。学生们不再害怕写作文、做阅读题，而是乐于表达自己的思想和感受。同时，他们的动手能力和创新能力也得到了很好的锻炼。更重要的是，学生们开始关注生活、热爱生活，能够用语文的眼光去观察世界、感受生活。然而，张老师也意识到在实践过程中还存在一些问题和挑战。比如，如何更好地平衡课堂教学与实践活动的时间；如何确保每个学生都能在实践活动中得到充分的锻炼和展示的机会；如何持续激发学生的自主学习兴趣和创新精神等。这些都是她未来需要继续思考和探索的问题。

陶行知先生的“教学做合一”思想为小学语文教学提供了宝贵的指导。张老师通过生动的情境创设、结合生活实际的教学、注重实践操作的课堂以及鼓励自主学习的策略，成功地将这一思想融入到了自己的教学实践中。她的教学实践不仅提高了学生的语文素养和综合能力，更为我们提供了宝贵的经验和启示。在未来的教学中，我们将继续秉承陶行知先生的教育理念，不断探索和实践“教学做合一”的教学模式，为学生的全面发展贡献自己的力量。

二、培养新时代好教师的实践路径

（一）深化对陶行知教育精神的理解与认识

要弘扬陶行知教育精神并争做新时代好教师，首先需要深化对陶行知教育精神的理解和认识。教育工作者应认真研读陶行知先生的著作和文献资料，深入了解其教育思想的内涵和价值；同时还应积极参加相关的学术研讨会和交流活动，与同行共同探讨和分享陶行知教育精神在当代教育中的实践经验和启示。

（二）坚定的教育信仰与使命感

新时代好教师应具备坚定的教育信仰和使命感，将教育事业视为自己的终身追求和崇高事业。他们应深入学习贯彻党的教育方针和政策，坚持立德树人根本任务，致力于培养德智体美劳全面发展的社会主义建设者和接班人。同时，他们还应具备强烈的责任感和使命感，时刻关注学生的成长和发展，为学生的未来负责。

（三）将陶行知的教育理念融入教育教学实践

要将陶行知教育精神真正落到实处并发挥其应有的作用就需要将其融入教育教学实践中去。教育工作者应根据实际情况和学生特点，灵活运用生活教育理论和方法，注重培养学生的实践能力和创新精神；同时还应注重情感教育和人文关怀，关注学生的情感需求和心理健康；此外还应注重培养学生的自主学习能力和探究精神，引导他们积极参与到学习过程中去，并享受学习的乐趣和成就感。

（四）深厚的专业素养与创新能力

新时代好教师应具备深厚的专业素养和创新能力，能够胜任教育教学工作并推动教育科学研究的发展。他们应掌握扎实的专业知识和教学技能，熟悉教育规律和教学方法；他们应关注学科前沿动态和教育改革趋势，积极引进和推广先进的教育理念和教学模式；他们还应具备创新意识和实践能力，能够结合实际情况开展教育教学改革和创新实践。通过深厚的专业素养和创新能力，新时代好教师能够为学生提供优质的教育服务并推动教育事业的进步。

（五）终身学习的理念与实践

新时代好教师应具备终身学习的理念和实践能力，不断更新自己的知识结构和教育观念。他们应树立终身学习的观念，将学习作为一种生活方式和职业发展需要；为推动教育科学研究与创新发展，为弘扬陶行知教育精神并争做新时代好教师提供理论支撑和实践指导。教育工作者应关注国内外教育动态和教育研究成果，积极参与教育科学研究活动，发表高质量的学术论文或研究成果；同时还应注重将教育科学研究与教学实践相结合，通过实证研究、案例分析等方法，探索教育问题的根源和解决方案，为教育改革和发展提供科学依据。保持终身学习的理念和实践能力，新时代好教师能够保持与时俱进的教育观念和教学水平，并不断提升自己的专业素养和综合能力。

（六）促进学生全面发展与个性成长

弘扬陶行知教育精神，争做新时代好教师，最终目的是要促进学生的全面发展和个性成长。教育工作者应坚持以学生为中心，关注学生的全面发展需求，注重培养学生的创新精神、实践能力、社会责任感等综合素质。同时，还应关注学生的个性差异和兴趣特长，提供多样化的教育资源和个性化的教育服务，让每个学生都能在适合自己的领域得到充分的发展和成长。

三、结语

在弘扬陶行知教育精神、争做新时代好教师的道路上，教育工作者面临着诸多挑战。随着社会经济的快速发展和信息技术的广泛应用，教育环境和学生需求发生了深刻变化，对教育工作者的专业素养和创新能力提出了更高的要求，弘扬陶行知教育精神、争做新时代好教师是当前教育改革和发展的重要任务。通过深入理解陶行知教育思想的内涵与价值、明确新时代好教师的标准与要求、探索实践路径以及应对挑战等方面的努力，我们期待更多的教育工作者能够积极投身于教育事业的发展中来，共同为培养德智体美劳全面发展的社会主义建设者和接班人贡献自己的力量。同时，我们也期待教育科学研究能够不断取得新的突破和进展，为教育改革和发展提供更加坚实的理论支撑和实践指导。

以陶行知思想引领学校教育的创新与实践

北流市新松小学　李建容

陶行知先生一生致力于教育的改革与实践，提出了“生活即教育”“社会即学校”“教学做合一”三大核心理念，这些思想至今仍具有重要的启示意义。陶行知的教育思想，以其独特的内涵和深远的影响，成为中国教育史上的一座丰碑。在当今社会，教育改革与发展是永恒的主题，重新审视和挖掘陶行知教育思想，对于指导学校教育教学工作具有极其重要的价值。

随着全球化、信息化的不断深入，教育面临着前所未有的挑战和机遇。在这样的背景下，弘扬陶行知的教育家精神，有助于我们更好地理解教育的本质和规律，还能为当前的教育改革提供有益的借鉴和启示。

一、四维精神：陶行知教育理念的核心支柱

（一）爱国精神，心系家国

陶行知先生一生秉持着强烈的爱国精神，他深知教育对于国家发展的重要性，因此提出“生活即教育”，旨在通过教育培养具有民族精神和国家责任感的新时代公民。这种爱国精神体现在他立足本土、关注民生、服务国家的实际行动中，也为学校教育教学工作指明了方向。学校应注重培养学生的国家意识和民族责任感，将爱国精神融入日常教学中。

（二）创新精神，引领潮流

陶行知先生是一位富有创新精神的教育家，他敢于挑战传统教育的弊端，提出“社会即学校”，打破传统教育的时空限制，鼓励学生在社会中学习、成长。这种创新精神体现在他不断探索教育的新路径、新方法上，也为学校教育教学工作提供了宝贵的启示。学校应鼓励学生勇于尝试、敢于创新，培养他们的创新思维和实践能力。

（三）实践精神，知行合一

陶行知先生非常注重实践在教育中的作用，他提出“教学做合一”，强调要将知识的学习与实践的行动紧密结合起来。这种实践精神体现在他积极投身教育实践、不断探索适合中国国情的教育模式上，也为学校教育教学工作提供了重要的指导。学校应加强实践教学环节，为学生提供更多的实践机会和平台，让他们在实践中深化知识、提升能力。

（四）奉献精神，矢志不渝

陶行知先生对教育事业有着无比的热爱和奉献的精神，他将自己的一生都献给了教育事业，创办了学校，把教育与社会、生活紧密相连，与时俱进，写下了不少教育名著。陶行知对教育事业的执着追求和无私奉献，为学校教育教学工作树立了榜样。学校应弘扬陶行知先生的奉献精神，鼓励广大教育工作者为培养优秀人才、推动社会进步而默默奉献。

二、时代新解：陶行知精神引领现代教育革新

（一）爱国育新：培养时代担当

学校应立足国家发展的需求，结合陶行知“生活即教育”思想，将爱国精神融入到日常教学中，培养学生的爱国情怀、国际视野和创新能力。通过组织各类社会实践活动，如社区服务、环保行动等，让学生在实践中

体验国家的发展和民族的复兴，增强他们的国家意识和民族责任感。

（二）创新领航：探索教育新途

在信息化、全球化的背景下，学校应继承和发扬陶行知先生的创新精神，结合“社会即学校”思想，打破传统教育的束缚，积极探索新的教育理念和方法。通过加强与社区、企业、科研机构的合作，为学生提供更多的实践机会和平台；同时，鼓励学生积极参与社会公益活动，培养他们的社会责任感和公民意识。

（三）知行并进：提升教育品质

在当前教育改革中，学校应结合陶行知“教学做合一”思想，加强实践教学环节，将知识的学习与实践的行动紧密结合起来。通过完善实践教学体系、建立实践教育基地等方式，为学生提供更多的实践机会和平台；同时，注重教育质量的提升，建立完善的教育质量保障体系，确保教育的公平性和有效性。

（四）奉献铸魂：坚守教育初心

在教育事业中，学校应继承和发扬陶行知先生的奉献精神，坚守教育的初心和使命。通过加强教师职业道德的建设和提升、树立良好的师道尊严形象等方式，弘扬陶行知先生的奉献精神；同时，注重培养学生的奉献精神和社会责任感，为他们成为具有高尚品德和社会责任感的公民奠定基础。

三、践行价值：以教育创新推动社会进步

（一）教育理念创新：引领教育现代化进程

陶行知先生的教育理念是中国现代教育史上的一座灯塔，以其前瞻性

和创新性引领着教育现代化进程。随着科技的飞速发展和全球化的深入推进，教育理念的创新显得尤为重要。陶行知先生的教育理念为我们提供了宝贵的启示和借鉴。

1．“生活即教育”理念的深化与实践

陶行知先生提出的“生活即教育”理念，强调了教育与生活的紧密联系。在当代教育中，我们需要进一步深化这一理念，将教育内容与学生的实际生活紧密结合，让学生在生活中学习、在学习中生活。这不仅有助于激发学生的学习兴趣和积极性，还能培养他们的实践能力和创新精神。例如，学校可以开展各种社会实践活动，如社区服务、环保行动等，让学生在实践中体验知识、提升能力。

2．“社会即学校”理念的拓展与延伸

“社会即学校”理念打破了传统教育的时空限制，将学校与社会紧密联系在一起。在当代教育中，我们需要进一步拓展和延伸这一理念，构建开放、多元的教育环境。这包括加强与社区、企业、科研机构的合作，为学生提供更多的实践机会和平台；同时，鼓励学生积极参与社会公益活动，培养他们的社会责任感和公民意识。通过这些举措，我们可以使教育更加贴近社会实际，为学生的全面发展提供有力支持。

（二）教育改革推动：深化教育领域综合改革

陶行知先生不仅是伟大的教育家，更是教育改革的先驱。他提出的“教学做合一”“生活即教育”等理念，不仅在当时引领了教育改革的风潮，更为当今深化教育领域综合改革提供了宝贵的启示。

1．课程改革与教学内容的更新

陶行知先生强调教育要与时俱进，与社会实际紧密结合。在深化教育领域综合改革的今天，我们需要对课程内容进行持续的更新与优化，以确保其符合时代发展的需求。这包括增加反映科技进步和社会发展新成果的内容，如信息技术、人工智能、可持续发展等；同时，也要注重培养学生的创新思维和实践能力，通过项目式学习、探究式学习等方式，让学生在解决问题的过程中学习知识、提升能力。

2. 教学方法与教学手段的革新

陶行知先生提出的“教学做合一”理念，强调了教育要注重学生的实践能力和主体性。在深化教育改革的过程中，我们需要对教学方法和手段进行大胆的创新与尝试。例如，可以运用现代信息技术手段，如虚拟现实、增强现实等，为学生提供更加生动、直观的学习体验；同时，也可以采用翻转课堂、混合式教学等新型教学模式，激发学生的学习兴趣和主动性。

3. 教育评价体系的完善与优化

传统的教育评价体系往往过于注重知识的掌握和考试成绩的高低，而忽视了学生的全面发展和个性差异。在深化教育改革的过程中，我们需要对教育评价体系进行完善与优化，建立多元化、全方位的评价机制。这包括注重学生的综合素质和能力的发展，如创新思维、实践能力、团队协作能力等；同时，也要关注学生的个性差异和特长发展，为他们提供更加个性化的评价和支持。

4. 教育公平与资源均衡的推进

陶行知先生一生致力于教育的普及与公平。在深化教育改革的过程中，我们需要更加关注教育公平问题，努力缩小城乡、区域、校际之间的教育差距。这包括加大对农村和边远地区的教育投入，改善教育基础设施和师资力量；同时，也要推动优质教育资源的共享与均衡，通过远程教育、在线教育等方式，让更多学生享受到优质的教育资源和服务。

（三）教育全球化：提升中国教育的国际影响力

陶行知先生曾提出“世界教育中国化”的理念，强调教育要与国际接轨，同时保持中国特色。这一思想在当今全球化背景下显得尤为重要，它不仅为中国教育提供了国际化的视野，更为提升中国教育的国际影响力指明了方向。

1. 国际交流，互鉴共进

在全球化的浪潮中，各国教育之间的交流与合作日益频繁。中国教育需要积极融入这一趋势，加强与国际先进教育机构的交流与合作。通过互派留学生、开展国际合作办学、组织国际学术会议等方式，我们可以深入了解国际教育的最新动态和成功经验，为中国教育的改革与发展提供有益的借鉴。

2．品牌展示，彰显成就

中国教育有着悠久的历史和独特的传统，在当代也取得了显著的成就。我们应该积极推广中国教育品牌，向世界展示中国教育的特色与优势。例如，可以举办国际教育展览、召开国际教育论坛等活动，介绍中国教育的理念、模式、成果等，增强国际社会对中国教育的认知与认可。

3．人才培养，跨国视野

在全球化背景下，具有国际视野和跨文化交际能力的人才成为各国竞相争夺的宝贵资源。中国教育需要注重培养学生的国际意识和跨文化交际能力，使他们能够更好地适应全球化时代的挑战和机遇。这包括加强外语教育、开展国际理解教育、鼓励学生参与国际交流活动等措施。

4．话语提升，增强影响

在全球化背景下，教育国际传播能力成为衡量一个国家教育软实力的重要指标。中国教育需要加强教育国际传播能力建设，提升国际话语权。这包括加强教育对外宣传、完善教育国际传播体系、培养具有国际传播能力的人才等措施。通过这些努力，我们可以让世界更多地了解中国教育，增强中国教育的国际影响力和竞争力。

（四）教师队伍建设：培养高素质专业化教师队伍

陶行知先生深知教师队伍在教育体系中的核心地位，他提出的“以教人者教己”等理念，不仅强调了教师要不断学习、提升自己的专业素养和教育教学能力，更为当代教师队伍的建设指明了方向。

1．强化培训，提升教师素养

在陶行知教育家精神的指引下，我们应当重视教师的专业成长与发展。这包括定期组织教师参加专业培训，提升他们的教育教学技能和学科知识；鼓励教师参与教育研究，探索新的教学方法和手段；以及建立教师成长档案，记录每位教师的成长轨迹，为他们提供个性化的职业发展规划。

2. 师德为先，树立良好师风

教师职业道德是教师队伍建设的基石。我们应当借鉴陶行知先生的教师职业道德观，加强师德师风建设，树立良好的教师形象。这包括开展师德师风教育活动，引导教师树立正确的职业观、价值观和人生观；建立师德考核机制，将师德表现作为教师评价和晋升的重要依据；以及加强教师间的交流与合作，形成良好的教师文化。

3. 科学评价，激励教师成长

为了激发教师的积极性和创造力，我们需要构建科学的教师激励机制和评价体系。这包括设立教学奖励基金，表彰在教学、科研和师德方面表现突出的教师；建立多元化的教师评价体系，既注重教学成果的量化评价，也重视教学过程的质性评价；以及为教师提供多样化的职业发展路径，如教学型、科研型、管理型等，以满足不同教师的职业发展需求。

4. 实践引领，鼓励教改探索

陶行知先生强调教育要与实践相结合，注重学生的主体性。在当代教育改革中，我们应当鼓励教师积极参与教育改革实践，探索新的教育模式和方法。这包括组织教师参与课程改革、教材创新和教学方法的革新；鼓励教师开展教学研究，探索适合本校、本地区的教育教学模式；以及加强学校与社会的联系，为教师提供更多的实践机会和平台。

四、结语

陶行知教育家精神是中华民族宝贵的精神财富，对于推动中国教育现代化进程、深化教育领域综合改革、提升中国教育的国际影响力和培养高素质专业化教师队伍都具有重要的意义。在新时代背景下，我们应该深入挖掘和传承陶行知教育家精神的内涵和价值，将其融入教育改革的实践中去，为构建更加公平、优质、高效的教育体系贡献智慧和力量。同时，我们也应该不断创新和发展陶行知教育家精神，使其在新的历史条件下焕发出更加绚丽的光彩。

在教育改革的道路上，我们要以陶行知先生为榜样，始终保持对教育事业的热爱和执着追求，勇于担当、敢于创新、善于实践，为培养更多德智体美劳全面发展的社会主义建设者和接班人而不懈努力。只有这样，我们才能不断推动教育事业的蓬勃发展，为实现中华民族伟大复兴的中国梦奠定坚实的基础。

陶行知教育思想在小学音乐教学中的实践研究

岑溪市第二小学　林伟妙

小学音乐教师对教育家精神的传承与实践，深度融合陶行知教育思想，成为推动音乐教育发展的关键力量。本文通过探讨小学音乐教师的理想信念、道德情操、育人智慧、躬耕态度、仁爱之心及弘道追求等，思考如何践行教育家精神，贯彻落实陶行知“生活即教育”“社会即学校”“教学做合一”的理念。

小学音乐教师在学生音乐素养的启蒙和培育中扮演着举足轻重的角色。他们需具备丰富的音乐理论知识和实践经验，通过生动的教学方式，将音乐之美传递给学生。同时，教师们还需具备敏锐的观察力和判断力，能够及时发现学生的音乐潜能和特长，并给予针对性的指导和培养。这不仅是教育家精神的体现，也是陶行知教育思想中“因材施教”原则的生动实践。新时代小学音乐教师教育家精神的传承与实践，不仅关乎教师自身的专业素养和发展前景，更关乎学生的全面发展和音乐教育事业的繁荣进步。它要求小学音乐教师不仅要成为音乐知识的传播者，更要成为陶行知教育思想的践行者，为学生的音乐梦想插上翅膀，为音乐教育事业的蓬勃发展贡献力量。

一、理想信念与小学音乐教育

（一）理想信念的内涵与重要性

理想信念，作为个人或集体对未来的坚定信仰和不懈追求，不仅是行动的内在动力，更是社会前行的精神灯塔。在小学教育中，尤其是小学音乐教育中，理想信念的培养占据着举足轻重的地位，它深刻影响着学生的成长轨迹与人生价值观的塑造。陶行知先生提出：“千教万教，教人求真；千学万学，学做真人。”在小学音乐教育中融入理想信念教育，旨在丰富学生的精神世界，提升其道德素养与审美情趣，正如音乐以其独特的魅力，深深触动学生的心灵，激发他们的共鸣，引导他们追求真善美的崇高境界。通过音乐教育，学生不仅能学到音乐知识和技能，更能在音乐的熏陶下，培养审美情趣、创新能力和团队协作精神。而理想信念的教育，正是这些教育目标得以实现的重要基石。当学生心怀崇高的理想信念，他们便能以更加饱满的热情投入到音乐学习中，不断挖掘自我潜能，提升综合素质。

（二）在小学音乐教学中培养学生的理想信念

在小学音乐教学中，培养学生的理想信念是一项核心任务，它不仅是艺术教育的内在要求，也是陶行知教育思想在现代教育中的生动体现。音乐，以其独特的魅力，不仅能够陶冶情操，更能潜移默化地引导学生树立积极向上的价值观和人生观，正如陶行知先生所强调的“千教万教，教人求真”。为了在音乐教学中有效融入理想信念教育，教师应精心选取具有教育意义的音乐作品，这些作品不仅旋律优美，更蕴含深刻的思想内涵，能够激发学生的共鸣和思考。同时，教师可以组织主题音乐会，围绕理想信念展开，让学生在欣赏和参与中感悟音乐的力量，深化对理想信念的认识。在教学实践中，教师应积极践行陶行知先生的“教学做合一”理念，将理想信念教育的元素融入音乐教学的各个环节。在教授音乐技能时，引导学生思考音乐与人生、音乐与理想之间的内在联系，鼓励他们通过音乐表达自己的情感和追求。在欣赏音乐作品时，创造开放包容的课堂氛围，鼓励学生发表见解，培养其独立思考和审美能力。在课外音乐活动中，设置与理想信念相关的主题或任务，让学生在实践中感悟和成长，真正做到知行合一。

二、道德情操与音乐教育师德

（一）道德情操的内涵与要求

陶行知先生强调“学高为师，身正为范”，意指教师应以高尚的道德情操为学生树立榜样。在小学音乐教育中，具备高尚道德情操的教师，能够以身作则，营造积极向上、和谐融洽的学习氛围，这正是陶行知教育思想中“生活即教育”理念的生动体现。教师通过自己的言行举止，将道德情操融入日常教学，使学生在潜移默化中受到熏陶，形成正确的道德观念和行为习惯。教师的道德情操对于培养学生的道德品质具有深远影响。正如陶行知先生所倡导的“因材施教”，在音乐教育中，教师需关注学生的个体差异，以高尚的道德情操为引领，通过音乐这一艺术形式，激发学生的共鸣，培养其仁爱之心、自律之意，使学生在享受音乐之美的同时，不断提升自身的道德品质。

（二）音乐教育对道德情操的陶冶

在小学阶段，学生的道德认知正处于形成的关键时期，音乐教育正是这一过程中的重要助力。通过接触丰富多样的音乐作品，学生得以领悟其中蕴含的道德寓意和人生哲理。经典歌曲和乐曲以其优美的旋律和感人的歌词，激发学生对美好事物的向往和追求，引导他们践行道德规范，体现了陶行知先生的教育理念。音乐教育通过合唱、合奏等集体活动，培养学生的团队协作精神和集体荣誉感，这正是陶行知教育思想中“教学做合一”的实践体现。在这些活动中，学生相互协作、共同努力，不仅增强了集体意识，也锻炼了责任感。同时，音乐教育中的表演和展示环节，为学生提供了建立自信心的平台，培养他们勇敢、大方的品质，进一步丰富了他们的道德情感体验。

（三）在音乐教育中的师德修养

在小学音乐教育中，教师的师德修养不仅是个人职业素养的体现，更是陶行知教育思想指导下，塑造学生心灵、引导学生健康成长的关键。音乐教育作为情感交流、心灵沟通和美的熏陶的特殊教育形式，对音乐教师的师德修养提出了更高要求。陶行知先生强调“敬业乐群”，小学音乐教师应秉持敬业爱岗的精神，深刻理解音乐教育的价值，将个人职业发展与教育事业紧密相连。在日常教学中，音乐教师应以高质量的音乐教学激发学生的热情，精心设计教学环节，体现“教学做合一”的教育理念，培养学生的音乐素养。音乐教师应注重自身的师德塑造，践行陶行知先生“学高为师，身正为范”的师德观。在教学行为、言谈举止和待人接物中，音乐教师应以身作则，传递积极向上的价值观和人生观，引导学生形成正确的道德观念。关注个体差异，以平等态度对待每位学生，尊重学生个性和特长，提供个性化教学服务，实现“因材施教”。

三、育人智慧与音乐教育创新

（一）育人智慧的内涵与价值

育人智慧，作为教育者的核心素养，其内涵深邃而丰富，既要求教育者具备深厚的教育理论知识和实践经验，又强调创新思维与教学能力的提升。在小学音乐教育中，这一智慧尤为重要，它不仅是陶行知教育思想“教学做合一”理念的生动体现，也是推动音乐教育创新发展的关键。陶行知先生强调“千教万教，教人求真”，这要求小学音乐教师不断学习，提升自身专业素养，准确把握教育规律和学生心理，以便在音乐教学中融入育人理念，引导学生追求真善美。同时，育人智慧还体现在教师如何结合现代科技手段，创新教学方式方法，提高学生的学习兴趣和效果，这正是陶行知教育思想中“创造教育”的精髓所在。

（二）小学音乐教育教学的实践创新

1．运用现代科技手段的音乐教学

教师充分利用现代科技手段，巧妙运用智能音乐软件、虚拟现实技术等现代科技手段，为学生打造沉浸式的音乐学习环境。这一创新实践不仅让学生更直观地理解音乐知识，还通过互动式学习激发了他们对音乐的兴趣和热爱，教学效果显著。这体现了陶行知先生“创造教育”的理念，即教育者应勇于创新，利用现代科技手段改进教学方法，以适应时代发展的需要。

2. 跨学科融合的音乐课程设计

教师将音乐课程与其他学科有机融合，如音乐与数学、语文的结合，设计出富有创意的跨学科音乐课程。这种设计不仅丰富了音乐教学的内涵，还拓宽了学生的知识视野，培养了他们的综合素养和创新能力。这契合了陶行知先生“生活即教育”的观点，即教育应贴近学生生活实际，通过跨学科融合，让学生在解决实际问题的过程中学习和成长。

3. 以学生为中心的音乐教学模式

教师坚持以学生为中心的教学理念，鼓励学生自主选择音乐作品进行学习和表演，同时提供多样化的音乐实践机会。这种教学模式充分发挥了学生的主体性和创造性，培养了他们的自信心和团队合作精神。这体现了陶行知先生“教学做合一”的思想，即教育应注重实践，让学生在做中学，在学中做，实现知行合一。

四、躬耕态度与音乐教育实践

（一）躬耕态度的内涵与要求

对于小学音乐教师而言，躬耕态度不仅是职业精神的体现，更是陶行知教育思想指导下教育实践的必然要求。音乐教育，作为小学教育不可或缺的一环，旨在培养学生的音乐素养、审美能力和创新精神，而躬耕态度则是实现这些目标的关键。躬耕态度首先要求音乐教师具备扎实的专业素养，这与陶行知先生强调的“学高为师”理念相契合。音乐教师需不断提升自身音乐知识和技能，掌握音乐理论、演奏技巧及作品欣赏等多方面内容，以深厚的专业素养引领学生感受音乐之美，培养其音乐素养和审美能力。

（二）音乐教育实践中的躬耕精神

躬耕精神是小学音乐教师最为宝贵的品质，它深刻体现了陶行知教育思想的精髓。老师要深知音乐教育对孩子成长的重要性，以躬耕的态度，用心去灌溉每一颗音乐的种子。不仅传授音乐知识，更注重培养孩子们的音乐素养，这与陶行知先生的教育理念不谋而合。老师可以利用课余时间组织合唱团、乐器小组等活动，让孩子们在音乐的海洋中自由翱翔，这正是“生活即教育”理念的生动体现，让孩子们在实践中学习，在学习中成长。

五、仁爱之心与音乐教育人文关怀

（一）仁爱之心的内涵与价值

在陶行知教育思想的引领下，仁爱之心在音乐教育中展现出独特的内涵与价值。音乐，作为情感与人文的载体，要求教师以仁爱之心去理解、尊重并引导学生，这不仅是职业道德的体现，更是教育智慧的展现。仁爱之心能够构建和谐的教学氛围，让学生感受到温暖与鼓励，激发他们参与音乐学习的热情。同时，它促进学生全面发展，通过音乐陶冶情操，培养审美能力和创造力，实现个体价值。此外，仁爱之心也是音乐教育者自我提升的动力，促使教师不断反思与实践，提升专业素养和教育能力。在陶行知教育理念下，仁爱之心成为提升音乐教育质量、保障学生全面发展的重要基石。

（二）音乐教育中的仁爱之心体现

结合陶行知教育思想，音乐教育中的仁爱之心体现在多个方面。在教学理念上，音乐教师以热爱教育事业和关爱学生为核心，将学生利益放在首位，精心设计教学内容和活动，体现“学高为师，身正为范”的师德要求。在教学内容上，教师选择积极向上、富有感染力的音乐作品，引导学生感受音乐之美，理解音乐所蕴含的情感和价值观，践行“生活即教育”的理念。在教学方法上，教师尊重学生差异，采用多样化教学手段，实施个性化指导，实现“因材施教”。在师生互动中，教师关心学生需求，提供及时帮助和支持，营造民主、和谐的课堂氛围，体现“教学做合一”的实践精神。

六、弘道追求与音乐教育传承

（一）弘道追求的内涵与意义

弘道追求在音乐教育中展现出独特的内涵与深远的意义。音乐作为文化的载体和心灵的桥梁，其教育不仅是技艺的传授，更是文化的传承和心灵的启迪。对于小学音乐教师而言，弘道追求意味着在技艺上精益求精，同时在教育理念上不断创新，以音乐为媒介，引导学生感悟生活、理解世界，实现“千教万教，教人求真”的教育目标。在音乐教育传承中，弘道追求有助于提升音乐教育的教学质量，促使教师不断追求自我超越，提升专业技能和教育水平，为学生提供优质的音乐教育。同时，弘道追求有助于培养学生的综合素质，通过教师的引导和启迪，学生能在音乐学习中提升审美能力和创造力，培养坚韧不拔、勇于探索的精神品质。此外，弘道追求还推动音乐文化的传承与发展，为音乐文化的多样性和创新性贡献力量。小学音乐教育是音乐文化传承的重要基础，具有弘道追求的音乐教师会积极挖掘和传承民族音乐文化，推动音乐文化的多样化。

（二）弘道追求与音乐教育传承的路径与方法

课程建设是音乐教育传承的核心，实践活动是音乐教育传承的重要载体。我们要充分利用各种资源，为学生搭建展示自我、锻炼能力的平台。例如，可以定期举办校园音乐节、音乐比赛等活动，让学生在参与中体验音乐的魅力，激发其对音乐的热爱。同时，还可以开展校外音乐实践活动，如走进社区、乡村进行音乐普及教育，让学生在实践中感悟音乐的社会价值，培养其社会责任感。教学方法的创新是音乐教育传承的关键。我们要积极探索以学生为中心的教学模式。例如，可以运用现代信息技术手段，开展网络教学、慕课等新型教学方式，让学生在个性化的学习中找到适合自己的学习路径。此外，还可以尝试将音乐与其他学科进行有机融合，如音乐与语文、历史等学科的结合，让学生在跨学科的学习中感受音乐的多元魅力。师资水平的提升是音乐教育传承的保障。我们要加强对音乐教师的培养和培训，提高其专业素养和教育教学能力。一方面，可以通过定期举办教师培训班、邀请专家进行讲座等方式，为教师提供持续学习的机会；另一方面，要鼓励教师积极参与教育教学研究，不断探索音乐教育的新理念、新方法，为音乐教育的传承注入新的活力。

七、结语

陶行知先生强调“千教万教，教人求真；千学万学，学做真人”，这一教育理念与新时代小学音乐教师教育家精神的传承与实践高度契合。在新时代背景下，小学音乐教师不仅要具备扎实的专业素养，更需传承与实践教育家精神，以音乐为媒介，引导学生求真、向善、尚美，培养具有高尚情操和创新精神的新时代人才。为实现这一目标，我们需要采取一系列措施：深化对教育家精神的理论研究，拓展其在音乐教育中的应用研究；关注地域文化差异，因地制宜地推动教育家精神的传承与实践；加强音乐教师的师资培训，提升其专业素养和教育教学能力；优化音乐课程体系，融入更多具有教育意义的音乐作品和教学内容；搭建交流平台，促进音乐教师之间的经验分享与合作；完善评价机制，对音乐教育质量进行客观公正的评价；加强家校合作，形成教育合力，共同推动教育家精神在小学音乐教育中的传承与实践。

弘道视域下新时代教育家精神的践行与探索

广西民族师范学院附属小学教育集团　黄平化

“弘道”源自《论语》，强调弘扬正道。中华民族五千年历史积淀了独特的精神力量。我们践行人民教育家陶行知“生活教育”的理念，就是要共塑坚韧的民族精神，推动社会进步与文化繁荣。“道”代表宇宙法则与人生至高境界。而“弘道”则是通过实践传播这些价值观，引领社会向善。教师的“弘道”追求还要考虑学生的全面发展与社会的和谐进步。

一、“弘道”视域下的教育理念

在“弘道”这一深远而丰富的教育理念下，教育被赋予了前所未有的重要意义。它不再局限于知识的传授，而是更加注重引导学生追求真理、正义与道德，力求实现个人品德的全面升华。这一理念如同一座灯塔，照亮了教育前行的道路，引领我们探索更加全面、深入的教育模式。

（一）立德树人，以德为先

在“弘道”的指引下，教育的首要任务变得清晰而坚定——立德树人。这意味着，教育工作者不仅要传授知识，还要注重培养学生的道德品质和价值观。陶行知先生说：“道德是做人的根本。根基稳固，方能枝繁叶茂，道德是立人之本。”教师应秉持“以德为先”的崇高理念，通过言传身教的方式，潜移默化地引导学生树立正确的世界观、人生观和价值观，力争培养出具有高尚品德和强烈社会责任感的公民，为社会的和谐与进步奠定坚实基础。

（二）因材施教，关注个性

“弘道”精神强调尊重每个学生的独特性，倡导因材施教的教育理念。陶行知先生说：“每个孩子都有不同的发展模式和潜能，要因材施教，给予个性化的教育，培养他们的独特才能。”教育工作者需要深入了解每个学生的特点和需求，如同园丁精心培育每一株花朵，为他们提供个性化的教育服务。这样的教育模式，旨在帮助每个学生充分发掘自身潜能，实现自我价值，在各自的领域里绽放出耀眼的光芒。

（三）全面发展，注重实践

在“弘道”的视域下，教育的目标更加宏大而全面。它追求学生的全面和谐发展，不仅注重知识的传授，更关注学生的实践能力、创新能力和社会责任感的培养。为了实现这一目标，教育工作者应设计丰富多彩的实践活动和社会实践，让学生在实践中学习，在学习中成长。通过这些活动，学生能够将所学知识应用于实际，提升综合素质，为未来的挑战做好充分准备。

二、“弘道”与新时代教育家精神的逻辑关系

在深入探讨新时代教育家精神时，我们不难发现“弘道”与其之间存在着紧密且深远的逻辑关系。新时代教育家精神不仅是对教育传统的继承与发展，更是对“弘道”理念的深刻诠释与创新实践。它要求教育者不仅要传授知识，更要启迪学生智慧，引导他们追求真理、塑造高尚人格，共同为社会的和谐与进步贡献出积极的力量。这种精神不仅体现了教育者的职业素养，更彰显了他们在推动社会进步和文化传承中的重要作用。

（一）价值追求的一致性

“弘道”所蕴含的对真理、正义、美德等高尚价值的追求，与新时代教育家精神中的理想信念、道德情操等核心价值高度契合。教育家们深知，教育的本质不仅仅是传授知识，更重要的是引导学生树立正确的价值观和人生观。因此，他们通过教育实践，积极弘扬正确的价值观和人生观，引导学生走向光明、正确的人生道路。在这个过程中，教育家们不仅传授学科知识，更注重培养学生的道德品质和社会责任感，使他们成为具有高尚情操和良好品德的公民。通过丰富多样的教育活动和课程设置，引导学生深入探索真理、追求美德。他们鼓励学生积极参与社会实践，培养独立思考和解决问题的能力，同时注重培养学生的创新意识和团队合作精神。通过这些努力，教育家们旨在培养出既具有扎实学科知识，又具备高尚道德情操和强烈社会责任感的优秀人才。

（二）教育实践的指导性

“弘道”不仅是一种理念，更是一种行动指南。它要求人们通过自身的努力和实践去传播真理、弘扬美德。新时代教育家精神同样强调教育实践的重要性，要求教育工作者们以躬耕不辍的态度投身于教育事业，通过不断创新和改进教学方法，提高教育质量。他们深知，只有不断探索和实践，才能找到最适合学生的教育方式，培养出真正符合社会需求的人才。在教育实践中，他们根据学生的不同特点和需求制定个性化的教育方案。他们运用现代科技手段，创新教学方式，激发学生的学习兴趣和主动性。同时，他们还关注学生的心理健康和成长需求，积极为学生提供心理辅导和成长指导。通过这些努力，旨在为学生创造一个全面、和谐、富有活力的成长环境。

（三）社会责任的担当性

“弘道”意味着对社会、对民族、对国家的责任与担当。新时代教育家精神也强调教育工作者的社会责任和历史使命。他们深知，教育是国家发展的基石，是民族振兴的希望所在。因此，他们不仅关注学生的个人成长和发展，更要着眼国家的未来和民族的复兴，积极引导学生树立正确的国家观和民族观，培养他们的爱国情怀和社会责任感。他们通过组织各种形式的社会实践活动和志愿服务活动，让学生亲身体验社会、了解国情，增强他们的社会责任感和使命感。同时，他们还注重培养学生的国际视野和跨文化交流能力，使他们能够更好地适应全球化时代的挑战和需求。

（四）文化传承的连续性

“弘道”还包含了对文化传承的重视。教育家们作为文化的传承者和创新者，通过自身的教育实践，将中华优秀传统文化、革命文化和社会主义先进文化等宝贵的精神财富传递给下一代。他们深知，文化是民族的灵魂和血脉，是维系国家统一和民族团结的重要纽带。因此，他们致力于将文化教育融入日常教学之中，让学生通过学习和体验，深刻理解和认同自己的文化传统。

三、“弘道”视域下的教育实践

以“弘道”为指引，践行教育家精神，意味着教育者需秉持传播真理、启迪智慧、塑造灵魂的崇高使命，不仅传授知识，更引领价值，以身作则，培养具有社会责任感与时代担当的新时代人才，为推动教育大国走向教育强国鞠躬尽瘁。

（一）点亮心灯，初识“弘道”教育之真谛

点明心灯，意味着在心灵的深处点燃智慧之光，开始领悟并传播真理与美德。它不仅是个人修行的起航，更是以广博胸怀和深远视野，将正道之光普照四方的开始，体现了对生命意义和宇宙真理的不懈追求。

回溯至 1989 年秋季的一个清晨，我踏上了前往一所偏远山村学校的

路程。那所学校的校舍简朴至极，教学条件颇为艰苦。我所负责的是一个由 43 名孩子组成的特殊班级，其中 36 名为留守儿童，他们的父母长期在外务工，每年仅能在春节时分得以团聚。在此情境下，我不仅是知识的传播者，更是孩子们心灵的慰藉者与生活的陪伴者。我时常与孩子们促膝长谈，共享运动的欢愉，用心体悟他们的需求，以爱滋养他们的心田，携手共赴成长的旅程。

那段在乡村教育一线耕耘的时光，成为我职业生涯中最为珍贵的记忆。正是这段经历，使我更加深切地领悟到教育的本质——它不仅是知识的灌输，更是希望的点燃与爱心的传递。目睹孩子们脸上洋溢出的纯真笑容，我的内心充满了无比的欣慰与满足。这份源自内心深处的感动，不仅坚定了我投身教育事业的信念，更让我初次触及并深刻理解了“弘道”教育的精髓所在。

（二）扎根边境，以情践行教育使命

边境教育者，在资源相对匮乏的环境下，依然坚守教育岗位，不仅实现了个人价值的升华，更为边境教育的发展与社会进步注入了强劲动力。我的教育之旅始于乡村，35 年如一日，我坚定地矗立在边境教育的最前沿。

1982 年至 1985 年，我在天等县都康中学度过了求知的青春岁月。母校如同一位慈爱的母亲，滋养了我的心灵，丰富了我的学识。那段时光，集体宿舍条件简陋，每晚十时，宿舍的电灯准时熄灭，但班主任对我们几个优秀学生的关爱却如同黑夜中的明灯。为了给我们创造更好的学习环境，老师特意安排我们住进了教工宿舍区的一间房间，那里成为我们孕育梦想、蓄势待发的温馨之地。正是母校的精心培育，成就了今天的我。如今回首，能为家乡的发展贡献自己的力量，我深感自豪。

2006 年夏季，我面临一次重要的职业选择。当时，内陆地区的工作月薪仅为千余元，而深圳、东莞等地的名校月薪已破万，其吸引力显而易见。我毅然前往应聘，并成功入围。然而，在关键时刻，对父母的牵挂和

对故乡的深厚情感，让我最终决定放弃这次机会，选择留在故土。岁月的流转中，我曾多次站在生活的十字路口，面临选择。我的爱人工作单位在首府南宁，按照条件，我有很多次机会结束两地分居的生活。2014 年夏天，调动的消息再次传来，全校老师以热泪挽留。当我看着身后那支团结奋进的团队，看着自己亲手经营起来的几所学校，我深知自己肩负的责任与使命。那份对团队、对土地的深情让我难以割舍，于是，我一次又一次地放弃了调动的念头。

在边境民族地区，每创办一所品牌学校，每带领一支队伍，都充满了巨大的挑战与困难。过去的 15 年，我带领 600 余名教师，在废石滩上创建了 4 所学校，让八桂教育听到了来自祖国南疆的强劲声音。校园里的每一砖每一瓦，都见证了我的奋斗与梦想，边境教育的变迁更是凝聚了我的心血与汗水。在这里，我感受到了生命的价值，无论未来如何变迁，我都将与我的团队、我的学校，与这片土地共同续写教育、梦想与坚守的辉煌篇章。

（三）专业精进，矢志不渝践行“弘道”教育

在“弘道”的广阔视野下，教育致力于学生的全面发展，不仅聚焦于知识的传授，更深刻关注其实践能力、创新能力以及社会责任感的培育。通过组织丰富多彩的实践活动与社会实践，我们引导学生将所学知识应用于现实生活，从而全面提升其综合素质。

我毕业于南宁民族师范学院，随后被分配至一所乡村小学。从繁华的首府到偏远的乡村，我初涉教育领域的动机或许并不那么强烈，然而，当我目睹孩子们那双渴望成长、充满求知欲的眼睛时，我深刻体会到了教育的真谛与情怀。从此，我踏上了这条教育之路，走得坚定而执着，从未有过丝毫放弃的念头。

在教育这条漫长而艰辛的道路上，我始终保持着一颗谦逊的心，如同持有一只空杯，随时准备接纳新知。在过去的 35 年里，我先后进入 6 所

高等学府深造或进修，不断学习，不断充实自己的教育思想与专业知识。我珍视每一次学习的机会，虚心向教育界的名家大师求教，努力提升自己的专业素养与教学能力。

35 年间，我坚持每天至少撰写一篇教育评论，以笔为剑，以墨为锋，不断剖析教育现象，探索教育规律。我先后编撰了 20 余本校本课程教材，撰写了超过 100 万字的教育评论文章，并参与了不低于 200 场的巡回讲学活动。通过不懈的努力与奋斗，我从一名普通的乡村教师，逐步成长为“正高级教师”“全国优秀教师”“广西特级教师”“首届八桂名师”，并享受国务院特殊津贴。这些荣誉的获得，不仅是对我无数个日夜辛勤付出的肯定与褒奖，更是对我为民族地区教育事业倾注心血与智慧的一种高度认可。

（四）科研驱动，铸就卓越教育体系

近年来，我积极与多所高等院校及科研机构构建合作关系，携手开展课题研究与技术革新，全力推动我市教育科研工作的深入发展。这些宝贵的合作经历，成为我持续保持进取姿态的精神源泉与不竭动力。

在科研领域，我个人先后主持或参与完成了 13 项自治区级教育科学规划课题的研究工作，并引领教师团队开展了近百项课题的深入探索，指导的教学成果奖项目荣获自治区特等奖 1 项、自治区一等奖 6 项。此外，我指导撰写的教育典型案例中，有 5 个被教育部评选为优秀教育经典案例，我个人也荣获了自治区教学成果一等奖及国家级教学成果二等奖的殊荣。

在肩负教育集团发展重任的同时，我亦致力于全市教育科研工作的推进，并在教育厅及高校兼任多个专业委员会委员职务。尽管所投入的精力与时间已远超个人负荷，但我却乐此不疲，因为内心深处有一股坚定的力量驱使我不断前行。2021 年 7 月，我有幸作为国家级基础教育教学成果奖的推介人，与全国知名学校的课程改革团队共同站在了同一平台上，通过

线上直播的方式，向全国展示了我们的课改成果。这次直播不仅让全国的教育同行听到了来自祖国南疆边陲的课改之声，也进一步坚定了我们持续前行的决心与信心。

（五）携手团队，共绘教育宏伟蓝图

教育人生恰似苏东坡笔下所描绘的“一张琴，一壶茶，一溪云”之境。于我而言，那张琴象征着神圣的教育事业，那壶茶寓意着悠然的教育生活，而那溪云则代表着深厚的育人情怀。在我的周围聚集着众多与我志同道合的教育工作者，他们勤勉敬业、无私奉献，从青春年华到白发苍苍，以实际行动践行着新时代教育家的精神实质。他们的事迹与精神同样闪耀着光芒，值得我们深入学习与传承。

为了引领这些教育同仁的成长与发展，我积极推行了“五子工程”：为教师指明成长路径（引路子）、赋予责任担当（压担子）、搭建展示平台（搭台子）、提供上升助力（扶梯子）、树立先进榜样（树牌子）。这一系列举措不仅有效促进了教师的专业成长，还显著提升了整个教育集团的综合实力。

由我创立的“春风化语”特级教师工作室，更是成为教师成长的摇篮。该工作室先后培养出正高级教师 9 名、特级教师 7 名、国家级名师 1 名以及广西名师 4 名。此外，还有 32 名教师在自治区教学比赛中荣获一等奖，4 名教师入围自治区深蓝工程培育对象。这些脱颖而出的教师群体，犹如一颗颗璀璨的明珠，共同构筑起祖国南疆教育事业的坚实基石。

四、结语

在“弘道”的广阔视野中，我们深入探索并实践新时代教育家的精神，这既深化了教育理论，又为教育实践提供了有力指导。陶行知强调：“教育是国家万年根本大计。”这凸显了教育的深远意义和教育家所承担的重大使命。新时代的教育家们，深受陶行知“求真、学做真人”理念的启

发，以坚定的信念和高尚的师德，在教育的沃土上勤奋播种。在新时代的征途上，让我们携手前行，以陶行知的教育理念为灯塔，持续传承和发扬教育家精神，共同努力，为实现教育现代化和民族复兴伟业贡献力量，培育出更多能担当重任的新时代青年。

陶行知教育思想在小学美术教育中的传承与创新

贵港市港北区荷城小学　陈　羽

陶行知是中国伟大的人民教育家，陶行知教育思想“生活即教育”“社会即学校”“教学做合一”的三大核心理念，对当代教育产生了深远的影响。陶行知的教育思想强调教育的实践性和社会性，认为教育应来源于生活，服务于社会，注重学生的主体性和创造性。在当前教育发展的新形势下，小学美术教育的任务不再仅仅是传授绘画技能和审美知识，更重要的是培养学生的创新思维、实践能力和社会责任感。

一、陶行知精神与小学美术教育融合的理论基础

（一）陶行知教育思想的核心要义

陶行知的教育思想主要包括“生活即教育”“社会即学校”“教学做合一”等三个方面。

“生活即教育”强调教育来源于生活，服务于生活。生活本身就是最好的教育资源，教育者应引导学生从生活中发现美、创造美，将美术教育与学生的日常生活紧密结合。

“社会即学校”则主张将学校教育与社会实践相结合，打破传统学校的封闭性，让学生走出校园，参与社会实践，从而培养学生的社会责任感和实践能力。在美术教育中，这意味着教育者应引导学生关注社会现象，

通过艺术创作表达对社会问题的思考和看法。

“教学做合一”是陶行知教育思想的核心方法论，强调教学应与学生的实践相结合，让学生在做中学、学中做。在美术教育中，这要求教育者应注重学生的实践操作，通过动手创作培养学生的创新思维和实践能力。

（二）小学美术教育的目标与特点

在探讨小学美术教学理念与实施之际，我着眼于以下核心目标：培育学生审美感悟、创新思考以及动手实践之技能。具体来说，便是引领学生深入体会美的存在，从中发掘、创造美，进而提高其审美水平；同时，通过艺术创作激发学生的创新意识，丰富其想象力与创造力；此外，尤为重视学生实际操作的锻炼，以增强其动手实践能力。针对教学手段，小学美术教育着重于凸显学生的主体地位与创造性，提倡多元化的教学途径。例如，采纳生活化的内容、社会化的教学方式，唤醒学生的学习兴趣与创作动力；同时，利用项目式学习、跨学科融合等方法，进一步增强学生的实践技能与创新能力。

（三）陶行知精神与小学美术教育的契合点

陶行知先生的教育理念强调教学的实践性、社会性。“教学做合一”理念，强调实践的重要性。在小学美术教学中，开展手工制作、绘画创作等实践课程，让学生在动手过程中提升美术技能，将创意转化为作品。“社会即学校”观点启示我们，要拓展美术教学空间。组织学生参观美术馆、博物馆，欣赏多元艺术作品；开展户外写生，走进自然与社会，让学生从丰富的社会生活中获取灵感，提升美术素养。

重视学生主体地位和创造力培养，这要求创新教学方法。在教学中采用项目式学习，如让学生分组完成“校园文化墙设计”项目，激发学生主动探索能力和团队协作能力。同时推进跨学科教学，将美术与语文、科学结合，如用语文知识描述作品意境，开拓学生思维，培育创新能力。秉持陶行知教育观的全面性，小学美术教学应着眼学生的全面发展，通过美术教育提升学生审美、培养情感，增强文化理解，为学生未来发展奠定基础。

二、陶行知精神引领下的小学美术教育实践探索

陶行知精神在小学美术教育中的实践探索，旨在通过生活化的教学内容、社会化的教学模式以及实践化的创作过程，将美术教育与学生的日常生活、社会实践和实际操作紧密结合，从而培养学生的审美情趣、创新思维和社会责任感。以下为我日常教学中的具体案例，详细阐述这三个方面的实践探索。

（一）生活化的美术教学内容

在探索将美术教育融入学生日常体验的路径中，我特别强调从生活实践中汲取美的灵感与创造力。我以描绘“故乡自然景观”为题，开展了一项富有创意的美术教学活动。在此活动中，学生们实地感受并认识了故乡的地貌、植被随季节变换的多样性。此过程不仅让学生们沉浸式领略了家乡的美景，更教会了他们细致观察、记录和描绘自然的方法。随后，学生们尝试用手中的画笔捕捉瞬间之美，将家乡的景致凝固定格。这样的实践不仅提升了他们的绘画技能，还激励他们将所感所见转化为艺术创作。通过这次美术教学实践，学生们不仅提高了美术修养和审美鉴赏力，更深化了对家乡的情感认同与热爱。这一过程充分体现了将美术学习与生活紧密相连的教学理念，印证了陶行知先生“生活即教育”的深刻思想。

（二）社会化的美术教学模式

社会化的美术教学模式强调将美术教育与社会实践相结合，让学生在参与社会实践的过程中提升美术素养和社会责任感。以“社区艺术文化节”为例，我进行了一次有益的尝试。

在“社区艺术文化节”期间，我组织学生参与社区墙绘、公共艺术装置设计等美术实践活动。学生们走进社区，与社区居民共同创作，将美术课堂延伸至社会。在墙绘活动中，学生们根据社区的特色和居民的需求，设计并绘制了一幅幅生动有趣的墙画。这些墙画不仅美化了社区环境，还成为社区居民交流、互动的纽带。在公共艺术装置设计活动中，学生们更是发挥了自己的创意和想象力，设计并制作了一系列富有创意和艺术感染力的公共艺术装置。这些装置不仅提升了社区的文化氛围，还激发了社区居民对艺术的热爱和追求。

通过这次活动，学生们不仅提升了美术创作能力，还学会了如何与他人合作、沟通，培养了他们的社会责任感和团队协作能力。同时，他们也将美术学习与社会实践紧密结合，践行了陶行知“社会即学校”的理念。

（三）实践化的美术创作过程

为践行陶行知“教学做合一”的教育理念，我开展了一项以美术创作实践为核心的探索。以此为契机，学生们围绕环保主题，如垃圾分类、节能减排等，展开小组研讨，不仅深化了对环保内涵的认识，更学会了团队协作与观点交流。继而，学生们将构思绘成草图，这一环节激发了他们的想象力和创造力，将环保理念赋予艺术表现。随后，他们根据草图挑选材料，动手制作，这一过程中，他们熟练掌握了工具的使用，锻炼了动手实践能力。最终，通过创意海报的展示活动，学生们展现了个人作品，分享了创作经历，还互相评价了彼此的作品，增强了他们的自信与表达。本次实践不仅让学生们学会了海报设计的基本技能，更在实践中学会了知识的应用，提升了美术素养与创新能力。陶行知精神指导下的美术教育，通过融合生活化内容、社会化教学与实践化创作，将美术学习与学生日常生活、社会实践紧密结合，培育了他们的审美、创新思维和社会责任感，为未来全面发展奠定了坚实基础。

三、陶行知精神引领下的小学美术教育创新策略

陶行知先生的教育思想，为现代小学美术教育提供了宝贵的指导。在陶行知精神的引领下，小学美术教育创新策略应聚焦于教学内容、教学方法和评价体系三个方面，旨在激发学生的美术兴趣，培养其创新思维和实践能力。

（一）教学内容的创新

1. 开发美术课程资源

深入挖掘并整合地域特色及民族文化，打造独具一格的美术课程资源。本土的自然风光、历史遗存以及民间习俗，均为美术创作的素材宝库。启发学生以故乡的山水、古建筑、民俗活动等为创作主题，不仅能增进他们对家乡文化底蕴的认识，还能激发其艺术创作的灵感。

2. 将美术资源与课程融合

将诸如民族服饰、节日庆典、民间传说等民族文化元素融入教学之中，将有效提升学生的民族自尊与文化自信，推动民族文化的传承与发展。

3. 运用现代科技手段

借助现代科技手段，拓展美术创作的多样性。数字绘图、三维打印，甚至条件允许时引进的虚拟现实（VR）与增强现实（AR）技术，均为美术教学注入新活力，让学生亲身体验数字艺术的魅力。这些技术的运用，不仅开阔了学生的创作视野，更激励了他们的创新与探索精神。

（二）教学方法的创新

在探索教学策略的过程中，采纳项目导向学习和逆向课堂等创新方法，能显著增强学生的学习热情与互动性。项目导向学习方式鼓励学生针对特定议题或挑战进行垂直探索，并以小组合作的方式完成实质性项目，这不仅促进了学生的协同作业能力和解决问题技巧，更有助于在实操中熟

练掌握美术创作的各个环节。逆向课堂通过在线平台事先布置学习材料和任务，促使学生自主学习，进而将课堂时间用于讨论和疑惑解答，这种做法极大提升了教学的实效性，并有效培养了学生的独立学习能力及批判性思维技巧。此外，将游戏化元素融入教学，如美术类游戏和竞赛，也是唤起学生对美术热情的有效手段。

（三）评价体系的创新

在评估领域，打造一个综合性的评价体系显得尤为重要。传统的美术教育评估往往只注重学生的艺术成果及绘画技巧，而综合性的评价体系则更偏向于学生的全面性进步。这不仅仅局限于成果的展示，还包括对学生在创造性表达、协作精神、问题解决等多维度的综合评定。同时，引入同侪评审和自我评价等多样化评估手段，旨在激励学生深入自省，促进其自我发展。同侪评审能够促使学生在欣赏与评价他人作品中，提高审美与鉴赏水平；自我评价则引导学生对自身作品进行再三审视，以促进其反思与成长。故此，在陶行知教育理念的指导下，小学美术教育的创新策略应围绕教学内容、教学方法及评价体系这三个核心展开。通过融合地域特色与民族文化、利用现代科技、采纳项目式及翻转课堂等教学模式，融入游戏化学习方法，并构建全面的评价体系，能够有效唤起学生对美术的热情，培育其创新意识和动手能力，从而为学生的全面成长打下坚实的基础。

四、陶行知精神在小学美术教育中的实践成效

在小学美术教育领域，陶行知教育理念的深入实践已取得显著效果。孩子们不仅显著提高了美术素养，更在掌握绘画技巧与理论知识的基础上，学会了用美术语言抒发内心情感。与此同时，他们的创新力与想象力得到了极大的释放，作品充满了独特个性与新颖创意。通过参与美术活动，学生们的社会责任感亦得到加强，他们开始学会关心社会、关爱他人，将陶行知“生活即教育”的思想融入日常行动中。

在此过程中，教师们亦深受裨益，他们不仅领悟到陶行知精神的深远意义，还学会了将其理念融入教学实践。在教学方法上，教师们更注重发挥学生的主动性与实践性，采用项目式学习、翻转课堂、跨学科融合等新颖模式，有效唤起学生的学习热情与创作动力。评价体系也逐步转向全面，教师们不仅看重成果，更重视学生在创意表达、团队协作、问题解决等方面的表现。家长们对此教育实践的成效亦给予充分肯定，认为孩子们在美术教育中不仅提升了美术素养与创新能力，还学会了合作与责任担当，这些素养对其成长至关重要。

五、结语

陶行知的教育思想引领了当下的小学美术教育朝向全方位、科学化及人性化方向迈进，极大地助力了学生的成长与进步。同时，它亦激励了教师专业素养的提升，为小学美术教学的革新带来了生机与活力。希望广大教育从业者深入体会并继承陶行知精神，齐心协力推进小学美术教育的变革与进步。展望未来，我们当持续身体力行陶行知先生的教育理念，勇于探索新颖的美术教学思维与实践路径，为培育学生全面成长及社会的发展贡献力量。

陶行知教育思想在小学语文教学中的融合应用

桂平市南木镇中心小学　辛钊媚

陶行知是伟大的人民教育家，他提出的生活教育理论，促进教师将小学语文教学与生活教育相结合，依据小学生的身心发展规律设计教学活动，树立学生正确的学习观念，培养其终身学习的能力。教师应根据学生对知识的掌握程度灵活调整教学策略，以促进更有效的语文教学。

一、陶行知教育思想在语文教学中的指导意义

陶行知强调“生活即教育”，语文教学应立足于学生的实际生活，通过生动新颖的生活化教学方式，激发学生的学习兴趣。语文教学应注重培养学生的生活常识与道德情操，将理论知识与实际操作相结合，让学生在学习中体验生活的乐趣。这种方法有助于转变传统教育模式，减少学生的心理压力，促进学生的主动学习，使学生在快乐的氛围中实现质的提升。通过融入生活元素，语文教学能够更好地引导学生理解语言文字背后的文化内涵，培养他们的语文素养和审美情感。生活教育强调将书本知识与实际生活紧密结合，从而提高语文教学的有效性。生活是语文素材的源泉，丰富的现实生活能激发学生的学习热情，提供思维发展的原材料。依据这一理论，应创设符合学生实际的教学情境，将知识融入生活，增强教学的生动性和趣味性，促进语文素质教育的深入发展。

激发学习兴趣。通过生活化教学，让学生在熟悉的生活场景中感受语

文的魅力，激发他们的学习兴趣和主动性。

提供思维原材料。丰富的生活素材为学生的思维发展提供了丰富的原材料，有助于他们理解和吸收语文知识。

增强生动性与趣味性。将生活元素融入语文教学，使课堂更加生动有趣，提高学生的学习积极性。

促进知识掌握。通过生活场景的引导，小学生能更轻松地理解和掌握课文内容，提高学习效果。

落实素质教育。生活教育策略有助于营造积极的学习氛围，推动小学语文素质教育的全面发展。

二、陶行知生活思想在语文教学中的应用

（一）构建知识与日常的纽带，深化学习体验

研读小学生语文教材后，我们发现许多课文内容与生活息息相关。作为小学语文教师，我们应采取措施，找准切入点，通过开展与课文相关的实践活动，让学生在生活情境中领悟新知。在学生发展过程中，教师作为促进者，需具备敏锐的洞察力，深入钻研教材，探寻语文与生活的内在联系。进而，教师应采用恰当的教学策略，构建生活化的教学情境，激发学生在实际生活中探索和获取知识的能力。同时，在日常教学中，教师应致力于培养学生的观察力和解决实际问题能力，引导他们细致观察生活细节，认识到生活各个层面均潜藏着丰富的知识内涵。例如，《鸟岛》一文描绘了青海湖西部鸟岛的迷人风光。在实际教学中，我们不难发现，这篇课文与小学生的生活环境相去甚远。由于地域差异，许多小学生从未亲眼见过湖泊，这使得他们在理解课文中的自然景观时遇到了困难。特别是对于那些条件较为艰苦的乡村学校的学生来说，他们很难想象出课文所描述的景象。因此，在教学过程中，教师需要采取一些策略来帮助学生更好地理解课文内容。为了让学生深入理解《鸟岛》所描绘的自然景观，利用多

媒体技术展示青海湖鸟岛的生动影像，创建真实的学习情境，使学生身临其境地感受鸟岛的壮丽风光，从而构建知识与日常生活的纽带。同时，引导学生将课堂所学与生活体验相结合，深化对自然之美的感悟。

（二）以生活教育理念加强语文教学与生活的融合度

在小学语文教学中，我们发现低年级学生由于活动范围和实践机会有限，往往难以将书本知识与生活实际相结合，这直接影响了他们对生活经验的掌握。这种脱节现象在中高年级学生中同样存在，主要原因是语文课堂与生活实践的分离。特别是对于低年级学生，他们对语文知识的接受能力较弱，一旦教材内容与生活实际脱节，他们理解书本知识的难度就会增加，从而影响语文教学目标的实现。在实际教学过程中，应将教学计划具体化，以了解小学生真正需要什么样的教育，而不是停留在理论层面。教师在教学中应积极引导学生主动参与教学活动，并尊重每个学生的个体差异，采取适宜的教学方法，鼓励学生积极参与生活实践，体验学习的乐趣。通过这样的方式，我们能够有效地将生活教育理论应用于教学实践，促进学生全面发展。

整合课程内容与学生生活经验。在设计教学活动时，将语文知识与学生的日常生活紧密联系起来，让学生在熟悉的生活场景中学习语文，从而加深理解和记忆。创设情境教学，通过模拟或重现生活情境，让学生在情境中运用语文知识解决问题，如角色扮演、模拟购物、编写日记等，使学生在实践中学习语文。引导学生观察生活，鼓励学生在日常生活中观察周围的人和事，记录所见所闻并在课堂上分享，以此作为语文学习的素材。开展生活化的作业设计，布置与学生生活紧密相关的作业，如写信给家人、制作手抄报、写调查报告等，让学生在完成作业的过程中，将语文知识与生活实际相结合。利用社区资源，组织学生走出课堂，参与社区活动，如访问图书馆、参观博物馆、参与社区服务等，让学生在真实环境中应用语文知识。

在《狐假虎威》这则寓言故事中，我巧妙地利用了学生对小动物的喜爱心理，将其改编成一个生动的小剧本。学生们自愿扮演故事中的各种小动物角色，通过丰富的想象力和适当的言语动作，在特定情境中体验和理解狐狸的机智与狡猾。这种情境教学法极大地激发了学生的学习兴趣，帮助他们深刻领悟到故事的内涵。课后，鉴于学生们对故事结局的浓厚兴趣，我采用了启发式教学方法，引导学生拓展思维，激发他们的想象力，鼓励他们续写故事。学生们积极参与，提出了许多有趣且有创意的想法。这种互动式的语文教学得到了学生们的广泛好评，他们纷纷表示期待未来能有更多类似的活动。

（三）应用生活教育理念，积极引导实施启发式教学

在教育教学中，我们倡导生活教育理念，摒弃注入式教学，转向启发式教学。注入式教学往往忽略学生的实际需求和学习主体性，导致学生被动接受知识，缺乏主动性和积极性。相反，启发式教学强调教师的主导作用与学生的主体性相结合，激发学生的学习热情，鼓励他们积极思考、主动探索，从而提升学生独立分析和解决问题的能力。孔子曰："不愤不启，不悱不发。"这正揭示了启发式教学的精髓。我们应积极引导，创造情境，让学生在探究中发现问题、解决问题，进而培养他们的创新意识和实践能力。实施启发式教学，不仅要关注知识传授，更要注重能力的培养和思维的发展，这是生活教育理念的体现，也是现代教育的必然选择。

在一节语文课上，教师提问学生："你长大以后想干什么呀？"一名学生回答："我要当飞行员！"教师接着问他："如果有一天，你的飞机飞到太平洋上空，所有的引擎都熄火了，你会怎么办？"学生想了想："我先告诉飞机上的人绑好安全带，然后我背上我的降落伞，先跳下去。"当其他同学都笑得东倒西歪时，教师继续注视着这名学生，学生的两行热泪夺眶而出。教师发觉他的悲悯之情远非笔墨所能形容，于是问他："你为什么要这么做？"学生说："我要去拿燃料，我还要回来！"

上述案例中，教师的高超之处在于，通过开放性的问题和身临其境的

环境创设，激发了学生的思维和想象。而当其他人笑得东倒西歪时，教师仍然以倾听者应有的亲切、平和，耐心地让学生把话说完，使他听到了学生最善良、最纯真、最清澄明澈的心语。

应用生活教育理念，积极引导学生的思考，实施启发式教学，能够有效激发学生的思维潜能和想象力。案例中的教师，通过创设身临其境的情境，提出开放性问题，不仅让学生积极参与思考，更在学生表现出独特见解时，以耐心、亲切的态度倾听，保护了学生纯真、善良的心灵。

（四）关注课后的延伸迁移，在实践中运用

语文与其他学科不同，要求学生必须多积累、多运用，难以速成。要让小学生学好语文，不能仅限于课堂教学。教师应在课堂上做好引导，同时注重课后延伸。在语文教学中，我总是提前让学生预习课文，鼓励他们独立查找相关资料。上课时，通过小组交流分享，让学生在课堂上积极参与，营造轻松愉悦的学习氛围。此外，阅读是语文课堂不可或缺的部分。无论在校还是假期，我都鼓励学生多阅读。每周还组织读书交流会，让孩子们分享读书心得，共同推荐好书，培养他们的阅读兴趣和习惯。

在《“黑板”跑了》这篇课文中，主人公安培距离我们的时代较远，孩子们对他较为陌生，这使得他们在学习时可能会感到困难。为此，我特别布置了预习作业，要求学生回家后自行查找关于安培的资料，并在下一节课上与同学们分享。通过这样的预习，学生们对安培有了初步的了解，使得我在正式授课时能够更加顺利地进行。这充分展示了课前预习的重要性。在查找资料的过程中，学生们锻炼了他们的动手能力，并对安培进行科学研究时的专注精神有了初步的认识。语文科目具有其特殊性，涉及的知识面广泛，仅靠教师在课堂上的讲授是不够的，因此，我们应当引导学生学会自主学习和合作学习。在《“黑板”跑了》中，安培的专注被细致地描绘，我因此安排学生分组讨论，并在课堂上由各组代表分享讨论成果，从而帮助学生们学会如何专心致志地学习。

（五）教学做合一，转变观念认识并发挥学生的主体作用

课堂作为语文教学的主阵地，其传统模式是以教师为核心，以讲授为主，学生处于被动接受知识的状态。这种模式往往形式单一，缺乏活力，容易抑制学生的创造力，导致学生难以主动投入学习，甚至形成恶性循环。陶行知先生提出，课堂应开放、热烈、活泼，教师应充分尊重学生的主体地位，鼓励学生独立思考和自主学习。践行“教学做合一”理念的关键在于发挥学生的主体作用，激发其乐学、爱学精神。教师需在情景交融中激发学生的学习兴趣，在分层递进中满足其需求，构建平等、民主、尊重、友好的师生关系。“教学做合一”的核心理念在于将教学与学生的实际需求相结合，实现知识传授与实践应用的统一。教师应深入研究学生的特点，关注学生创造力与想象力的发展，以学生为中心，引导学生主动探索，培养学生的自主学习能力。激发学生学习兴趣是“教学做合一”的前提。教师应通过创设生动有趣的情境，激发学生的好奇心，使学生在轻松愉快的氛围中学习。同时，关注学生个体差异，实施分层教学，满足不同学生的学习需求。构建和谐的师生关系是“教学做合一”的重要保障。教师应以身作则，尊重学生，关注学生的情感需求，营造民主、平等、友好的课堂氛围。通过师生互动，共同探讨问题，激发学生的创造力和想象力。

三、结语

随着社会经济的迅猛发展，新时代对技能型人才的需求日益增长。语文教学应积极适应时代要求，将书本知识与社会实践紧密结合，使小学生在“做中学”，将理论知识应用于复杂多变的社会实践中。此外，教师在语文阅读教学中应根据学生的实际水平，精心挑选适宜的读物，并引导学生深入理解文章内涵，以此拓展学生的知识视野，让他们在学习中体验到

知识的乐趣。

在写作教学方面，教师应鼓励学生深入挖掘社会素材，积累丰富的社会经验。运用生活中的实际案例，让学生深刻感受到生活与语文学习的紧密联系。教师应在陶行知先生生活教育理论的指导下，运用生活化的教学内容和方法，组织富有成效的教学活动，帮助学生在日常生活中掌握有价值的语文知识。

以“教学做合一”为依托促进小学英语有效教学

桂平市逸夫实验小学　覃　凯

陶行知先生是我国伟大的教育家，他提出了著名的“生活教育”理论，涵盖“生活即教育”“社会即学校”“教学做合一”三个方面，其中核心为“教学做合一”理论，它既是教学论，又是方法论。陶行知先生指出：“教学做是一件事，而非三件事。我们应在做上教，在做上学。于做上教的是先生，在做中学的是学生。”这与“双减”背景下所倡导的核心素养英语教学恰好契合。

一、以“教”为引导，激发学生学习兴趣

在英语教学的广阔天地中，教师的引导如同明亮的灯塔，照亮学生学习英语的道路。以“教”为引导，通过游戏教学、创设情境、运用多媒体、引导学生开展小组合作学习等方式，能够充分激发学生的学习兴趣，开启他们英语学习的精彩之旅。

（一）巧用游戏教学

巧用游戏教学在英语教学中是一种非常有效的方法。游戏具有独特的魅力和吸引力，能够让学生们在轻松愉快的氛围中积极主动地参与到英语学习中来。

1．单词接龙游戏

在英语单词教学中，单词接龙是一种充满趣味和挑战的游戏方式。教师以一个单词作为开端，如“dog”，这个常见的单词能迅速让学生进入游戏状态。学生们需要以该单词的最后一个字母“g”作为下一个单词的首字母进行接龙，这就要求他们快速调动脑海中的词汇储备。在游戏过程中，学生们积极思考，努力回忆学过的单词，不仅巩固了已有的知识，还能在紧张的氛围中激发出对新单词的探索欲望。同时，游戏中的竞争元素能激发学生的好胜心，促使他们更加专注地参与其中，提高学习的积极性。

2．猜谜语游戏

猜谜语游戏为英语学习增添了一份神秘和乐趣。教师用英语描述人物、动物或食物等，如“It’s small. It has four legs. It can catch mice. What is it？”这样的描述既考查了学生的听力，又需要他们运用逻辑思维进行理解、猜测。学生们在倾听描述的过程中，不断捕捉关键信息，尝试理解谜面的含义。当他们猜出正确答案时，会获得满满的成就感，这种成就感进一步激发了他们对英语学习的兴趣。

通过巧妙地设计各种英语游戏，如单词接龙、猜谜语、传传看、二人转、抓大鹅、大声和小声、争分夺秒等，可以极大地激发学生的学习兴趣和学习积极性。在游戏过程中，学生们不仅能够更加轻松地掌握英语知识，如词汇、语法等，还能锻炼口语表达能力、听力理解能力以及团队合作能力。这种寓教于乐的教学方式，打破了传统教学的枯燥与沉闷，为英语教学注入了新的活力，激发了学生的竞争意识和学习兴趣，让学生们在快乐中学习，在学习中享受快乐。

（二）创设情境教学

1．超市购物情境

创设“超市购物”的情境，为学生提供一个真实的语言运用场景。在教室里布置的小型超市中，摆放着常见的物品并贴上英语标签，让学生仿佛置身于真实的超市环境中。学生们分组扮演顾客和售货员，进行英语购物对话，如“Hello！I want to buy an apple. How much is it？”“It’s two yuan.”等等。在这个过程中，学生们不仅要运用所学的英语词汇和句型进行交流，还要理解对方的表达并做出恰当的回应。这种真实的情境模拟让学生们深刻体会到英语在日常生活中的实用性，提高了他们的语言运用能力和交际能力。

2．动物园之旅情境

“动物园之旅”的情境则将学生们带入一个奇妙的动物世界。教师用图片或视频展示各种动物，教学生认识动物的英语名称，还模仿动物的叫声和动作，使学习过程更加生动有趣。学生们扮演游客，用英语描述自己看到的动物，如“I see a tiger. It’s very big and strong. It can run very fast.”这样的活动激发了学生的想象力，让他们在描述动物的过程中锻炼了语言表达能力。同时，通过对动物的观察和描述，学生们也能更好地理解和记忆动物的英语名称，丰富词汇量。

通过创设贴近生活的教学情境，让学生们在实践中学习英语，不仅提高了他们的语言运用能力和交际能力，还让他们感受到了学习英语的实用性和乐趣。

（三）运用多媒体教学

1．利用多媒体呈现生动的教学内容

教学中，可以通过展示图片和动画来介绍单词，例如，在学习动物单词时，展示各种可爱的动物图片，同时播放动物的动态视频，让学生更加直观地认识这些动物。运用动画来呈现故事或对话场景，可吸引学生的注意力，帮助他们更好地理解英语内容。例如，播放一个简单的英语小故事动画，让学生在观看的过程中学习英语表达。还可以在教学中选择与教学内容相关的英语儿歌视频、英语动画片片段等播放，让学生在轻松愉快的氛围中学习英语。

2．借助多媒体增强互动性

使用互动式英语教学课件，让学生通过点击、拖拽等操作参与到学习中。例如，设计一个单词配对游戏课件，让学生将单词与相应的图片进行配对，增强他们对单词的记忆。利用在线测试平台进行课堂小测验，及时了解学生的学习情况并给予反馈。学生可以在电脑或平板上答题，系统自动评分，可提高教学效率。借助语音识别软件，让学生进行口语练习。学生朗读英语句子或短文后，软件可以给出发音评分和纠正建议，帮助他们提高口语水平。在课堂上进行口语互动活动时，使用语音识别软件记录学生的发言，然后播放给全班同学听，让大家一起评价和学习。

3．运用多媒体开展教学

多媒体的作品极大丰富了英语课堂的教学内容。英语动画片、英语儿歌、互动课件和游戏以其独特的魅力吸引着学生们，让他们在轻松愉快的氛围中学习英语，提高了学习的效果和乐趣。多媒体为小学英语教学带来了更丰富、更高效、更具趣味性的教学体验。

（四）开展小组合作学习

教师将学生分成若干小组，布置一些合作任务，如制作英语手抄报、表演英语短剧等。在小组合作中，学生们可以互相交流、互相帮助，共同完成任务。这种合作学习的方式能够培养学生的团队合作精神和沟通能力，同时也能激发他们的学习兴趣。

例如，在学习“Seasons”（季节）这个主题时，教师可以让学生分组制作关于四季的手抄报。每个小组选择一个季节进行介绍，包括季节的特点、活动等，然后用英语进行书写和装饰。学生们在合作的过程中，可以分享自己对不同季节的感受和想法，提高英语的表达能力和创造力。

小组合作学习在教育中具有重要意义。教师应积极采用这种教学方式，为学生创造更多的合作机会，让他们在合作中成长，在交流中进步，为未来的学习和生活奠定坚实的基础。

通过以上这些以“教”为引导的方法，可以有效地激发小学生的英语学习兴趣，提高他们的学习积极性和主动性。

二、以“学”为主体，培养学生自主学习能力

通过英语绘本阅读、英语学习打卡挑战、英语主题探究活动以及英语学习日记等多种方式，为学生提供丰富的英语学习资源和途径。

（一）英语绘本自主阅读

为学生提供丰富的英语绘本资源，设立班级英语绘本角。学生可以根据自己的兴趣和英语水平自主选择绘本进行阅读。学生在阅读过程中，可以尝试自己认读单词、理解故事内容，并通过观察图片来猜测单词的意思。读完后，鼓励学生用英语向同学或老师分享自己最喜欢的部分或者复述故事，锻炼口语表达能力。

（二）英语学习打卡挑战

利用在线学习平台或班级微信群，发起英语学习打卡挑战。学生每天自主完成一定的学习任务，如背诵一首英语儿歌、朗读课本对话、学习五个新单词等，并在平台上打卡记录。教师定期对打卡情况进行总结和反馈，对坚持打卡的学生给予奖励，激发学生的学习动力和竞争意识。例如，给连续打卡一个月的学生颁发“英语学习小达人”证书和小奖品，并通过校园广播站进行广播表扬。同时，学生之间也可以互相查看打卡记录，互相鼓励和学习，营造良好的学习氛围。

（三）英语主题探究活动

确定一个英语主题，如“Animals in the Zoo”（动物园里的动物）或“Food Around the World”（世界各地的美食）等，让学生以小组为单位进行自主探究。学生们通过查阅书籍、上网搜索、观看视频等方式收集相关的英语资料，并整理成报告、手抄报或PPT等形式进行展示。在探究过

程中，学生不仅可以提高英语阅读和写作能力，还能培养自主学习、合作学习和信息收集处理能力。例如，在“Animals in the Zoo”主题探究中，学生可以了解不同动物的英文名称、特征、生活习性等，并通过制作动物卡片、模仿动物叫声等方式加深对动物的认识。

（四）英语学习日记

鼓励学生写英语学习日记，记录自己每天的学习收获、遇到的问题和解决方法等。学生可以用简单的英语句子表达自己的想法和感受，如“I learned six new words today，but I can’t pronounce‘Mid-Autumn Festival’well.”（我今天学习了六个新单词，但是中秋节的发音我读不好。）“I like cats，but I don’t have a cat.”（我喜欢猫，但是我没有猫。）通过写学习日记，学生可以反思自己的学习过程，发现自己的收获，看到自己的进步和不足，从而更好地调整学习方法和策略，提高自主学习能力。

这些活动不仅能够提高学生的英语听说读写能力，还能培养学生的自主学习、合作学习以及信息收集处理能力，激发学生的学习动力和竞争意识，营造良好的学习氛围，帮助学生更好地调整学习方法和策略，提升自主学习能力。

三、以“做”为核心，设计丰富的实践活动

在英语教学的多彩世界里，实践活动犹如一把神奇的钥匙，能够开启学生语言学习的大门，让他们在亲身体验中感受英语的魅力。以“做”为核心，设计丰富的实践活动，为学生提供生动有趣且富有成效的学习途径。

（一）创设真实情境

根据教学内容创设各种真实的生活情境，如在学习“At the zoo”时，可以把教室布置成动物园的样子，摆放各种动物玩具或图片，让学生仿佛

置身于动物园中，用英语描述看到的动物。还可以模拟购物、餐厅点餐、问路等日常场景，让学生在具体情境中使用英语进行交流，提高语言的实际运用能力。

（二）开展角色扮演

在英语教学中开展角色扮演，通过丰富角色扮演的主题，创设生活场景、校园生活、职场场景等，增加角色扮演的形式，如将学生分成若干小组进行小组竞赛，通过小组间互评，结合老师评价评出最佳表演奖、最佳语言表达奖、最佳创意奖等，这样可以激发学生的竞争意识，提高其参与度。还可以将学生的表演录制下来，择优在课堂上播放，让学生互相学习，增强自信心和成就感。对于故事性较强的课文，让学生通过角色扮演把故事表演出来，加深对课文的理解。

以下是一些根据英语课堂教学内容创设真实情境、开展角色扮演的具体例子。

1．学习日常问候语

情境：在学校门口相遇。

学生 A（扮演刚到校的学生）：Good morning！

学生 B（扮演值周生）：Good morning！ How are you？

学生 A：I'm fine，thank you. And you？

学生 B：I'm fine，too. Have a nice day！

2．学习购物用语

情境：在超市。

学生 A（扮演顾客）：Excuse me. How much is this orange？

学生 B（扮演售货员）：It's three yuan.

学生 A：OK，I'll take five.

学生 B：Here you are.

学生 A：Thank you.

3．学习餐厅用语

情境：在餐厅。

学生 A（扮演服务员）：Welcome！ What would you like to order?

学生 B（扮演顾客）：I'd like a hamburger and a coke.

学生 A：Anything else?

学生 B：No，that's all.

学生 A：OK. Wait a moment.

4．学习问路与指路

情境 1：在街头。（屏幕出示背景图）

学生 A（扮演外地人）：Excuse me. Can you tell me the way to the museum?

学生 B（扮演当地人）：Sure. Go straight along this street. Then turn left at the second crossing. The museum is on your right.

学生 A：Thank you very much.

学生 B：You're welcome.

情境 2：在校园。（根据实际路线回答）

学生 A：Excuse me. How can I get to the library?

学生 B：Go straight and turn right at the second crossing.

通过这些真实生活情境的创设，可以让学生更好地理解和运用英语知识，提高他们的语言交际能力。

（三）开展实践活动

1．手工制作与英语表达

在学习颜色、形状、动物、食物等词汇时，可以让学生进行手工制作，如用彩纸剪出各种形状，并用英语描述自己制作的物品。以下为具体案例。

活动名称：英语创意手工坊

活动步骤：

（1）教师准备各种手工材料，如彩纸、剪刀、胶水、彩笔等。

（2）向学生展示一些用英文标注了各个部分的手工作品示例，如纸飞机（paper plane）、纸船（paper boat）等，激发学生兴趣。

（3）学生选择自己喜欢的手工项目进行制作。在制作过程中，教师引导学生用英语描述自己正在做的步骤，如“I am folding the paper.”（我正在折纸。）“I am drawing a picture on it.”（我正在上面画画。）

（4）制作完成后，学生用英语向小组同学介绍自己的作品，包括名称、特点等。例如，“This is my paper flower. It’s very beautiful. It has many colors.”（这是我的纸花。它非常漂亮。它有很多颜色。）

（5）各小组推选代表在全班展示作品并进行英语介绍。

2．组织英语手抄报制作活动

学生在收集资料、设计版面、书写英文内容的过程中，既锻炼了英语书写和表达能力，又培养了创造力和合作精神。

3．进行英语短剧表演

让学生根据所学的故事或对话内容进行改编和表演，以提高口语表达能力和表演能力。

通过开展一系列实践活动，如英语手工制作、英语手抄报制作以及英语短剧表演等，学生们真正践行了陶行知先生“教学做合一”的教育理念。在手工制作中，学生们用英语描述制作过程和作品，不仅掌握了颜色、形状等词汇，还提升了英语表达和沟通能力，在实践中感受英语魅力，激发学习兴趣。英语手抄报制作活动锻炼了学生的英语书写能力和表达能力，同时培养了他们的创造力与合作精神。而英语短剧表演则提高了学生的口语表达和表演能力。这些丰富多彩的实践活动为学生提供了在做中学的机会，让他们在轻松愉快的氛围中不断提升英语综合素养。在未来的英语教学中，应继续积极探索更多类似的实践活动，为学生创造更多的学习机会和发展空间。

四、结语

“教学做合一”教学理论对小学英语教学有很强的指导作用，先行才能后知，作为新时代的教师需要更加努力，在探索中寻找与时俱进、提升学生核心素养的教学方法。英语来源于生活，又服务于生活，在新课程改革的进程中，时刻把握教育发展的脉搏，跟上教育发展的脚步，让小学英语课堂焕发出更精彩的活力。

践行“行知思想”，构建生活化数学

南丹县第一小学　黄丹芝

陶行知是伟大的人民教育家。他倡导生活教育理论，主张教育要与实际生活紧密联系，强调教育的社会实践功能。他的教育思想对中国的教育改革和发展产生了深远影响，他提出的“生活即教育”“社会即学校”“教学做合一”的教育思想，具有极强的先进性，在各个学科教学中都体现出很高的教育价值，成为我国现代教育发展的指路明灯。生活教育思想强调教育与生活的密切联系，认为生活本身就是教育，教育应该从生活中来，到生活中去，陶行知“生活即教育”思想的提出对小学数学教学产生了深远的影响，并且具有良好的教育指导意义。

一、陶行知“生活即教育”思想在小学数学教学中的指导意义

在小学阶段，数学教学要求学生掌握基础的数学理论知识，并能够将其运用在生活中。而由于不同教师的教学方式存在差异性，导致小学数学课堂对学生有不同的吸引力。为了突破小学数学教学方式的局限性，教师可以在陶行知“生活即教育”思想的引领下，拓宽教学理念，引入生活实际，运用生活化的教学方式完成高质量的教学活动。在陶行知“生活即教育”思想的指导下，教师能够根据每一阶段的教学要求，清晰了解教育范围，并将生活化理念融入数学教学环节中，以促进数学知识与现实生活的

深度融合。在陶行知“生活即教育”思想的指导下，教师能够发现传统教学方式的缺陷，并积极改善，逐渐具备科学、民主、平等的教育态度，还可采用更加合理的教育手段，推动教学质量的提升，也可以为生活思想与数学观点的深度融合奠定坚实的基础。陶行知“生活即教育”思想的指导意义更多地体现在教育形式的改变对学生带来的影响，通过生活实践与数学教学的深度结合，学生的学习热情不仅会得到大幅度提升，更为关键的是，其自主学习能力、人际交往能力以及问题探究能力也会得到培养与发展，从而完善学生的性格与素质。

二、当前小学数学教学现状与存在问题

（一）教学形式比较单一

有很多小学数学教师在教学过程中经常由于教材和课堂限制，所采用的教学方法非常单一，导致课堂教学气氛沉闷，无法吸引学生注意力，无法收到良好的教学效果。小学生活泼好动，逻辑性思维不强，而数学知识又非常抽象难懂，枯燥的教学方法不利于学生理解和吸收所学的数学知识。

（二）学生缺乏学习自主性

小学生没有自主学习的意识，很难长久保持高效的学习，这对其数学学习将造成较大负面影响。为了让学生能够持久、自愿地学习数学，教师应针对学生自主学习能力方面存在的问题制定相应的计划，并加以落实。

（三）教学针对性不足

在课堂教学中，教师与学生是一对多的关系，教师无法全面了解每个学生的具体情况，而且每堂课的时间是有限的，教师只能根据大多数学生的学习情况确定教学节奏、采用合适的教学方法，以免无法完成教学任

务，这就导致教学针对性不足，无法满足所有学生的学习需求。

三、践行“行知思想”，构建生活化数学课堂的策略

（一）运用“行知思想”，理论联系实际，将数学学习融入生活

1. 借鉴“生活即教育”理念，将数学学习融入生活

小学生年龄小，直观思维比较发达，抽象思维不足。而数学则是一门抽象性很强的学科，学习数学的目的之一便是培养逻辑思维和抽象思维，这与数学核心素养培养的要求也是一致的。为了提高小学生的数学学习效果，教师应遵循“生活即教育”理念，将抽象知识变得更加具体和直观，降低学习难度，使学生对知识点的理解更加容易。例如，在教学“10以内加减法”时，如果只是生硬地讲解加法、减法概念，学生是很难理解的。教师可以在教学中融入生活，让学生通过生活观察感受数量变化。比如，可以用动物举例，这样的例子和学生的生活密切相关，可以让学生更轻松地理解，并且举一反三，达到快速内化的效果。

2. 借鉴“社会即学校”思想，丰富教学手段

就小学数学教学来说，教师应充分利用信息技术开展教学活动，激发学生的学习热情，更轻松地掌握数学知识。例如，教师可以有效利用课件呈现一些比较抽象的数学知识，还可以利用信息技术创设教学情境，让学生在更自然、更熟悉的环境中自然而然地学习和使用数学知识。另外，教师还可以在导入环节，利用多媒体技术播放视频、音频等，调动学生的学习兴趣。应注意的是，对信息技术的利用不能流于形式，形式也不能单调，而应让其变得富有趣味。例如，在教学“万以内数的认识”时，可以按以下步骤循序渐进开展教学活动：练习写数——练习写价格——练习提炼信息。

3. 借鉴“教学做合一”思想，通过实践操作学习数学知识

“教学做合一”的教学理念，强调教学过程中的实践性，主张教、学、

做三者相结合，让学生在实践中学习，在学习中实践，从而提高学生的实际操作能力和创新能力。在新课改深入开展过程中，教师应转变教学思想，意识到在教学过程中不仅要将数学知识传授给学生，同时还要将好的学习方式传授给学生，既“授之以鱼”，也“授之以渔”。在教学“万以内数的认识”时，可以让学生先学习关于数字的基础知识，由易到难，逐步练习，然后组织学生独立思考，针对“末尾有0的数的读法、写法”进行讨论，帮助学生根据0的位置判断数值，并会读和写。

4. 借鉴“小先生制”思想，给予学生“人文关怀”

陶行知教育理念的关键在于“以生为本”，尊重学生的主体地位，培养学生的创新和开放思维，获得可持续发展能力。在教学中，教师要平易近人，拉近与学生之间的心理距离，在与学生的互动和对话中充分尊重学生，让学生感受到自己与教师是平等的。另外，教师还应保持足够的耐心，鼓励学生大胆发言，积极回答问题，获得最佳的课堂学习体验。例如，教师可以这样与学生互动：“你最好的朋友是谁”“你最喜欢的小动物是什么”。通过这种生活化的提问，很容易就能让学生感受到老师对自己的尊重和关心，体现出教师对学生的人文关怀，从而拉近师生距离。

（二）运用“行知思想”，挖掘生活资源，丰富课堂内容

1. 捕捉与数学相联系的生活素材

生活教育是陶行知先生教育思想的核心，陶行知先生认为要将教学与生活相结合，让学生在学习中感受到教学的真谛，真正地达到学以致用的教学目的，提高课堂教学的效果。小学数学教学中，融合生活教育理念，构建生活化数学课堂，需要教师结合教材内容，善于发现和挖掘相关的生活素材，丰富课堂教学内容，让学生在熟悉的生活背景中学习知识，拉近学生与数学知识之间的距离，并且还能快速引起学生探讨，使学生进入学习状态，为提高数学课堂教学质量奠定基础。例如，在学习《角的初步认识》这一章节时，学生已经对长方形、正方形、三角形等平面图形有一定的了解，教师在课堂教学中要让学生初步认识到角的各部分名称，能够自

己动手画出角，并感受到生活中处处有角，明白数学与生活有密切的联系。在课堂教学中，教师可以利用游戏进行导入，提前准备长短粗细相同的小木棒，每个学生发 4 根，请学生自己动手摆图形（正方形），然后去掉一根小木棒接着摆图形（三角形），再让学生去掉一根小木棒，另外两根木棒不动，让学生猜猜这是什么，教师进行总结，引出角的概念。接下来，教师需要搜索生活中相关的图形，拓宽数学课堂教学的内容，让学生思考“在日常生活中，处处都有角，你们在哪些物体表面发现了角？”学生参与回答的积极性很高，回答“教室中有桌子角和椅子角”“课本和作业本都有角”“窗户上有角，黑板上也有角”。教师帮助学生总结，尖尖的地方是角的顶点，两条直直的线是角的两条边，所以一个角是由一个顶点和两条边组成的图形。随后教师可以让学生自己动手尝试画出角，加深对角的理解。在本节中，教师通过对教材内容的解读，与实际生活相联系，引导学生列举出生活中常见的角，让学生真正地感受到学有所用。

2. 收集生活中有利于学生探索的内容

陶行知先生认为一切的教育都要以生活为基础，不与实际生活相结合的教育不是真正的教育。小学数学的应用性比较强，在生活中有较为广泛的应用，教师要主动收集与数学相关的生活材料，将其融入到实际教学中，构建生活化的数学课堂，让学生在学习中，体会数学展示的生活实践，帮助学生了解较难的数学知识。目前信息技术融入课堂教学比较多见，不仅能改变传统的教学方式，还能将学生熟悉的生活现象进行捕捉，创设生活化的课堂，调动学生学习的主动性，带动数学教学迈进更高的阶段。例如，在学习《圆的周长》时，教师需要让学生明白圆的周长计算公式，了解直径与周长之间的关系，掌握圆周率的形成，运用周长公式解决实际问题，感受圆与日常生活的联系。

（三）运用“行知思想”，钻研课本教材，打造生活化课堂

教学一般是围绕课本教材展开的，教材中的许多内容展现的形式会比较死板。教师需要在其中下功夫，深度钻研教材，将教材与实际生活进行

关联，将教学和学生已知经验相联系，充分发挥学生的积极性，从而培养学生的探究力和思维力。比如，学习《24 时计时法》时，可以借助多媒体设备，播放儿童喜欢的动画声音片段，让学生进行少儿节目的猜测，这与学生的生活密切相关，他们会十分主动地回答问题。接着，教师向学生发问："哪位同学知道这个节目在几点开播呢？"有的学生会说晚上 7 点，有的学生会直接说 7 点。教师这时候再问："电视上是怎样标注时间的呢？"学生们会开始动脑思考，回想自己观看节目时时间的表示方法。成功调动学生的生活经验后，教师就可以给学生揭秘了，播放节目的开头，学生们发现原来右上角所标的时间是"19：00"，这时就顺理成章地引入了"24 时计时法"。又或者在教学"面积单位换算"的内容时，可以带领学生进行教室内的拼图活动，明确所谓的面积就是占地空间，让他们学会单位换算，在生活化课堂上丰富感知，深入了解教材知识。

（四）运用"行知思想"，进行学科整合与跨学科学习

在制定教学主题时，教师可以以一个综合性的问题或挑战为核心，涉及不同学科的知识点。例如，通过一个关于环保的主题，学生可以学习有关科学、数学、社会等多个学科的知识，使学习更为综合和有趣。引入项目式学习，可以设计一系列与实际问题相关的任务，让学生通过团队协作解决问题，这种跨学科学习方法有助于培养学生的综合性思维和解决问题的能力。例如，在教学四年级上册《运动的小车》这堂课时，学生可以学习科学领域的知识，包括力的作用、摩擦力和施加力的方向等，教师可以引导学生通过实验，观察小车在不同表面上的运动情况，让学生思考背后的科学原理。教师还可以引入数学元素，要求学生通过实验结果进行数据收集和分析，学生可以测量小车在不同表面的运动速度，制作速度和表面摩擦力的图表，从而培养学生的数学建模和数据分析能力。通过这个主题，可以涉及技术方面的知识，教师可以鼓励学生思考如何改进小车的设计，使其在不同表面上更有效地运动；学生可以提出各种设计方案，并通过实际制作和测试来验证这些方案，提升创造性思维和实际操作能力。引

入项目式学习，教师可以设计一个项目任务，要求学生以小组形式调查当地不同表面的摩擦力，然后提出改善小车运动的方案。在这个过程中，学生需要协作解决实际问题，教师要考虑到科学、数学和技术等多个因素，培养学生的综合性思维和解决问题的能力。

四、结语

陶行知的教育理念注重对学生个性与需求的满足，强调理论知识与实践操作的结合，主张在生活中融入教育，将教育融入生活，达到“教学做合一”令人满意的教学效果。将陶行知教育理念运用于小学数学教学工作中，可以充分发挥学生的主体作用，培养其自主学习能力。学生在积极参与课堂学习的过程中，可以体会到数学学习的乐趣以及数学知识在生活中的重要作用，进而更加积极主动地学习数学。

教育家精神视域下小学体育教学之我见

南宁市吉祥路小学　邓永帅

2023年教师节前夕，习近平总书记致信全国优秀教师代表并深刻阐释了“中国特有的教育家精神”之内涵：心有大我、至诚报国的理想信念，言为士则、行为世范的道德情操，启智润心、因材施教的育人智慧，勤学笃行、求是创新的躬耕态度，乐教爱生、甘于奉献的仁爱之心，胸怀天下、以文化人的弘道追求。教育家精神能够给予教师行为上的指引。在小学体育的教学过程中，教师要在教育家精神的引领之下开展多元化的教学活动，借助教育实践，使得教育精神内化于心、外化于行。陶行知先生说“教育是立国之本”。小学体育教学内容丰富、形式灵活。教师在教学过程中，汲取陶行知等教育家思想，并应用于教学实践，定能指引教学活动顺利开展，让小学体育课程在发展变革中不断优化，实现提质增效。

一、教育家精神视域下小学体育教学价值

（一）强身健体，奠定成长基石

教育家精神能够在精神和理论层面给予教师和学生行为上的指引。小学体育学科教学最为直接和浅层的价值在于让学生在课堂上达到强身健体的目的，帮助学生培养健康的身体，以此为学生的成长和学习奠定坚实的基础。体育活动可以依托各种身体练习和运动游戏有效促进学生的身体健

康发展，助力学生增强体质，提升免疫力，为学习和生活提供充足的体力支持。教师在教育家精神的指引之下能够充分落实因材施教理念，结合体育学科的特点以及学生的个性化需求设计教学环节，使得学习活动更具针对性。如此体育教学的价值才能够充分凸显，体育课堂在教育家精神的引领之下才会达到事半功倍的教学效果，为学生的身体素质提升和体能训练保驾护航。

（二）品德塑造，培育健全人格

小学体育教学绝非仅聚焦于学生的身体健康，而是要将目光投向学生道德品质与人格的精心塑造。正如陶行知先生所言，“捧着一颗心来，不带半根草去”，这种无私奉献、高尚纯粹的精神，与教育家精神中“言为士则，行为世范”的道德情操相契合，在小学体育教学中发挥着潜移默化的熏陶作用，为学生良好道德品质的培养铺就有效路径。在体育竞技比赛这一独特场景中，教师以教育家精神为引领，巧妙引导学生领悟团队协作、公平竞争的重要原则。就像陶行知先生倡导的“生活即教育”，体育竞技正是生活的一部分，学生在其中践行这些原则，培养集体主义精神，深刻理解规则的意义与价值。学校体育不是局限于体育技能训练与专业知识传授，而是将视野延伸至学生体育品德、健康行为等学科核心素养的培育。这就如同陶行知先生强调的全面发展理念，让学生在体育学习过程中，锻炼出勇气与韧性，逐步培育健全人格，成长为全面发展的新时代少年。

（三）习惯养成，打下终身运动基础

教育家精神指导之下的小学体育教学活动能够帮助学生培养良好的体育运动习惯，引导学生奠定终身运动的基础。在教育家精神指导之下的小学体育教学中，教师不再仅仅将体育教学作为一个学科任务进行开展，而是能够让学生在这个过程中将体育运动作为伴随自己成长和发展的一种习惯，逐渐内化于心、外化于形。这种体育习惯的培养对于学生来说意义重

大，不仅能够帮助学生在校期间保持良好的身体状态，同时还能够伴随学生的终身，引导学生从小到大都可以将体育运动变成自己生活中不可或缺的一部分，养成长期坚持运动的习惯。可见教育家精神中持之以恒的精神传承能够使小学体育习惯养成效果得到彰显。

（四）兴趣激发，挖掘运动潜能

教育家精神视域下的小学体育教学还致力于激发学生对体育运动的兴趣，挖掘他们在运动方面的潜能。每个学生都有自己擅长和感兴趣的运动项目，体育教学应该提供一个多样化的运动环境让学生有机会尝试不同的运动，发现自己的兴趣所在。有趣的体育游戏和具有挑战性的体育任务可以充分激发学生的好奇心和探索欲，引导他们主动参与到体育活动中来。该种形式的体育活动更能够激发学生的学习兴趣，挖掘学生的运动潜能，让他们在自己擅长或者是感兴趣的领域深入探索，不断提升自身的运动技能和运动水平。另外教育家精神指引之下的教学活动更加关注因材施教，对于那些在特定运动项目上表现出突出才能的学生，教师会给予他们更多专业化的指导和支持，帮助他们充分挖掘自身的运动潜能。

二、教育家精神视域下小学体育教学的策略

（一）精神引领，体育理念深植于心

由于教育家精神是理论和精神层面高度概括的内容，是习近平总书记对于教师的谆谆指导和教诲。因此教育家精神对于小学体育教学活动的引领应当首先体现在精神引领示范方面。只有在教学过程中将精神内化于心才能够将理念内核外化于行。无论是对于教师还是学生来说，都应当充分贯彻德育理念，并在教育家精神的引领之下开展教学和学习活动。尤其是教师作为学生学习的引领者和指路人，更应当将这些高度概括的精神层面的理念应用到教育实践中，使得体育理念深深扎根到学生心中。对于小学

阶段的学生来说，他们在体育学习的过程中更加关注具体技能的学习，而忽视精神层面的深化和贯彻。可见教师要借助教育家精神的引领总结与当下阶段教学活动相关联的体育理念，并通过教学实践的方式传递给学生。

教育家精神的首要便是具有至诚报国的理想信念。陶行知先生说："国家是大家的，爱国是每个人的本分。"教师在小学体育教学中，应传承这一理念，着力培养学生的爱国主义情怀。引导学生在爱国主义理念引领下学习和感悟体育精神，使之扎根内心。不同行业报国方式有别，体育健儿在赛场上挥洒汗水，不负努力与国家期待。教师可如陶行知先生倡导的"教学做合一"，在日常体育教学中播放奥运健儿参赛视频，让学生直观感受其至诚报国精神。体育中的超越、团结、竞技精神，正是在教育家精神引领下，由教学逐步植入学生心中，助力其成长。

（二）师德垂范，教学态度端正于行

为了将教育家精神充分贯彻在小学体育的课堂上，教师应当从自身做起，充分约束自身的行为，端正教学态度和一言一行。小学阶段的学生容易受到周围的人思想行为的影响，同时也往往将教师的理念和教学指导奉为圭臬。这就意味着教师应当为学生做好表率和榜样，通过良好的言行对学生进行春风化雨的熏陶和引导。如此学生才能够在这个过程中向着教师优秀的行为看齐，不断以严格的标准要求自己。陶行知先生强调"千教万教，教人求真；千学万学，学做真人"，这为体育教师的德育工作指明了方向。对于体育教师而言，可从理论方面着手，在课堂上定期开展德育讲座活动。从体育学科蕴含的德育理念出发，培养学生良好的体育品德。在讲座活动中，教师奉行陶行知先生倡导的"生活教育"理念，通过贯穿实际案例，帮助学生认识公平竞争、团结协作的重要性，培养挫折意识与抗压能力。比如引入运动员百折不挠的案例和视频，让学生明白辉煌背后是汗水、泪水与坚持。此外，教师更要以陶行知先生为榜样，注重自身言行规范。教师要在体育课堂上保持严谨教学态度，平等对待每一位学生，耐心解答问题。陶行知先生认为"真教育是心心相印的活动"，教师要以真

诚之心对待学生，让学生感受到尊重与关注，师生共同营造良好教学氛围，在体育教学中实现德育与智育的有机融合。

（三）知识融合，多元学科渗透于课

当前跨学科融合教学已经成为教学改革的重要趋势。2022 年版新课程标准也强调跨学科教学。小学体育的跨学科融合教学能够实现学生体育学习视野的拓展，助力学生在这个过程中学习多元的体育知识，培养良好的体育学科核心素养。在教育家精神理念的指引之下，教师要秉持着勤学笃行、求是创新的教学态度，在教学的过程中善于创新和开拓，而不能一成不变。跨学科融合教学能够为体育学科的优化变革提供有效路径。如教师能够在小学体育教学的过程中渗透音乐元素，让学生的体育训练过程变得更具趣味性，引导学生在音乐的律动节奏中感受体育训练的乐趣。如教师可以借助欢快的音乐为学生创编健身操，让学生在课堂上借助学跳健身操的方式强身健体，锻炼身体的各方面素质和能力；此外，教师还可以在体育教学中渗透劳动教育的元素，引导学生在特定的劳动实践过程中锻炼身体素质，实现抗压能力以及爆发力的训练。可见多元学科的渗透能够不断拓宽体育学科的教学视野，丰富体育学科教学内容，推动小学体育与其他学科的跨学科融合。

（四）个性关注，学生差异考量于情

由于学生是学习能力、学习基础以及兴趣爱好等方面存在着显著差异的不同个体。因此在当前的小学体育教学过程中，教师不能采取泛泛的教学模式，而是要善于关注学生的个性化特征，充分挖掘学生的学习潜力，结合班级中学生的学习特点和学习差异进行分层次教学活动的设计。陶行知先生说过："人像树木一样，要使他们尽量长上去，不能勉强都长得一样高，应当是：立脚点上求平等，于出头处谋自由。"教师需结合班级学生的学习特点与差异，精心设计分层次教学活动。教育家精神强调因材施教的教学理念，能够让学生将自身的潜能在体育课堂上发挥到最大化，培

养更加适合自己的兴趣爱好。例如在小学体育课程开展之前，教师可以首先对学生的兴趣爱好和个性化特长进行问卷调查，让学生填写自己曾经学习过的体育运动项目或者是自己感兴趣的体育运动项目。如班级中有的学生喜欢跳绳，而有的学生喜欢打篮球、踢足球等球类项目。这时教师就可以充分结合学生的个性化特征和兴趣爱好在班级中划分体育运动小组，在课堂教学的过程中有所侧重地开展教学活动。如此教师在实际的教学过程中充分考量学生的个性化差异也能够使得体育教学科学高效开展。

（五）手段创新，教学模式变革于思

创新是一个学科永久发展的动力。在当前的小学体育教学过程中，教师应当秉持着教育家精神中的求是创新的躬耕态度，不断推动小学体育教学手段的创新和教学模式的变革。以往的小学体育教学往往是教师带领学生在户外进行体育技能的学习和体育训练，而很少会组织学生开展趣味化的体育活动。这导致学生在体育学习过程中动力缺乏，兴趣不足。因此在教育家精神的引领之下，教师可以在体育教学中注入创新性和游戏化元素，使得体育课堂的教学内容更具趣味性。例如在小学体育的足球教学过程中，教师可以带领学生在课堂上开展一个有关足球的“猫鼠游戏”。该游戏活动的表现形式是：班级中的学生在操场上围成一个大圆，而中间一名同学负责扮演“猫”的角色，拦截周围同学互相踢出的足球，若是中间的同学拦截成功，则需要与周围被拦截的同学交换位置。这个游戏考验学生踢球的准确性，同时也考验学生之间的配合能力。游戏元素在小学体育课堂中的渗透和融合能够实现体育教学模式的创新，让学生获得更加丰富多彩的游戏体验。

（六）环境营造，体育氛围营造于校

陶行知先生曾说：“捧着一颗心来，不带半根草去。”教师在小学体育教学过程中，应秉持这样的精神，以乐教爱生的态度全身心投入教学。始终对体育学科教学保持炽热的热爱，这种热爱犹如火种，能够点燃学生对

体育的热情。教师以自身对体育教学的执着与深情，春风化雨般感染着学生。在日常教学中，像陶行知先生倡导的那样，以爱为基石，用自己的言行传递对体育的喜爱。如此一来，便会在校园中悄然营造积极良好的体育教学氛围，学生们在浓厚的体育氛围熏陶下，更能感受到体育的魅力，从而主动参与到体育活动中，享受体育带来的快乐与成长。在当前的小学整体教学模式中，体育学科往往不被重视。无论是学生还是家长都认为体育是附属于“主科”的学科，也认为体育学科的学习是一个用来娱乐和放松的过程。而多方主体对于体育学科的定位不准确也在一定程度上影响着体育学科的教学质量和效率。在教育家精神的引领之下，教师要让自己乐教爱生的氛围影响学生，在学校中营造积极浓厚的体育学习氛围。各个学段的体育教师可以在校领导的带领之下积极开展学校的系列体育活动，并鼓励学生积极参与。学校要重视秋季和春季运动会的开展，并鼓励各个班级的学生积极报名，通过奖品吸引学生参与的积极性。除此之外，教师还可以鼓励在某些体育运动方面存在特长的学生组建体育运动社团，在课后辅导过程中一同在社团中开展体育活动等。如此体育运动才会在当下的小学校园中蔚然成风，影响学生的学习态度和学习心理。

三、结语

教育家精神应当是各个学段和各个学科教师教学过程中的理念和精神指引。在当前小学体育的教学过程中，教师要深入贯彻教育家精神的理论内核，学习陶行知教育思想，使之在教学实践中进行有效引领和启发。如此小学体育课程教学活动才能够在教育家精神的指引之下不断开拓创新，实现教学模式和教学内容的变革，不断为学生提供丰富多彩的学习体验。

践行陶行知生活教育理念，推进小学劳动实践活动实施

南宁市青秀区埌东小学　马英创

陶行知先生提出的“生活教育”理念强调在生活中实现全面教育，将日常生活中的事情转化为教育资源和教育内容。在现代小学教育中，劳动基地实践活动成为践行陶行知生活教育理念的重要途径。南宁市青秀区埌东小学（以下简称“埌东小学”）将陶行知生活教育理念与劳动基地实践活动结合，为学生提供接触社会、了解生活、锻炼能力的机会。这些活动不仅有助于学生掌握基本的生活技能，还培养了他们的劳动意识、团队合作精神和社会责任感。

一、陶行知生活教育理念概述

陶行知生活教育理论强调教育与生活的紧密联系。主要包括：生活即教育——生活中的一切都是教育，生活提供教育素材、教育契机和教育实践机会；社会即学校——社会是教育的广阔天地，学生应在社会中接受教育，增长见识；教学做合一——强调实践的重要性，要求学生在实践中学习，在学习中实践。他认为，生活中的一切都是教育的素材和契机，教育应基于儿童的具体生活来开展。这一理念主张教育不应仅局限于学校课堂，而应扩展到社会生活的各个方面，通过实践、体验、感悟和积极行

动，学生在生活中学会成长，不断分析和理解，使教育更加高效、人性化。陶行知先生认为，中国教育存在“软手脚”“笨头笨脑”两种病，病症显现在手脚头脑，病根在精神缺失、文化丧失，破解之道在教育。同时他还认为中国教育致命的弊端就是教“劳心者”不用手，不教“劳力者”用脑，最后导致学生一无所能，所以他主张手脑并用，革除病因。1931年，陶行知先生在《手脑相长歌》一文中强调“手脑并用”才能“开天辟地”，“手脑并用”的人才算是“大好佬”。他认为“劳动教育的目的，在谋手脑相长”：一是通过劳动，获得事物之“真知”；二是通过劳动，了解劳动者之甘苦，增进与劳动人民的情感，养成爱劳动的习惯，爱惜劳动成果；三是通过劳动，学会一定的劳动技能，“增进自立之能力”。他从生活教育理论出发来审视劳动教育，以睿智的眼光强调劳动对人多方面的发展价值。

二、劳动实践对学生全面发展的现实意义

劳动是人类的基本生存样态，也是生命的高级呈现形式，借助劳动，人们培养了情感，完善了自我，生成了思想。从小培养孩子的劳动意识，对其人格的全面完善具有重要的促进作用。2015 年教育部、共青团中央、全国少工委印发《关于加强中小学劳动教育的意见》，文件指出劳动教育涵盖了劳动思想观念、劳动技术知识、劳动技能的教育等三个方面。陶行知先生亦是提出“在劳力上劳心”，这一论断也揭示了劳动教育是以劳动为载体开展的一种教育形式，是通过学生的劳动来达到育人目的的一种教育，是一种有目的培养人的社会活动。它虽然通过劳动的形式来开展，但它的真正内涵是“教育”，它的目的是“立德育人”，促进学生的全面发展。

（一）有助于良好品质的形成

中小学生接受劳动教育，既能够使他们认识到劳动人民的辛苦，明白

劳动光荣的道理，懂得自己的幸福生活需要依靠劳动去获取，还可以提高他们独立生活的能力，培养他们对家庭、对社会的责任感和主人翁精神，有效达成中小学生良好品德形成的目标。

（二）有助于思维智力的发展

在平时的学习和生活中，我们会发现双手灵巧、热爱劳动的学生一般都具备敏捷的思维和灵活的头脑。在劳动过程中，学生手脑并用，能认识很多新鲜事物。劳动拓宽了学生的视野，丰富了学生的阅历，有利于学生思维的发展和智力的发育。

（三）有助于身体的健康发展

中小学阶段是学生身体发育的关键时期，通过参加各种劳动，会使学生的身体得到有效锻炼，起到强身健体的作用。现在大多数中小学生在家里都是“衣来伸手，饭来张口”，既不参加家务劳动，又不参加体育锻炼，身体素质较差。通过劳动，可以使他们的身体素质得到一定的改变，促进他们的身心健康发展。

（四）有助于正确劳动观的培养

通过劳动实践，学生可以更加深入地了解劳动者的辛苦和劳动的价值，从而形成尊重劳动、热爱劳动的正确观念。

（五）有助于社交能力的提升

劳动实践往往需要团队合作，这为学生提供了与他人交流和协作的机会，有助于培养他们的社交能力和团队精神。

三、埌东小学的劳动实践活动

2018 年，习近平总书记在全国教育大会讲话中明确将劳动教育确定为全面发展教育的一个不可或缺的组成部分，进一步凸显了劳动教育的重要地位。小学劳动基地实践活动是学校教育的重要组成部分，它旨在通过实践活动和劳动实践，培养学生的劳动意识、劳动技能，增强学生的体魄和能力，提高学生的综合素质和社会适应能力。劳动实践活动可以让学生们从书本知识走向现实生活，从理论走向实践，从课堂走向社会。近年来，埌东小学重视学生劳动实践活动的开展工作，因地制宜，充分利用校园空地开辟劳动实践基地，指导学生种植各种蔬菜瓜果，在劳动实践中帮助学生获得课堂之外、来自大自然的独特体验，促进学生身心愉悦、全面发展。

（一）农业生产体验

农业生产体验作为一种独特的教育方式，能够让孩子们亲身体验耕种、收获等农业生产过程，从而深入了解农作物的生长规律和农业生产的重要性。这种体验不仅能够丰富孩子们的知识，还能够培养他们的动手能力和责任感，让他们在劳动中感受到成长的喜悦。

1. 学习观察植物

在农业生产体验基地中，在老师与家长的带领下，孩子们参与各种农业生产活动。从翻土、播种开始，他们亲手将一颗颗种子播撒在田地里，期待着它们破土而出，或将一棵棵幼苗移植到地垄中，协助它们生根发芽。在农作物生长的过程中，孩子们利用劳动课及课后时间学习如何浇水、施肥、除草，定期观察小白菜、西红柿、玉米、花生、豆角等各种农作物的生长情况，记录它们的生长变化。以语文学科教学为例，我的三年级下册第一单元习作《我的植物朋友》与四年级上册第三单元习作《连续观察日记》的教学，都是带领孩子们在蔬菜园完成的。在劳动实践中，通过与孩子们的动手实践及连续观察，我们还拍摄了校园电视台劳动研学视频《我们与西红柿一起成长》，孩子们追随西红柿的成长，在劳动实践中亲力亲为，谦逊合作，感受到了劳动的不易，收获了最甜美的果实。

2. 珍惜劳动成果

当农作物成熟时，老师带领孩子们参与到采摘的过程中，无论是沉甸甸的西瓜、鲜嫩的蔬菜还是硕果累累的豆角、西红柿，学生们都会亲手将它们采摘下来，并在班内分享、与家人分享，多出的部分就在校门外设置临时摊点平价义售，与路人共享劳动的快乐。这种亲手收获的快乐，让孩子们倍加珍惜劳动的成果，也更加深刻地理解到“一分耕耘，一分收获”的道理。

3. 了解生长规律

通过农业生产体验，孩子们可以直观地了解农作物的生长过程。他们发现，不同的农作物有不同的生长周期和生长条件。例如，春季栽种花生、甜玉米收成最好，西瓜、香瓜、西红柿都要修剪侧芽，豆角搭架子产量更高，绿叶蔬菜除了浇水，更需要在光照充足、土壤肥沃的条件下才能茁壮成长。这些观察不仅让孩子们对农作物的生长规律有了更深入的了解，也让他们学会了如何根据农作物的不同种类来制定更科学的种植计划。

4. 助力课堂学习

以语文学科为例，在课堂中通过阅读与劳动相关的课文，能够让学生更深入了解劳动的价值和意义。如在四年级下册《挑山工》、五年级上册《慈母情深》等课文的学习中，教师通过视频、PPT 等方式展示劳动者的辛勤付出，引导学生思考劳动对社会和个人的贡献，再结合自己的劳动实践，更能激发对劳动的热爱和对劳动者的尊重。劳动实践为孩子们提供了丰富的现实生活素材。通过参与劳动，孩子们能够亲身体验到劳动的艰辛与乐趣，这种情感体验有助于在语文学习中更好地理解文章中的情感表达，提高阅读理解能力。劳动实践中的讨论、分享等环节也能有效提升学生的口语表达能力。

5. 尊重农业劳动

农业生产体验使孩子们进一步了解中华传统文化，以“艾草系列”为例，在老师的带领下，孩子们亲手种艾草、收艾草、加工艾草，制作清明艾叶糍粑、端午艾草香囊、艾条等，在劳动实践中传承中华传统文化。在劳动中，孩子们会深刻感受到农业生产的重要性，他们了解到，农业生产不仅关系到人们的饮食安全，还关系到国家的经济发展和社会稳定。在活动中，学生体会到农业生产过程中的艰辛和不易，从而更加珍惜粮食和劳动成果。这种对农业生产的认识和尊重，将对他们未来的成长和发展产生积极的影响。

6. 学会承担责任

农业生产体验还能够培养孩子们的动手能力和责任感。在参与农业生产的过程中，他们需要亲自动手进行各种操作，这不仅锻炼了自己的动手能力，还让他们学会了如何承担责任。例如，在小西红柿的播种和采摘的过程中，孩子们需要认真细致地完成松土、栽种、浇水、保苗、施肥、疏芽、搭架等每一个环节的工作，才能确保西红柿的生长和收获。这种责任感的培养，将对孩子们未来的学习和生活产生积极的影响。

（二）小动物萌宠乐园体验

小动物萌宠乐园是一个充满趣味和教育意义的校园特色区域，旨在为孩子们提供一个亲近自然、了解动物、培养爱心的平台。乐园共分三个区域：动物展示区养殖不同种类的动物，有兔子、小鸡、小鸭、金鱼、小鸟等；互动区域分喂食区、触摸区，孩子们能在保证安全的前提下与萌宠进行互动；科普教育区设置科普展板、动物模型，介绍动物的习性、食物链、生态保护等科学知识，增强环保意识。萌宠乐园的设立，增进孩子们对自然和动物的了解。通过近距离观察和互动，帮助孩子们了解动物的习性、生活环境等，不仅培养自然观察力和环保意识。照顾萌宠的过程可以教会孩子们关爱生命、承担责任，从而培养责任感和同理心。萌宠乐园丰富了校园文化生活，成为校园的一大亮点，为师生提供休闲娱乐的场所。学校邀请家长参与萌宠乐园的活动，增进亲子关系，缓解家长焦虑情绪，关注动物保护等问题。校园小动物萌宠乐园是一个充满教育意义的特色区域，它不仅可以增进孩子们对自然和动物的了解，还可以培养孩子们的爱心、责任感和环保意识。经过科学规划和管理，小动物萌宠乐园现已成为校园的一道亮丽风景线。

（三）农业劳动延伸体验

1．劳动创作

劳动创作是一个既富有教育意义又充满乐趣的活动，旨在通过劳动实践激发孩子们的创造力、动手能力和团队合作精神。在劳动实践中，孩子们发现，将废旧的轮胎进行适当的切割，填入泥土，栽上蔬菜花草，根据轮胎的大小能制作成不同的盆景组合，置于校道上能形成独特风景；系上绳子能悬于行道树枝干，美化校园。

2．劳动竞赛

根据年级的不同开展农业延伸活动，将摘收的农作物进行进一步处理，如开展择豆角、剥红薯苗、剥花生、剥玉米等劳动竞赛。活动不仅能够让孩子们亲身体验农业生产的乐趣，还能加深对农作物生长过程的认识，培养他们的劳动技能和珍惜粮食的意识，同时有助于提升孩子们团队合作能力和解决问题的能力。

3．劳动征文比赛

指导中高年级孩子们参加劳动征文比赛，引导孩子们记录劳动体验，以文字的形式书写劳动见闻，抒发劳动的快乐、对劳动的见解，激发学生们对劳动的兴趣和热情。通过写作，培养孩子们的观察力和思考力，提升他们对劳动的兴趣和热情，提高写作能力和表达能力。孩子们也能从劳动中发现乐趣、感悟生活，对劳动的价值和意义有更深入的理解和思考，同时增强学生的劳动意识和责任感，促进学生的全面发展。

4．劳动探索与发明

劳动中的探索与发明对小学生的全面发展具有积极影响。探索发明中通常会涉及问题解决的过程，这有助于小学生培养发现、分析和解决问题的能力，激发创新思维和创造力，让他们学会从不同角度思考问题和寻找解决方案。同时通过实际操作和制作，锻炼动手能力，让学生掌握一定的技能和技巧，感受到自己的责任和贡献，从而培养责任感和公民意识。

学习制作雨水收集器。雨水收集器由雨水箱、管路系统、过滤器以及落水檐排水管、进水斗等部件组成，通过管路系统将教学楼楼顶的雨水输送到雨水箱中，过滤器过滤掉杂质后，收集到的雨水可以用来浇灌菜地。在科学课上，孩子们还惊喜发现，雨水中的天然微量元素和矿物质用于浇灌植物时，能改善土壤质量，促进植物生长。

做果皮酵素和落叶堆肥。在科普课上，孩子们学会了制作果皮酵素肥和落叶堆肥，大家在家中收集苹果皮、橙子皮、柚子皮等各种果皮，剪成小颗粒，装入宽口塑料桶或瓶中，加入一定比例的清水及红糖密封发酵，三个月后就得到了用于浇灌蔬菜的水肥；各班将晨扫的落叶集中倒进积肥箱中，间隔加入薄泥，假以时日，便能得到肥泥。

构建生态种养殖模式。老了的菜叶切碎用来喂养鸡鸭，清理出的鸡鸭鸡粪经过发酵又用来种菜，这就成了一种生态种养殖模式：种出的菜是施农家肥的有机蔬菜，养出来的鸡鸭是吃蔬菜长大的生态鸡鸭。

有趣的探索及发明活动极大地激发了小学生的好奇心和学习的兴趣，使他们在劳动中体验到了成就感和快乐。

四、劳动基地实践活动为孩子们提供广阔的发展空间

校园劳动基地实践活动是践行陶行知生活教育理念的有效途径，从埌东小学的具体实施中不难看出，通过参与劳动实践活动，孩子们得以亲身体验“生活即教育”的真谛，将课堂知识与实践操作紧密结合，从而深化对知识的理解与应用。在劳动基地，孩子们不再是单纯的书本学习者，而是成为生活的参与者与创造者。他们亲手种植蔬菜、养殖小动物，不仅学会了农耕的基本技能，更在劳动中体验到了生活的艰辛与乐趣。这种亲身体验的方式，让孩子们深刻理解了陶行知先生所倡导的“在做中学，在学中做”的教育理念。劳动基地实践活动也体现了“社会即学校”的思想。孩子们在劳动中学会了与他人合作，培养了团队协作精神和社交能力。

五、开展小学劳动基地实践活动的建议

校园劳动基地实践活动是践行陶行知生活教育理念的重要举措，它让孩子们在劳动中学会了生活，学会了合作，学会了创新，为他们的成长和发展奠定了坚实的基础。未来，我们应继续深化劳动教育改革，将陶行知生活教育理念贯穿于教育的全过程。

（一）与社区建立紧密的合作关系

改变部分家长对劳动教育的轻视态度，宣扬劳动光荣的价值观，鼓励家长在家中也注重培养孩子的劳动意识和生活能力，共同开发劳动教育资源，为学生提供更多样化的实践机会。

（二）完善基地建设

确保劳动基地的安全设施完善，提供必要的安全指导和防护设备，如儿童铲、临时包扎工具等，以防止孩子在劳动过程中受伤。

（三）注重活动的创新性

设计多样化的实践项目，在保持传统劳动教育活动的基础上，不断探索新的活动形式和内容，以满足学生多样化的需求。

（四）强化师资培训

通过培训，提高劳动基地指导教师的教学水平和劳动技能。培训内容可以包括劳动教育理论、教学方法、安全教育等方面。组织指导教师进行教学交流活动，分享教学经验和实践成果，促进相互学习和提高。

（五）建立完善的评价体系

通过评价体系，对学生的劳动成果、劳动态度和劳动技能进行全面评价，对表现优秀的学生进行激励和表彰，如颁发证书、奖品等，以激发他

们的积极性和参与度，推动小学劳动实践活动的持续发展和完善。

六、结语

小学劳动基地实践活动是践行陶行知生活教育理念的重要途径。通过参与这些活动，学生不仅掌握了基本的生活技能，还培养了劳动意识、团队合作精神和社会责任感，真正地让陶行知先生“生活即教育”“教学做合一”“先教后学共同做”等劳动教育理念得到实践运用，使学生树立了正确的劳动观点，端正了劳动态度，积累了劳动知识，培养了良好的劳动习惯与技能，并拥有了优秀的劳动品质。

陶行知教育思想在小学语文教学中的实践

南宁市桃源路小学　凌　婕

陶行知是中国伟大的人民教育家，陶行知教育思想中的生活教育、创造教育、民主教育等理念在小学语文教学有实践意义。语文作为基础教育的重要学科，承载着培养学生语言文字运用能力、思维能力、审美能力和文化传承等多方面的重要任务。在语文教学中，如何减负提质，实现教学目标，一直是小学语文教师关注的焦点。陶行知的教育思想为小学语文教学提供了丰富的理论依据和实践指导。对于推动小学语文教学改革，提高小学语文教学质量具有重要的现实价值。

一、陶行知教育思想与语文教学的契合点

（一）生活教育与语文的生活性

陶行知认为，生活即教育，生活是教育的源泉，教育不能脱离生活而存在。生活中的各种现象和问题都是教育的素材，教育应该与生活紧密结合，让学生在生活中学习，在学习中更好地生活。语文是一门与生活密切相关的学科，生活是语文的源泉。语文教学的内容来自于生活，同时又服务于生活。陶行知的生活教育理念强调教育与生活的紧密结合，这与语文教学的生活性不谋而合。在语文教学中，教师可以引导学生关注生活中的语言现象、文学作品、文化传统等，让学生在生活中学习语文，提高语文素养。

（二）创造教育与语文的创造性

陶行知认为，处处是创造之地，天天是创造之时，人人是创造之人。他主张通过教育培养学生的创造力，让学生在学习和生活中敢于创新、勇于实践。教育者要为学生创造良好的教育环境，激发学生的创造潜能，培养学生的创新思维和实践能力。语文是一门富有创造性的学科，语言文字的运用和文学作品的创作都需要创造力。陶行知的创造教育思想鼓励学生敢于创新、勇于实践，这与语文教学的创造性相契合。在语文教学中，教师可以通过启发学生的思维、培养学生的想象力、鼓励学生的创新表达等方式，激发学生的创造潜能，提高学生的语文创造力。

（三）民主教育与语文的人文性

陶行知主张教育者要尊重学生的个性和人格，与学生建立平等、民主的关系。他认为，"民主的教育方法，要使学生自动，而且要启发学生使能自觉，要客观，要科学，不限于一种，要多种多样，因材施教，要生活与教育联系起来"。语文是一门具有人文性的学科，它承载着人类的思想、情感、价值观等。陶行知的民主教育理念强调尊重学生的个性和人格，培养学生的民主意识和能力，这与语文教学的人文性相符合。教师要根据学科特点和教学内容，创设师生平等交流、生生合作互动的学习氛围，面向全体，关注个体差异，采用启发式教学，营造民主的教学氛围、开展合作学习、鼓励学生发表自己的观点等方式，培养学生的人文精神，提高学生的语文素养。

二、陶行知教育思想对培养学生能力的实践引领

（一）培养学生的语言运用能力

生活教育理论强调教育与生活的紧密结合，这为语文教学培养学生

的语言运用能力提供了指导。在小学语文教学中注重学生的口语交际能力的培养。这不仅是为了满足学生个人全面发展的需求，更是为了适应现代社会的发展趋势，传承和弘扬中华文化。提升学生言语品质，需要教师在教学中关注学生的兴趣、基础、互动、创新和自信等方面，通过不断的口语实践，让学生逐渐形成良好的语言习惯，提高语言表达的准确性和流畅性，提升言语品质，从而全面提升他们的综合素质。

（二）培养学生的思维能力

创造教育思想鼓励学生敢于创新、勇于实践，这对语文教学培养学生的思维能力具有重要意义。《义务教育语文课程标准（2022 年版）》提出“积极观察、感知生活、发展联想和想象，激发创造潜能”的要求，在小学语文阅读教学中培养学生的创造思维有助于提高教学质量，激活学生的学习动力。教师可以通过启发学生的思维、培养学生的想象力、鼓励学生的创新表达等方式，提高学生的思维能力。让他们在阅读中融入自己对文本的理解和想法。不受思维定式的禁锢，让学生的创造思维得到深层发展，其表达能力、阅读能力、写作能力等也在训练中得到提升。

（三）培养学生的审美能力

语文是一门富有美感的学科，文学作品中蕴含着丰富的审美价值。陶行知的生活教育理论和创造教育思想都强调培养学生的审美能力。这就需要我们在语文教学中渗透美育教学，引导学生感受美、发现美、体验美、鉴赏美、表现美。教师可以通过引导学生欣赏文学作品、开展艺术活动等方式，提高学生的审美能力。例如，在诗歌教学中，教师可以引导学生欣赏诗歌的韵律美、意境美；想象是欣赏诗歌意境美的重要手段。诗歌中的意境往往是通过简洁的语言和意象来表现的，需要引导学生通过想象来丰富和完善，更加深入地理解诗歌的意境，感受到诗歌所传达的情感和思想，在脑海中构建出一幅生动的画面，感受诗歌的意境美。

三、陶行知教育思想对语文教学内容的实践引领

（一）丰富语文教学内容

生活教育理论主张教育与生活紧密结合，这为语文教学内容的丰富提供了广阔的空间。教师可以将生活中的各种素材引入语文教学中，如可以围绕生活中的事件开展主题活动，让学生在活动中学习语文。例如，在学校组织运动会后，可以开展“运动会中的语文”主题活动，让学生写运动会的报道、心得体会等，提高学生的写作能力和对语文的综合运用能力。还可以结合重大节日、纪念日等开展主题活动。在国庆节期间，可以开展“我爱我的祖国”主题活动，让学生通过诗歌朗诵、演讲比赛、手抄报制作等形式，表达对祖国的热爱之情，提高了学生的语文素养。还可以结合传统节日文化，让学生了解节日的由来、习俗等。再如，在端午节来临之际，讲解端午节的历史渊源、屈原的故事以及包粽子、赛龙舟等传统习俗，让学生感受传统文化的魅力。并组织与传统节日相关的活动，如制作端午节的香囊、中秋节的月饼等，让学生在实践中体验传统文化，同时也提高了学生的动手能力和对语文的综合运用能力。也可以结合当地的地方文化，组织学生进行“三月三”文化的调查和研究活动，让学生通过采访、查阅资料等方式，了解家乡的文化特色，并进行汇报和交流。这样可以培养学生的探究精神和对家乡的热爱之情。将生活中的各种素材引入小学语文教学，可以使语文教学更加丰富多彩，激发学生的学习兴趣，提高学生的语文素养和综合能力。教师要善于发现和利用生活中的素材，结合教学内容和学生实际，进行巧妙地设计和引导，让学生在生活中学习语文，在语文学习中感受生活的美好。

（二）凸显语文教学的实用性

《义务教育语文课程标准（2022年版）》提出“引导学生在语文实践活动中，通过倾听、阅读、观察，获取、整合有价值的信息，根据具体交

际情境和交流对象，清楚得体表达，有效传递信息，满足家庭生活、学校生活、社会生活沟通交流需要”。这一要求清晰、明确地彰显学生的主体地位，即语文实践的目的是为了满足学生在进行语文实践活动时沟通交流的需要。这要求语文教学内容要紧密结合学生的实际生活需求。教师可以在语文教学中注重培养学生的实用语文能力。让学生积极参加社会工作、体验社会生活，在实践中提高感知能力，做到社会即学校、学校即社会。教师可以以此为切入口，鼓励学生积极参与社会实践活动，参与社会劳动，体验生活，充实情感，让学生在实践中拥有源源不断的灵感，并及时记录下来，养成写日记的习惯，丰富作文素材库，为习作提供源源不断的灵感。写作素材可以信手拈来，运用自如，行文也会十分流畅，避免了学生陷入“挤牙膏式”的困境。

（三）传承优秀传统文化

陶行知的生活教育理论和民主教育理念都强调培养学生的文化传承意识。语文是文化的载体，它承载着中华民族的优秀传统文化。文言文是中华民族传统文化的瑰宝，其中蕴含着丰富的哲学思想、道德观念、审美情趣等。通过文言文教学，可以让学生了解和传承中华民族优秀传统文化，增强民族自豪感和文化自信心。学生阅读文言文经典作品，可以了解古代文人的人生态度、价值取向和审美情趣，从而提升自己的人文精神和道德品质。诵读是文言文教学的重要方法之一。通过反复诵读文言文经典作品，可以让学生感受文言文的韵律美、节奏美和语言美，体会其中蕴含的文化韵味。在诵读过程中，教师可以引导学生注意字音、语调、停顿等方面的问题，让学生在诵读中领悟文言文的意境和情感。

四、陶行知教育思想对语文教学方法的实践引领

（一）采用情境教学法

生活教育理论强调教育与生活的紧密结合，这为语文教学采用情境教

学法提供了理论依据。情境教学法是指在教学过程中，教师有目的地引入或创设具有一定情绪色彩的、以形象为主体的生动具体的场景，以让学生得到一定的体验，从而帮助学生理解教材，并使学生的心理机能得到发展的教学方法。小学语文和现实生活之间有着密切的联系，生活中有很多和语文相关的资源，教师应充分利用这一特点，把情境教学法引入课堂，创设生活化教学情境，将现实生活引入其中，将现实生活与语文教学内容相结合，创设生活化教学情境，增强学生学习动力，加深学生对语文知识的理解。

（二）实施探究式教学法

创造教育思想鼓励学生敢于创新、勇于实践，这为语文教学实施探究式教学法提供了指导。探究式教学法是指在教学过程中，教师引导学生通过自主探究、合作探究等方式，主动获取知识、解决问题的教学方法。在语文教学中，教师可以通过提出问题、引导学生思考、组织学生讨论等方式，实施探究式教学法。例如，在阅读教学中，教师可以提出一些具有启发性的问题，引导学生自主探究作品的主题、结构、人物形象等；在写作教学中，教师可引导学生围绕一个主题进行探究，收集素材、构思文章。

（三）运用合作学习法

民主教育理念强调尊重学生的个性和人格，注重培养学生的团队合作精神。这为语文教学运用合作学习法提供了理论支持。合作学习法是指在教学过程中，教师将学生分成小组，让学生通过合作学习的方式，共同完成学习任务的教学方法。在语文教学中，教师可以通过组织学生进行小组讨论、合作写作、合作表演等方式，来运用合作学习法。例如，在阅读教学中，教师可以组织学生进行小组讨论，交流对作品的理解和感受；在写作教学中，教师可以让学生进行合作写作，共同完成一篇文章的创作。

五、陶行知教育思想对小学语文教师专业发展的实践引领

（一）树立正确的教育观念

陶行知的教育思想强调教育要与生活紧密结合，培养学生的实践能力和创新精神。语文教师要学习陶行知的教育思想，树立正确的教育观念，认识到语文教学不仅仅是传授知识和技能，更要关注学生的全面发展。语文教师要将生活教育、创造教育、民主教育等理念融入语文教学中，培养学生的语言运用能力、思维能力、审美能力和文化传承意识。

（二）提高教育教学能力

陶行知的教育思想为语文教师提高教育教学能力提供了指导。语文教师要学习陶行知的“教学做合一”的教学方法，注重实践教学，提高自己的教学能力。“教学做合一”视“教学做”为一体，主张“做上教，做上学”，“做”是核心。因此，课堂教学改革的重点是加强实践性，着重培养学生的创新能力和实际操作能力，推动课堂实现精准教、有效学。同时，语文教师还要学习陶行知的创造教育思想，鼓励学生创新，培养学生的创新能力。此外，语文教师还要学习陶行知的民主教育理念，尊重学生的个性和人格，建立平等、民主的师生关系，提高自己的教育管理能力。

（三）加强自我反思与成长

陶行知的教育思想强调教育者要不断反思自己的教育实践，不断提高自己的教育水平。语文教师要学习陶行知的教育思想，加强自我反思与成长。语文教师要反思自己的教学过程，总结经验教训，不断改进自己的教学方法。同时，语文教师还要不断学习新的教育理论和教学方法，提高自己的专业素养。

六、结语

陶行知教育思想是中国近代教育史上的一座丰碑，它对小学语文教学具有重要的意义。陶行知的生活教育理论、创造教育思想和民主教育理念为小学语文教学提供了丰富的理论资源和实践指导。在语文教学中，教师要学习陶行知的教育思想，将生活教育、创造教育、民主教育等理念融入语文教学中，培养学生的语言运用能力、思维能力、审美能力和文化传承意识。同时，语文教师还要不断提高自己的教育教学能力，加强自我反思与成长，为推动语文教学改革与发展做出贡献。

坚持"五个引领"，打造思政教育新高度

南宁市越秀路小学　梁燕丽

为了全面推进"大思政课"建设，深入贯彻落实习近平总书记关于"大思政课"的重要指示批示以及中共中央、国务院《关于新时代加强和改进思想政治工作的意见》等重要文件精神，南宁市越秀路小学自建校以来聚焦立德树人根本任务，积极践行陶行知先生"爱满天下"的教育思想，制定学校的 CI 形象（Corporate Identity）"爱，在这里传递"；践行办学理念"以爱育爱，让每一个生命更精彩"，努力为每一位学生提供充满爱的成长环境，教育引导学生坚定"四个自信"意识，培养学生成为堪当民族复兴重任的时代新人。

一、特色文化引领，多维度提升思政综合素养

学校以文化立校、特色兴校、质量强校锤炼学校品牌。通过各种形式创造学校特色文化，提升学校品质。

（一）校园文化显特色

深受陶行知教育思想的影响，我校致力于打造一个处处有文化、处处皆育人的校园环境。在"梦源大道"上，学生原创的童谣作品俊逸灵秀，将生活体验融入教育，实现了知识与生活的无缝对接。科普劳动实践基地"童秀坊"的六大园区花信苑、弄蔬园、莳果林、泽药圃、躬耕地、萌宠

园精致大气，为学生提供了亲近自然、动手实践的平台，让学生在实践中获取知识，又用知识指导实践，正如陶行知先生所言，“行是知之始，知是行之成”。在“四时书廊”，学生遨游书海，汲取知识养分，感受文化魅力。而“缤纷几何长廊”则展示了学生的书画手工作品，孩子们用双手和大脑创造出了属于自己的美丽世界。此外，学校的“曲·秀”园，寓意“上善若水”，孩子们在此吟诗作对，开展主题活动，体验“文人雅聚”之美。这一切，都彰显了陶行知教育思想在我校的生动实践，让知识与生活紧密相连，让学生在实践中学习，在学习中成长。

（二）书香满园筑内涵

腹有诗书气自华，最是书香能致远。陶行知先生认为，通过阅读，人们可以了解社会、认识世界、提升自我，进而为社会做出更大的贡献。为进一步推动“悦读越秀”文化品牌建设，全面落实立德树人根本任务，扎实有效抓好学校阅读活动，我们精心打造校园环境，让校园处处浸润着书香，处处皆可阅读。每学期组织形式多样的读书沙龙活动，教师交流感言，分享思想，提升内涵。每年开展“四时读书 阅见美好”的悦读嘉年华活动。通过持续开展丰富多样的校园阅读活动，感受中华文化的力量，拓展学生对文学、艺术、科技、自然等各个领域的认识，培养爱读书、读好书、善读书的良好习惯。

（三）班级文化润无声

一室一心同方向，一班一品展特色。班级文化是一个班级的灵魂，散发着一个班级特有的气质。陶行知先生主张班级应该是一个充满活力、民主和谐的学习共同体，每个学生都是班级文化的创造者和参与者。为此，我们特别策划了“秀美”班级文化建设评比活动。在这一平台上，师生们集思广益、思想交汇，共同设计出各具特色的班徽、班旗、班训与班歌。每一个主题，都孕育着一种独特的文化；每一面展板，都成为班级文化的生动展示窗口。在这方寸之间，班级文化的璀璨光芒得以尽情绽放，引导学生向真、向善、向美，促进学生全面发展。

（四）传统文化承心中

习近平总书记强调：“只有全面深入了解中华文明的历史，才能更有效地推动中华优秀传统文化创造性转化、创新性发展，更有力地推进中国特色社会主义文化建设，建设中华民族现代文明。”我校深入挖掘传统二十四节气的文化意蕴，结合劳动教育，由爱心家长创编，以班级自愿认领任务的形式，录制二十四节气歌MV，承载着浓浓中华五千年文化习俗的节气歌在学生口中传唱；学校美术组自编的《魅力广西》校本读物，把广西11个世居少数民族传统民风民俗、民族传说、民族服饰、民族建筑等一一讲述给学生，引导学生真切体会有生命力的文化滋养，更加坚定了学生的文化自信。

二、“‘六个一’思政工程”引领 打造“党建+思政”高度

学校坚持以习近平新时代中国特色社会主义思想为指导，认真宣传贯彻党的二十大精神，以文化立校、质量强校、特色兴校为抓手，聚焦立德树人的根本任务，围绕学校党总支“最美风范 先锋示范”党建品牌，着力打造五星级党总支部，党建品牌已编入《南宁市中小学党建品牌和工作案例选编》一书；执行党组织领导的校长责任制，以党建凝心聚力，树立先进榜样，制定完善学校“最美党员十项修炼”，展示最美师者风范；以党性强化师德，凝聚榜样力量，建设“清廉示范 养正修身”的清廉学校。同时，我们深刻践行陶行知先生“捧着一颗心来，不带半根草去”的奉献精神，要求教师以身作则，廉洁从教，为学生树立良好的道德榜样；在党建活动的组织上，我们勠力同心做好“每日一学”“每周一读”“每月一微党课”“每季度一大会”“每学期一志愿服务”“每学年一表彰”，提高政治思想意识，坚定党员队伍理想信念，榜样示范，率先垂范，让学校教育教

学工作呈现蓬勃向上的新气象。

三、“五爱，六年，一生”德育引领，强化活动实践思政育人导向作用

陶行知先生提出“生活即教育，社会即学校”的教育理念，强调教育要与生活实践相结合。他倡导的活动实践教育，主张通过参与社会活动和实际操作来学习知识，培养学生的实践能力和创新精神。为此，学校坚持“五育并举”，通过开展丰富的实践活动，打造文明、生态、温暖的校园，培育“五爱，六年，一生”的德育特色品牌，让“五爱”像阳光雨露一样滋养孩子六年的童年生活，让每一个孩子人生更精彩。

（一）以爱明理，厚植爱国情怀

我们注重以爱为基，明理导行，深入培养学生的爱国情怀。通过举办“戏剧小秀场”活动、利用午读时间在校园网上开设“文明礼仪大讲堂”，以及开展“校长妈妈思政小课堂”，我们将爱党爱国之情深深根植于学生的心田。

（二）以爱润德，滋养学生心灵

学校年年精心策划特色节日活动，如温馨的“爱我，你就亲亲我”爱生日；增进师生情感的“爱他，你就抱抱他”尊师节；充满爱心的“浅尝厚爱”义卖秀。这些活动不仅弘扬了中华优秀传统文化与民族精神，如尊老爱幼、感恩师长等美德，更在孩子们心中播撒下爱的种子，滋养着他们的心灵，培育着他们成为有温度、有情怀的新时代少年。

（三）以爱践行，收获成长快乐

学校的“秀 +”德育模式旨在激发学生的多元潜能，并将其转化为实际行动，从而培养出“最美”学生。为此，学校开设了“始业梦想秀”与

“毕业课程秀”两大系列课程，并精心打造了科普劳动实践基地——“童秀坊”与“秀厨”。此外，还推出了劳动小时光课程，并借助自编校本资源如《美丽妈妈生活秀》《爱心老爸进课堂》以及《二十四节气劳动读本》等，推动学生在丰富多彩的德育实践课程中共同成长，实现生命的全面发展。

（四）以爱秀美，展现“真善美”

学校创设丰富平台，以“爱之声”红领巾广播站、“琴童秀”才艺表演、“我行我秀”校园文化艺术节等多彩的社团活动，让学生展才艺、创更美、秀自己。学校秀乐团连续多年获得国家、自治区、市一等奖。学校制定《南宁市越秀路小学学生“最美风范”养成三十三项》《南宁市越秀路小学最美班级、最美家庭等评选方案》，每学期评选校园最美男子汉、最美小淑女、最美班级、最美家庭等，引领学生和家长争当最美越秀人。

（五）以爱育爱，携手温暖心灵

我校党团员教师志愿者带领“小小志愿者”服务活动走进社区、走进社会，传递温暖。各班家长志愿者积极组织学生开展亲子社会实践活动，以爱育爱，全面提高学生综合素质。

四、聚集课程引领，打造跨学科思政育人矩阵

课程是落实立德树人的根本任务、培养综合素质人才的主阵地之一，我校从构建跨学科思政课程体系、创新教学方式方法、加强实践学习、构建多元化评价体系等措施实现全方位多角度的思政教育。这些措施与陶行知先生的教育理论不谋而合，共同构成了我校思政教育的新篇章。

（一）构建跨学科思政课程体系

在课程设计上，我们勇于创新，打破传统学科界限，构建了跨学科的

思政课程体系。秉承陶行知先生“千教万教，教人求真；千学万学，学做真人”的理念，我们将思政教育内容与各学科知识点巧妙融合，打造出独具特色的跨学科思政课程，旨在培养学生的真挚情感和道德品质。学校创建了“最美教师”特色品牌，推出《校长妈妈思政小课堂》等特色课程，并将课程延伸至校外，提升教育教学质量。同时，支持党员骨干教师开设心理工作坊，关注学生心理健康。此外，我们联合高校专家，以财经素养、研学实践、劳动教育及阅读教学等为契机，开展专项课题研究，全面提升学生的综合素养。

（二）创新教学方式方法

陶行知先生倡导尊重个体差异，通过多样化教学手段激发潜能。据此，我们针对各学科特点创新方法，采用多元教学手段激发学习兴趣。利用红领巾广播站传递“爱之声”，开展感恩节送祝福活动；通过“最美朗读者”活动，增强学生自主性。同时，组织校外思政实践，如赴南宁市中级人民法院进行“沉浸式”刑事模拟庭审，结合案例教学、小组讨论、角色扮演等形式，引导学生深入思考探讨，培养学生综合素质与创新能力，并有效提升他们的法律意识。这些举措不仅丰富了学生的学习体验，也促进了他们全面发展。

（三）加强实践学习

陶行知先生倡导的“教学做合一”理念，强调教、学、做紧密结合，通过实践学习，达到知行合一。我们组织学生参与社会调查、志愿服务等实践活动，深入了解社会，培养社会责任感和公民意识。截至目前，我校在桂志愿云平台申报了 9 个志愿服务项目，团队人数达 1223 人，志愿服务时长达 13213.80 小时。学校家长护学岗是兄弟学校学习的榜样，学校的红领巾志愿者在团市委的引领下积极参与“青春助力　垃圾分类”活动，得到社会各界的宣传和表扬。通过实践学习，学生体验思政教育价值，增强思想认同与情感共鸣。

（四）构建多元化评价体系

构建多元化评价体系也是我校思政教育的重要一环。这与陶行知先生倡导的教育评价多元化理念相契合。我们通过采用多元化的评价体系，将学生的思政表现纳入其中，以全面了解学生的学习情况和思想状况。如以“最美风范”养成三十三项为评价标准，每学期评选校园最美男子汉、最美小淑女；设立红领巾监督岗，坚持“秀美班级”评比制度，红领巾监督员通过两操动作美、课堂表现美、文明礼仪美、路队队形美等多维度评价方式，每周评选出“秀美班级”，促进全校同学的文明礼仪习惯的养成；深入推荐红领巾争章活动，每月设立一个基础章供全校少先队员争取，并对获得星章的同学给予大力表扬，树立榜样，发挥先锋作用。

五、匠“心”引领，促进教师专业发展

教育家精神，作为教育领域的宝贵财富，是推动教育事业不断向前发展的重要动力。而陶行知先生的教育思想，以其深刻的教育理念和实践智慧，成为教育家精神的典范。他曾经说过：“真教育是心心相印的活动，惟独从心里发出来的，才能达到心的深处。”为此，我校坚持以教育家精神铸魂强师，发扬“工匠精神”，内化教师综合素质，发挥骨干教师、名师的引领作用，走“引领式”校本教研之路。通过“一互助二引领一模式”等方式，搭建教师专业发展平台，促进教师“自育”与“互育”，推动新时代高素质专业化教师队伍的建设。

（一）同伴互助——构建学习共同体

近几年，我校新进青年教师，尤其是教龄十年以下的青年教师为数不少，他们的成长与发展成了学校教育事业持续进步的关键。陶行知先生曾言：“先生创造学生，学生也创造先生，学生先生合作而创造出值得彼此崇拜之活人。”这一教育理念深刻地指出了教师在培养学生的同时，自身

也应不断成长的重要性。培养青年教师迅速成长是我校重要工作。每学年初，学校制定师资培训计划，实施“青蓝工程”，聘请有经验教师与青年教师结对，以老带新，进行点对点辅导。师徒间互相听课、同课异构、思维共享，探索新思路与方法。通过“育爱杯”赛课活动和各级教学比赛，以赛促训，锻炼队伍，提升个人能力，营造和谐教研氛围，助力青年教师快速成长。

（二）骨干引领——青蓝携手共发展

以“工作坊”为平台，让骨干教师有发展空间，有成为“名师”的机会，并带动青年教师快速成长。目前，学校组建成立 8 个党员骨干教师“最美工作坊”——“合一”思政教育工作坊、“虹彩”心理工作坊、“红枫树”数学工作坊、“春之秀”语文工作坊、“小画虫美术部落”美术工作坊、“熊猫”科学创客工作坊、“智慧悟语”语文工作坊、“秀乐”艺术教育工作坊。每个工作坊根据平时教育教学的困惑，提出研修主题，通过沙龙研讨、问题解答、案例学习等方式逐一破解难题。工作坊的开展，让骨干教师起到模范、辐射、引领作用，以点带面，整体提高，让参与的成员得到成长，促进所有教师的专业发展。

（三）专家引领——助推教师成长

为了加强教师的专业素养，力争能从理论和实践两方面取得长足的提高，学校多年来邀请了南宁市教科所、广西财经学院、南宁师范大学等院所专家到校进行课题指导和专题讲座；邀请市教科所、城区教研室等教研员走进学科教研组引领教研活动；每一年的学校“育爱杯”课堂比赛活动，邀请了市教科所、市直属学校、兄弟学校等专家进行观课、议课。专家进校园可以带来新的教育理念和教学方法。通过专家的指导和引领，教师的教学工作可以更具方向性、针对性和深度，从而提高教学的实效性。

（四）创新校本研修模式——共建交流互动平台

为了深化教研工作，我校积极践行陶行知先生的教育思想，将“教学做合一”教育理念贯穿于我们的教研活动之中，致力于探索并创新校本研修模式，为教师搭建起交流互动的平台。我们采取常规与合作发展型教研并举，以“案例研讨式”聚焦日常教学问题，通过集体智慧探索解决问题。同时，我们创新“独立备课 + 合作说课 + 相互观课 + 参与评课 + 反思写课 + 微型讲座”的合作发展型模式，既满足教师个性化需求，又促进深度交流与合作。此外，我们打破学科界限，推行跨学科教研，如在“道德与法治”教学中融入数学统计方法，丰富教学手段，培养学生综合能力。面对变化的教学情境，我们灵活采用“课题研究式”教研，鼓励教师选取有价值的教学问题进行课题申报，通过制定方案、分析案例、调整思路、撰写论文等过程，实现做中学、学中研的转变。

用教育家精神指导小学语文教学实践

南宁市云景路小学　何可人

在小学语文教学中，要认真学习和践行陶行知教育思想，用教育家精神指导语文听说读写教学工作，带领学生探索语文知识的奥秘，让学生建立语文学习的自信心，实现德智体美劳全面成长及发展。

一、弘扬教育家精神，指导小学语文教学实践的意义

（一）有助于提升学生学习兴趣

基于教育家精神以及陶行知教育思想的小学语文教学反复强调了学生的主体地位以及可持续发展，要求教师贴近学生生活实际，充分发挥学生主动性，高度关注学生学习体验和真实感受。学生成为语文课堂中的“主角”，探究欲和好奇心越来越足，能够出色完成学习任务。

（二）有助于提升学生学科核心素养

在主动创新语文听说读写教学模式时，教师将教育家精神根植于心，将陶行知文化与语文听说读写教学融为一体，转变传统书面化、形式化的教学模式，将学生喜闻乐见的生活化元素融入课堂，积极打造开放式的学习空间，引导学生自主分析语文问题，丰富学生情感体验并完善学生思维品质。学生能够深入感受语文学科的文化美、人情美和生活美，提升语文

核心素养。

二、弘扬教育家精神，小学语文教学的实践

（一）坚持以生为本理念，激发学生探究热情

陶行知先生提出的“六大解放思想”高度关注学生的主体地位，倡导教师提升学生学习能力和自主探究能力，确保学生保持高涨的学习热情。在主动弘扬教育家精神、争做新时代好教师时，小学语文教师应深度分析生活即教育、社会即学校以及教学做合一思想，扮演好学习顾问的角色，主动减轻学生学习负担，为学生排忧解难、答疑解惑。确保学生认真完成学习任务，从被动接受过渡到主动探究。其中创新教学是前提，教师首先应转变说教式、学练式的教学模式，依托新媒体技术整合优质的语文教学素材，为学生提供丰富的学习资源支持，全面激发学生学习热情。其次，在积极践行现代化语文教学理念，主动弘扬陶行知教育精神的过程中，教师应尝试多种创造性教学方法，注重理性质疑和大胆批判，始终秉承儿童本位思想，着眼于语文教学的意义生成、整体性、人文性、感性化以及趣味性，稳步推进教学改革，确保学生保持较强的求知兴趣，实现高效学习和快速吸收。其中趣味性教学是关键，有助于放松学生身心，调动学生学习热情，满足学生认知期待并体现语文教育价值。教师则应灵活利用多种感性化教育方法，强化学生对语文知识及内容的理解，避免学生局限于浅层思维。

（二）贴近学生生活实际，提升学生理解能力

陶行知先生高度重视生活化教学，认为学科知识来源于生活、高于生活，能够为生活实践提供指导。教师应结合学科育人本质深度剖析生活化内容的教育意义和辅助价值，领悟陶行知教育思想的深刻内涵，针对性地指导教书育人工作，促进生活与学科教学的有效衔接，引导学生自主感知

生活情境，实现高效理解和轻松上阵。在基于语文课堂有效弘扬教育家精神并争做新时代好教师的基础上，小学语文教师首先应贴近学生生活实际深度挖掘教材，整合生活文化内容，将教学内容与生活实际融为一体。让学生在自己熟悉的生活情境中主动探索语文知识奥秘，形成较强的理解能力和感知能力。在优化设置语文课程时，很多学生对古诗词学习不感兴趣，存在诸多认知障碍，教师则应结合这一薄弱教学环节调整教学思路及节奏。小学生的理解能力和逻辑思维能力较为有限，古诗词的语法结构、语义表达与现代文明社会的表达方式差异明显，学生难以深度领悟文本真实内涵。基于此，教师应结合陶行知先生提出的教学做合一思想适当调整教学节奏，协调和平衡教与学的关系，降低古诗词学习难度，拉近学生与语文知识的距离并针对性地锻炼学生的理解能力，积极打造“陶味”文化气息的语文课堂，确保学生自主调用生活经验，认真学习新知。

（三）始终坚持创新导向，积极加强课堂实践

新课改后的小学语文教学要求更加严格，传统教学模式逐步退出历史舞台，为了实现与时俱进，高效传承及弘扬教育家精神，实现陶行知教育思想在语文课堂中的全面渗透及前后贯穿，教师应坚持创新导向，适当提升课堂实践所占的比重，确保学生能够做到知行合一。首先，教师应以教材为依托，做好摸底工作，理性分析学生认知期待、思维习惯和身心发展规律，积极革新传统学练式、说教式的教学模式，将学生喜闻乐见的实践内容融入课堂，全面吸引学生注意力，强化学生知识理解并提升学生实践动手能力。其中小组合作探究以及角色扮演是较为常见的课堂实践模式，实质的教学成果比较明显，教师则应优化设计课堂教学方案，确保学生在手脑并用中透彻掌握和灵活应用语文知识。比如在带领学生学习《曹冲称象》时，教师可以先引导学生认真阅读课文，了解文本基本故事情节，然后组织开展小组讨论活动，围绕“如果是你，你想如何称重？”“怎么样称出苹果的重量”引导学生深度分析，用问题驱动学生自主创新，实现语文问题与学科知识的有效链接。在初步完成教学任务后，教师可以鼓励学

生在课下自主实践，尝试多种称重方式，借此机会锻炼学生实践应用能力和语言表达能力。教师应结合陶行知思想中的“教学做合一”理念重新定位师生角色及关系，高度重视学生主体地位和实践参与，注重适当放权，给予学生手脑并用的机会，避免学生局限于思维浅层，游离于课堂之外。比如在带领学生学习《将相和》时，大部分学生能够按照要求认真完成阅读任务并扫清字词障碍，了解文本的基本故事情节，但是对文本所展现的人生哲理了解较为浅显。基于这一教学薄弱点，教师可以组织开展角色扮演，实践教学活动，结合小学生较强的好奇心以及求胜欲，引导学生自主选择角色；充分发挥想象力，设计角色动作与语言。在锻炼学生逻辑思维能力以及实践动手能力的同时强化学生对教学内容的理解，促使学生深度揣摩和理性分析人物角色及性格特征，实现灵活演绎和深度学习。

（四）精心创设问题情境，发展学生创新能力

陶行知说：“处处是创造之地，天天是创造之时，人人是创造之人。”每一个人都是创造的个体，具备良好的创新能力。在现代信息技术迅速发展的今天，社会各界对创新人才的要求越来越严格，创新能力培养也成了重要的人才培养标准。在践行陶行知精神，传承和弘扬陶行知教育思想时，教师应在尊重学生主体地位的过程中结合教育家精神提出的教育要求，主动创设多元问题情境，用情境展示学科知识，提升学生理解能力，鼓励学生自主创新、大胆实践，确保学生能够逐步成长为独具创新能力的优秀时代青年。

教师应始终秉承躬耕态度，在陶行知教育思想的指导下有效整合多种教学手段，挖掘学生潜能，激活学生思维并开启学生智慧大门。确保学生在真实的语文情境中自主发展创新思维，形成较强的创新能力。比如在带领学生学习《乌鸦喝水》时，教师可以先留出 5 ~ 8 分钟的时间引导学生通读全文，然后设置“除了可以往瓶子中加石头外，大家还可以想到什么办法让乌鸦喝到水呢？”的问题情境，引导学生调用生活经验提出创造性的解决办法，逐步将学生的思维引向纵深，鼓励学生自主分析其他填充材

料，在认真思考的过程中大胆创新。

（五）践行生活教育理念，提升学生综合素养

生活教育理念是陶行知教育思想的核心，能够为语文教师弘扬教育家精神指明道路及方向。教师应主动践行生活教育理论，结合“生活即教育”思想，整合生活化教育资源；立足于陶行知文化内涵以及实践要求，主动创新教学对策；尝试生活化教育方法，有序推进语文教学改革及创新；积极开展极具生活气息的现代课程教学实践活动，实现语文学习与生活实际的有效衔接；全面提升学生综合素养，避免学生机械生硬地识记语文知识。

比如在带领学生学习《美丽的小兴安岭》以及《日月潭》等反映祖国山河的优秀文本时，教师可以鼓励学生回忆自己的旅行经历，尝试用手中的笔描绘自己印象最深刻的一处自然之景，指导学生迁移生活经验以及对文本的理解，模仿文本的谋篇布局方式认真写作，通过这种形式唤醒学生的生活印象，提升学生读写结合能力，避免学生一知半解。另外，教师还应开阔学生视野，提升学生智力水平，主动放远视角，引导学生细心观察、大胆发现、深入感受、主动创造，培养学生细致观察生活的能力及意识，逐步提升学生综合素养。

（六）真正做到爱满天下，让每个学生都得到成长

作为陶行知先生毕生追求的教育真谛，爱满天下揭示了陶行知教育思想的核心及灵魂，有助于充分发挥教书育人的作用及价值。为了将陶行知思想以及“行知文化”贯穿于语文课堂的始终，正确指导学科教学改革和创新，教师应始终保持极大的耐心与爱心，将师爱贯穿于语文教学的始终，稳步提升学科教学质量及层次。首先，教师应理性分析语文作为一门人文性和工具性学科的基本属性，在传授语文知识、指导学生听说读写的同时，以发展的眼光看待学生，用爱浸润学生、教化学生、熏陶学生，确保学生放松身心，自主洗涤心灵。在日常教学中，教师需要做学生值得信

任的朋友，始终秉承奉献精神，用无私的爱出色完成教书育人工作，规范学生言行举止，提升学生综合素质，促进学生身心健康成长及发展。其次，小学生的人生经验不足，自律意识较为薄弱，会经常出现失范行为，教师应包容、理解、尊重和关怀学生，眼光放远，正视学生的个体差异性，理性看待学生的闪光点以及不足。教师要学会接纳学生、宽容学生，做到视如己出和公平教育，维护学生的好奇心、求知欲以及自尊心，为学生的语文学习健康成长和社会实践保驾护航。教师要确保学生能够在师爱的熏陶下懂得爱并学会将主要精力放在语文学习上，学会对自己的学习负责。小学语文教师应避免机械性地按照课前预设简单灌输理论知识，而是结合基本学情和校情引导学生深度分析知识的来龙去脉，提升学生知识印象，强化学生认知感受，确保学生做到做真人、讲真话。比如在教师带领学生学习第一篇古诗词时，很多学生感觉无从下手，存在诸多认知局限。有的学生害怕被他人嘲笑而拒绝举手提问，人云亦云的问题较为明显。教师则应指出学生的不足，鼓励学生各抒己见，学会提出问题、分析问题和解决问题。

三、结语

为了弘扬教育家精神，小学语文教师应认真学习和努力践行陶行知教育思想和精神，将其融入小学语文课程教学活动中，并从多个渠道整合学科资源，强化小学生对语文课本知识的理解，稳步提升学生综合素养以及学习能力。

陶行知教育思想影响下的小学语文教学实践

钦州师范学校附属小学　周丽莉

当前，小学语文教学面临着诸多挑战，如何让学生更好地掌握语文知识、提高语文能力，成为教育工作者们不断思考的问题。陶行知先生的生活教育理论强调教育要与生活相结合，“教学做合一”主张在实践中学习，民主教育思想倡导师生平等互动。生活教育理念为小学语文教学提供了新的思路和方法，有助于激发学生的学习热情，高效率培养学生的创新精神和实践能力。

一、创设生活情境，激发学习兴趣

陶行知先生的生活教育理论强调教育与生活的紧密联系，认为“生活即教育”。在小学语文教学中，创设生活情境可以让学生更好地理解语文知识，激发学生的学习兴趣，提高教学效果。因此，小学语文教师在日常教学中，应深度解读教材内容，并恰当地与现实生活之间构建联系，从而创设出适宜的生活情境，以激发学生兴趣，充分利用学生生活经验帮助其探究语文知识及习得语文能力。

在教授小学语文二年级上册教材《田家四季歌》这篇课文的时候，语文教师就可以陶行知“生活即教育”思想为指导设计教学方法。

（一）利用多媒体展示田家生活场景

教师可以利用图片、视频等多媒体资源，展示春天田野里的油菜花、麦苗，农民在田里播种的场景；夏天稻田里的水稻、荷花，农民在田里除草的场景；秋天田野里的稻谷、玉米，农民在田里收割的场景；冬天田野里的白雪、麦苗，农民在家里准备年货的场景。让学生通过直观的感受，更好地理解课文内容，激发学习兴趣。同时，教师可以引导学生观察图片和视频中的细节，如农民的穿着、工具、表情等，让学生感受农民的辛勤劳作和生活的艰辛。

（二）引导学生回忆自己的生活经验

教师可以引导学生回忆春天看到的花朵、树木、草地等；夏天看到的荷花、西瓜、游泳等；秋天看到的稻谷、玉米、苹果等；冬天看到的雪花、雪人、滑冰等。让学生用自己的语言描述这些景色和活动，与课文中的内容进行对比和联系。这样可以让学生更好地理解课文内容，同时也激发学生的学习兴趣和创造力。

（三）组织学生进行角色扮演活动

教师可以组织学生进行角色扮演活动，让学生扮演农民、游客、小动物等角色，体验田家四季的生活。例如，让学生扮演农民在田里播种、除草、收割等；让学生扮演游客在田野里欣赏景色、拍照留念等；让学生扮演小动物在田野里玩耍、觅食等。学生在角色扮演中有了亲自参与的机会，可更好地理解课文内容，感受田家四季的生活乐趣。教师可以引导学生在角色扮演活动中使用课文中的语言，提高学生的语言表达能力和朗读能力。教学实践表明，在小学语文教学中贯彻“生活即教育”思想，可让学生更好地理解课文内容，感受田家四季的生活乐趣，并且还能让学生明白语文知识与生活的紧密联系，从而有效培养学生热爱生活和尊重劳动的正确观念，最终推动学生语文学习能力的大幅提升。

二、开展实践活动，提高语文应用能力

陶行知先生提出“教学做合一”的教育理念，强调在教学中要引导学生边学边做，将知识学习与实践操作相结合。在小学语文教学中，开展实践活动可以让学生在做中学、在学中做，可快速提高学生的语文应用能力，有益于学生更好地掌握语文知识。这就需要小学语文教师依据教材内容特点，积极为学生组织相应的实践活动，鼓励学生将所学到的知识运用到实践中，并在实践中摸索创新运用语文知识的方法。行是知之始，知是行之成。在学习小学语文教材三年级下册《纸的发明》这一课的时候，为了借力陶行知提出的“教学做合一”思想，提高语文教学效果，教师可尝试通过以下方法开展实践教学活动。

（一）组织学生实地参观造纸厂

在参观过程中，让学生目睹纸张的生产过程。教师可以引导学生观察造纸的原料、工艺流程以及现代化的生产设备，让学生了解纸张是如何从原材料变成我们日常生活中使用的纸张的。学生在参观过程中，不仅可以学到关于纸的生产知识，还可以将课文中的内容与实际生产相结合，加深对课文的理解。学生可以通过观察、提问、记录等方式，提高自己的观察力、思考力和表达能力。

（二）进行手工造纸体验

在课堂上或课外活动中，组织学生进行手工造纸体验。教师可以为学生准备造纸的原材料和工具，如废纸、水、滤网、木板等，让学生亲自动手制作纸张。学生在手工造纸的过程中，能够亲身体验到纸的发明来之不易，感受到古人的智慧和创造力。同时，学生可以通过实践操作，更好地理解课文中关于纸的发明过程的描述，提高自己的动手能力和实践能力。在制作过程中，学生还可以互相交流、合作，培养团队合作精神。

（三）举办纸文化展览

组织学生举办纸文化展览，让学生收集关于纸的历史、种类、用途等方面的资料，并制作成展板、手抄报等形式进行展示。学生在收集资料和制作展示作品的过程中，需要进行阅读、整理、分析和创作等活动，提高自己的语文综合应用能力。同时，通过展览，学生可以向其他同学和老师展示自己的学习成果，增强自信心和成就感。

（四）开展主题演讲比赛

以“纸的发明与我们的生活”为主题，开展演讲比赛。让学生结合课文内容和自己的生活实际，谈谈纸的发明对人类社会的重要意义以及我们应该如何节约用纸。学生在准备演讲的过程中，需要进行资料收集、演讲稿撰写、演讲练习等活动，还要提高自己的阅读理解、写作表达和口语表达等能力。通过演讲比赛，学生可以更加深入地思考纸的发明与我们生活的关系，培养环保意识和社会责任感。

教学实践表明，这些实践活动不仅丰富了学生的学习生活，还培养了学生的观察力、思考力、动手能力、表达能力和团队合作精神，为学生的全面发展奠定了基础。

三、鼓励自主探究，培养创新思维

在小学语文教学中，鼓励学生自主探究，尊重学生的学习主体地位，是贯彻陶行知“民主教育”思想的重要体现，有助于学生创新思维能力的大幅提升。通过引导学生主动探索、积极思考，能够激发学生的学习兴趣，提高学生的语文综合素养，培养学生的创新能力和实践能力。在实际教学中，小学语文教师应将课堂主动权归还给学生，为学生提供充足的时间与空间亲自探究与思考，使得他们都能充分发挥主观能动性，从深层次把握语文知识的根源及运用技巧。如在学习小学语文教材四年级下册《琥珀》的时候，教师就可通过组织合作探究活动的方式设计教学方法，以推动学生创新思维能力的提升。

（一）提出开放性问题，引导学生思考

教师可以提问“琥珀的形成需要哪些条件？”“如果你是科学家，你会如何研究琥珀？”等，引导学生进行自主探究。这些问题没有固定的答案，能够激发学生的思考和创造力。在提出问题后，教师要鼓励学生积极发言，尊重学生的不同观点和想法。教师可以组织学生进行小组讨论，让学生在平等、和谐的氛围中交流自己的见解，共同探索问题的答案。

（二）开展小组合作探究活动

教师可以将学生分成小组，让学生围绕《琥珀》的相关问题进行合作探究。小组成员共同研究琥珀的形成过程，制作琥珀形成的流程图；或者讨论琥珀的价值和用途等。在小组合作探究中，教师要充分发挥学生的主体作用，让学生自主分工、合作完成任务。教师可以在小组间巡视，给予适当的指导和帮助，但不要过多干涉学生的探究过程。教师要鼓励学生互相倾听、尊重他人的意见，培养学生的合作精神和团队意识。

（三）鼓励学生进行创意表达

在学习《琥珀》后，教师可以鼓励学生进行创意表达，如写一篇关于琥珀的想象作文、画一幅琥珀的图画、制作一个琥珀的模型等。这些创意表达活动可以让学生发挥自己的想象力和创造力，展示自己对课文的理解和感悟。教师要尊重学生的创意表达，对学生的作品给予积极的评价和鼓励。然后，教师可以组织学生进行作品展示和交流，让学生互相欣赏、学习，共同进步，引导学生学会从不同的角度看待问题，并鼓励学生提出独特的见解和创意。教学实践表明，这些方法充分体现了民主教育思想，让学生在平等、和谐的氛围中学习和成长。这既可有效地鼓励学生自主探究，又可培养学生的创新思维和想象能力，有助于学生综合素质的全面提升。

四、组织项目学习，提升综合能力

项目学习强调以学生为中心，通过学生自主探究、合作学习等方式，完成具有挑战性的项目任务，从而培养学生的综合素质。这一学习活动，不仅彰显了陶行知的“生活即教育”思想，而且体现了“教学做合一”理念，同时还切实践行了“民主教育”及“因材施教”教育思想，从而为学生语文学习能力、学科素养等的不断提升注入新活力。这就需要小学语文教师，明确把握教学目标，并结合课文内容及学生特点，科学组织项目学习活动，为学生提供学以致用、合作探究等平台，以最大程度提升学生的综合能力。在学习小学语文教材六年级上册《竹节人》这一篇课文的时候，教师就可通过组织项目学习活动的形式，促进学生综合能力的提升。

（一）确定项目主题，体现“生活即教育”思想

以“传统玩具的魅力”为项目主题，引导学生从《竹节人》中延伸出去，关注生活中的传统玩具。让学生认识到传统玩具不仅是娱乐工具，更是传统文化的载体，体现了“生活即教育”的理念。教师鼓励学生通过调查、采访、查阅资料等方式，了解不同地区、不同年代的传统玩具，拓宽视野，丰富知识。

（二）制定项目计划，体现“教学做合一”思想

学生分组制定项目计划，明确项目目标、任务分工、时间安排等。在制定计划的过程中，学生需要综合考虑语文、历史、美术等多个学科的知识，将所学知识运用到实际中，体现“教学做合一”的思想。一组学生可以负责制作传统玩具的宣传手册，需要运用语文的写作能力、美术的绘画能力和排版能力；另一组学生可以负责拍摄传统玩具的介绍视频，需要运用语文的解说能力、摄影技术等。

（三）实施项目活动，体现民主教育思想

在项目实施过程中，教师要充分发挥学生的主体作用，鼓励学生自主探究、合作学习。教师可以组织学生开展小组讨论、成果展示等活动，让学生在平等、民主的氛围中交流和学习，体现民主教育思想。学生在制作传统玩具的过程中，可以互相交流制作方法和经验，共同解决遇到的问题。教师可以适时给予指导和建议，但不要过多干涉学生的活动。

（四）评估项目成果，体现因材施教思想

项目成果评估要注重过程性评价和多元化评价，根据学生的不同特点和能力水平进行评价，体现因材施教的思想。可以采用学生自评、互评和教师评价相结合的方式，对学生的项目成果进行全面评估。例如，对于制作宣传手册的小组，可以从内容的丰富性、排版的美观性、语言的准确性等方面进行评价；对于拍摄介绍视频的小组，可以从视频的画质、解说的流畅性、创意的独特性等方面进行评价。开展项目学习，可以让学生在实践中学习语文、历史、美术等多个学科的知识，培养学生的自主探究能力、合作学习能力、创新思维能力和表达能力。同时，也让学生感受到传统文化的魅力，增强学生的文化自信。在今后的小学语文教学中，我们可以继续探索和实践项目学习的方法，让学生在快乐的学习中不断成长和进步。这正是陶行知先生曾言：“教学做是一件事，不是三件事。我们要在做上教，在做上学。”

五、结语

陶行知教育思想为小学语文教学提供了丰富的启示和指导。在小学语文教学中，教师应借鉴陶行知教育思想，创新教学方法，创设生活情境，开展实践活动，鼓励自主探究，实施民主教学，落实因材施教，从而激发学生的学习兴趣，提高语文教学的质量和效果，培养学生的语文素养和创新精神。

陶行知教育思想引领学校发展的育人实践

钦州市第九小学　洪美惠

在当今快速变化的社会背景下，教育的重要性日益凸显。学校的发展不仅依赖于硬件设施的完善和教学方法的创新，更需要教育家精神的引领。陶行知是伟大的人民教育家，他的教育思想深刻影响了中国的教育实践，并为今天的教育工作者提供了宝贵的理论基础和实践指导。研究教育家精神，不仅有助于提升教师的专业素养，还能够推动教育理念的更新，优化教育实践，从而促进教育现代化的进程。教育家精神的弘扬与实践，对于实现教育的公平与质量提升，对于培养适应未来社会的新型人才，具有重要的现实意义。钦州市第九小学（以下简称“第九小学”）以陶行知教育思想引领学校发展，开拓出一条独具特色的育人实践之路。

一、陶行知教育思想的精髓

陶行知先生的教育思想具有深远的影响，他强调“生活即教育”“社会即学校”“教学做合一”的教育理念，对于当今的教育仍然具有重要的现实意义。

（一）生活即教育

陶行知认为教育不应局限于课堂之内，而是应当贯穿于生活的方方面面。他主张通过生活中的实际问题来引导学生思考和学习，使教育真正成为解决实际问题的工具。

（二）社会即学校

陶行知提出，学校不应是封闭的体系，而应是开放的社会的一部分。学生应在社会实践中获得知识和技能，通过参与社会活动来培养社会责任感和公民意识。

（三）教学做合一

这一理念强调理论与实践相结合，教师不仅要传授知识，还要引导学生动手操作，真正做到学以致用。陶行知认为，只有通过亲身实践，学生才能真正掌握知识并将其应用于实际生活中。

（四）因材施教

陶行知先生说："因材施教，发扬学生的特长和优势，让每个孩子都能找到自己的兴趣和擅长的领域。"强调每个学生都是独特的个体，教育者应根据学生的兴趣、特长和需求，采取个性化的教育方法，帮助每个学生发挥其最大潜力。

二、教育家精神引领下的教师成长路径

（一）教师队伍专业化发展现状

1．教师工作压力与职业倦怠问题日益凸显

随着教育竞争的加剧和家长对教育质量的高期待，教师承受着巨大的工作压力，常常需要在有限的时间内完成繁重的教学任务，参与行政管理，以及与家长沟通交流。这种过重的工作负担可能导致教师职业倦怠，影响其专业发展。

2．教师评价体系的不完善阻碍了专业化进程

当前的评价体系往往过于侧重教学成绩，而忽视了教师的专业发展和

教育创新。这导致教师在教学实践中可能过于追求短期的分数提升，而忽视了教育的长远目标和学生的个性化需求。

（二）探索教师成长路径

教育家精神是教师成长的灵魂，它能够激发教师的内在动机，促进其不断学习和进步。教育家精神的育人路径是教师专业化成长的指南，它通过一系列的教育活动和教育理念的实施，将教育家精神转化为教师日常的教学实践。这些路径旨在提升教师的专业素养，激发教师的创新精神，并确保教育质量的持续提升。

第九小学将陶行知教育思想与教师成长路径相融合，有助于教师在职业发展中不断提升自我，更好地履行教育职责。如，学校围绕打造市行政信息中心区域优质小学的目标，启动了“名师 + X”校本培训模式，学校通过名师工作室引领、“品质教研”、微课题研究、教学成果培育、“四名工程”等途径，引领教师不断成长，弘扬教育家精神。

1. 成立名师工作室

为了充分发挥名师的辐射效应，学校分别成立了“叶西林名校长工作室”“洪美惠名师工作室”等 6 个名师工作室，以名师工作室为核心，开展校本研修活动，分别在教育管理、语文、数学、艺术、班主任工作等教育教学工作对学校教师进行全面的指导与引领。

2. 开展学科品质教研活动

在学校教导处的组织下，以名师及骨干教师为带头人，聚焦课程方案和课程标准，结合各学科的本质及教学特点，开展学校品质教研活动。教研活动以 2022 年版课程标准为依据，通过问卷星调查、访谈等形式确定“主题内容”，由“理论取向”走向“实践取向”。培训主讲教师由市、县区培训专家，学科教研组长及名师培养对象等负责，通过“专家引领—同伴互助—自我反思”，以“课例 + 评析 + 讲座”等形式，开展扎实研究。三年来，开展“语”路花开品质教研活动 50 期，“数”海扬帆品质教研活动 46 期，书质“英”才品质教研活动 35 期，另外还有“艺”海拾贝、童心“体”趣等综合科目的品质教研活动累计30期。

3.“四名工程”促青年教师成长

学校以“1+X”教师发展理念，分别打造了“头雁工程”“名师工程”“种子工程”“影子工程”（“四名工程”），主要培养骨干教师和年轻教师，通过遴选、培训、展示、考核等活动，对培养对象进行多方面的培养。

4. 聚微求实，共研共长

微课题研究是针对教育实践中的具体问题，进行小规模的研究。各课题组围绕当前教育教学的热点和学校办学的特色，结合新的课程方案、课程标准及自身的教学实际，发掘研究点，开展学科教学、德育研究等，落实“教学、教研、科研”一体化校本研究策略，逐步推动学校和教师申报更高层次的研究课题。三年来，学校每年进行一次校级微课题的申报与结题工作，至今为止，校级微课题申报50余项，参与人数近300人次。

5. 提供展示平台

学校为每个教师的成长提供了展示的平台，让不同层次的教师在不同的平台上得到不同的发展。通过校内的教研、校际间的教学交流、教学比赛、“送培下乡”等活动让全体教师得到了展示和提升。

通过构建“主题式”教研文化：专题培训、课题研究、主题课例、案例分析、多元对话等，教师们互研共进，进一步推动教研活动往纵深发展。在个人反思、同伴互助、专业引领下，主题教研促进了教师的快速成长，促进了教师群体教育智慧的生成。校本研修促进全校教师教学及科研水平整体提升，学校的教学及科研成绩实现跨越式发展。

三、促进学生全面发展的策略

夯实教育家精神内核，促进学生全面发展是教育的重要目标之一。这一理念强调的是教师应当具备深厚的教育情怀，以及先进的教育理念，并将其转化为具体的教育实践，从而帮助学生成长为具有全面素质的人。第九小学通过红色教育、中华优秀传统文化教育、核心素养技能教育、钦州古代乡贤文化教育等，五育融通，促进学生全面发展。

（一）化解学科壁垒，推进融合育人

我们以“立人”为核心理念，实施“1 + X”主题课程，通过“立人观念—整合思维—实践学习—儿童中心”的教学路径，打破学科壁垒，打通学科知识关联，多元协同评价，弥补学科单一的问题。通过课程整合和创新教学设计，激发学生的学习兴趣，实现学生自主学习能力的全面提升。

学校开发“二十四节气”跨学科课程，“二十四节气”课程融绘本、艺术、劳动、科学于一体，学生在跨学科学习和实践活动中体会春耕、夏耘、秋收、冬储的喜悦，也通过这些活动传承优秀文化，坚定文化自信。我们用“1 + X”撬动学校教育变革，创新教学成果，形成“综合性·实践性·主题性：素养导向的小学课程综合化的实践探索”教育教学成果，更好地实现“载道立人”。

（二）打破“学用”割裂，推进贯通育人

学校倡导“做中学”“用中学”“创中学”，坚持素养导向，探索“情境真实·主题聚焦·素养明确”的综合性学习，开展了“数学节”“汉字节”“诗词节”“科学日”“无书面作业日”等系列活动，为每一位学生搭建平台展示自我。在第 29 个“世界读书日”到来之际，学校开展“阅读 +”课例研讨暨师生阅读分享，引领师生攀登书山，与好书同行；遨游书海，与知识为伴。通过“教学做合一”的理念，鼓励学生在实践中学习，在学习中实践，真正做到学以致用，有效践行陶行知“生活即教育”的思想。

（三）融合“引进来”和“走出去”，推进思政育人

为深入贯彻落实习近平总书记关于思政课建设的重要讲话精神，不

断创新思政教育内容和形式，积极地“引进来”和“走出去”，打造课内课外相贯通，教学实践相衔接的“大思政课”。“引进来”，吸收优秀家长和社会人士，从多方面为思政教育提供支持，包括以自身的专业特长参与思政课程建设，如开展国防教育大课堂，邀请越战英雄、预备役官兵到校宣讲，引导学生“扣好人生第一粒扣子”。“走出去”，引导学生走出校园，融入社会开展研学活动。学校、家庭、社会三位一体，通过组织学生到博物馆、军分区、红色遗迹等场域开展研学活动，亲身体验“生活即教育”的魅力，推动学校与社会的合作与交流，构建“社会即学校”的教育网络，有效传承和弘扬陶行知先生的教育家精神。

（四）突破评价困境，推进整体育人

为进一步贯彻落实“双减”有关文件精神，学校突破评价困境，以推进学生综合素质评价为主体，构建学生发展性评价机制，促进学生学业评价改革和综合素养的稳步发展。除了终结性评价，学校更关注过程性评价。

如表现性评价，通过观察学生在课堂内外的表现：参与讨论、小组合作、课堂展示等进行评价。作品集评价，收集学生的作品集，包括作业、报告、创作等，以此作为评估学生学习过程和成果的一部分。同伴评价与自我评价，鼓励学生相互评价和自我反思，促进学生之间的相互学习和自我认知的发展。数据驱动决策，利用数据分析工具，对学生的多方面数据进行整合分析，为教师提供决策依据，帮助教师更好地了解学生的需求，调整教学计划……学校通过实施核心素养展示、东升榜样、阅读晋级、“追锋少年”评比等促进学生的综合素养。

教育家精神不仅促进了教师的专业成长，也对学生的全面发展产生了积极的影响。学生在一个充满爱和尊重的环境中学习，学生多样化、个性化发展得到充分满足，在科技、艺术、体育等活动中锻炼了自己的综合能力和社交技能。

四、总结与展望

陶行知先生说:“教育是立国之本。”在当今这个快速变化的时代背景下，我们需要继承和发扬陶行知等老一辈教育家的精神，不断探索符合时代特征的教育方法，努力培养具有创新精神和社会责任感的新一代公民。推进整体育人并非一蹴而就的过程，而是需要长期不懈的努力。当前，教育资源不均衡、教师专业化程度有待提高等问题依然存在，这些问题制约了教育质量的整体提升。因此，要继续深化教育改革，优化资源配置，加强师资队伍建设，确保每一位学生都能享受到优质的教育资源。教育是一项崇高而艰巨的任务，它关乎每一个孩子的未来，也关系到整个社会的进步与发展。让我们以陶行知先生为榜样，秉承教育家的精神，不忘初心，为国家和社会培养更多优秀人才。

陶行知教育思想在小学教育中的实践应用

钦州市第三十四小学　李文春

陶行知作为我国伟大的人民教育家，教育思想以“生活教育”理论为核心，主张“生活即教育”“社会即学校”和“教学做合一”。在当代教育中，陶行知的教育思想得到广泛应用，如将教学内容与生活、社会结合培养学生的实践能力，重视创新教育培养学生的创造能力，以及通过“教学做合一”方法论提升“本土思维，学以致用”的渗透嵌入，形成“素养导向+学生为主”的培养观念，提高教学实效性，为当前教育改革提供了重要借鉴和启示。

一、生活教育思想的实践应用

陶行知提出“生活教育理论”，认为生活本身就是教育，社会是学习的广阔场所，教学应当与实践紧密结合，在当代教育中得到了生动的实践与应用。这些理论强调教育应与学生的日常生活紧密相连，以生活为基础，使教育与社会、学校、家庭形成有机整体，共同促进学生的全面发展。

（一）教学内容与学生的日常生活相联系

要让学生在生活中发现知识，在实践中掌握知识，体验教学知识与生活实际的密切联系，从而真正实现教育的目的和价值。例如，在教学一年级数学《认识钟表》时，通过展示小朋友一天中的重要时刻（如起床、学习、做操、吃饭、看电视、睡觉等），将“认识钟表”的教学内容与学生的日常生活紧密联系在一起。学生不仅学会了认识时间，还能将所学知识应用于实际生活中，如制定自己的作息时间表，培养学生珍惜时间、有规律生活的习惯，体现陶行知“生活即教育”的教育思想。

（二）教学方式与生活相结合

当代学校积极创新教学方式，通过组织社会实践活动、社区服务、实地考察等多种方式，让学生在生活中学习，在学习中生活。这种教学方式不仅极大地提高了学生的学习兴趣，还培养了他们的实践能力和社会责任感。学生们在实践中体验生活，理解知识，将所学知识应用于解决实际问题，从而实现了知识的内化和能力的提升。例如，在教学《周长的认识》时，教师不是直接告诉学生什么叫作周长，而是让学生通过动手摸一摸树叶一周边线的长度，指一指数学书封面的一周，找一找生活物体一个面的周长，引导学生在实践操作中理解和掌握周长的概念，从起点出发沿着边线又回到起点，就是物体一个面的周长。从而延伸到认识常见平面图形的周长，计算平面图形的周长。在测量树叶、圆形等曲边图形的周长时，让学生动手用细线、软尺等工具测量，同时渗透化曲为直的数学方法，使学生在实践中掌握周长的概念和应用，培养学生动手操作、解决问题的能力。

（三）校园文化建设充满生活气息

学校借鉴了陶行知先生的理念，致力于打造充满生活气息的校园文化。通过举办各类文化活动、艺术展览、体育比赛等，学校丰富了校园文化生活，营造了积极向上的学习氛围。这种氛围不仅有助于学生的全面发展，还促进了师生之间的交流与互动，增强了学校的凝聚力和向心力。

二、创造教育思想的实践应用

（一）项目式学习

项目式学习是一种既新颖又非常有效的学习方法，它极大地激发了小学生们的学习兴趣和探索精神。在这个学习过程中，学生们被鼓励去关注并解决真实生活中的小问题或挑战，通过团队合作，一起策划并完成一个小项目。在小学的科学课上，学生们自己选择了一些既有趣又与日常生活紧密相关的研究课题，比如“制作一个简易的家用垃圾分类箱”。在项目进行的每一步，学生们都十分投入，他们不仅学到了环保、物理、设计等多方面的知识，还通过亲手制作模型、进行实际测试以及最后的展示讲解，全方位提升了自身的解决问题技巧、跨领域学习能力、创新思维以及团队协作能力。这样的学习方式让学生学到了更多的东西，更重要的是，它悄悄地在他们心中种下了创新和实践的种子，为他们将来成为有创造力、能动手解决问题的人打下了坚实的基础。

（二）探究式学习

探究式学习是一种特别有趣的学习方法，它让小学生通过观察万物、做小实验、动脑筋想问题等方式，自己去发现新知识，培养起对科学的热爱和探索精神。探究式学习特别看重学生的好奇心，鼓励他们多问“为什么”，并且学会自己去找答案。在小学科学课堂上，老师组织了一次生动的探究式学习活动。学生们走出教室，来到校园的各个角落，亲自观察并记录不同植物的生长情况。比如，他们会定期测量小树苗的高度，观察叶子的颜色、形状和数量是否有变化，并详细记录这些数据。同时，老师还指导学生们设计了一些简单而有趣的实验，来探究不同土壤对植物生长的影响。学生满怀好奇地准备了不同的土壤样本，如沙土、壤土和黏土，然后分别在这些土壤中种植了相同的植物种子，并仔细记录它们的生长情况。经过一段时间的观察和记录，学生们开始整理自己的数据和实验结果，并在老师的指导下，撰写了一份份充满童趣的研究报告。他们用文字描述了植物的生长过程和实验结果，还画出了精美的插图，让整个报告既生动又有趣。探究式学习充分体现陶行知“教学做合一”的教育思想。

（三）现代信息技术方法的应用

现代信息技术方法在小学教育中的实践应用，主要体现在利用互联网、大数据等技术优化教学资源配置，提升教学效率。例如，学校通过引入在线学习平台，为学生提供丰富的课程资源和学习工具，让他们可以基于自己的学习节奏和个人兴趣来自由挑选学习的内容。同时，教师利用大数据分析学生的学习行为和成绩，精准掌握学生的学习状况，从而制定个性化的教学方案，灵活改变教学方法，以适应学生的多样化需求。在信息技术教学中，教师利用生活中的实例来讲解信息技术知识，如通过家庭网络管理、在线购物、远程医疗等场景，让学生感受到信息技术在日常生活中的应用价值。同时，也可以鼓励学生利用信息技术解决生活中的实际问题，如使用搜索引擎查找学习资源、利用在线工具进行自主学习等，从而培养学生的信息素养和实际应用能力。

（四）跨学科整合教学

陶行知教育思想强调教育的全面性和实践性，因此在实践应用中，可以进一步探索跨学科整合的教学方式，如 STEM（科学、技术、工程和数学）教育，以培养学生的综合素养和创新能力。跨学科整合教学是一种富有成效的教育方法，它旨在打破学科壁垒，将不同领域的知识、技能和思维方法整合到教学过程中，从而培养学生的综合素质、创新能力和全球视野。还注重生活经验在跨学科整合教学中的应用。学生的生活经验可以为跨学科整合教学提供丰富的素材和背景知识。例如，数学与体育的融合——《体育比赛中的数学计分》，在教学百分数的认识时，结合体育学科，让学生观看一场篮球或足球比赛，了解比赛的计分规则。再让学生记录两队比赛数据，如得分、投篮次数等，计算比赛中两队的得分情况，并计算投篮命中率、控球率等数学指标。又如，数学与美术的融合——《设计轴对称图形》，在教学轴对称图形时，让学生用彩纸、剪刀等工具，设计并制作轴对称图形，如蝴蝶、花朵等，通过动手操作，加深对轴对称概念的理解，同时提高美术设计和动手能力。又如，数学与地理的融合——《地图与比例尺》，地图是地理学习的重要工具，比例尺帮助学生理解实际距离与地图距离的关系。在教学《比例尺的认识》时可以设计这样的活动，给学生一张地图，让他们根据比例尺计算两个城市之间的实际距离，并进行路线规划。使学生学习如何使用比例尺计算实际距离，加深对比例尺概念的理解，提高学生解决实际问题的能力。

三、爱的教育思想的实践应用

陶行知主张教师应具备深沉爱心与强烈责任感，全心全意关心学生成长，用真挚的爱感化年轻心灵。

（一）情感渗透　感化心灵

在当今的教育环境中，情感教育的重要性日益凸显。学校不仅传授知识，更关注学生的情感需求。在日常教学中，教师应用心将情感教育融入其中，用爱心和耐心去倾听每一个学生的心声，给予他们最真挚的关怀和支持。陶行知先生说："朝朝暮暮，欢欢乐乐，一世到老，四处奔波，为了苦孩，甘为骆驼，于人有益，牛马也做。"广西灵山县檀圩镇甘梅小学的余文霞老师，通过家访了解学生的家庭情况，为他们提供力所能及的帮助。她冒雨前行，即使受伤也坚持为学生上课，这种精神深深地感染了学生和家长。特别是她为交不起学费的学生垫付学费的事迹，更是体现了生活教育的精髓。她用自己的行动诠释了什么是责任、什么是坚持、什么是爱。她的行为不仅帮助学生完成了学业，更让他们感受到了来自老师的关爱和支持。这种"知行合一"和"生活德育"的思想，在她的身上得到了完美的体现。

（二）家校合作　助力成长

家校合作对于学生成长很重要。学校通过家长会、家访、家校联系卡等多种方式，与家长建立了紧密的合作关系。这种合作让家长能实时掌握孩子在校的学习动态，还推动了家庭教育与学校教育的深度融合与互补。家校双方共同努力，为学生的健康成长创造一个更加和谐、有利的环境。陶行知先生说："好的先生不是教书，不是教学生，乃是教学生学。"在数字化时代，手机游戏对学生的吸引力日益增大，严重影响了学生的学习与生活。我带的六（1）班小杰同学沉迷手机游戏，成绩下滑，课堂注意力不集中，甚至出现熬夜玩游戏，导致第二天精神萎靡的情况。为解决这一问题，开展家校共育行动迫在眉睫。作为班主任的我及时与小杰父母沟通，了解小杰的家庭情况和手机使用情况，分析小杰沉迷游戏的原因，共同商讨教育对策。我、小杰及其父母共同签订《合理使用手机协议》，明确各自的责任和义务。我找小杰谈心谈话，了解其内心想法，帮助他认识到沉迷游戏的危害，引导其树立正确的人生观和价值观。我还安排品学兼优的同学与小杰结成帮扶对子，在学习上帮助小杰，在生活中关心小杰，帮助小杰融入集体，感受集体的温暖。我经常鼓励小杰参加学校组织的社团活动，例如篮球、绘画、音乐等，培养其兴趣爱好，转移其对手机游戏的注意力。我与小杰的父母沟通，明确其作为父母的职责。小杰父母要以身作则，减少在孩子面前使用手机的时间，为孩子树立良好的榜样。父母平时在家要多陪伴孩子，与孩子进行沟通交流，营造温馨和谐的家庭氛围。建议小杰父母利用周末和假期带他参加户外活动，例如爬山、郊游等，丰富小杰的课余生活，增进亲子感情。我始终与小杰家长保持密切联系，每周至少沟通一次，及时反馈小杰在学校的表现，包括学习状态、课堂表现、与同学相处情况等，共同商讨教育策略，调整教育方法。经过一个学期的努力，小杰的变化十分显著，学习成绩明显提升，学习态度更加认真，更加自信、开朗，朋友也多了起来。家校紧密合作是关键，通过及时沟通和共同监督，形成强大合力，帮助小杰逐渐摆脱手机游戏的诱惑，让他健康快乐地成长。

四、结语

陶行知教育思想在新时代教育中的实践应用，既传承了教育家的精神，又有力推动了当前的教育改革与创新。通过对陶行知生活教育、创造教育以及爱的教育思想的深入解析与实践应用，我们发现，这些理念在当代教育中仍然具有强大的生命力和指导意义。生活教育思想的实践，让学生在学习与生活中找到了完美的结合点，通过项目式学习、探究式学习以及现代信息技术的应用，学生的动手实操能力、创新思维能力以及整体素养有了明显的增强。创造教育思想的实施，激发了学生的探索精神，培养了他们的创新思维和解决问题能力，为未来的社会发展培养了更多具有创新精神的人才。爱的教育思想为我们提供了重要的启示。通过情感教育的渗透和家校合作的加强，我们更加关注学生的全面发展，尊重他们的个性和差异，为他们提供了更加温馨、和谐的学习环境。这些方面有益于学生的全面发展，还推动了教育机会的均等以及社会的和谐进步。因此，我们应该深入研究和实践陶行知的教育思想，并将其融入现代教育的改革和发展中，为培养更多具有创新精神和实践能力的人才做出更大的贡献。

多元智能理论与生活教育论在小学英语课堂教学中的运用

钦州市实验小学　谢海燕

2021年中央颁布的“双减”政策，减轻了学生的作业和课外辅导的负担，但是对学校管理提出了更高的要求：不仅要求对学生能够减负提质，同时要求提升学生各科的学科素养。因此，在“双减”政策下，我们需要向40分钟的课堂要质量，需要创建一个行之有效的课堂教学模式。作为英语教育奠基石的小学英语教学，我们不仅要关注学生英语素养的培养，更要关注学生智能的提升，为此，在美国心理学家霍华德·加德纳的“多元智能理论”和我国教育家陶行知先生的“生活教育理论”的支撑下，我们开展了关于“‘双减’政策下 小学生英语多元化教学模式创新”的研究，研究运用多元智能理论与生活教育论融合开展小学英语课堂教学活动，创设一个行之有效的课堂教学模式：应用多元智能－开展课堂学习－发展教育生活－提升多元智能。这样一个良性发展的多元化教学模式，培养了学生的创造力，提升了他们的多元智能。

一、多元智能理论和生活教育理论概述

（一）多元智能理论

霍华德·加德纳教授提出的多元智能理论认为，人的智能是多元

的，人类存在的智能不少于八种，即语言智能、逻辑—数理智能、空间智能、身体—运动智能、音乐—节奏智能、人际交往智能、内省智能和自然观察者智能等。这些智能既是紧密联系也是独立存在的，而且不同的人，各类智能拥有的量也不相同，也就是说，每个人的智能都存在着差异性。

（二）生活教育理论

陶行知生活教育理论有三大观点，即“生活即教育”“社会即学校”“教学做合一”。学校的课堂教学要解放学生的头脑、双手、眼睛、嘴，解放学生的空间和时间，让学生多看，多想，多说，多做；利用课堂教学活动，为学生提供时间和空间，培养学生的思考能力、动手能力、观察能力，鼓励学生勤学好问，帮助学生在生活中学知识，帮助学生学会自主学习。

综合这两个理论，在课堂教学中要求教师应关注学生的多元化发展，关注学生的个性化需求，充分利用学生的优势智能进行有针对性的教学，同时还要创造机会培养学生的创造力。

二、我校英语多元化教学模式的探究应用

（一）多元智能理论、生活教育理论与课堂教学的深度融合

“双减”政策后，为了减轻学生的学习负担，我校英语课题组努力探索提高课堂教学质量的方法，我们把多元智能、生活教育理论与日常的课堂教学深度融合，大力挖掘学生的智能，放飞学生，激活课堂，构建一个良性高效的课堂教学模式，让课堂教学提升学生智能，培养学生创造力。

我以闽教版小学英语五年级下册《Unit 3 Planning a Trip Part A》为例，对多元智能理论、生活教育理论与课堂教学的融合应用进行说明。

1. 自知智能与课前预习活动融合应用

“生活即教育”，让学生在生活中完成教育教学活动，是教师要充分考虑的一种教学方式，我们应用学生的自知智能，给学生布置课前新课预习任务，培养学生独立思考和自主探究的能力，而且学生通过预习活动，达到复习旧知、探索新知的效果，对快速提升他们自身的知识储备起到非常大的作用。我们在课前给学生设计的“快乐预习单”作业是课外作业，主要是让学生充分运用生活中的现有条件完成自主探究的学习任务，这些任务包括以下内容：1）运用字词典和工具书帮助自己阅读课文，尝试理解课文；2）运用多媒体或网络资源听读课文，纠正自己的发音和语调；3）做预习笔记，标注课文重难点及困惑点等；4）通过课外资料查阅课文主题背景知识等。

2. 语言智能与课前口语展示活动的融合应用

语言智能是小学英语教学中较为重要的一种智能，我们课堂教学中应该尽可能创造机会，鼓励学生敢于表达自己的思想。“课前三分钟”的口语训练活动能为学生创造展示自我的机会，能让教育生活化。在“课前三分钟”活动中，学生们可以自主选择展示的方式，如：进行个人演讲，小组合作进行对话及表演，也可以说新闻、讲故事、唱英文歌等。“课前三分钟”的活动能有效地提升学生的语言能力、增强学生的自信心，能真正做到学以致用，体现“教学做合一”。

3. 音乐智能与新课热身导入教学活动的融合应用

音乐是一种美的艺术，是情感的艺术，它来源于生活，可以陶冶性情、提高素养、激发兴趣。小学生大多活泼爱唱，应用学生的音乐智能，恰当地选择与课文教学内容有关的歌曲，或者用音乐节奏把单词、句子编排成朗朗上口的 chant（有节奏的口号），作为课前的热身导入内容，让学生在唱唱跳跳中唤起学习的欲望，营造活跃的课堂氛围，把枯燥的语言学习变成生活中的艺术。这种教学方式不仅能提升学生的音乐智能，还能让教育回归生活。在《Unit 3 Planning a Trip Part A》这一课中，我们选用了《I like to travel》这首歌曲，这首歌曲表达了孩子们希望乘坐不同的交通工具去旅游的愿望，与教学内容十分贴切。教师与学生一起模仿交通工具的声音唱跳，既能让学生快速进入学习的状态，也复习到各种交通工具的单词，同时能引导出本单元的课题。

4．逻辑智能与课文新知呈现环节的融合应用

随着科技的发展，学校对学生逻辑思考能力的培养越来越重视，学生逻辑智能的应用不仅限于理科的课堂教学中，也能应用于小学英语课堂，越来越多的英语教师重视英语知识的形象化，他们把枯燥的文字创作成一幅幅的导图，引导学生快速记忆。在教学中，我们通过设计单词及句子的排序、分类、判断、想象等训练方式，培养学生的逻辑思维能力，引导学生从旧知联想出新知，收到温故知新的课堂效果。本课的新知呈现，我们设计了动态的旅游图，让学生猜想要乘坐的交通工具，以及旅游的地点，同时对交通工具及旅游地点进行分类，引导学生说出新句型：I will go to… by…。这样，语言教学从传统的机械教读、跟读向有逻辑思维的情境化教学转变，创设的情境也让学生拥有身临其境的学习感受。

5．观察智能与文本学习活动的融合应用

在信息技术 2.0 的学习环境下，多媒体课件的使用深入课堂，有趣的课堂视频导入、动态的单词图片、精美的单词游戏画面和课文内容视频化播放等教学手段，使语言学习变成可视性，使小学英语课堂学习更加接近生活，学生的观察能力通过这种学习方式得到充分的培养。在本课的文本学习中，我们充分应用了学生的观察智能，让信息技术与教学深度融合。我们采用的教学手段有：Watch and answer（看课文视频，理解文本内容，回答教师提出的问题）；Watch and learn（看 family tree 的图片，让学生观察人物关系，理解 aunt 和 uncle 的意思）；Watch and write（运用动态的四线格书写单词，让学生观察到正确的单词书写方法）等。

6．身体运动智能与情境教学活动的融合应用

在课堂教学中，充分利用小学生好动的特点设计情境教学，会收到事半功倍的效果。例如，课前教师与学生打招呼用“I say，you say”的 chant，通过肢体语言与学生互动，增加教师与学生的交流；运用肢体学习

新单词，如：run，swim，jump 等；用动作创建有趣的情境教学模式，如：Shopping、Asking the way 等；利用游戏、角色扮演学习语言句型对话等。我们在本课的教学中设计了人机对话、学生角色扮演等环节，为学生创设真实的对话情境，让语言学习更加生活化，我们的课堂也随着学生的动而生动，语言学习也在情境中还原了生活。

7．交往智能与课堂合作活动的融合应用

“社会即学校”，因此，在学校这个生活场所里，同样存在着社交活动，教师要培养学生与学生、老师、家长及社会之间的交往能力。要在课堂上，根据课文内容，设计合作学习的教学活动。学生通过相互合作和交流，发展他们的交往智能，如：编排课堂小剧场，学生以小组合作方式对课文内容进行角色扮演；设计小组调查活动，加强新句型的运用；小组合作探讨知识结构等。本课设计的合作学习任务有：Ask and answer（同桌之间的问答操练）；Role play（角色扮演）；Do a survey（小记者采访活动）等。这些活动不仅能活跃课堂的学习气氛，提高英语的运用能力，还能让学生通过合作学习提升他们的互助精神、团队精神。

8．内省智能与课堂总结活动的融合应用

在 conclusion（课堂总结）环节，教师充分应用学生的内省智能，引导学生反思、总结自己的学习过程，找出自己的优点和不足，评估自己的学习效果。在本课的课堂总结中，我们通过游戏与知识归纳相结合的方法帮助学生进行知识梳理。做法是：1）设计趣味分类游戏，让学生巩固新授词；2）设计连词成句游戏，巩固重点句型的结构；3）运用 Smart Art 图形，以直观的方式归纳本课的重点内容；4）制作微课让学生理解一般将来时的用法等。

（二）多元智能理论、生活教育理论与教学评价的融合应用

在“双减”政策下，我们对学生学习的评价也应该是多样化的，不能只停留在学生对知识掌握程度的评价上，而是要以人为本，以发展学生智能、提高学生创新能力为目的开展评价，同时评价也要积极向生活化发

展。如开展生生评价、家长评价、小组评价等多种方式，这样才能激发学生的学习兴趣和主动性，增强学生的学习信心，培养学生积极向上的品格，才能快速提升课堂教学质量。下面是我们在课堂教学中实施的一些评价方式。

1．语言、动作评价的运用

在课堂教学中，我们非常注重对学生的表扬，教师充满激情的"Good！""Well done！""Big hands！""Give me five！"等鼓励性语言，以及对学生伸出的大拇指和拍出的有节奏的掌声，给学生带来很大的自豪感，这些评价很大地促进学生的学习信心，激发学生的学习积极性，增进师生情谊。

2．积累性评价的运用

为了鼓励学生持续学习，在学生阶段的学习生活中，我们会和学生做些小约定，如学生会读、会背一篇课文，上课积极参与课堂，认真完成作业，热心帮助同学等，我们就在表彰墙或评分表给予学生加分或盖奖章等鼓励，作为学生积累性的评价，并且每个月在班级做一次评比，以此来促进学生学习的持续性。

3．榜样性评价的运用

自尊心是人类的共同特征，因此，在课堂上我们积极树立班级榜样，通过表扬优秀的学生，通过展示优秀的学生作业，促进学生内省，带动学生整体发展，从而使他们的学习参与度得到提升。

4．合作性评价的运用

我们每节课会根据不同的教学内容给学生分组，营造课堂分组 PK 学习的氛围，例如，教颜色单词时，可以把学生分成 Red Team、Blue Team；教水果单词时，分 Apple Team、Pear Team；教动物单词时，分 Cat Team、Dog Team 等。我们还会设计一定的小组学习任务，如：小组讨论总结知识点，小组合作对话表演等，分组时也有意识地推行小先生制，安排好、中、差相结合，以强带弱，共同进步。

5. 差异性评价的运用

每一个学生都是一块金子，虽然有些金子由于各种原因被暂时蒙尘，但是我们教师对学生要不抛弃、不放弃，相信他们终究会有发光的时候。所以，对不同的学生要开展差异化的评价，也就是说，教师们不能用同一个标准去评价学生。在课堂上有些学生，你要给予他的表扬是他能很好地把课文背下来，但是有些学生，如果他能把一个句子顺利读出来，我们就要给他表扬了，这就体现了评价的个体差异。差异化的评价能让不同程度的学生体会到成功的乐趣，增加他们勇于战胜困难的决心，让所有学生都有荣誉感，从而达到共同进步的目的。

（三）多元智能理论、生活教育理论与作业设计的融合应用

"双减"政策颁布后，学生的作业要怎样布置，成了教师要积极思考的问题。作业的作用不仅是巩固知识，也要培养学生的创造力，因此，巩固知识、提升智能、情境化、交际性等多方面相结合的作业是我们作业设计的方向。综合起来，我们的作业主要有以下几个类型：语言型作业；合作型作业；生活型作业；自主型作业；针对型作业。

1. 语言型作业

这类型的作业主要方式是：听、说、唱等。还是以《Unit 3 Planning a Trip Part A》为例，我们这样布置语言型作业：听课文录音，模仿对话；跟同学或家人用英语说一说自己的旅行计划；学唱英文版《2035 坐上动车去台湾》理解一般将来时态的用法。

2. 合作型作业

这类型的作业主要方式是：编、演、采访、书信等。如，小组合作编写主题对话并表演；采访他人，记录所收集的信息并向老师与同学汇报；与同学讨论并制作主题海报或手抄报；用英语写信与他人交流等。

3. 生活型作业

这类型的作业主要方式是：制作卡片、手抄报、写短文、写调查信息等。如，写写自己一日三餐的食物；写写 My School Day；调查同学的兴趣爱好并写出来；描述操场上同学的各种活动；制作节日贺卡等。

4. 自主型作业

这类型的作业主要是根据学生自知能力的不同，为学生设计分层作业，让学生根据自身的学习能力自主地完成，主要分为：基础型、核心型和拓展型。基础型的作业是对课文单词、短语、重点句型、课文语篇的记忆和理解，这类作业可以布置给起点水平较低的学生，可以让这类学生做听读、抄写或模仿类作业；核心型的作业是对课文词、句、篇的分析和应用，中等水平的学生在已经完成记忆和理解的基础上，做一些针对单词、句型运用的选择题、填空题等巩固作业；拓展型的作业是对课文字、词、句、篇的综合和拓展运用，也就是对于高水平的学生来说，可以让他们做更有挑战性的改错题、阅读题和写作题等作业。

5. 针对型作业

这类型的作业主要是针对某个知识，进行专题的训练。例如，用思维导图进行知识总结；教师针对某种题型让学生进行专项练习等。这些针对型的作业，可以让学生应用逻辑智能理解和巩固知识结构，并且能及时发现自己知识上的欠缺，对提高学生的学习效果有很大的帮助。

三、实践与反思

从课题准备到实施，我校经过将近两年的课堂教学实践，已将多元智能理论、生活教育理论与我们的课堂教学深度融合，构建了高效的多元化课堂教学模式，同时，学生的各种能力在教学中得到逐步提升，学生们对英语的学习兴趣和自信心也有了明显的提高。然而，在实践中，我们也发现一些需要解决的问题。例如，如何解决学生的时间支配问题，如何进行学困生的个性化教学等，这些都是值得我们进一步探讨的问题。

四、结语

“双减”政策的实施对小学英语教学提出了新的要求和挑战，而多元智能理论、生活教育理论为此提供了一种新的视角和方法，多元化教学模式的创新研究给我们带来了教学上的显著效果，然而，如何将这些理论更好地应用到实践中，仍需要我们不断地探索和尝试。我们相信，只要我们坚持以学生为中心，关注他们的需求和特点，我们一定能够找到一种更加有效的教学方法。

秉承教育家精神，做学生心灵的引路人

龙州县龙州镇实验学校　闭秋梅

陶行知先生是中国伟大的人民教育家。他的教育思想和教育实践是中国人民极为珍贵的精神财富，在中国近代教育史上写下了光辉篇章。教师是人类灵魂的工程师。承载着传播知识、传播真理、塑造新人的时代重任，要完成这一时代重任，就要弘扬陶行知的教育精神，发扬他的教育思想，做行知式好教师，担负起新时代赋予我们教育、培养社会主义建设者和接班人的新使命。

一、弘扬行知精神，爱岗敬业

做行知式的教师，首先要学习陶行知的伟大精神。我们认真研究陶行知生平，可以看到陶行知先生一生扑在教育事业上，执着探索改革教育的路子，为我国教育事业做出了开创性的贡献。陶行知的精神概括起来，主要是热爱教育事业，全心全意为人民大众，捧着“一颗心来，不带半根草去”的奉献精神；一丝不苟，精益求精的敬业精神。教师是人类灵魂的工程师。承载着传播知识、传播真理、塑造新人的时代重任，所以要完成这一时代重任，就要学习陶行知的伟大精神，以陶行知为榜样，忠诚人民的教育事业，提高政治思想素质，加强师德修养。将三尺讲台当作演绎自己人生的最美舞台，将细心、耐心、热心渗透到工作的点滴中去。教师不仅要准确地教给学生书本知识，当好传道、授业、解惑的角色，更要塑造学生的灵魂，成为他们正确的人生观、价值观的树立者和引路人。

二、弘扬行知精神，勇于改革创新

随着素质教育的研究和实践的不断深入，呼唤主体觉醒、强调自主发展已经成为语文教学改革的主流意识。教育是知识创新、传播应用的重要阵地，也是培养创新精神和培养创新人才的重要阵地。因此，语文教学中应“立足自主，着眼创新”。即在培养学生自主学习能力的同时，有意识地进行创新教育。陶行知先生说“好的先生不是教书，不是教学生，乃是教学生学”，这就是教师的主要职责，即如何教学生学。

（一）让学生学会学习，使之真正成为学习的主人

学会学习主要是指养成良好的学习品质和具备一定的学习能力，目的是树立终身学习的理想，使自己成为爱学习、会学习、善学习的人，从而具备终身创造能力。从表面上看，学会学习与创造发明还有一定距离，但随着世界知识迅速总量扩张和更替周期的日益缩短，学习的时间自然而然地从青少年延伸到了人的一生，学习的场所由学校转移到了社会。只有不断学习，才能始终把握科学技术发展的脉搏，才能始终站在知识创新的前沿。学会学习已成为知识经济时代的人所必须具备的创新品质。

当今教师应当以引导学生自主活动、学会学习为核心进行教学模式改革，而这必须从思想上实现两个转变。一是从教学目标上把片面强调知识灌输的教学方法转变为“学生发展为本”的教学方法；二是从教学方法上，把学生被动消极的接受转变为主动积极的自主式学习，让学生学会学习，使之真正成为学习的主人。

要“把课堂还给学生”。我们有的语文教师总是耐不住寂寞，常常喜欢借题发挥，侃侃而谈，充分显示自己的“博学多才”，整堂课就是自己的演讲课，学生只是忠实的听众。还有的语文教师习惯于自己先提出问题，然后要求学生带着这些问题去看书。这样固然能让学生“目标”明

确，但殊不知，这种以教师提问先入为主的教学方式，恰恰束缚了学生的思维及情感指向，学生在一个固定的框框里转圈，倾向于去文中找答案，以便能回答老师的问题。如此，不但起不到真正理解文章的目的，反而将文章支离破解，搞得“五马分尸”。文章不再是作者的文章，理解不再是自己的理解！

在教学中，如何“教学生学”？我是这样做的，对于有些篇章，我让学生在自由阅读中发现问题、提出问题之后，尽量自己解决问题。自己不能解决的，可以小组讨论；小组也不能解决的，可集全班之力，在教师的指导下，共同研讨，最终将问题解决。这一过程中，值得注意的是对学生提出的问题尽管只有百分之一的价值，也要用百分之百的诚意去鼓励，并作指导。教师帮助学生完善问题，把问题提得更清晰，更准确，更深刻，再通过有效的方法去解决。教师要“解惑”，更要“设惑”，让学生处于亢奋状态，这样才能真正将学生的学习引向深入。“学”是“教”的目的，“教”为“学”服务。所以，在教学过程中，教师应少一点灌输，多一点探讨，让学生尽可能地参与到知识的产生和发展过程中，使学生真正成为学习的主人，从而使接受知识转变为发现知识，达到培养学生学习能力的目的。

（二）鼓励学生质疑问难，培养学生创新能力

陶行知的“质疑问难”教育思想强调了学生在学习过程中的主动性和创造性，鼓励学生敢于提问、勇于质疑、深入思考、积极实践。这种教育思想对于培养学生的创新精神和实践能力具有重要意义，也为现代教育改革提供了有益的启示。

教学中我们要善于启发、诱导学生多思考，多质疑，以疑启思，提高思维的变通性。应充分运用“变式”，对同一问题、同一事物，从不同角度、用不同方法，进行全方位的思考和揭示，使其思维产生矛盾，意见纷呈。这时再让学生各抒己见，使学生置身于思考探索的气氛中。然后通过点拨尽可能将已知信息沿着不同的途径朝各种可能的方向扩散，从而引出更多的信息，培养学生的发散思维，训练学生的思维变通性，培养他们的创造力，促进创新能力的发展。

比如教《草船借箭》一课，在学生初读课文后，我这样启发质疑：你们发现了哪些问题需要帮助的？请说一说。一位学生提出："我觉得课题上的'借'字用得不恰当，如果是用'骗'字会更好。"他的话音刚落，课堂上便热闹起来。学生敢于向教材质疑，这正是他们身上闪现出的求异思维的火花。于是我抓住契机引导学生仔细朗读课文。并组织他们进行讨论：

学生：我认为"骗"字含贬义，若用"骗"字就会损害诸葛亮的形象，而用"借"字则充分表现了诸葛亮的"神机妙算"。

学生：我觉得课题中用"借箭"意义深远，俗话说"有借有还"，诸葛亮得到这十万多支箭不是不还的，在日后交战时他会如数归还给曹操……

学生纷纷发表了自己的见解，在讨论中发展了求异思维，拓展了思维的广度和深度。

又如：教学《称象》一文时，读完课文后，一名学生站起来问："我们能否把曹冲称象的办法变一变？因为搬运石头又费时又费力，我们能帮助曹冲出个更好的主意吗？"一石激起千层浪，有的学生认为可以用水代替石头；有的学生认为可用泥土代替石头；有的学生还认为可以用岸上的人，因为人听从指挥，既省时又省力。这位学生的想法多富有创意呀！尽管曹冲的做法在当时就是创新，但我们还应鼓励学生敢于向先进经验挑战，因为一切事物都是在不断创新中发展、完善的。

在教学过程中，老师应该鼓励学生，让学生在学习过程中，敢于提出问题，勇于质疑，通过不断地思考和探索来深化对知识的理解和掌握。

三、弘扬行知精神，让爱润泽心灵

陶行知说："真教育是心心相印的活动，惟独从心里发出来的，才能达到心的深处。”老师就是引领孩子前行的灯塔，而爱，就是坚持向前的动力。陶行知提倡的“爱的教育”，正是我们每一位教育工作者应当深刻理解和实践的真谛。所以，作为一名教师，我们不仅要传授知识，更要用心去关爱每一个学生，用爱心去滋润他们的心灵。因为，教育的本质是爱的传递，是心灵的触碰。

在教育实践中，我深刻体会到了爱的力量。去年我们四（4）班的思思妈妈跟我反映：思思这段时间情绪好像很低落，期中考试没有考好，她问自己是不是很差劲；并说思思以前是一个活泼开朗的孩子，这学期似乎变得不是那么爱说爱笑了。看着思思妈妈忧郁的神情，我耐心地劝慰她：孩子在成长的过程中出现这样那样的问题是非常正常的事，关键是家长的观念要正确，并要及时耐心地引导，要多鼓励孩子……她听了连连点头，说自己平时太关注孩子的成绩，给孩子造成了压力。又说，孩子认为老师特别喜欢张可可，不喜欢她，说老师总是表扬张可可。听了这话，我心头一震。怎么会呢？思思的妈妈说，也许是因为思思在二年级和三年级时受到了一些特别的关注（思思的奶奶是学校的老领导，去年刚退休），并说孩子应该适应各种环境，让孩子受一点挫折也好……

跟思思妈妈结束谈话后，她带着笑容而归，而我的心情却非常沉重。“老师喜欢张可可，不喜欢我。”这句话萦绕在我脑际，挥之不去。我深知，成绩不是衡量一个孩子成功的唯一标准，从那时起，我对孩子们多了一份理解，多了一份宽容。对学生我总是一视同仁，不会因为学生成绩的优劣、相貌的美丑、经济条件的好差而对学生另眼相看。课堂上的氛围是平等和谐的，我总是面向全体学生，尽量避免自己是高高在上的发号施令的权威者，孩子们成了活跃的主体。课余我喜欢和孩子们打成一片，融在一起；孩子们也喜欢和我亲近，有什么话都愿意对我说。

通过思思这件事，我想到了全班的每一个孩子。各方面表现优异的学生大概占班级少数的一半，除此之外的学生都属于那种不声不响、成绩一般、表现一般，甚至成绩差、表现也差类型的，我是否主动地去关注、去了解他们了呢？我反思自己，于是自己在以后的教育工作中注意做好以下几点。

（一）了解每一位学生

通过教学、课外活动、谈心等多种途径，尽可能多了解班上的每一位学生，走进每一位学生的心灵，打开他们的心结，并在此基础上融洽师生关系。

（二）对优秀的学生严格要求

鼓励优秀的学生将好的方面继续发扬光大，不断克服自身的不足之处；对表现一般的学生耐心引导，利用早读、下课时间积极教育和引导他们，尽量使他们不断进步；对表现差的学生高度重视，给予他们更多的关怀和爱心。作为老师，我将从态度、言语等各方面表现出对他们的爱护、关心、尊重和信任，捕捉他们身上的每个闪光点，及时给予表扬和鼓励，让他们在某一方面树立信心，从而更好地发展自己和提升自己。

（三）对表现一般和表现差的学生时不时委以重任

我将班级中的一些事务交给表现一般或比较差的学生负责，比如收交作业、记载班级日志、帮老师发本子、帮同学打豆奶等，虽然这些事情似乎微不足道，但他们却很乐意去做，因为他们感受到了老师对自己的关注。有位学者说过："教师要向学生释放知识的能量，首先自己要有丰富的库藏；要散布阳光到人心里，自己心中必须先有一轮太阳。"我愿做那一轮太阳，把师爱的阳光洒向每一颗需要温暖的幼小心灵，让每一个孩子在师爱的天空下健康成长。

（四）调动集体的力量

通过集体的关心，让每一个学生都感到温暖，相互影响、帮助，扩大和深化师爱的作用。

四、弘扬陶行知精神，家校共育筑心桥

家校联系是弘扬陶行知教育思想中家校共育理念的重要途径。家长是孩子的第一任老师，身为老师的我们必须学会与家长沟通。沟通能增进了解，沟通能更好地合作。只有学校和家庭联合起来，扎实地开展家校联系，才能拉近学校老师与家长的距离，赢得家长对学校工作的支持。这些理念不仅适用于学校教育，也深刻影响着家庭教育的观念和实践。在家校联系的过程中，双方共同努力，促进孩子的全面发展。

（一）教师与学生家长多沟通

成长中的孩子身上经常会发生变化，有时这种变化是截然相反的。那教师和家长的观念是否跟得上孩子的发展变化呢？有些学生家长认为：孩子上学了，孩子的教育就全交给学校了。还有些家长望子成龙心切，把自己的思想完全地强加于孩子。教师是孩子学校生活的教育者，而父母是孩子家庭生活的教育者。为了孩子，教师要与家长相互沟通思想，共同寻求教育孩子的最佳方法，共同承担起教育孩子的重任。

（二）给予学生家长正向引导

有一部分学生天资聪慧，家庭条件比较优越，在家里受到家长的特别溺爱，在学校又因学生成绩优异而受到老师的特别青睐。这一切都会使他们养成骄傲、自负、任性的个性，在与同学相处时，表现为遇事不肯帮助别人，学习上自私，不关心集体，不爱参加劳动，不喜欢听批评的话，经不起挫折的打击。这样的学生随着年龄的增长，在现实生活中遇到的挫折也会越来越多，因此，帮助他们学会与人合作、理解别人、感激别人是当务之急。我们做好这部分学生的家访，充分肯定学生的优点，把老师的想法告诉家长，与家长达成共识。我们找出原因并制定相应的措施，从学生生活中的小事入手，逐步改变学生的思想，使他们能够健康成长。

（三）做好家访与学生家长及时沟通

对一些学习有困难的学生或所谓“调皮”的学生进行家访，教师更要谨慎行事，避免让家长感到“我的孩子又犯了什么错？”从而对老师的到来产生抵触情绪。这些学生虽然由于种种原因学习有困难或不遵守学校纪律，但他们的身上也存在一些闪光点（哪怕是一点点），老师要捧着一颗爱心，了解孩子的心灵需要，并满足孩子这种心灵需要。老师不仅仅是在孩子“犯错误”的时候纠正他们的错误，重要的是要善于发现孩子身上的积极品质，并细心地培育他们。每个孩子都希望老师看到自己的长处，看到自己的进步，更希望老师把自己的进步告诉同学，告诉家长。而做家长的又有谁不想听到老师对自己孩子的肯定呢？在肯定中委婉要求，在要求中透着赏识。这样的家访，一定能激发学生潜在的智能，让学生自尊、自信，增强战胜困难的能力。学生的家长也能更全面地了解孩子，主动与老师共同商讨教育孩子的方法，密切配合学校的工作。

学生的成长需要家长、老师不断支持他们。只有我们热爱教育，善待每一个孩子，学生才会喜欢我们，家长也才会欢迎我们。

五、结语

在教育教学中，我们要弘扬陶行知的伟大精神，不断地更新教育观念，与时俱进。我们要积极探索新的教育方法和手段，以更加饱满的热情、更加坚定的信念投身于教育事业中，为培养更多优秀的人才、为社会的进步和发展贡献自己的智慧和力量。

基于陶行知新教员观的幼儿教师观察评价能力培养

广西幼儿师范高等专科学校实验幼儿园　陈芝蓉　李淑贤

陶行知先生在为中国教育寻觅曙光的“新教育”信念中，对教师能够发展为一流的教育家提出了“新教员”的相关论述。他认为新教员要做到以下几点：第一，心态上要看教育是大事业，有大快乐；第二，要有责任心，关注每名幼儿的发展需求和个体差异；第三，有共和精神，通过师幼互动与幼儿共同成长；第四，有开辟精神，创新改革教育思路和办法；第五，有试验精神，要在具体实践活动中发展，而不是纸上谈兵。目前学前教育高质量发展的核心就是幼儿教师，塑造专业合格、积极向上和充满尊严感的教师队伍是学前教育质量的重要保障。通过高水平的教师培养来提升教师队伍质量也是实现立德树人教育强国战略的关键。

一、新时代幼儿教师高素质培养需求

我园作为广西幼儿师范高等专科学校的实验幼儿园，秉承着“拥抱小小孩，国家才有大未来”的办学理念，肩负区域内教师专业培养和发展的社会责任，引领广西幼儿教师队伍建设质量提升的改革方向，是职前师范生专业学习的主要实践基地，也是职后教师专业发展的主要阵营。我园长期协同高校学前教育系和省级幼儿教师培训中心共同承担学前教育人才培养任务，并作为陶行知研究会的幼儿园试点单位和广西壮族自治区校本研修师范学校，始终把“办一所幼儿喜欢的幼儿园”作为宗旨，肩负着践行“教育是大事业，有大快乐”的发展思路。在此工作的幼儿教师作为双师型教师，承上引领同行，启下教育幼儿。

（一）幼儿教师观察评价能力培养的需求

2024 年《中共中央 国务院关于弘扬教育家精神 加强新时代高素质专业化教师队伍建设的意见》中指出新时代中国特色的社会主义教育要深化教师队伍改革创新，强化高素质教师培养供给，打造业务精湛、结构合理、充满活力的高素质专业化教师队伍，这正是对“新教员”观中教育态度的时代解读。2022 年教育部印发的《幼儿园保育教育质量评估指南》（以下简称《评估指南》）中提出幼儿园应全面贯彻党的教育方针，落实立德树人的根本任务，尊重幼儿年龄特点和发展规律，建设专业化的教师队伍等发展目标。要切实让教师成为评估的主体，形成自觉评估的习惯，通过评估看发展和成绩，提升方法和经验，这与“新教员”观中的共和精神和试验精神相得益彰。而在教师专业能力发展的众多素质要素中，《3～6 岁儿童学习与发展指南》强调幼儿教师应对儿童的学习方式和特点深刻理解，应尊重个体差异，重视儿童的学习品质。实现这些要求源于幼儿教师对儿童行为观察、评价和回应的科学认识和积极态度，这体验了陶行知“新教员”观中对幼儿教师责任心的要求。可见观察识别儿童发展是幼儿园教师专业能力的重要组成部分，并影响其教育行为实效。在扭转以往评价“重结果轻过程”的过程中，幼儿教师的儿童发展观察、评价和回应支持能力发展是专业化队伍建设的主要素质保障，是实现过程性评价的重要方式。

（二）儿童观察和评价中存在的问题

1. 教师容易以问题视角看待儿童

被关注的儿童自卑，引发师幼互动更多冲突问题。

2. 教师缺乏关注重点

不知道从哪些角度观察儿童，观察内容混杂，不同的发展品质被强行混杂在一起进行评价，针对性不足。

3. 教师存在片面评价

教师对幼儿存在片面的、笼统概括的评价，深度不足

4. 教师在高控的回应幼儿

容易主导儿童游戏，而不关注儿童现实需求和当下所处问题困境。有的教师只看到幼儿眼前的行为，缺乏发展的眼光看待儿童可持续发展的经验空间；还有些教师对儿童的观察记录只是为了应付领导检查，将观察记录作为交差的任务，完成之后束之高阁，没有起到实际教育作用。这些情况与陶行知先生所提及的培养第一流的教育家背道而驰。

5. 老中青传帮带中的问题

可持续发展成为教师队伍建设的主要难题。我园在多年产教融合和教师发展实践探索中遵循陶行知先生的“新教员”指引，在深入挖掘专业素质发展的人才成长轨迹中，以开拓创新的态度探寻踪迹、总结规律、提炼经验，形成产学研生态系统下幼儿教师儿童观察评价能力培养模式。

二、新教员的责任心与共和精神：构建幼儿教师的儿童观察评价培养逻辑体系

我园在陶行知“新教员”观对幼儿发展责任心和与幼儿同在的共和精神指引下，深入挖掘本园教师的师幼互动问题，通过从理论层面构建幼儿教师的儿童发展评估素质能力体系，形成以儿童为本的“观察—评价—回应—应用”发展评估模式，并通过学习与发展故事的逻辑结构呈现，解决幼儿教师的儿童观察评价专业能力发展困境。

（一）践行责任心之一：教师观察能力的“1 + 19 模型”

“新教员”观要求教师关注幼儿的个体差异和发展需求，全面系统科

学地认识幼儿。因此幼儿教师应以积极视角聚焦儿童学习与发展品质观察内容体系，解决教师观察难题。一是改善以往幼儿教师“问题视角看待发展，在儿童表现不佳时才加以观察”的倾向，转而挖掘儿童的良好品质，观察记录儿童的“哇”时刻瞬间。二是针对观察重点不明的问题，结合学前儿童发展心理学学科体系，从儿童认知发展、个性发展和社会性发展的三大方面出发，系统梳理出19种儿童学习与发展品质。从理论中提炼总结各品质的关键要素和行为指标，从而形成“1+19”观察模型。该模型含教师对儿童的观察视角与观察内容两类。幼儿教师在视角上要做到欣赏儿童，关注“哇”时刻事件，用积极态度落实观察起点“1”。在内容上锁定儿童的19种学习与发展品质，从日常观察中甄别出儿童具有发展意义的品质，如儿童的观察力、注意力、记忆力、思维力、想象力、言语力、意志力、抗挫力、自信心、探索兴趣、自控力、情绪调控、移情、社交、合作、分享、谦让、安慰、支持和援救。通过调查研究发现，幼儿教师认为最能解决日常教学问题的品质是儿童的思维力、观察力、情绪调控能力，因为这些品质容易找到对应的典型案例，但是作为叙事评价来说难度挑战在于能够有教育意图的甄选合适的发展瞬间，并能通过逻辑清晰、简要生动地表述给幼儿。

（二）践行责任心之二：教师评价能力的“1+4模型”

幼儿教师的责任心不仅是态度，更是专业的行动，这体现在构建知情意行统一的“1+4评价模型”。评价结构为“品质定位—情感反馈—行为佐证—认知分析—益处预测”。其中“1”是改变以往内容混淆的评价局面，围绕某“品质定位”为核心进行评价，从而聚焦重点。“4”是改变评价层次单一的问题，以四维立体的稳定结构来全面评价幼儿：一是用真诚的情绪感受来欣赏儿童，即“情感反馈”；二是用简洁的词汇概括描述其现有良好行为特点，即“行为作证”；三是推理其行为背后的原因态度，即“认知分析”；四是预测其下一步作用影响，即“益处预测”。评价全程以儿童能理解的语言来诠释。该部分内容具有较强的专业性，需要幼儿教师具备系统的理论知识来点评儿童发展水平，因此幼儿教师普遍反映该模型对专业挑战最大，特别是对儿童典型行为背后的原因动机、意图态度分析推理。

（三）践行共和精神之一：教师回应能力的“1 + 1 > 2 模型”

“新教员”观中的共和精神指引幼儿教师与幼儿同在，跟幼儿一起活动和成长，而非冷眼旁观或高高在上，因此幼儿教师应基于儿童问题情境与最近发展区来回应幼儿。一方面规避成人高控的情况，要求教师对儿童当下所处问题情境保持敏感度，在儿童观察中挖掘游戏新需求或真问题，以期继续发展该游戏或学习活动，这是第一个“1”；另一方面幼儿教师应不满足于只评价当下水平，而是基于现有水平，从学习与发展品质内容体系中锁定下一个发展水平或空间，找到更有难度挑战的发展层次，以期深化和拓展品质，这是另一个“1”。从问题和与最近发展区双驱寻找教师具体可落实的支持策略。教师“1 + 1”的综合考虑两者，提出效力 > 2 的具体支持策略，如在环境创设、材料提供、师幼互动、活动组织等方面做出教师行动。该模型需要教师既对幼儿发展有专业的科学认识，从而找到合适的最近发展区，又需要对幼儿有持续的人文关怀，因此难度较大，对幼儿教师的专业性有较大挑战。

（四）践行共和精神之二：教师观察评价应用能力的“幼儿学习与发展故事”

共和精神的最终落实应服务于幼儿及其生活系统。幼儿教师要改变以往对观察评价只用于应付领导检查的态度，将观察记录转化为短小有趣的“学习与发展故事”，在一日生活、谈话活动、家园沟通、自主游戏活动反思中投放该故事，与主角幼儿、幼儿同伴、幼儿家长对话，共享儿童的发展成就，从而彻底改变“评价即告状、对抗”的关系，营造积极温暖的心理健康交流氛围。故事在分享交流中以文本、图片视频、口述等方式被保存和传播，使主角幼儿成为同伴的榜样，自我效能感增强，学习与发展品质水平提升；同伴在聆听他人故事中获得观察学习目标行为的契机，从而在日后延迟习得目标品质；家长得到有针对性的儿童观察反馈和家庭教育指导，从而明确家园共育行动方向，形成家园合力，达成系统支持儿童发展的态势。

三、试验开拓：幼儿教师的儿童观察评价能力的分层实践行动

为持续发力支持幼儿教师的儿童观察能力发展，我园以陶行知先生的“新教员”观中试验精神和开拓精神为思想指引，创新地联合高校专业人才培养反思开展实践探索，赋能不同发展阶段的幼儿教师儿童观察评价能力提升。该项目以产学研一体化的教师培训和教科研活动来深化学前教育师范生和幼儿教师的学习层次，活化理论经验，从而形成幼儿教师专业生态化发展样貌，突破教师发展通道不畅困境，以理论指导实践，通过实践检验和完善理论。

（一）以培训驱动教师深度学习

我园 3 年以内的新手教师占比 30%，3 ~ 10 年的成熟教师占比 40%，10 年以上的骨干教师占比 30%，因此在教师培训中，我园将幼儿教师的学习层次分为初中高三阶水平，逐级递进完成深度学习。培训通过设计、组织、监督和评估来考察各类教师的学习层次质量。

初级学习水平能够激发学习动机、初步了解和获得经验。幼儿教师此时能树立科学观察评价理念，通过视频案例和阅读材料的辅助，教师能系统概览理论知识全貌，并在培训师的解析中初步理解重点知识。通常师范生和新手教师在大学课堂和职后培训活动中通过集体导学达到该水平，骨干和成熟教师则自学完成。中级学习水平则能保持经验和开展操作实践，幼儿教师通过集中培训和练习来牢记理论要点，并回归到各自的班级中采点实践来应用理论，观察评价本班幼儿。而师范生和新手教师则在见习实

习和返岗实践中练习观察评价，并撰写儿童学习与发展故事作业，通过初产班本故事达成中级学习，成熟教师和骨干教师仍自学完成中级学习。高级学习具有反馈和反思学习效果，调整学习行为的特点，幼儿教师需精细修改故事作业，调整完成终版故事。其中成熟教师和骨干教师发挥主要作用，深入挖掘青年教师的学习与发展故事作业问题，用理论分析问题原因，对照培训者的专业意见进行精细思考和批注，形成更具可行性的修改方案，以再研再产的方式达成高级学习，这种方式也最受成熟教师和骨干教师的欢迎。同时本阶段要求新手教师最终结合各方意见完善该案例，也帮助他们看到专业发展层次的差距，明确自己的学习方向，重新整合碎片知识融为一体再次反思。

（二）以教科研活动活化理论

幼儿教师将深度学习成果应用于教研活动，将书本理论知识转化为实践性知识。如一日生活活动、师幼互动、家园互动和课程建设中，教师通过实践反思总结来重新审视理论价值。他们在实践中比对和归类同类经验，辨别和区分不同层级经验，从而提炼实践应用规律。例如将“分享”与“谦让”两种社会性品质放在同一维度的不同层次来整合认识，区分“自控力”与“情绪调控”的细微差别，找到“抗挫力”与“安慰”这两种品质在同一事件不同时间上的关联等。幼儿教师自己总结出来的经验有助于精准、灵活地观察和评价儿童。

教师将深度学习成果应用于科研活动中，将零散教育经验整合为集体共识的科学规律。专家教师作为科研管理者整合资源，组织师范生、新手教师和骨干教师结成科研共生体，通过合作行动研究项目来考察学习与发展故事的意蕴价值、内容结构、应用领域和使用策略。其中师范生以研习身份初步参与研究项目，承担文献和实验数据搜集工作；新手教师作为科研助手，骨干教师作为主要研究者，合力实施课题研究，每个项目聚焦一种儿童学习与发展品质进行实验研究，使用学习与发展故事为干预手段，考察它对教师专业能力发展、儿童学习与发展品质水平的影响，最终有效推动研究成果转化，形成系统的幼儿教师课程，完善教师培训体系建设。这是一个具有开拓意义的教师培训探索过程，它系统而开放，不断吐故纳新的与时俱进改革自身，是陶行知“新教员观”的真实写照。

四、探索成效：幼儿教师的儿童观察评价能力的收获与展望

（一）教师主动学习对幼儿正确的观察评价

经过调查发现，我园在该校本研修期间已有 80% 幼儿教师愿意主动将学习与发展故事应用于日常教学活动中，他们最大的应用空间便是在儿童自主游戏里，通过以儿童发展为中心视角的“儿童在前，教师在后”，来观察和评价当下游戏中的儿童，挖掘儿童发展的现有水平和本能驱动力，获取对儿童兴趣、意愿、经验的基础认识和支持依据。教师积极地把学习与发展故事应用在日常师幼互动的谈话活动和家园交流共育活动中，鼓励幼儿表达和倾听、鼓励家长的充分参与，为幼儿的语言质量发展和家庭系统发展构建积极向上的心理空间。这正是陶行知先生的“新教员”观中所倡导的责任心，既关注每名幼儿发展的需求，又照顾个体，系统地考量幼儿的发展空间差异。

（二）幼儿教师的培训学习效果好

教师获得了新的认知启发，拓宽了原先的专业视野，经过学习后，不再只拘泥于活动本身，而开始理解活动背后的教育价值和发展意义，从发展根源角度来重新审视教育行为和活动组织质量，也开始意识到专业发展的空间差距，增强了专业学习的内驱力。与此同时，团队合作式的学习共同体能够激发同质团队协同一致的凝聚力，也激发异质团队思想的碰撞，从而实现自我内在价值与外在评价的统合，达成专业发展自我概念体系的内外互通、信息流畅的多维构建，形成全局性思考，这使幼儿教师感到教

育事业的伟大和快乐，收获成长的喜悦。

（三）教师期望能参与可持续发展的培训

培训形式从循证特征的“以品质找案例”变成实证特质的“品质解决问题”，在初步感受和理解了儿童心理发展的理论知识的基础上，能够升级为综合运用各个品质的观察和评价能力来快速准确地识别具有个体差异的儿童发展水平，在游戏活动现场中专业锁定儿童发展质量，解决当下儿童游戏困境问题。也期待学习榜样教师的儿童发展观察、识别和应用有益经验，从而应用到自己的实践教育活动中。这充分说明我园幼儿教师已经用行动在践行着陶行知先生“新教员”观中的试验精神，努力追寻着实践出真知的专业发展途径，推动幼儿园的教师培训体系的逻辑起点架构于解决实际问题，还原真实现场，去伪存真地辩证思考理论应用价值。

五、结语

陶行知先生的“新教员”观为新时代教师队伍建设提供了坚实的理论基础和思想引领，使我园更加清晰地认识到如何落实立德树人的根本任务、提升教师教书育人的能力。我园坚持教育家精神铸魂强师，坚持将教育家精神融入高素质的教师专业培养体系中，引导广大幼儿教师在师幼互动的儿童观察和评价过程中思想自觉、行动自觉。

弘扬行知精神，促进幼儿教育发展

岑溪市第三幼儿园　莫苑艺

幼儿眼中的“好”老师，往往是那些能够与其产生共鸣，理解幼儿真实需求，引导幼儿探索世界的教师。陶行知说：“我们必须变成小孩子，才配做小孩子的先生。”幼儿教师弘扬陶行知教育思想，在教育教学中与孩子产生心理共鸣，才能称之为好教师、优秀的教师。

一、倾听童声，探知心境

在教育教学实践中，倾听童声，探知心境，是教师深入理解幼儿、实施个性化教育的重要前提。这一做法不仅体现了教师对幼儿的尊重与关注，更是教育家精神中“以人为本”的具体体现。《中共中央国务院关于弘扬教育家精神加强新时代高素质专业化教师队伍建设的意见》中明确指出，要“弘扬教师敬业立德、创新进取、为人师表的精神”，这种精神在幼儿教育中的体现，就是要求教师能够真诚地倾听幼儿的声音，深入了解幼儿的内心世界，为后续的教育教学奠定坚实基础。陶行知说“人人都说小孩小，小孩人小心不小，你若以为小孩小，你比小孩还要小”。教育者应深入儿童的生活，了解他们的兴趣和需求，才能有效地引导他们的成长。这种以儿童为中心的教育理念，与倾听童声、探知心境的做法高度契合，体现了对儿童主体地位的尊重，有助于培养儿童的自主性与创造力。“向儿童学习”与“教育家精神”之间存在着深刻的内在联系。向儿童学习，意味着教师要放下成人的固有观念，以平等、开放的心态去接纳和理解儿童的想法和情感。这种学习态度，正是教育家精神中尊重个体、追求真理的体现。通过倾听童声，教师能够更准确地把握幼儿的心理需求和发展特点，从而为其提供更加贴切的教育支持。

在教学过程中，教师可以通过丰富多样的教学活动和教学环节，去捕捉幼儿的心声，进而分析幼儿的心境。以幼儿园常见的“故事会”活动为例，教师可以精心挑选富含情感和教育意义的故事，比如《三只小猪》或者《小红帽》，在讲述过程中，注意观察幼儿的反应。在故事的高潮或转折点，教师可以适时停顿，邀请幼儿表达自己的想法感受。例如，当讲到小红帽遇到大灰狼时，教师可以问：“小朋友们，你们觉得小红帽现在心里是怎么想的呢？”以此引导幼儿积极表达自己的观点。教师则需要认真倾听，梳理并分析这些观点，了解幼儿对故事情节的理解程度和情感体验。在“绘画创作”之类的活动中，教师则可以为幼儿提供绘画材料和纸张，让幼儿自由创作。在绘画过程中，教师可以与幼儿进行互动，询问其绘画的主题和想法。例如，当看到幼儿画了一栋房子时，教师可以问：“你画的这栋房子是给谁住的呢？他们在这里会做些什么？”幼儿可能会回答：“这是给我和爸爸妈妈住的，我们在这里一起玩游戏。”基于此，教师不仅可以了解幼儿的家庭观念和情感需求，还能进一步探知幼儿的心境。

二、观察童行，体悟成长

在幼儿教育中，观察童行，体悟成长，是教师精准把握幼儿发展需求、提供有效教育支持的关键环节。教师观察幼儿行为的根本目的，在于通过幼儿的外在表现，洞察其内心的需求与困惑，从而为其成长提供适时的引导和帮助。这一做法深植于教育学中的建构主义理念，即学习者是通过与环境的互动来建构自己的知识和理解的。维果斯基的“最近发展区”理论也强调了教师应在学生现有发展水平与潜在发展水平之间搭建桥梁，而这正是通过细致观察幼儿行为来实现的。观察幼儿行为在教育中占据着举足轻重的地位，它不仅是教师了解幼儿、走进幼儿内心的窗口，更是教师调整教育策略、优化教育环境的重要依据。陶行知先生强调，教育应从生活出发，主张“生活即教育”，倡导在生活实践中培养儿童的良好习惯。他指出，幼儿期是培养良好行为习惯的重要时期，教师应在生活中融入行为习惯的培养，“在做中融入教，在做中融入学，将教学做融合为一”，以此促进幼儿身心健康成长。通过观察，教师能够及时发现幼儿的兴趣点、难点和成长中的关键点，进而以更为精准的方式介入和支持。观察童行，体悟成长的科学意义在于，它遵循了幼儿教育的规律，即教育应顺应儿童的自然发展，而非强加干涉。

在教学过程中，观察童行，体悟成长，是教师深入了解幼儿、优化教育策略的重要环节。幼儿园“一日生活”中蕴含着丰富的观察机会，教师需要敏锐捕捉幼儿的行为细节，从而精准把握幼儿的发展需求。在“一日生活”的晨间接待、早操活动、集体教学、区域游戏和午餐时间等具体环节中，教师都应保持高度的观察警觉。晨间接待时，注意观察幼儿的情绪状态，是欢快活泼还是沉默寡言，这有助于了解幼儿的情感需求。早操活动中，观察幼儿的动作协调性和参与程度，可以判断幼儿的身体发展状况。集体教学时，密切关注幼儿的注意力集中情况、思维活跃度以及合作与分享意愿，这些都是认知和社会性发展的重要指标。区域游戏时，观察幼儿对不同游戏材料的兴趣偏好、游戏中的问题解决能力，可以揭示幼儿的兴趣点和探索精神。午餐时间，则通过观察幼儿的饮食习惯和自理能力，了解其生活自理水平。教师从这些具体行为中分析体会幼儿的成长后，应及时将这些分析结果反馈到教学活动中。例如，发现某幼儿在集体教学中注意力分散，教师可以调整教学内容和方法，增加更多吸引该幼儿兴趣的元素。或者，在区域游戏中发现幼儿对某一类材料特别感兴趣，教师可以在后续活动中提供更多这类材料，以支持幼儿的深入探索。

三、发掘童智，激扬创造

在幼儿园教育中，发掘童智，激扬创造，是教师促进幼儿全面发展，实现个性化教育的重要途径。幼儿园教学以游戏和活动为主导，强调在轻松愉快的氛围中，通过亲身体验和实践操作，激发幼儿的学习兴趣和创造力。幼儿园教师必须了解儿童与儿童的需求，才能给予儿童合适的教育。陶行知提出了“儿童的六大解放”，即解放儿童的头脑、双手、嘴、眼睛、空间和时间，还儿童以自由，从而培养他们的创造力。具体而言，解放头脑是指让儿童摆脱迷信、成见和曲解的束缚，培养独立思考的能力；解放双手是鼓励儿童亲自动手实践，在操作中学习；解放嘴巴是给予儿童表达和发问的自由，促进语言和思维的发展；解放眼睛是引导儿童主动观察周围的生活，获取知识；解放空间是让儿童接触大自然和社会，拓宽视野；解放时间是为儿童提供自主活动的时间，发展个性和兴趣。在实际教学中，教师应设计丰富多彩的游戏活动，让幼儿亲身体验探索，培养他们的创造力和实践能力。《幼儿园教育指导纲要》中明确指出：“幼儿园教育应尊重幼儿的人格和权利，尊重幼儿身心发展的规律和学习特点，以游戏为基本活动，保教并重，关注个别差异，促进每个幼儿富有个性的发展。”这一要求与“教育家精神”中的创新精神相呼应，都强调了教师在教育过程中应积极探索，勇于实践，以发掘幼儿的智慧和创造力。教师要以幼儿为中心，关注幼儿的需求和兴趣，从幼儿视角出发设计教学活动。

在幼儿园的教学活动中，发掘童智、激扬创造是教师持续关注和努力的方向。具体到各种教学活动中，教师可以通过精心设计和引导，有效地发掘幼儿的兴趣和创造力。在安吉游戏中，教师可以设置开放性的游戏场景，比如小木屋搭建区、沙水区、涂鸦区等，让幼儿在自由玩耍中展现其想象力和解决问题的能力。在户外活动中，教师可以组织寻宝游戏。在幼儿园的某个区域藏起一些小物品，然后给幼儿提供线索，让幼儿根据线索去寻找。教师则在活动中观察幼儿解决问题的策略，从而发现幼儿的智慧点。另外，趣味运动会也是一个发掘幼儿兴趣和创造力的好机会。教师可以设计一些需要幼儿动手又动脑的项目，比如在“创意接力赛”这个比赛中，每个团队需要利用身边的自然材料（如树叶、树枝等）制作一个小道具，然后使用这个道具完成接力。在这些活动中，教师需要时刻保持敏感的观察力，注意捕捉幼儿的兴趣点。比如，当幼儿在游戏中表现出对某一环节的特别兴趣时，教师可以适时地引导和深化，让幼儿在这一兴趣点上得到更多的发展。同时，教师也要善于利用现代科技工具，可以使用平板电脑记录幼儿的活动过程，然后通过回放分析，更深入地了解每个幼儿的兴趣点。每个幼儿都是独一无二的，其兴趣点和创造力也是多种多样的。教师不能一成不变地按照既定的教学计划进行，而是要根据幼儿的实际情况灵活调整。同时，教师还要善于捕捉时代的变化，将新的教育理念和技术融入教学中，以更好地发掘幼儿的创造力。

四、欣赏童质，共融情感

在幼儿园教育中，欣赏童质，共融情感，是教师与幼儿建立深厚情感联系、提升教育教学温度与质感的关键所在。幼儿的童真特质，如纯真无邪、善良天真，是幼儿最宝贵的品质，也是教育中最应珍视的资源。陶行知认为，教师应当放下成人的架子，走进幼儿的世界，理解他们的想法和感受，从而建立起深厚的师生情感纽带。借鉴陶行知的教育思想，教师应以爱为基础，尊重和欣赏幼儿的童真特质，与他们建立平等、融洽的关系，共同营造温暖有爱的教育环境，促进幼儿的全面发展。教师要以欣赏的眼光看待每一个幼儿，发现幼儿身上的闪光点，并通过积极正面的反馈，增强幼儿的自信心和归属感。

教师在故事讲述环节，可选择富含善良、勇敢等正面价值观的故事，讲述时注重引导幼儿感受故事中的角色情感，鼓励其表达自己的想法和感受。在角色扮演活动中，教师让幼儿自主选择角色，充分展现其想象力和创造力，同时给予积极的反馈，以增强幼儿的自信心。在绘画创作中，教师应鼓励幼儿大胆表达，用画笔描绘自己心中的世界，对每一幅作品都给予真诚的赞赏，让幼儿感受到被认可与被尊重，从而在温馨和谐的教育环境中快乐成长。这一行动体现了“教育家精神”中的仁爱之心和人文关怀。它要求教师在教育过程中，不仅关注幼儿的知识技能发展，更要关注幼儿的情感需求和心理健康。《幼儿园教师专业标准》也明确指出，教师应“关爱幼儿，重视幼儿身心健康，将保护幼儿生命安全放在首位”。欣赏童质，共融情感，对于提升教学效果具有重要意义。它有助于营造温馨和谐的教育环境，让幼儿在感受到爱与尊重的同时，更加积极主动地投入到学习中。

五、结语

在幼儿园教育的实践中，要求教师倾听童声、观察童行、发掘童智、欣赏童质，以此深入了解幼儿，体悟其成长变化，进而提供更为精准有效的教育支持。这一过程，既是教师与幼儿情感共融、建立深厚联系的桥梁，也是提升教育质量、实现教育最优化的关键路径。教师要不断更新教育观念，优化教学方法，从而更好地回应时代对幼儿教育的新要求，培养出既具有创造力又充满童真的新一代儿童。了解儿童，与儿童共情，促进儿童成长，彰显了幼儿教育的本真，是对幼儿成长最深刻的关怀与尊重。

以“教学做合一”指导幼儿教师职业发展的实践

广西幼儿师范高等专科学校实验幼儿园　莫洁华　周昌娟

随着时代的发展，幼儿教师的职业生涯发展面临着新的机遇与挑战。幼儿教师的职业发展群体呈阶梯式样态，分别为青年教师、骨干教师与管理层教师。幼儿教师在不同发展阶段都有成长的困境。“教学做合一”是陶行知倡导的生活教育理论的教学论思想。1925 年在南开大学讲演时提出，并在此后的《中国师范教育建设论》《教学做合一》《艺友制的教育》等论著中多次阐发。他认为，教学做合一是生活现象的说明，也是教育现象的说明。在生活里，对事说是做，对己之长进说是学，对人之影响说是教。“教学做合一”的理念，为处于各个发展阶段的幼儿教师提供了成长的指导和启示。

一、幼儿园青年教师专业发展困境与问题解决策略

青年教师在幼儿园教师队伍中占比最多，是幼儿园发展的重要力量与生力军。青年教师大多处于经历初涉职场的懵懂期，以及能独立承担日常工作后的经验梳理期。俗话说“万事开头难”，青年教师们的工作与心理是繁杂的，有期待与憧憬、懵懂与忐忑，有逐渐的明晰与自信，还有遇到挫折时的难过与焦虑，更有对专业成长以及个人发展的迫切与迷惘等。

（一）青年教师专业发展困境

1．社会角色适应困难，难以融入工作环境

对于刚刚步入职场的幼儿园青年教师而言，所面临的最大挑战是社会角色的转变。从一名大学生成为一名幼儿园教师，需要经历角色的转变、理解、认同到成熟阶段。青年教师的专业发展蜕变，其成长速度和适应周期各有不同，多数青年教师往往难以较快适应从学生到教师的角色转变。在访谈中，笔者了解到部分已有三年工作经验的青年教师，仍然存在着难以适应幼儿园工作的问题，普遍原因是工作前的自由和松弛与工作后的压力和紧张形成了鲜明的对比。来自教育教学、班级管理、家长工作等方面的压力，常常使他们感到力不从心，幼儿园青年教师的身心健康亟须得到关注与帮助。

2．专业能力略显薄弱，专业素养有待提高

教师的专业能力是构成教师专业素养的基本内容。虽然在学生时期学习过系统的学前教育专业课程，但工作后如何将所学的知识和技能学以致用，将理论联系、运用到实际的工作中，是青年教师们遇到的一大难题。他们在工作中背负着来自领导、老教师、家长等多方的压力和审视，自身的专业发展时常遭到质疑而陷入自我怀疑。首先，在活动设计、环境创设和课程实施等方面，青年教师常感到困难；其次，幼儿园的工作要求保教结合，在日常工作中不仅要关注教育教学，还需要照顾幼儿日常的生活起居，这使得青年教师比较苦恼；除此之外，青年教师还需要时常学习、更新和替换教育理念，主动或被动地参与园级、班级的教育教学改革，这对青年教师的专业素养要求极高，无疑是一个巨大的挑战。

3．家长工作沟通不畅，交往技巧有待增强

在幼儿教育的广阔天地里，家园的良好配合如同一股不可忽视的力量，为青年教师教育活动的顺利开展铺设了坚实的基石。然而，现实中我们不难发现，一些幼儿园青年教师在与家长沟通的过程中遭遇了不小的挑战，这不仅影响了教育活动的顺利进行，也给青年教师带来了不小的心理压力。如由于工作经验不足或家园沟通技巧的欠缺，青年教师与家长沟通不够顺畅。这种沟通不畅不仅会导致信息传递的失误，还可能引发家长对青年教师能力的质疑，进而影响到家园之间的信任与合作。再如，青年教师在面对幼儿日常照顾中出现的安全问题时，往往感到手足无措，不知道如何妥善处理后续事项。这种不确定性不仅增加了青年教师的工作压力，也可能导致家园之间因安全问题而产生矛盾。还有青年教师与家长在教育观念上也易产生分歧，但又不善于用家长易于接受的方式达成共识，易导致家园之间的合作出现裂痕。

（二）青年教师专业发展的问题解决策略

1. 规划职业发展，建立积极心态

科学建立职业发展规划，有利于青年教师走出专业成长迷惘。借助幼儿园对青年教师职业成长规划的引导机制，建立自身职业发展的时间与阶段性发展规划。按规划设计的内容与时间点，不急不缓地用轻松愉快的心情逐步熟悉工作环境。在日复一日的工作场景中逐步理解教师角色的多重性和复杂性。

2. 明确教育发展方向，理论与实践相结合

青年教师要直面自身专业能力不足的问题，抓住幼儿园对青年教师提供有针对性的培训学习，积极参加幼儿园提供的培训课程，学习优秀的教育教学理念，与优秀教师交流工作经验，请教在一线工作中的困惑，将所学习到的经验结合实际情况灵活地运用到实践中去，转化为自己的实践经验。其次，青年教师要紧跟新素质教育的改革，明确自己的教育发展方向，具备创新精神和忧患意识，关注幼教行业的发展动态，不断尝试将新技术融入运用到教学活动中，提高教学效率和质量。

3. 有效与家长沟通，促进家园共育

在和家长的沟通中，青年教师要保持积极开放的心态，倾听家长的意见和诉求，不断提升自己的沟通技巧和教育理念，给予家长科学的教育指导。设计实施一系列家园共育活动，如“家长座谈会”“教育沙龙”“亲

子运动会”“亲子阅读日”等。拉近教师与家长的距离，与家长建立紧密信任的合作关系，让家长参与到活动中来，直观地感受到青年教师在幼儿成长中的努力，从而积极配合教师的工作，一起为幼儿的全面发展携手共进。

二、幼儿园骨干教师专业发展的困境与问题解决策略

幼儿园骨干教师是幼儿园保育工作质量的实施者，能够为幼儿园的整体教育质量提升做出积极的贡献。骨干教师通常在师德师风、班级管理、课程设计与实施等方面表现出色，其中特别优秀者还是幼儿园教科研工作的实施者与研究人员。因此，骨干教师不仅具备丰富的教学经验和专业知识，还在园所内部承担着示范、引领和带动其他教师共同进步的重要职责，发挥着核心与关键性的作用。然而，幼儿园骨干教师在实际工作中也面临着一些困境。

（一）骨干教师专业发展困境

1．工作压力逐渐增大，身心健康亟待关注

骨干教师在幼儿园工作中往往需要成为多面手。首先，骨干教师往往担任着班主任的职务，承担着日常班级繁重的管理工作。如幼儿保教工作、家长工作、班级环境创设，还需组织各类活动，策划课程发展，同时要关注幼儿的个性化成长等等。骨干教师还是幼儿教科研活动的核心群体，是推动教育教学改革实践的积极参与者。她们往往需要参与课题研究工作，撰写论文、案例，参加各类基本功、论文等专业比赛。这些不仅让她们在专业上不断成长，也使得她们的工作量增加，同时承受着较大的心理和生理压力。

2．专业发展遭遇瓶颈，学习提升待持续

骨干教师从青年教师成长起来，其专业能力逐步成熟。随着经验的积累，一部分教师会面临专业发展的瓶颈，阻碍其专业成长的持续提升。分

析其影响因素及主要表现有：随着年龄的增长，从生理层面感觉精力不足，是影响其专业持续成长的因素之一；过度依赖以往的经验，导致对新教育理念和方法接受度降低，限制专业成长的步伐；在专业领域深耕的同时，容易忽视其他领域知识的更新，知识结构呈单一化，从而导致了教育观、儿童观的局限性；幼儿园教师收入不高，而现实生活中养育孩子、日常生活成本提升、偿还房贷车贷等生活压力，使得一部分教师难以专注于后续的深入学习与提升。

3. 教育热情逐渐消磨，创新能力待发展

幼儿教育是一项需要教师倾注满腔热情与耐心，并发挥创造性思维来实施的教育工作。然而，随着时间的推移，一部分骨干教师的教育热情逐渐消磨。在忙碌的工作与生活中，她们可能会感到疲惫，对教育的热爱不再那么强烈。这不仅是个人情感的损失，也是幼儿园教育质量的潜在威胁。影响骨干教师教育热情的因素众多，其中不乏工作环境的压力、职业发展的困扰，以及生活琐事的牵绊。

（二）骨干教师专业发展的问题解决策略

1. 构建学习共同体

骨干教师在专业引领及同伴带动方面的优势，有助于在幼儿园内构建积极的学习共同体。凝聚老、中、青教师的优势，共研互补，畅通教育教学资源的交流，实现资源的整合与利用，提升教育教学的质量与效率。借助幼儿定期的教研活动、教学观摩和案例分析等专业对话，骨干教师能不断更新教学理念，增进知识与技能的交流，以此突破职业发展的瓶颈，重燃教育热情。在相互学习中，骨干教师能够发现自己知识的盲点，拓宽视野，激发内在的学习动力。

2. 习惯复盘与反思

习惯复盘与反思，以此来审视自身的教育教学实践，是骨干教师走出发展困境的关键一步。通过定期回顾和总结，总结经验，并对自身的教育教学行为进行客观地评价。而更为重要的是要对经验进行教育原理的剖析，深入挖掘经验背后的教育理念，反思如何更好地适应幼儿的发展需求。在这一过程中，骨干教师将逐渐形成自我驱动的成长模式，不仅夯实专业基础。同时，还需要注意摄取多元知识，丰富知识体系，用更丰盈的认知审视自身的教育观与儿童观。

3．调整身心健康

学习合理安排个人时间，确保休息与工作的平衡，维护身心愉悦，有助于骨干教师重燃教育热情，迎接更多挑战。骨干教师面对工作与生活的双重压力，要学会用积极的方式进行调节。如积极参与体育活动，或寻找自己的休闲兴趣活动，以缓解压力，保持良好的心态。同时，也可以通过正确的途径与管理者进行交流沟通，争取幼儿园领导的理解、关怀与支持。还需要对自己的心理状态进行自我评估，如有需要可以参加积极的专业的培训或心理辅导。

三、幼儿园管理层教师专业发展的困境与问题解决策略

管理层教师是幼儿园人才队伍金字塔的塔尖，既是幼儿园高质量发展的领头人，也是各部门工作协同的枢纽核心，为全园提供管理服务。通常该类教师具有多年的一线经验，并在管理岗位上参与园所的重要决策，在幼儿园发展中起到至关重要的作用。但是该类教师在引领发展的过程中存在特定的职业发展困境，处理不当时会严重影响整体办园质量。因此管理层教师需深入挖掘自身问题及原因，积极探索解决策略，朝着综合型人才的发展方向努力。

（一）管理层教师专业发展的困境

1．办园管理缺乏制度保障，效率滞后

学校管理是一个多部门协同配合的系统整体，行政部门、保教部门、后勤部门、保健部门的及时沟通和合作非常重要。作为幼儿园管理层教师如果只埋头考虑本部门的工作内容，认为教学部门是幼儿园最核心的机

构，被动地等待其他部门的主动配合，而缺乏整体性发展视角，没有事先把其他部门的协同项目考虑其中，在组织各类教学活动的过程中就会出现头痛医头、脚痛医脚的忙乱情况，造成工作效率低下、各部门相互推诿责任的情况。

2．自我学习缺乏深度沉淀，疲于事务

幼儿园管理层教师的专业能力水平决定了园所教育质量高低。当幼儿教师发展为管理岗位人员时，往往因为大量事务性工作而冲淡了对专业知识技能的学习热情，工作只是为了应付上级完成行政任务，他们容易在管理岗位上享受到信息资源优势而产生自满情绪和浮躁心态，从而减少对专业技术工作经验的梳理和沉淀总结，长此以往则专业敏感度降低，无法潜心深入挖掘和系统思考教育中的核心问题，也读不进专业书籍杂志，造成自身专业发展停滞不前，专业眼界狭窄，对园所发展造成消极影响。

3．课程管理缺乏上层构架，方向不明

课程建设是幼儿园教育教学的核心支柱，如果能够明确本园特点和资源优势，探索出课程目标，系统架构课程内容，找到课程实施的适当途径，就能让各个班级的教学活动一盘棋地朝着共同的方向发展。但是管理层教师往往苦于对幼儿园课程上层架构思路不清、发展方向不明等问题，所以在对各班级专业指导上缺乏力度，造成幼儿园各类活动一盘散沙。班级教师各自为政的设计教学活动，使教师们只知道要做，而不明白为什么要做，要怎么做，只能采用拿来主义简单粗暴的抄袭和复刻教案内容，缺乏对课程建设和儿童发展的深入理解。

4．人才管理缺乏培养机制，资源流失

幼儿园作为育人单位，最核心的竞争力就是教师队伍质量。管理层教师往往是从一线教师队伍中来，被培养成队伍塔尖的优秀人才。但是随着社会人口结构的变化，原先一些粗放型野蛮生长建设的幼儿园在对管理人才的培养上缺乏长远的考量，许多年轻的管理者还未发展成熟便被安排在重要岗位上，他们在管理中走了许多弯路，幼儿园也因此付出了许多不必要的代价。他们因为缺乏管理和教研办法的指导，在工作中屡屡受挫而对职业发展产生失落感，认为自己虽然做了很多工作，却得不到理解和尊重，付出得不到应有的回报，从而失去职业信心，造成人员流失和资源浪费的情况，对园所发展造成具有冲击力的破坏。

（二）管理层教师专业发展问题解决策略

1. 完善制度建设，优化部门协同

管理层教师立足于幼儿园最核心的保育教育部门，具有大局意识，要在管理中完善一盘棋的制度建设，积极思考部门协同工作的整体思路，以合作者态度主动调动各部门资源，科学梳理管理工作经验，形成统一的工作规章制度。在活动前参考管理办法来周密策划，组织过程中严格按照制度办事，也动态调整制度中存在的新问题，开放地接纳吸收来自各部门的建议意见，形成合理的规章制度和工作方案。

2. 加强理论学习，及时总结经验

管理层教师明确自己的专业技术基础，主动做好时间管理，即便行政工作再纷繁芜杂也找机会多学习思考专业知识，多阅读专业书籍，多参与专业技术人员沟通，多参加专业技术培训和比赛，以此来保持专业敏感度。要让理论武装自己，及时反思、戒骄戒躁，通过积极参与专业技术活动直接相关的一线实践，来反向把脉自己的管理工作疏漏，把管理工作落到实处，真正服务于幼儿园的高质量发展。

3. 明确课程架构，提升领导能力

管理层教师既要扎根一线脚踩大地，又要仰望天空开拓专业视野，为园所课程建设的发展谋划方向。只有自上而下地明确课程发展目标、课程内容、课程路径、课程资源和课程评价，才能让各级各班教师知道自己的教学方向在哪里，知道为何而教学，怎么教学，教学效果如何评估。因此管理型教师需要提升课程领导力，广泛搜集和系统整合园所资源，高瞻远瞩地思考办园方向，明确园所文化、课程建设的物质和精神文化背景，从而确定对教师专业发展培养的路径办法，采取有的放矢的专业指导。

4. 重视工作质量，珍视培养成果

管理层教师承担着比一线教师更大的工作压力，在幼儿园教师队伍中往往是加班最多，最耗精力，回报周期较长的群体。因此幼儿园应重视对该类教师的工作质量提升培养，而不是只给任务、只看是否交差，而不看质量、不给指导反馈和鼓励欣赏。管理层教师的心理健康和工作价值应得到珍视，如提供相应的工作岗位培训、及时监管和反馈工作质量，提供相应的激励性保障，明确该类人群的职业发展上升通道。

四、结语

陶行知先生提出的“教学做合一”教育理念，在青年教师、骨干教师以及管理层教师的专业成长中发挥着至关重要的作用。教师要不断加强学习实践，不断提升自身的专业修养，成长为优秀的幼儿教师。

陶行知教育思想在幼儿教育中的传承与创新

忻城县直属机关幼儿园　樊罗婷

一、引言

（一）研究背景

随着社会主义现代化建设的推进，教育在国家发展中的重要性日益凸显。作为国家发展的基石，教育不仅承担着传授知识的职能，还承担着培养学生的创新精神和实践能力的使命。在这一背景下，教育部提出了加强教师队伍建设的五项重要举措，包括思想政治建设、师德师风建设、专业素养提升、教师权益保障和弘扬尊师重教的社会风尚，旨在培养具有高尚师德、扎实专业素养和较强创新能力的教师队伍。同时，新时代的教育环境呈现出多元化、信息化和技术化的特点，学生群体更加自主、多元和国际化，这对教师的专业素养和教学能力提出了更高的要求。因此，如何在新时代背景下传承和弘扬陶行知先生的教育思想，成为推动教育改革和发展的重要课题。

（二）研究目的与意义

本文旨在深入探讨陶行知教育思想在新时代教育中的应用与价值，分析其如何指导和影响新时代教师的职业发展和教学实践。通过对陶行知教育思想的系统梳理和总结，结合新时代教育的实际情况，本文希望能够为幼儿教师提供有益的参考和指导，促进幼儿教育质量的提升和幼儿全面发展。

（三）研究内容与方法

本文主要内容包括以下几个方面:（1）介绍陶行知的教育思想，回顾其核心理念“生活即教育”“社会即学校”的形成背景及具体内容;（2）分析新时代背景下教师的角色定位与发展需求，探讨教师在知识经济时代所面临的新挑战和新机遇;（3）提出基于陶行知教育思想的教师职业传承，包括理想信念、道德情操、育人智慧、躬耕态度、仁爱之心和弘道追求等方面的具体要求;（4）通过案例分析展示新时代好教师的典范，总结其成功经验和启示。

本文采用多种研究方法，包括文献综述、案例分析和比较研究等。文献综述部分主要通过查阅相关文献资料，系统梳理陶行知教育思想的发展历程及其核心理念；案例分析部分则通过具体实例展示陶行知教育思想在新时代教育实践中的应用效果；比较研究部分将结合国内外相关研究成果，探讨不同文化背景下的教育实践经验和启示。

二、陶行知教育思想概述

（一）陶行知教育思想的核心内容

陶行知的教育思想核心是“生活即教育”，他认为教育应该紧密联系生活实际，通过实践活动进行学习，而不仅仅依赖于课堂教学。他提出“社会即学校”的理念，主张教育不应局限于学校的围墙之内，而应扩展到整个社会，利用一切社会资源进行教育。此外，陶行知强调教育的目的是培养具有创造力和独立思考能力的人才，这反映在他提倡的“教学做合一”模式中，即通过动手实践来获取知识和技能，从而更好地适应社会发展的需求。

（二）陶行知教育思想的现代价值

陶行知的教育思想在现代教育实践中仍然具有重要的现实意义和应用价值。首先，“生活即教育”的理念强调了教育与生活的紧密联系，有助于培养学生解决实际问题的能力。其次，“社会即学校”的理念促进了教育资源的社会化整合，使得教育不再局限于传统的课堂，而是延伸到社区和社会的各个角落。此外，陶行知的教育思想还对促进教育公平具有重要意义，特别是在农村和偏远地区，通过生活教育和社区参与可以有效缩小城乡教育差距。总之，陶行知的教育思想为现代教育提供了宝贵的理论指导，有助于构建更加开放、灵活和富有创造力的教育体系。

三、新时代背景下的教师角色与发展需求

（一）新时代教育的特点与挑战

新时代的教育环境呈现出多元化、信息化和技术化的特点。多元化体现在学生群体的背景、兴趣和学习需求日益多样化；信息化则表现为信息技术在教育教学中的广泛应用，改变了传统的教学模式和资源配置方式；技术化是指人工智能、大数据等现代科技在教育领域的渗透，为个性化教学和教育管理提供了新的手段。这些变化给教师带来了前所未有的挑战，如如何有效整合线上线下教学资源、如何应对快速更新的知识体系、如何培养学生的数字素养等。

（二）新时代教师的角色转变

在新时代背景下，教师的角色正在经历深刻的变化。传统的知识传递者形象逐渐被引导者和协助者所取代。教师不再仅仅是知识的灌输者，而是需要成为学生学习过程中的伙伴和导师，帮助他们掌握学习的主动权。同时，教师还需要扮演情感支持者的角色，关注学生的心理健康和社会情感发展。此外，随着终身学习理念的普及，教师也被视为终身学习的践行

者和示范者，持续更新自身的专业知识和技能成为其职业生涯的重要组成部分。

（三）新时代教师的发展需求

面对新时代的教育挑战，教师的专业发展需求日益增长。这些需求主要包括以下几个方面：（1）不断更新教育观念，树立正确的教育观和人才观，确保教育活动符合时代发展的要求。（2）提升跨学科能力和综合素质，能够整合不同领域的知识和技能，应对复杂多变的教学情境。（3）增强国际视野和跨文化交流能力，适应全球化背景下的教育需求。（4）培养良好的心理素质和抗压能力，面对教育工作中的各种压力和挑战保持积极乐观的态度。（5）强化信息素养和技术应用能力，有效利用信息技术工具提高教学效率和质量。

四、基于陶行知教育思想的教师传承

（一）理想信念：树立正确的教育观

在新时代背景下，教师应当树立正确的教育观，认识到教育不仅是知识的传授，更是价值观的培育。陶行知强调教育应服务于社会的全面发展和个人的全面成长，因此教师需要将个人的教育目标与社会需求相结合，不断提升自己的思想政治素质和教育活动的质量。教师应经常反思自身的教育信念，确保其教学活动能够促进学生的健康成长和社会责任感的培养。

（二）道德情操：培养高尚的师德

师德是教师职业道德的核心，直接影响到教师的形象和教育质量。陶行知认为教师应当以身作则，用自己的行为影响学生。因此，教师需要不断提高自己的道德水平，展现出诚实、公正、尊重等品质，成为学生的榜样。同时，教师还应培养强烈的责任感和使命感，关爱每一位学生的成长和发展。

（三）育人智慧：提升教育教学能力

陶行知提倡“生活即教育”，强调教育应与生活紧密结合。新时代的教师需要具备创新的教育教学能力，能够根据学生的实际情况设计教学内容和方法。这要求教师不仅要掌握扎实的学科知识，还要善于运用项目式学习、合作学习等新型教学模式，激发学生的学习兴趣和主动性。此外，教师还应注重培养学生的批判性思维和解决问题的能力。

（四）躬耕态度：深化教学实践

实践是检验真理的唯一标准。陶行知强调实践在教育中的重要性，认为教师应当深入教学第一线，亲身体验和参与教学活动。新时代的教师需要不断深化教学实践，通过实际行动了解学生的需求和特点，不断改进教学方法和策略。同时，教师还应积极参与教育科研活动，将理论知识与实践经验相结合，提升自身的专业水平。

（五）仁爱之心：构建和谐师生关系

仁爱是陶行知教育思想的重要组成部分。新时代的教师应当像父母一样关爱每一位学生，尊重他们的个性差异，理解他们的困惑和烦恼。在实际教学中，教师需要营造一个温馨、包容的学习环境，鼓励学生表达自己的想法和感受。通过建立稳定的师生关系，教师可以更有效地促进学生的全面发展。

（六）弘道追求：成为终身学习者

终身学习是现代社会的重要特征之一。陶行知本人就是一位终身学习的典范。新时代的教师应当继承这一传统，不断追求自我完善和发展。这意味着教师不仅要持续更新自己的专业知识和技能，还要保持对新事物的好奇心和探索精神。通过参加各类培训、研讨会和学术交流活动，教师可以不断提升自己的专业水平和教学质量。

五、新时代好教师典型案例分析

（一）典型案例选取标准与方法

在选择新时代好教师的典型案例时，我们采用了定性的研究方法，主要依据以下标准进行选拔：一是教师在教学实践中的表现突出，能够体现陶行知教育思想的精髓；二是教师在师德师风方面有着良好的表现，得到同行、学生和家长的认可；三是教师在教育教学创新方面取得了显著成效，具有一定的影响力。通过访谈、观察和文献分析等方法收集案例资料，并对案例进行深入分析，以期得出有价值的启示和经验。

1. 案例一:“幼儿园生活化‘十二生肖’”

广西某所幼儿园引入了生活化的“十二生肖”手工制作活动。莫园长将本地特色的壮族非遗文化元素融入幼儿园课程中，让孩子们在学习过程中感受到传统文化的魅力。该教师还表示，这种教学模式不仅丰富了孩子们的生活体验，还增强了他们对本土文化的认同感。通过这一案例可以看出，将生活元素融入教学可以有效提升学生的学习兴趣和文化素养。

2. 案例二:“生活化教学”的唐老师

唐老师是幼儿园的一名青年教师，在日常教学中融入了当地文化特色。例如，她组织幼儿参与捏制月饼的活动，并将中秋节的元素融入本土文化课程中。唐老师认为，通过这样的方式可以帮助孩子们更好地理解和感受传统文化的内涵。这一案例表明，将节日文化融入日常教学是一种有效的教育方式。

3. 案例三：蓝老师的“社区参与式学习”

蓝老师介绍了一种创新的社区参与式学习模式。该项目鼓励孩子走出家门，参与到社区活动中，如垃圾分类、环保宣传等。通过这种方式，孩子们能够直观地学习到社会知识和技能。蓝老师表示，这种模式有助于培养孩子的社会责任感和实践能力。此案例显示了社区资源的有效利用对儿童教育的积极作用。

（二）案例启示与反思

以上案例展示了新时代背景下好教师的典型特征和成功经验。从这些案例中我们可以总结出以下几点启示：首先，教师应当积极寻求创新的教育方法，将生活和文化元素融入教学中；其次，教师需要具备良好的沟通能力和组织能力，能够有效地协调各种资源；再次，教师应当注重培养学生的实践能力和社会责任意识；最后，教师应当成为终身学习者，不断更新自己的教育理念和方法。这些经验对于其他教师而言具有重要的参考价值，也为未来的教育实践提供了有益的借鉴。

六、新时代幼儿教师创新发展与未来展望

（一）研究总结

本文深入探讨了陶行知教育思想的核心内容及其在新时代背景下的应用价值。通过对陶行知教育思想的回顾，明确了陶行知的教育理念——“生活即教育”“社会即学校”等对于现代教育的指导意义。同时，结合新时代的教育特点与挑战，分析了教师角色的转变与发展需求，提出了基于陶行知教育思想的教师传承。此外，通过对典型案例的分析，提炼出了新时代好教师的成功经验，为今后的教育实践提供了重要参考。

（二）政策建议

为了进一步弘扬教育家精神，培养更多新时代好教师，本文提出以下政策建议：

1．加强师资队伍建设

国家和地方政府应加大对师范教育的支持力度，优化师资培养计划，注重实践能力和创新意识的培养。同时，应鼓励优秀教师投身于教育事业，提供更多的职业发展机会和平台。

2．优化教育资源分配

政府应合理配置教育资源，特别是向农村和边远地区倾斜，缩小区域

教育差距。同时，加强对学前教育和非学历继续教育的支持，满足不同群体的学习需求。

3. 深化教育改革

推进课程改革和教学方法创新，鼓励学校开展多样化的教学活动，重视学生的全面发展和个性特长的培养。同时，加强对信息技术在教育中的应用，提升教育的现代化水平。

4. 完善评价体系

建立健全教师评价机制和社会监督体系，确保教师队伍的专业化和职业化发展。同时，应重视学生和家长的反馈意见，不断改进教学质量和服务水平。

（三）研究展望

未来的研究可以进一步关注以下几个方面：

1. 扩大研究范围

将研究视角拓展到其他地区乃至国际层面，考察不同文化背景下的教育实践和经验交流。

2. 深化理论研究

结合当代社会发展趋势，对陶行知教育思想进行更深层次的理论挖掘和阐释，为其在新的时代背景下的应用提供更加坚实的理论基础。

3. 强化实证研究

通过大规模的调查研究和数据分析，验证教改创新及建议的有效性和可行性。同时，关注政策实施的效果评估，为政策的调整和完善提供科学依据。

4. 探索新技术应用

随着信息技术的快速发展和应用普及，未来的研究可以探讨如何更好地利用新技术手段促进教育教学的创新和发展。